Aldous Huxley · Form in der Zeit

Serie Piper
Band 1452

Zu diesem Buch

Als höchst anregender, oft provokanter Kritiker von Literatur, Kunst und Musik plädiert Aldous Huxley für eine »unreine« und »gegenständliche« Kunst, die sich nicht scheut, die volle Existenzerfahrung auszuloten und auszudrücken. Seine besondere Liebe gilt den Künstlern des menschlichen Maßes wie Leon Battista Alberti und Piero della Francesca, Chaucer und Robert Burns. Doch nicht weniger faszinieren ihn die »anderen«, die Zeugen einer Pathologie der Zivilisation wie El Greco, Piranesi, Swift, Goya, Baudelaire und nicht zuletzt der Freund und Antipode D. H. Lawrence.

Die vorliegende dreibändige Ausgabe erscheint aus Anlaß des 100. Geburtstags von Aldous Huxley. Ein Großteil dieser Essays wird hiermit dem deutschen Lesepublikum erstmals vorgestellt.

Aldous Huxley, geboren 1894 in Godalming, Surrey, gestorben 1963 in Hollywood. Wurde in Eton erzogen; Studium in Oxford. Journalist und Kritiker. Schrieb Romane, Erzählungen, Essays, Reisebeschreibungen und Gedichte. Mit seinem 1932 erschienenen Roman »Schöne neue Welt« erlangte er Weltruhm.

Aldous Huxley

Form in der Zeit

Über Literatur, Kunst, Musik

Essays II

Aus dem Englischen von Hans-Horst Henschen,
Herberth E. Herlitschka, Sabine Hübner,
Werner v. Koppenfels

Herausgegeben von Werner v. Koppenfels

Piper
München Zürich

Von Aldous Huxley liegen
in der Serie Piper außerdem vor:

Die Pforten der Wahrnehmung / Himmel und Hölle (6)
Die Kunst des Sehens (216)
Narrenreigen (310)
Affe und Wesen (337)
Eiland (358)
Glücklich bis ans Ende ihrer Tage (423)
Der kleine Mexikaner (456)
Die ewige Philosophie (563)
Wiedersehen mit der Schönen neuen Welt (670)
Kontrapunkt des Lebens (946)
Zeit muß enden (1046)
Das Genie und die Göttin (1142)
Eine Gesellschaft auf dem Lande (1297)
Die Teufel von Loudun (1510)
Parallelen der Liebe (1682)

Sämtliche Essaybände Aldous Huxleys, denen die hier versammelten Beiträge entnommen sind, wurden im Verlag Chatto & Windus in London veröffentlicht. Die einzelnen Buchtitel sind jeweils am Ende eines Textes genannt.

ISBN 3-492-11452-0
Originalausgabe
April 1994

Umschlag: Federico Luci
Umschlagfoto: National Portrait Gallery
Gesamtherstellung: Clausen & Bosse, Leck
Printed in Germany

Inhalt

Vorrede

Die Musik vermag vier oder fünf Dinge gleichzeitig zu sagen, und zwar so, daß sich die verschiedenen Dinge zu einem fügen. Die beste Annäherung an einen Beweis der Dreieinigkeitslehre ist eine Fuge oder ein ordentliches Stück Kontrapunktik.

Auch die Malerei kann die Gleichzeitigkeit des Unvereinbaren ausdrücken – Heiterkeit der Komposition zugleich mit qualvollem Pinselstrich und höchster Leidenschaftlichkeit der Farbgebung, wie in so vielen Landschaften Van Goghs; neurotisch unruhiger Faltenwurf, wie bei einer Heiligen oder Jungfrau Cosimo Turas, verbunden mit einem Bild liebender Glückseligkeit; die letzte Verinnerlichung mystischen Fühlens, wie sie sich in der un-menschlichen Fremdheit und Veräußerlichung einer Sung-Landschaft ausgedrückt findet.

Wir können zu gleicher Zeit mehr als eines sehen und mehr als eines hören, doch leider Gottes können wir nicht mehr als eines auf einmal lesen. Freilich ereignet sich in jeder guten Metapher eine räumlich punktuelle und zeitlich momentane Vermischung von Unterschiedlichem, das zu einem einzigen expressiven Ganzen harmonisiert wird. Doch Metaphern lassen sich nicht beliebig dehnen, und so gibt es in der Literatur keine wirkliche Entsprechung für den durchgehaltenen Kontrapunkt oder für die räumliche Einheit divergenter Elemente aufgrund einer Zusammenführung, die es erlaubt, sie auf einen Blick als ein bedeutsames Ganzes wahrzunehmen.

Wir sind vielfältige Amphibien, die beständig zwischen einem halben Dutzend Stühlen sitzen; daher bedeutet uns die Koexistenz des Unvereinbaren eine nur allzu alltägliche Erfahrung. Doch wenn ein Schriftsteller darangeht, die Erfahrung gleichzeitig existenter Unvereinbarkeiten wiederzugeben, so nötigt ihn die Natur der Sprache selbst zu einer Strategie, die nicht die von Akkord und Kontrapunkt ist, sondern von Melodik im Wechsel der Tonart. Da es ihm nun einmal versagt ist, unterschiedliche Dinge gleichzeitig auszudrücken, muß er sie nolens volens nacheinander sagen. Die Folge seiner Worte und Sätze läßt sich entweder auf die naheliegende und vernünftige Weise arrangieren – erstens, zweitens, xtens, einerseits a, andererseits b; oder aber sie ist weniger mathematisch und steht der tatsächlichen Erfahrung näher. In diesem Fall wird sich der Autor auf eine Art freier, assoziativer Peilung verlassen, um eine Reihenfolge herzustellen, die äußerlich gesehen zufälliger Natur sein mag, aber unterschwellig einer inneren Logik der Kunst gehorcht.

Ich selbst habe von beiden Ordnungsmustern Gebrauch gemacht. Das erste, so fand ich, wirkt sich als Gewinn von Klarheit aus, das zweite von Tiefe und Lebendigkeit. Das erste ist verhältnismäßig leicht zu haben; das zweite dagegen (wenn die freien Assoziationen das gewünschte Ziel erreichen sollen und das Werk zum künstlerischen Ganzen und nicht bloß zu einer Probe automatischen Schreibens werden will) ist außerordentlich schwierig. Ich selbst neige mehr zu der härteren zweiten Art, die Vielschichtigkeit der Erfahrung wiederzugeben. Daher die grundsätzlich unsystematische Natur der meisten meiner Schriften. So habe ich, was das Thema der Künste angeht, mich nicht darum bemüht, als methodischer Kritiker oder Ästhetiker mit einer vollentwickelten Philosophie aufzutreten. Ich habe es vorgezogen, unsystematisch, sozusagen tangential, über Kunst zu schreiben. Manchmal findet sich die Kunst am Ende irgendeiner Tangente, die an der Oberfläche eines anderen Gegenstandes abprallt; manchmal ist ein Kunstwerk der Ausgangspunkt, und die Tangenten schnellen davon fort, nach Norden, Süden, Osten, Westen, in ganz andere Gefilde.

Freilich: wenn man intensiv über das gerade zu behandelnde Werk nachdenkt, dann neigt man dazu, darüber das Werk zu vergessen, mit dem man nicht mehr befaßt ist. Daher kommt eine gewisse Tendenz der Autoren, sich selbst zu wiederholen. Was in einem bestimmten Augenblick wie eine nagelneue Eingebung anmutet, mag etwas schon vor Jahren zu Papier Gebrachtes sein, das vergessen war und nun durch das unbewußte Ich wieder ins Bewußtsein gehoben wird.

(*On Art and Artists*, 1960; Ü.: Werner von Koppenfels)

LITERATUR

Der Gegenstand der Poesie

Theoretisch sollte es möglich sein, Poesie aus allem und jedem zu machen, was der menschliche Geist nur irgend zur Kenntnis zu nehmen vermag. Als historische Tatsache drängt sich uns jedoch auf, daß ein Großteil der weltweit besten Poesie sich mit einem merkwürdig engen Ausschnitt von Themen zufriedengegeben hat. Die Dichter haben nur eine kleine Provinz unseres Universums als ihre Domäne beansprucht. Hin und wieder macht sich einer von ihnen, kühner oder besser gerüstet als die übrigen, an die Erweiterung der Grenzen des Königreiches. Zumeist aber befassen die Dichter sich nicht mit Neueroberungen; sie ziehen es vor, ihre Macht daheim zu konsolidieren und genießen friedlich ihre ererbten Besitztümer. Die ganze Welt ist potentiell die ihre, aber sie greifen nicht danach. Was ist der Grund dafür und wie kommt es, daß die poetische Praxis sich nicht der kritischen Theorie anpaßt? Besondere Relevanz und Bedeutung hat das Problem in diesen Tagen, da die jungen Dichter auf die absolute Freiheit pochen, zu sprechen und zu schreiben, worüber und wie es ihnen gefällt.

Wordsworth, dessen Literaturkritik, wie trocken und wenig einnehmend ihre Einzelaspekte auch sein mögen, stets von durchdringender Intelligenz erhellt wird, Wordsworth berührte dieses Problem im Vorwort zu seinen *Lyrical Ballads* – berührte es und hatte wie gewöhnlich manches Wertvolle dazu zu sagen. Er äußert sich da zu den wichtigsten und interessantesten aller Themen, die theoretische Aufnahme in die Poesie finden können, diese Anverwandlung tatsächlich aber nur selten oder nie erlebt haben: er spricht von den Beziehungen zwischen der Poesie und jener weiten Welt von Abstraktionen und Ideen – Wissenschaft und Philosophie –, in die so wenige Dichter je eingedrungen sind. »Die entlegensten Entdeckungen des Chemikers, Botanikers oder Mineralogen werden ebenso angemessene Gegenstände der Kunst des Dichters sein wie irgendeiner, mit dem er jetzt befaßt ist, wenn die Zeit je kommen sollte, da diese Dinge uns vertraut sind, und die Beziehungen, unter denen sie ins Auge gefaßt werden, für uns als genießende und leidende Wesen augenscheinlich und handgreiflich von Belang sind.« Ein erstaunlicher

Satz; liest man ihn aber richtig, liest man auch den Rest des Abschnitts, dem er entnommen ist, wird man ihn voller kritischer Wahrheit finden.

Der Kern von Wordsworths Argumentation ist folgender. Alle Gegenstände – und »die entlegensten Entdeckungen des Chemikers« sind nur *ein* Beispiel für ein ungewöhnliches poetisches Thema – können somit dem Dichter als Material für seine Kunst dienen, unter einer Bedingung: daß er, und in geringerem Maße auch sein Publikum, in der Lage ist, den Gegenstand mit einer gewissen Gefühlsintensität wahrzunehmen. Der Gegenstand muß irgendwie ins innere Sein des Dichters einbezogen werden, bevor er ihn in Poesie ummünzen kann. Es reicht beispielsweise nicht aus, wenn er ihn lediglich mit den Sinnen erfaßt. (Die Poesie reiner sinnlicher Anschauung, von Geräuschen und glänzenden Farben, ist heutzutage verbreitet genug; wie amüsant wir sie aber auch für den Augenblick finden, sie wird unser Interesse nicht lange fesseln.) Am anderen Ende der Skala genügt es aber auch nicht, wenn er seinen Gegenstand auf rein intellektuelle Weise erfaßt. Eine abstrakte Idee muß mit einer Art Leidenschaft erfühlt werden, sie muß irgend etwas gefühlsmäßig Signifikantes bezeichnen, sie muß für den Dichter ebenso unvermittelt und wichtig sein wie eine persönliche Beziehung, bevor er sie zu Dichtung umformen kann. Mit einem Wort, Poesie muß von »genießenden und leidenden Wesen« geschrieben werden, nicht von Geschöpfen, die ausschließlich mit sinnlichem Auffassungsvermögen oder ebenso ausschließlich mit Intellekt begabt sind.

Wordsworths kritische Anmerkung trägt zum Verständnis dafür bei, warum so wenige Gegenstände je zu Poesie gemacht worden sind, wenn schon alles unter der Sonne – und darüber hinaus – sich theoretisch für eine Umwandlung in ein Werk der Kunst eignet. Tod, Liebe, Religion, Natur; die primären Gefühle und die letzten persönlichen Geheimnisse – das alles bildet die Themen eines Gutteils der größten Dichtung, und aus ersichtlichen Gründen. Diese Dinge sind »für uns als genießende und leidende Wesen augenscheinlich und handgreiflich von Belang«. Aber für die meisten Menschen, bei Einschluß der Mehrzahl der Dichter, sind Abstraktionen und Ideen nicht unverzüglich und leidenschaftlich anregend. Sie genießen oder leiden nicht, wenn sie diese Dinge erfassen – sie denken nur.

Die Menschen, die leidenschaftliche Gefühle im Umgang mit Abstraktionen entwickeln, die Menschen, für die Ideen gleichsam Personen sind – sich regend und beunruhigend lebendig –, sind nur sehr selten Dichter. Sie sind Menschen der Wissenschaft und Philosophen, ganz im Banne der Suche nach Wahrheit und nicht, wie der Dichter, des Ausdrucks und der Hervorbringung von Schönheit. Es kommt nur selten vor, daß wir einen Dichter finden, der die Kraft und das Bedürfnis, sich zum Ausdruck zu bringen, mit jener leidenschaftlichen Erfassung von Ideen und jener leidenschaftlichen Neugier auf fremde, entlegene Motive vereint, die den Mann der Wissenschaft und den Philosophen charakterisiert. Hätte Einstein das notwendige Sprachgefühl und das zwingende Bedürfnis gehabt, sich im Sinne von Schönheit zum Ausdruck zu bringen, hätte er die berauschendsten Verse über Relativität und die Wonnen reiner Mathematik schreiben können. Und wenn, sagen wir, Mr. Yeats die Einsteinsche Theorie verstünde, was er wahrscheinlich, im Verein mit den meisten anderen lebenden Dichtern, nicht tut, genau wie die übrige Menschheit – wenn er sie begeistert als etwas Kühnes und Tiefes erfaßte, als etwas von vitaler Bedeutung und wunderbarer Wahrheit, könnte er uns aus dem keltischen Dämmerlicht seine Relativitätslyrik schenken. Es sind diese quälenden kleinen »Wenns«, die einem solchen glücklichen Ende im Wege stehen. Die Bedingungen, unter denen alles andere außer den unmittelbar und offenkundig bewegendsten Themen in Poesie umgemünzt werden kann, finden so selten Erfüllung, die Kombination von Dichter und Wissenschaftler, Dichter und Philosoph ist so ungewöhnlich, daß die theoretische Universalität der Kunst in der Praxis nur sehr gelegentlich verwirklicht werden konnte.

Die zeitgenössische Poesie in der gesamten westlichen Welt besteht, wie sie laut und emphatisch durch ihre Propagandisten verkündet, auf der absoluten Freiheit zu sprechen, worüber und wie es ihr gefällt. Nichts lieber als das; alles, worum wir jetzt bitten können, ist, daß die Dichter die Theorie in die Praxis umsetzen und von der Freiheit Gebrauch machen mögen, die sie fordern, indem sie die Grenzen der Poesie erweitern.

Die Propagandisten möchten uns glauben machen, daß die Themen und Motive der zeitgenössischen Poesie neu und verblüffend sind, daß die modernen Dichter etwas tun, was noch nie zuvor getan worden ist. »Die meisten der im vorliegenden Band vertretenen Dichter«, schreibt Louis Untermeyer im Vorwort zu seiner *Anthology of Mod-*

ern American Poetry, »haben ein neues und kraftvolles Material in einer Welt ehrlicher und häufig rauher Wirklichkeit gefunden. Sie reagieren auf den Geist ihrer Zeiten; nicht nur ihre Auffassungen haben sich verändert, auch ihre poetische Vision hat sich erweitert, die jetzt Dinge einschließt, wie sie den Dichtern von gestern unbekannt waren. Sie haben gelernt, wirkliche Schönheit von bloßer Hübschheit zu unterscheiden, Anmut sogar dem Schmutz abzuringen, Wunderbares an achtlos übergangenen Orten zu finden und nach verborgenen Wahrheiten sogar in den schwarzen Höhlen des Unbewußten zu suchen.«

In die Praxis übersetzt, bedeutet das, daß die zeitgenössischen Dichter jetzt, mit Sandburg zu sprechen, über das »Fauchen und Dröhnen der Hochöfen«, über »*wops* und *bohunks*« schreiben können. In Wirklichkeit bedeutet es, daß es ihnen frei steht zu tun, was Homer tat – in aller Offenheit über die unmittelbar bewegenden Dinge des Alltagslebens zu schreiben. Wo Homer von Pferden und »Rossebändigern« sprach, sprechen unsere Zeitgenossen von Eisenbahnzügen, Automobilen und den verschiedenen Arten von *wops* und *bohunks,* die die Pferdestärken im Griff haben. Das ist alles. Viel zuviel Gewicht ist auf die Neuheit der neuen Poesie gelegt worden; ihre Neuheit ist einfach eine Abkehr von der juwelengeschmückten Erlesenheit der neunziger Jahre des 19. Jahrhunderts, eine Rückbesinnung auf die Dinge und Gefühle des gewöhnlichen Lebens. Nichts immanent Neues liegt in der Einführung von Maschinenwelt und Industrie in die Poesie, von Arbeiterunruhen und moderner Psychologie: diese Dinge gehören zu uns, sie betreffen uns täglich als genießende und leidende Wesen; sie sind Teil unseres Lebens, genau wie die Könige, die Krieger, die Pferde und Streitwagen und die bildhafte Mythologie Teil von Homers Leben waren. Die Themen und Motive der neuen Poesie bleiben dieselben wie die der alten. Die alten Grenzen sind nicht erweitert worden. Wirkliche Neuheit zöge in die neue Poesie ein, wenn sie sich beispielsweise einige der neuen und erstaunlichen Fakten zu eigen gemacht hätte, mit der die neue Naturwissenschaft die moderne Welt beschenkt hat. Wirkliche Neuheit zöge ein, wenn sie eine befriedigende künstlerische Methode für den Umgang mit Abstraktionen erarbeitet hätte. Sie hat es nicht. Und das bedeutet einfach, daß jenes seltene Phänomen, der Dichter, für den Ideen Leidenschaft und persönliche Triebkraft sind, zufällig eben nicht aufgetaucht ist.

Und wie selten ist er in der ganzen langen Vergangenheit in Erscheinung getreten! Da war Lukrez, der größte aller philosophischen und wissenschaftlichen Dichter. In ihm fanden sich die leidenschaftliche Erfassung von Ideen und die Fähigkeit, ihnen Ausdruck zu verleihen, zusammen, um jenes seltsame und schöne Gedankenepos hervorzubringen, das in der gesamten Literaturgeschichte ohne Beispiel ist. Da war Dante, in dessen Seele die christliche Philosophie des Mittelalters zu einer Kraft wurde, die alles Fühlen, Denken und Handeln formte und lenkte. Da war Goethe, der eine enorme Streuung von Wissen und Ideen im Brennpunkt schöner Expression zusammenbündelte. Und damit ist die Liste großer Gedanken-Dichter auch schon zu Ende. Bei ihrer Aufgabe der Ausdehnung der Grenzen der Poesie in die entlegene und abstrakte Welt der Ideen haben sie einige wenige Helfershelfer von geringerer Statur gehabt – John Donne beispielsweise, ein Dichter, den nur wenig von den Größten trennte; Fulke Greville, jener seltsame elisabethanische Dichter der Nachtseite des Lebens; John Davidson, der den Darwinismus zu einer Art Poesie umgestaltete; und Jules Laforgue, der interessanteste dichterische Interpret der Naturwissenschaften des 19. Jahrhunderts.

Welche unserer Zeitgenossen können behaupten, die Grenzen der Poesie in irgendeinem materiellen Ausmaß erweitert zu haben? Es genügt nicht, über Lokomotiven und Telefone geschrieben zu haben, über *wops* und *bohunks* und alles übrige. Das heißt nicht die Grenzen der Poesie weiter hinausschieben; es heißt lediglich ihr Recht bekräftigen, sich mit den unmittelbaren Gegebenheiten des Alltagslebens zu befassen, wie das Homer und Chaucer taten. Die Kritiker, die uns glauben machen möchten, an einem *bohunk* (was immer ein *bohunk* sein mag) sei entschieden wenig Poetisches, dagegen sehr viel Poetisches an Ritter Lancelot vom See, darf man natürlich einfach außer acht lassen; über sie kann man ebenso geringschätzig hinwegsehen, wie wir über die pseudoklassischen Kritiker hinweggesehen haben, die sich den Freiheiten der ersten Romantik entgegenstemmten. Und die Kritiker, die es für sehr neu und großartig halten, *bohunks* in die Poesie einzuführen, sind in ihren Ideen gleichermaßen altmodisch.

Es mag nicht ganz sinnlos sein, die literarische Situation in diesem frühen 20. Jahrhundert mit der literarischen Situation des frühen 17. Jahrhunderts zu vergleichen. In beiden Epochen sehen wir, daß sich eine Reaktion gegen eine reiche und etwas formalistische poetische Tradition in der Entschlossenheit zum Ausdruck bringt, die Grenzen der Gegenstandswelt zu erweitern, ins reale Leben zurückzufinden und natürlichere Ausdrucksformen zu benutzen. Der Unterschied zwischen den beiden Epochen liegt darin, daß die Revolution des 20. Jahrhunderts das Produkt einer ganzen Reihe minderer Dichter gewesen ist, deren keiner kraftvoll genug war, um in die Tat umzusetzen, was er theoretisch beabsichtigte, während die Revolution des 17. Jahrhunderts das Werk eines einzigen genialen Dichters war, John Donne. Donne ersetzte den üppigen Formalismus der nicht-dramatischen elisabethanischen Poesie durch einen vollkommen realisierten neuen Stil, den Stil der sogenannten metaphysischen Poesie des 17. Jahrhunderts. Er war ein Dichter, Philosoph und Mann der Tat, dessen leidenschaftliche Neugier und Hinwendung zur Wirklichkeit ihn befähigten, Poesie aus den unwahrscheinlichsten Aspekten des materiellen Lebens zu schlagen, und dessen leidenschaftliche Erfassung von Ideen ihn befähigten, den Bereich der Poesie über die Grenzen des gewöhnlichen Lebens und seiner Gefühle hinaus in das Vakuum intellektueller Abstraktion auszudehnen. Er übersetzte das gesamte Leben und den gesamten Geist seines Zeitalters in Poesie.

Wir Heutigen sind metaphysische Dichter ohne unseren Donne. Theoretisch steht es uns frei, alles im Universum zu Poesie zu machen; praktisch bleiben wir in relativ enge Grenzen gebannt, aus dem einfachen Grunde, weil kein großer Mann aufgetaucht ist, der uns gezeigt hätte, wie wir unsere Freiheit nützen können. Ein bestimmter Teilaspekt des Lebens des 20. Jahrhunderts ist in unserer Poesie zu finden, aber äußerst wenig von seinem Geist. Wir haben heute keinen Dichter wie den merkwürdigen alten Dechanten von St. Paul vor dreihundert Jahren – keinen Dichter, der von den Höhen scholastischer Philosophie zu den Höhen fleischlicher Leidenschaft überspringen kann, von der Kontemplation der Gottheit zur Kontemplation eines Flohs, von der in sich versunkenen Selbstprüfung zur Aneinanderreihung der entlegensten externen Fakten der Naturwissenschaft, keinen der das alles mittels seiner befremdend leidenschaftlichen Auffassungsgabe in intensiv lyrische Poesie umformt.

Die wenigen Dichter, die zeitgenössische Ideen zur Substanz ihrer Poesie zu machen versuchen, tun das auf eine Art und Weise, die dem Leser wenig Anschauung oder Befriedigung verschafft. Da ist Mr.

Noyes, der vier Versbände über die menschliche – in seinem Falle leider allzumenschliche – Seite der Wissenschaft schreibt. Weiter ist da Mr. Conrad Aiken. Er ist wahrscheinlich der erfolgreichste Exponent zeitgenössischer Ideen in der Poesie. In seinem Falle werden »die entlegensten Entdeckungen des Chemikers« allerdings mit einer gewissen Leidenschaft erfaßt; alle seine Gefühle sind von seinen Ideen getönt. An Herrn Aiken stört eben nur, daß seine Gefühle häufig in eine Art intellektuelle Sentimentalität entarten, die nur allzu leicht in seinen üppig fließenden, höchst farbigen Versen zum Ausdruck kommt.

Die Liste mehr oder weniger interessanter Dichter, die in jüngster Zeit versucht haben, die Grenzen ihrer Kunst zu erweitern, ließe sich beliebig verlängern. Man würde aber nicht einen einzigen Dichter von wirklicher Bedeutung darunter finden, keine einzige große oder hervorragende Persönlichkeit. Das 20. Jahrhundert wartet noch immer auf seinen Lukrez, wartet auf seinen eigenen philosophischen Dante, seinen neuen Goethe, seinen John Donne, sogar auf seinen auf den neuesten Stand gebrachten Laforgue. Werden sie auftreten? Oder müssen wir weiterhin eine Poesie hervorbringen, in der nicht mehr ist als der verschwommenste Abglanz jenes aktiven und unaufhörlichen intellektuellen Lebens, das das charakteristische und prägende Merkmal dieses Zeitalters ist?

(*On the Margin*, 1923; Ü.: Hans-Horst Henschen)

Das Wörterbad: ein modernes Laster und eine verlorene Kunst

Die Herbstblätter wehen herab auf das Land. Die neuen Bücher ebenfalls, in einer Lawine aus flatterndem Papier. Die »Zeit der Nebelschleier und gereifter Frucht« ist auch die der Bücherernte. Um die 10000 Bücher werden jährlich in Großbritannien veröffentlicht, ein paar mehr noch in den Vereinigten Staaten, eine ganze Menge mehr in Deutschland, einige weniger in Frankreich. 40000 Bände pro Jahr in den drei wichtigsten westlichen Sprachen. Wieviel mögen es in den übrigen europäischen Sprachen sein, in Asien und Afrika? Vielleicht noch einmal soviel.

25000 Tage sind die üblicherweise zugemessene Spanne eines Menschenlebens. Wenn einer vom Tag seiner Geburt bis zum Todestag drei Bücher pro Tag lesen würde, könnte er sich mit etwas Glück gerade durch die weltweite Produktion eines einzigen, ganz gewöhnlichen Jahres arbeiten. Doch es gibt auch noch Zeitungen und Zeitschriften, und sie sind noch viel zahlreicher. Um alle zu lesen, die in einer bestimmten Woche über die ganze Welt verstreut erscheinen, müßte man mindestens hundert Jahre alt werden.

Der Gedanke an all diese zahllosen Bögen von geschwärztem Papier hat etwas Erschreckendes; und für mich in ganz besonderem Maße. Denn ich bin einer von denen, die von Berufs wegen das große Meer des Gedruckten, in dem unser Geist unablässig badet, anschwellen lassen. Mein Strom ist freilich einigermaßen bescheiden: ein bloßes Rinnsal verglichen mit den mächtigen Amazonas und Mississippis der wahrhaft produktiven Autoren. Aber eben doch ein echter Zustrom, der seine Wortlast beständig der gemeinsamen See zuträgt.

Wenn ich auf diese unendliche Fläche wogenden Wortschwalls hinausblicke, und auf die Millionenmassen, die in seinen Untiefen planschen und plätschern, dann erfüllen mich die unangenehmsten Zweifel und die bösesten Ahnungen. Ein Wörtermeer – aber aus Wörtern welcher Art? Welche Wahrheiten vermitteln sie, welche Schönheit drücken sie aus, welches Ethos predigen sie? Und dieses unaufhörliche Wörterbad, in das wir alle jahraus, jahrein eintauchen, dieses endlose Suhlen in gemeinplätzigen Ideen, vulgären Gefühlen und schlechter Literatur – soll das wirklich gesund sein? Ist es nicht in

Wahrheit schädlich für uns? Ging es den Leuten schlechter, waren sie wirklich dümmer in den Tagen, als die Welt im Hinblick auf die Buchproduktion noch eine Wüste war? Als es noch kein Wörtermeer gab, sondern nur hier und da einen See; als die Badenden noch klein an Zahl waren, aber insgesamt kraftvoll und geschickt, bereit, weit hinauszuschwimmen und tief zu tauchen? Diese Fragen lassen sich nicht beantworten; beunruhigenderweise können und müssen sie gestellt werden.

Einstweilen umgibt uns der Ozean auf allen Seiten; das Wörterbad geht ohne Unterbrechung weiter. Zusammen mit dem Zigarettenrauchen ist das Lesen das große Laster der Moderne. Für Millionen Menschen in Europa und Amerika hat Freizeit ohne Druckerschwärze die Bedeutung von schlechter Zeit angenommen. Fünf Minuten Zeit zu haben, und keinerlei Lesestoff zur Hand, ist eine Qual für sie. Wir alle haben schon einmal jemanden gesehen, der allein und ohne Buch oder Zeitung ein Restaurant betritt, und hingebungsvoll die Speisekarte von den Suppen bis zu den Desserts herunterliest, ohne ein einziges Wort auszulassen. Nicht, weil er auch nur das geringste Interesse an Apfelküchlein oder Eiskrem hätte, sondern weil er einfach lesen muß und sich elend fühlen würde, wenn er es nicht täte.

Unsere Altvordern, lange vor den Tagen des billigen Drucks, verstanden sich noch auf das Stillsitzen und auf das Glück des Nichtstuns. Wir aber gehen zur Schule, um diese nützlichste aller Künste zu verlernen. Wie die Rauschgiftsüchtigen, die zwanghaft immer neue Opfer verführen müssen, führen uns unsere Lehrer in die Sucht nach Gedrucktem. Wir widerstehen zunächst, um nach und nach der Sucht zu verfallen. Ein Leben ohne die Wortdroge ist uns schließlich ganz unvorstellbar. Wir sind zu Sklaven unseres Lasters geworden.

(*Chicago Herald*, 14. November 1934; Ü.: Werner von Koppenfels)

Literatur und Prüfungen

Es passiert mir ungefähr alle drei oder vier Monate. Der Briefträger befördert ein in fremder Handschrift adressiertes und irgendwo zwischen Oslo und Algier abgestempeltes Kuvert in meinen Briefkasten. Beim Öffnen fällt mir ein Brief entgegen, der manchmal in fremdartigem Englisch abgefaßt ist, manchmal in einer der diversen Fremdsprachen, mit denen angeblich jeder auch nur durchschnittlich gebildete Mensch auf vertrautem Fuße steht.

Der Schreiber schickt gewöhnlich eine Entschuldigung voraus. Es tut ihm (oder, ebensooft, ihr) aufrichtig leid, mich belästigen zu müssen, doch er oder sie ist Student(in) an der Universität von X, Y oder Z, und um seinen/ihren Dr. phil., Dipl. päd., BA in moderner Literatur, Agrégé, Dr. habil. (oder wie das Ding sonst heißen mag) zu machen, schreibt er/sie eine Dissertation über meine Bücher – oder, häufiger noch, über irgendeinen besonderen Aspekt meiner Bücher, als da sind Stil, Komposition, der Einfluß anderer Bücher auf sie, ihr Gottesbild, ihre Weltanschauung, ihre Sexualphilosophie. Da dem so ist, würde ich ihn/sie netterweise mit biographischer Information versorgen, mit einer Bibliographie aller Rezensionen und Kritiken in allen Ländern, dazu mit Freiexemplaren all jener Bücher, die der Schreibende nirgendwo auftreiben konnte? In vielen Fällen endet der Brief mit einem Appell an meine Humanität: könne ich, bitte schön, alles und jedes tun, worum man mich bittet, weil andernfalls der Absender den angestrebten Posten an der entsprechenden Universität oder Preparatoria, am heimischen Lycée oder Gymnasium oder was sonst nicht bekommt und sich mit einer Beschäftigung als Volksschullehrer begnügen müßte?

Meine Gefühle beim Eintreffen derartiger Episteln sind ziemlich gemischt. Daß man mich wie einen Klassiker vergangener Jahrhunderte behandelt, amüsiert und deprimiert mich zugleich, schmeichelt meiner Eigenliebe und versetzt ihr dabei doch einen Stich. Ich empfinde es naturgemäß als angenehm, gelesen zu werden; aber die Vorstellung, daß man mich *studiert*, schlägt mir, nach dem ersten Lachanfall, zunehmend aufs Gemüt. Irgendwie kommt es einem doch recht unangenehm vor, wie ein Verstorbener behandelt zu werden, wenn man meint – vielleicht (und das ist das wirklich Beunruhigende daran) zu Unrecht –, man sei eigentlich noch quicklebendig.

Und in der Vorwegnahme posthumen Ruhms liegt im Grunde doch keinerlei echte kompensatorische Befriedigung. Denn so berühmt zu sein, daß man zum Gegenstand akribischer Untersuchungen an einer modernen Universität wird, ist geradezu beschämend einfach. Allein die Tatsache, daß man irgend etwas veröffentlicht hat, ist heutzutage ein hinreichender Grund, um akademische Aufmerksamkeit auf sich zu ziehen. In dem Maße wie die Zeit fortschreitet und die Zahl der Bewerber um Diplome und Doktortitel weiter anschwillt, wird es zunehmend schwerer, wichtige Aspekte im Werk bedeutender Autoren zu finden, die nicht schon Thema irgendeiner Dissertation geworden sind. Dem Kandidaten für akademische Ehren bleibt dann keine andere Wahl, als unwichtige Aspekte im Werk eines bedeutenden Autors zu untersuchen oder das noch unerforschte – weil generell als nicht erforschenswert erachtete – Werk eines unbedeutenden Autors. Die Universitäten erweisen mir die Ehre, mich wie einen Abgeschiedenen und wie einen Klassiker zu behandeln; doch diese Ehre muß ich leider Gottes mit Flecknoe und Pixéricourt, mit Hofmann von Hofmannswaldau und Nahum Tate teilen.

Walter Raleigh pflegte zu sagen, das Unternehmen, Literatur zu lehren, grenze unweigerlich ans Absurde. Er hat kräftig untertrieben. Das Lehren von Literatur gerät häufig über den Rand des Rationalen hinaus und plumpst Hals über Kopf in die verrückteste Absurdität. Es ist beispielsweise absurd, daß man Studenten nötigt, ganze Monate und Jahre ihres Lebens mit dem Studium von Autoren zu vergeuden, die nach allgemeiner Anschauung vollkommen unerheblich sind. Und es ist nicht weniger absurd, daß sie Monate und Jahre mit dem Studium unerheblicher Aspekte im Werk bedeutender Autoren vergeuden müssen. Ein sehr großer Teil der Dutzenden von Dissertationen, die jahraus jahrein an allen Universitäten dieser Welt produziert werden, ist völlig überflüssig. Doch die Literatur als Lehrgegenstand erzeugt noch andere und nicht minder monströse Absurditäten als die gelehrte These über ein triviales Thema. Vergleichsweise wenige Studenten verschreiben sich ja der spezialisierten Forschung. Auf jeden Doktor kommen Hunderte von Diplomanden und Baccalaurei; und die erlangen ihren akademischen Grad, indem sie im Einzelhandel aus zweiter Hand ein wenig von der Gelehrsamkeit und eine Menge von der Literaturkritik anderer Leute weiterveräußern. Die kritischen Moden wechseln, und der Kandidat muß imstande sein, die Ansichten, die zur Zeit seiner Feuerprobe gerade in akademischen Kreisen im Schwange sind, wieder auszustoßen. In Literaturprüfungen hängt der Erfolg nicht zuletzt davon ab, daß man weiß, welche Formeln zufällig gerade die richtigen sind.

Was der Literatur recht ist, ist den Schönen Künsten billig. Denn es gibt inzwischen Einrichtungen, die den Leuten tatsächlich akademische Grade in Kunst verleihen – Grade minderer Ordnung für alle, die eine Liste von Jahreszahlen kennen und dazu die passenden rituellen Mantras über Bilder, Kirchen und Statuen herunterbeten, höhere Grade für jene, die tiefschürfend originelle Recherchen über die Werke zurecht vergessener Künstler der Vergangenheit anstellen.

Der eigentliche Grund für diesen insgesamt beklagenswerten Stand der Dinge ist wirtschaftlicher Natur. Akademische Grade besitzen einen ganz eindeutigen Kassenwert. Der Besitz eines bestimmten Diploms bedeutet oft den Unterschied (wie mir meine Korrespondenten bei ihren humanitären Appellen meist klarzumachen versuchen) zwischen einem bescheidenen Gehalt und bescheidener gesellschaftlicher Stellung in einer Grundschule und einem guten Einkommen mit erheblichem Sozialprestige innerhalb der Hierarchie des Sekundären Bildungssystems. Literatur und Kunst erscheinen heute in den meisten Lehrplänen; Männer und Frauen trachten danach, diese Gegenstände zu unterrichten; Schuldirektoren und Bildungsbehörden wollen in der Lage sein, die für solchen Unterricht ›Qualifizierten‹ von den Unqualifizierten zu unterscheiden; und die Universitäten tun ihnen den Gefallen, indem sie Fakultäten für Kunst und Literatur einrichten, und sie mit der vollständigen Apparatur für Diplome, Grade und Doktorate ausstatten.

Nun ist es offenbar unvermeidlich, daß sich Kunst und Literatur für Prüfungszwecke zumindest teilweise in Parodien der exakten Wissenschaften verwandeln. Kunst und Literatur wenden sich ebensosehr an die affektive und willentliche wie an die kognitive Seite der menschlichen Natur. Aber wenn man den Leuten in Kunst und Literatur Noten geben will, dann muß man ihnen Fragen stellen, auf die es richtige oder falsche Antworten gibt, muß ihnen Aufgaben zuweisen, die sich auf dem Wege über Fleiß und Ausdauer erledigen lassen. Bewerber für die unteren akademischen Grade müssen dann, wie Kandidaten für die unteren Grade in Chemie oder meinetwegen in Biologie, eben Textbücher pauken und ›praktische‹ Arbeit verrichten. (Im Fall der Literatur besteht diese praktische Arbeit, genau wie die theoretische, im Lesen. Doch während sich das theoretische Lesen auf Textbücher bezieht, gilt das praktische den Originaltexten.) Von den Kandidaten für die gehobenen Grade wird erwartet, daß sie – wie der künftige Doktor der Naturwissenschaften – selbständig forschen und ihre Entdeckungen in Dissertationen niederlegen. Selbst die Laboratoriumsverfahren der exakten Wissenschaft werden parodiert. Nun gibt sich freilich die Literatur nicht so ohne weiteres dafür her, gewogen und gemessen zu werden; doch läßt sich zumindest ihr materieller Niederschlag minutiös beobachten und peinlich genau reproduzieren. Die Textedition ist zu einer Untergattung der Mikroskopie geworden.

Es ist natürlich unbestreitbar, daß Literatur und Schöne Künste auch ihre unliterarischen und unkünstlerischen Aspekte haben. Sie stellen wichtige historische Zeugnisse dar, etwa in den Bereichen der Wirtschafts- und Sozialgeschichte, der Psychologie, Philologie und Sprachphilosophie. Zudem bedienen sich Schriftsteller und Künstler bestimmter Ausdruckstechniken, die sich durchaus in fruchtbarer Weise für eine wissenschaftliche Analyse anbieten. Auf diese Weise kann die *alchimie du verbe*, wie Rimbaud sie nannte, dazu gebracht werden, einige ihrer seltsamen Geheimnisse preiszugeben; und die Geometrie und Optik des Bildermachens verdient ernsthafteste Untersuchung. Soweit sie also nicht Literatur und Kunst sind, können Kunst und Literatur den wissenschaftlichen Methoden am nutzbringendsten unterzogen werden. Und tatsächlich wurde im Bereich der Geschichtswissenschaft, der Psychologie etc. ganz vorzügliche Arbeit durch die Verfasser vermeintlich literar- und kunstwissenschaftlicher Untersuchungen geleistet. Alles wäre in schönster Ordnung, wenn nur die Universitäten ganz deutlich machten, daß derartige Studien eindeutig historische, psychologische etc. Ausrichtung haben, und daß sie die Literatur als Literatur und die Kunst als Kunst wenig oder gar nicht berühren.

Doch leider wird diese essentielle Unterscheidung nicht getroffen. Der gegenwärtige Stand akademischer Erleuchtung begünstigt ebenso großzügig absurd pseudowissenschaftliche Untersuchungen – sagen wir, über den Zeitpunkt von John Chalkhills zweiter Eheschließung oder über Shadwells Anleihen bei Molière – wie genuin wissenschaftliche Forschungen mit dem Ziel, bedeutsame Beziehungen zwischen zwei verschiedenen Faktenreihen nachzuweisen. Außerdem werden die wissenschaftlich untersuchbaren außerliterarischen und kunstfremden Aspekte der Kunst und Literatur hoffnungslos mit ihren eigentlich literarischen künstlerischen Aspekten vermengt. Kandidaten ernten bessere Noten, wenn sie Anzeichen nicht nur des Wissens, sondern auch der Urteilsfähigkeit und Sensibilität zeigen – meist fremder Urteilsfähigkeit, so wie die Dinge liegen, und fremder Sensibilität. Solide wissenschaftliche Arbeit muß unbedingt von der gebetsmühlenhaften Wiederholung der Glaubensartikel modischer Kritik begleitet werden. Das ästhetische Herz muß, all die öden Stunden der Abschlußprüfung hindurch, bebend entblößt liegen. Von jedem Diplom- und Doktorkandidaten wird erwartet, daß ihm die frommen Phrasen der ›Wertung‹ glatt und flüssig über die Lippen gehen. Das gegenwärtige Prüfungssystem ist darauf angelegt, die literarischen und kunstkritischen Pendants zu Tartuffe und Pecksniff hervorzubringen.

Dabei ist es durchaus wünschenswert, daß Menschen in heuchlerischer Absicht jenen Tribut entrichten, den das Philistertum der Kultur schuldet. Die Tendenz zu hartgesottenem Realismus ist in der kulturellen Sphäre nicht weniger fatal als in der Politik. Man kann nicht an den Sinn für Menschlichkeit bei einem Faschisten appellieren, der von der realistischen Annahme ausgeht, eben weil sich in der Regel die Macht faktisch durchsetzt, müsse sie im Recht sein und sollte auf keinen Fall irgendwelche Zugeständnisse machen. Ebensowenig kann man an die kulturelle Pietät eines Spießers appellieren, der damit argumentiert, da er die große Mehrheit auf seiner Seite habe, sei das Spießertum das einzig Wahre und müßte von Rechts wegen alle Intellektuellen in die Pfanne hauen. Ohne moralische Heuchelei und geistigen Snobismus hätten die kostbaren Dinge des Lebens eine höchst ungewisse Lebenserwartung.

Geistiger Snobismus, ich betone es noch einmal, ist an sich eine vortreffliche Sache; doch, wie bei so vielen vorzüglichen Dingen, kann man es auch hier übertreiben. Ein Prüfungssystem, das den Bewerber um einen akademischen Grad dazu ermuntert, sein kunstfremdes und außerliterarisches Wissen über Kunst und Literatur mit einem Firnis von ›wertendem‹ Jargon aufzupolieren, ist dazu angetan, die kulturellen Pecksniffs en gros auszustoßen und jeden einzelnen von ihnen aufgrund seines Diploms mit einem Wahn der Allwissenheit zu versehen. Ein rationaleres Bildungssystem würde sich weigern, in Kunst und Literatur akademische Grade zu verleihen. Literarische und künstlerische Zeugnisse könnten jedoch als Material für wissenschaftliche Forschung in anderen Bereichen dienen. Von Kraftakten der Betriebsamkeit um des Betriebes willen, im Sinne thesenhafter Kompilationen über literarisch wertlose und historisch, psychologisch, wirtschaftlich oder sonstwie uninteressante Autoren, würde es den Kandidaten dringend abraten. Die Anwendung exakter Wissenschaftsmethoden auf die Typographie alter Bücher könnte man in Ruhe dem Enthusiasmus geborener Briefmarkensammler und Kreuzworträtselbastler überlassen. Andrerseits würde man natürlich einige Anstrengungen unternehmen, um die Studenten zum Lesen und zur Betrachtung von Kunstwerken zu ermuntern. Man könnte Gesprächsrunden veranstalten, in denen Vorträge gehalten und literarische und künstlerische Probleme erörtert würden. Gut wären auch Übungen in der Kunst, korrekt und verständlich zu schreiben. Auf diese Weise ließe sich das natürliche Empfindungsvermögen der Studenten weiterentwickeln und ihre durch das jetzige Prüfungssystem so sehr geförderte Neigung, fremde Urteile einzupauken und ebenso mechanisch wie gedankenlos nachzuplappern, entschieden bekämpfen. Gleichzeitig erhielten die Studenten die Gewißheit, mit ihrer wissenschaftlichen Arbeit – dem Studium bedeutsamer außerliterarischer und nicht-künstlerischer Aspekte der Zeugnisse von Kunst und Literatur – wirklich Wertvolles und Erhellendes zu leisten und nicht einfach jene Parodie naturwissenschaftlicher Arbeit, die heute allzu oft von ihnen verlangt wird.

Beim jetzigen Stand der Dinge wäre es äußerst schwierig, Änderungen, wie ich sie hier vorgeschlagen habe, einzuführen; aus dem einfachen Grund, weil so viele Menschen aus wirtschaftlichen Gründen akademische Grade in Kunst und Literatur *brauchen*. Die Arbeitgeber im Bildungsbereich betrachten solche Grade als Qualifikation für relativ gutbezahlte Posten. Eine Änderung des bestehenden Prüfungssystems wird sich als undurchführbar erweisen, solange sie nicht gelernt haben, in dieser Hinsicht umzudenken.

(*The Olive Tree*, 1936; Ü.: Werner von Koppenfels)

Die Tragödie und die Ganze Wahrheit

Es waren ihrer sechs, die besten und tapfersten Gefährten des Helden. Als er sich von seinem Posten am Bug umdrehte, sah Odysseus gerade noch, wie sie zappelnd in die Luft gehoben wurden, hörte sie noch schreien, verzweifelt immer wieder seinen Namen rufen. »An den Pforten der Höhle fraß sie die Skylla, und jammernd streckten die Hände sie aus nach mir in dem grausigen Morden«, und die Überlebenden konnten nur hilflos zusehen. Odysseus fügt hinzu, es sei das Schrecklichste und Beklagenswerteste gewesen, was er »die Bahnen des Meeres erforschend« je erblickt hatte. Wir glauben ihm gern; Homers kurze Schilderung (das allzu poetische Gleichnis ist eine spätere Interpolation) überzeugt uns.

Später, als die Gefahr vorüber war, gingen Odysseus und seine Männer an Land, um dort die Nacht zu verbringen, und bereiteten am sizilischen Strand ihr Abendessen zu – »meisterlich« wie Homer sagt. Der Zwölfte Gesang der *Odyssee* schließt mit den Worten: »Aber nachdem sie sich dann am Essen gestärkt und am Trinken, da gedachten sie mit Tränen der lieben Gefährten, und der tiefe Schlaf überkam sie, während sie weinten.«

Die Wahrheit, die Ganze Wahrheit und nichts als die Wahrheit – wie selten stößt man in der älteren Literatur auf sie! Winzige Teilchen der Wahrheit, ja; jedes gute Buch vermittelt uns winzige Teilchen der Wahrheit, andernfalls wäre es kein gutes Buch. Aber die Ganze Wahrheit, nein. Die haben uns nur sehr wenige der großen Dichter der Vergangenheit mitgeteilt. Homer – der Homer der *Odyssee* – ist einer von ihnen.

»Wahrheit?« fragen Sie. »Zum Beispiel 2 + 2 = 4? Oder: Königin Viktoria bestieg 1837 den Thron? Oder: Die Lichtgeschwindigkeit beträgt 187000 Meilen pro Sekunde?« Nein, natürlich gibt es das in der Literatur nicht oft. Die ›Wahrheit‹, von der ich eben sprach, ist im Grunde nicht mehr als eine annehmbare Wahrscheinlichkeit. Wenn die Erfahrungen, von denen in einem literarischen Werk berichtet wird, mit unseren realen Erfahrungen weitgehend übereinstimmen oder mit dem, was ich einmal als unsere potentiellen Erfahrungen bezeichnen möchte – das heißt Erfahrungen, von denen wir (dadurch, daß wir mehr oder weniger bewußt Schlußfolgerungen aus bekannten Fakten ziehen) meinen, wir könnten sie gehabt haben – dann sagen wir, zweifellos unpräzise: »Dieses literarische Werk ist wahr.«

Aber natürlich ist das noch nicht alles. Ein Fallbericht in einem Psychologiebuch ist wissenschaftlich insofern wahr, als er eine exakte Schilderung bestimmter Ereignisse darstellt. Doch kann ihn der Leser auch in bezug auf sich selbst als ›wahr‹ empfinden – das heißt, als annehmbar, wahrscheinlich, seinen eigenen realen oder potentiellen Erfahrungen entsprechend. Aber ein Psychologiebuch ist kein Kunstwerk – oder höchstens in zweiter Linie, nebenbei. Bloße Wahrscheinlichkeit, eine bloße Entsprechung der geschilderten Erfahrung mit der Erfahrung, die der Leser selbst gemacht hat oder die er sich vorstellen kann, genügt nicht, damit ein Kunstwerk ›wahr‹ erscheint. Gute Kunst besitzt eine Art Überwahrheit – sie ist wahrscheinlicher, annehmbarer, überzeugender als die Wirklichkeit selbst. Natürlich; denn der Künstler ist mit einer Sensibilität und Sprachgewalt, einer Fähigkeit, ›etwas herüberzubringen‹ begabt, die den Ereignissen und den meisten Menschen, denen sie zustoßen, mangelt. Die Erfahrung lehrt nur lehrbare Dinge, und die sind keineswegs so zahlreich, wie es uns das Lieblingssprichwort von Mrs. Micawbers Papa glauben machen könnte. Künstler sind in hohem Maß gelehrig und in hohem Maß Lehrer. Sie empfangen von Ereignissen viel mehr als die meisten anderen Menschen, und sie können das Empfangene mit einer besonderen Eindringlichkeit vermitteln, die ihre Botschaft tief ins Bewußtsein des Lesers treibt. Eine der häufigsten Reaktionen auf gute Literatur kommt in der Formel zum Ausdruck: »Genau das habe ich immer gefühlt und gedacht, aber ich konnte es nie klar in Worte fassen, nicht einmal für mich selbst.«

Jetzt können wir erklären, was wir damit meinen, wenn wir sagen, daß Homer ein Dichter ist, der uns die Ganze Wahrheit sagt. Wir meinen, daß die von ihm geschilderten Erfahrungen weitgehend mit unseren eigenen realen oder potentiellen Erfahrungen übereinstimmen – und zwar nicht nur in einem einzelnen, beschränkten Bereich, sondern durch unser ganzes physisches und geistiges Sein hindurch. Außerdem meinen wir, daß Homer diese Erfahrungen mit einer eindringlichen künstlerischen Kraft schildert, die sie ganz besonders annehmbar und überzeugend wirken läßt.

Soviel zur Wahrheit in der Literatur. Ich sage noch einmal, Homers

Wahrheit ist die Ganze Wahrheit. Man stelle sich einmal vor, wie die Geschichte von Scyllas Angriff auf das vorbeiziehende Schiff bei fast allen anderen Dichtern geendet hätte. Sechs Männer, wie gesagt, wurden geraubt und vor den Augen ihrer Freunde verschlungen. Was hätten die Überlebenden in jeder anderen Dichtung als der *Odyssee* getan?

Sie hätten natürlich geweint, genau wie Homer sie weinen läßt. Aber hätten sie zuvor ihr Abendessen gekocht und dazu auch noch auf meisterliche Art? Hätten sie zuvor getrunken und sich satt gegessen? Und wären sie nach dem Weinen, oder eigentlich während des Weinens, ruhig eingeschlafen? Nein, sie hätten sehr wahrscheinlich nur geweint, ihr eigenes Unglück und das furchtbare Schicksal ihrer Gefährten beklagt, und der Gesang hätte tragisch mit ihren Tränen geendet.

Homer jedoch zog es vor, die Ganze Wahrheit zu erzählen. Er wußte, daß selbst *der* Mensch essen muß, der den grausamsten Verlust erlitten hat; daß Hunger stärker ist als Gram; und daß das Stillen des Hungers sogar noch vor den Tränen kommt. Homer wußte, daß Meister einer Kunst stets meisterlich handeln und Befriedigung aus ihrer Leistung ziehen, auch wenn gerade ihre Freunde aufgefressen wurden, auch wenn die Leistung nur darin besteht, das Abendessen zu kochen. Er wußte, daß man es sich mit vollem Bauch leisten kann zu trauern (aber auch nur dann) und daß Kummer nach dem Abendessen fast ein Luxus ist. Und schließlich wußte er, daß, so wie der Hunger vor der Trauer kommt, die hinzutretende Erschöpfung die Trauer doch unterbricht und sie in einem Schlaf ertränkt, der um so süßer ist, als er den schmerzlichen Verlust vergessen läßt. Mit einem Wort, Homer weigerte sich, das Thema tragisch zu behandeln. Er zog es vor, die Ganze Wahrheit zu berichten.

Ein weiterer Autor, der der Ganzen Wahrheit den Vorzug gab, war Fielding. *Tom Jones* ist eines der sehr wenigen odysseehaften Bücher, die zwischen Aischylos und der heutigen Zeit in Europa geschrieben wurden. Odysseehaft, weil niemals tragisch; niemals – auch wenn schmerzliche und schreckliche, auch wenn mitleiderregende und schöne Dinge geschehen. Denn sie geschehen in der Tat; wie Homer gibt auch Fielding alle Fakten zu, drückt sich vor nichts. Tatsächlich sind diese Bücher genau deshalb nicht tragisch, weil die Autoren sich vor nichts drücken. Denn zu den Dingen, vor denen sie sich nicht drücken, zählen die Belanglosigkeiten, die im wirklichen Leben all jene Situationen und Figuren temperieren, auf deren chemischer Reinheit tragische Dichter stets bestehen. Man nehme zum Beispiel den Fall der Sophia Western, jener so reizenden, so nahezu perfekten jungen Frau. Ganz offensichtlich hat Fielding sie vergöttert (es heißt, er habe sie nach dem Bild seiner ersten, inniggeliebten Frau geschaffen). Aber bei aller Vergötterung weigerte er sich, sie in eines jener chemisch reinen und gewissermaßen »konzentrierten« Wesen zu verwandeln, die in der Welt des Tragischen handeln und leiden. Jener Wirt, der die erschöpfte Sophia vom Pferd hob – warum mußte er hinfallen? In einer Tragödie hätte er niemals unter ihrem Gewicht zusammenbrechen dürfen (nein, *können*). Denn im tragischen Kontext ist Gewicht belanglos; Heroinen sollten über das Gesetz der Schwerkraft erhaben sein. Aber das ist noch nicht alles; der Leser möge sich an die Folgen jenes Sturzes erinnern. Der Wirt plumpste flach auf den Rücken, riß dabei Sophia mit sich – sein Bauch diente ihr als Polster, so daß sie sich glücklicherweise nicht weh tat – und zog sie mit dem Kopf voran zu sich hinunter. Kopf voran heißt zwangsläufig Beine hinterher; und so enthüllte sich allen Beteiligten einen flüchtigen Moment lang ein Einblick in atemberaubende Reize. Die Bauerntölpel an der Wirtshaustür grinsten oder brachen in schallendes Gelächter aus; als man der armen Sophia aufhalf, errötete sie, schrecklich verlegen und in ihrem Schamgefühl verletzt. Es ist eigentlich nichts Unwahrscheinliches an diesem Vorfall, der tatsächlich alle Zeichen literarischer Wahrheit trägt. Doch so wahr er auch ist, er hätte niemals, unter keinen Umständen, einer tragischen Heldin passieren können. Man hätte ihm einfach nicht erlaubt, zu passieren. Doch Fielding weigerte sich, das Veto des Tragikers einzulegen; er drückte sich vor nichts – weder davor, daß sich in eine Romanze oder Katastrophe belanglose Absurditäten mischten, noch vor irgendeiner der nicht minder schmerzlich belanglosen Unterbrechungen, die das Leben für den Lauf des Glücks bereithält. Er wollte kein Tragiker sein. Und ganz gewiß genügte dieses flüchtige, perlmuttene Aufschimmern von Sophias entzückendem Hinterteil, um die Muse der Tragödie aus *Tom Jones* zu vertreiben, genauso wie sie über fünfundzwanzig Jahrhunderte früher aus der *Odyssee* vertrieben wurde – vom Anblick verzweifelter Männer, die erst essen, dann ans Weinen denken und dann ihre Tränen im Schlummer vergessen.

In seinen *Principles of Literary Criticism* verkündet Mr. I. A. Richards, daß eine gute Tragödie gegen Ironie und Belanglosigkeiten gefeit ist – daß sie alles absorbieren und trotzdem Tragödie bleiben kann. Er scheint aus dieser Fähigkeit, das Untragische und Anti-Tragische zu absorbieren, tatsächlich einen Prüfstein für den Wert einer Tragödie zu machen. Dieser Prüfung hält praktisch keines der griechischen und französischen, und kaum eines der elisabethanischen Trauerspiele stand. Nur die besten Tragödien Shakespeares bestehen den Test. Das zumindest behauptet Mr. Richards. Hat er damit recht? Ich hege da so meine Zweifel. Freilich sind die Tragödien Shakespeares von Ironie und einem oft furchtbaren Zynismus durchwoben; aber der Zynismus ist stets heroischer Idealismus, der raffiniert ins Gegenteil verkehrt wurde, die Ironie ist eine Art fotografisches Negativ der heroischen Romanze. Man mache bei Troilus alles Weiße zu Schwarz und alles Schwarze zu Weiß und es kommt Thersites heraus. Ins Gegenteil verkehrt werden Othello und Desdemona zu Jago. Das Negativ der weißen Ophelia ist Hamlets Ironie, ist die naive Anstößigkeit ihrer eigenen verrückten Lieder; und ebenso ist der Zynismus des verrückten König Lear die schwarze Schattenkopie Cordelias. Nun ist für eine Sache ihr Schatten, ihr fotografisches Negativ keineswegs belanglos. Shakespeares Ironie und Zynismus dienen dazu, diese tragische Welt zu vertiefen, aber nicht, sie zu erweitern. Hätten sie sie erweitert, so wie die homerischen Belanglosigkeiten das Universum der Odyssee erweiterten – nun, dann hätte die Welt der Shakespeareschen Tragödie automatisch zu existieren aufgehört. Zum Beispiel wäre eine Szene, die den seiner Familie beraubten Macduff zeigt, wie er beim Abendessen sitzt, über dem Whisky bei dem Gedanken an seine ermordete Frau und seine ermordeten Kinder in Melancholie versinkt und dann mit tränennassen Wimpern einschläft, ziemlich lebensecht; aber sie wäre nicht eben sehr tragödienecht. Die Einführung einer solchen Szene würde das ganze Wesen des Stückes verändern; in diesem Odyssee-Stil behandelt, wäre *Macbeth* keine Tragödie mehr.

Oder der Fall Desdemona. Jagos viehisch zynische Bemerkungen über ihren Charakter sind, wie wir gesehen haben, für die Tragödie keinesfalls belanglos. Sie führen uns ein Negativbild ihres wirklichen Wesens und ihrer Gefühle für Othello vor Augen. Diese Negativbilder sind immer die *ihren*, sind stets erkennbar Eigentum der Heldin und gleichzeitig des Opfers der Tragödie. Wäre sie jedoch, als sie in Zypern an Land sprang, gestolpert, wie Fielding die nicht weniger feine Sophia stolpern ließ, und hätte sie dabei die Mängel der Unterwäsche des 16. Jahrhunderts enthüllt, dann wäre das Stück nicht mehr der *Othello*, wie wir ihn kennen. Wenn Jago eine Familie kleiner Zyniker in die Welt setzen würde, um die Dosis an Bitterkeit und grimmiger Verneinung zu verdoppeln oder zu verdreifachen – *Othello* bliebe immer noch im wesentlichen *Othello*. Aber ein paar Fieldingsche Belanglosigkeiten würden das Stück zerstören; das heißt, sie würden es als Tragödie zerstören; denn es stünde ihm durchaus frei, sich in ein herrliches Drama ganz anderer Art zu verwandeln. Tatsache ist jedenfalls, daß die Tragödie und das, was ich als Ganze Wahrheit bezeichnet habe, unvereinbar sind; das eine schließt das andere aus. Es gibt gewisse Dinge, die nicht einmal die besten, nicht einmal Shakespeare-Tragödien zu absorbieren vermögen.

Um eine Tragödie zu schreiben, muß der Künstler aus der Totalität menschlichen Erlebens ein einzelnes Element herauslösen und ausschließlich dieses Element als Stoff verwenden. Die Tragödie ist von der Ganzen Wahrheit getrennt, wird sozusagen aus ihr herausdestilliert, wie eine Essenz aus der lebendigen Blume. Die Tragödie ist chemisch rein. Daher rührt ihre Fähigkeit, rasch und heftig auf unsere Gefühle einzuwirken. Jede chemisch reine Kunst hat diese Fähigkeit. So ist auch chemisch reine Pornographie (in den sehr seltenen Fällen, wo sie zufällig einmal überzeugend geschrieben ist, von jemandem, der die Gabe hat, ›etwas herüberzubringen‹) eine schnellwirkende emotionale Droge von unvergleichlich größerer Macht als die Ganze Wahrheit über die Wollust, oder sogar (für viele Menschen) als die fühlbare, fleischliche Wirklichkeit selbst. Es liegt an ihrer chemischen Reinheit, daß die Tragödie ihre kathartische Funktion so wirksam erfüllt. Sie läutert und korrigiert unser Gefühlsleben und verleiht ihm Stil, und sie tut dies rasch und machtvoll. Von der Tragödie angerührt, fallen die Elemente unseres Seins, zumindest für den Augenblick, in ein schönes, geordnetes Muster, wie die Eisenfeilspäne unter dem Einfluß des Magneten. Während all seiner individuellen Variationen bleibt dieses Muster im wesentlichen doch immer gleich. Haben wir eine Tragödie gelesen oder gehört, dann erheben wir uns mit dem Gefühl:

Our friends are exultations, agonies,
And love, and man's unconquerable mind –

Jubel und Qualen sind uns nun vertraut,
Und Liebe, und des Menschen unzähmbarer Geist;

mit der heroischen Überzeugung, daß auch wir unter Qualen unbezwingbar blieben, daß wir inmitten der Qualen nicht aufhören würden zu lieben, ja sogar lernen könnten zu jubeln. Eben weil sie diese Dinge in uns bewirkt, empfinden wir die Tragödie als so wertvoll. Und welchen Wert besitzt damit verglichen die Kunst der Ganzen Wahrheit? Versuchen wir es herauszufinden.

Die Kunst der Ganzen Wahrheit überschreitet die Grenzen der Tragödie und zeigt uns, wenn auch vielleicht nur durch versteckte Andeutungen, was vor dem Beginn der tragischen Geschichte geschah, was nach ihrem Ende geschehen wird und was gleichzeitig anderswo geschieht (und »anderswo« schließt all jene geistigen und körperlichen Anteile der Protagonisten ein, die nicht unmittelbar in das tragische Geschehen verstrickt sind). Die Tragödie ist ein willkürlich isolierter Strudel an der Oberfläche eines riesigen Flusses, der unbeirrbar an diesem Strudel vorbei und unter ihm hinweg fließt. Die Kunst der Ganzen Wahrheit ist imstande, sowohl die Existenz des ganzen Flusses als auch die Existenz des Strudels in sich zu vereinigen. Sie ist etwas ganz anderes als die Tragödie, auch wenn sie vielleicht, neben anderen Bestandteilen, alle Elemente enthält, aus denen die Tragödie besteht. (Die ›gleiche Sache‹ verliert in verschiedenen Zusammenhängen ihre Identität und wird vom erkennenden Verstand als eine Kette völlig verschiedener Dinge wahrgenommen.) In der Kunst der Ganzen Wahrheit können die Qualen ebenso real, die Liebe und der unbesiegbare Geist ebenso bewundernswert und wichtig sein wie in der Tragödie. Folglich leiden Skyllas Opfer ebenso schrecklich wie der von einem Ungeheuer verschlungene Hippolytus in *Phèdre*; die Seelenqual des Tom Jones, als er glaubt, seine Sophia verloren zu haben, und noch dazu durch eigene Schuld, sind kaum geringer als die Othellos, nachdem er Desdemona ermordet hat. (Daß Fieldings Fähigkeit, ›etwas rüberzubringen‹ keinesfalls so groß ist wie die Shakespeares, ist dabei natürlich irrelevant.) Aber der Dichter der Ganzen Wahrheit stellt das Leid und die Unbezähmbarkeiten in einen anderen, größeren Zusammenhang, mit dem Ergebnis, daß sie dem Leid und der Unbezähmbarkeit der Tragödie, die eigentlich damit identisch sind, nicht mehr gleichen. Folglich ruft die Kunst der Ganzen Wahrheit in uns eine ganz andere Wirkung hervor als die Tragödie. Die Lektüre eines Buches der Ganzen Wahrheit versetzt uns niemals in eine Stimmung des heroischen Jubels, sondern in eine Stimmung des Annehmens und Uns-Fügens. (Auch das Annehmen kann heroisch sein.) Da sie chemisch unrein ist, kann uns die Literatur der Ganzen Wahrheit nicht so rasch und heftig ergreifen wie die Tragödie oder irgendeine andere Art chemisch reiner Kunst. Aber meiner Meinung nach ist ihre Wirkung von längerer Dauer. Das Frohlocken, das dem Lesen oder Hören einer Tragödie folgt, hat den Charakter eines zeitweiligen Rausches. Unser Wesen kann das von der Tragödie aufgezwungene Verhaltensmuster nicht lange beibehalten. Kaum wird der Magnet entfernt, neigen die Späne auch schon wieder dem Chaos zu. Mag dagegen das Muster des Annehmens und Sich-Fügens, das uns die Literatur der Ganzen Wahrheit auferlegt, von der künstlerischen Form her weniger unerwartet schön sein – es ist dafür (vielleicht gerade aus diesem Grund) um so beständiger. Die Katharsis der Tragödie ist ungestüm und apokalyptisch, doch die sanftere Katharsis der Literatur der Ganzen Wahrheit ist von Dauer.

In letzter Zeit wurde sich die Literatur immer eindringlicher der Ganzen Wahrheit bewußt – der gewaltigen Ozeane belangloser Dinge, Ereignisse und Gedanken, die sich endlos in alle Richtungen erstrecken –, von welchem Inselpunkt (eine Figur, eine Geschichte) der Autor auch seine Betrachtungen anstellen mag. Diese willkürlichen Grenzen zu ziehen, die jeder, der eine Tragödie schreiben möchte, ziehen muß, ist immer schwieriger geworden – und ist jetzt in der Tat für jeden, der auch nur das geringste Gefühl für die zeitgenössische Welt hat, so gut wie unmöglich. Das heißt natürlich nicht, daß sich der moderne Schriftsteller auf einen rein naturalistischen Stil beschränken muß. Man kann die Existenz der Ganzen Wahrheit einschließen, ohne mühselig jeden einzelnen Gegenstand in Sichtweite aufzulisten. Man kann ein Buch als pure Phantasie schreiben und doch ohne weiteres die Ganze Wahrheit sagen. Unter allen bedeutenden Werken der Gegenwartsliteratur gibt es keine einzige reine Tragödie. Es gibt keinen Gegenwartsautor von Rang, der es nicht vorzieht, die Ganze Wahrheit dazulegen oder anzudeuten. Wie sehr sie sich auch unterscheiden, im Stil, in ihrer ethischen, philosophischen und künstlerischen Intention, in ihrer Werte-Skala, gemeinsam ist den zeitgenössischen Autoren das Interesse an der Ganzen Wahrheit. Proust, D. H. Lawrence, André Gide, Kafka, Hemingway – das sind fünf eindeutig wichtige zeitgenössische Autoren. Fünf Autoren, so bemerkenswert verschieden wie nur möglich. Nur eines haben sie gemeinsam: daß keiner von ihnen eine reine Tragödie geschrieben, daß allen an der Ganzen Wahrheit liegt.

Manchmal habe ich mich schon gefragt, ob die Tragödie als Kunstform nicht zum Scheitern verurteilt sein könnte. Aber die Tatsache, daß uns die tragischen Meisterwerke der Vergangenheit auch heute noch zutiefst bewegen – daß wir uns, gegen besseres Wissen, selbst von den schlechten Tragödien des zeitgenössischen Theaters und Kinos anrühren lassen –, legt mir die Einsicht nahe, daß die Zeit der chemisch reinen Kunst noch nicht vorüber ist. Die Tragödie durchläuft eine Periode der Verfinsterung, weil alle bedeutenden Autoren unserer Zeit zu sehr damit beschäftigt sind, die neuentdeckte oder wiederentdeckte Welt der Ganzen Wahrheit zu erforschen, als daß sie sich um die Tragödie kümmern könnten. Aber es spricht nichts dafür, daß dieser Zustand ewig dauern wird. Die Tragödie ist zu kostbar, als daß sie untergehen dürfte. Schließlich gibt es keinen Grund, warum die beiden Arten von Literatur – die chemisch unreine und die chemisch reine, die Literatur der Ganzen und die Literatur der Halben Wahrheit – nicht nebeneinander existieren sollten, jede in ihrer separaten Sphäre. Der menschliche Geist braucht beide.

(*Music at Night*, 1931; Ü.: Sabine Hübner)

Drama für eine Neue Welt

In einem unlängst in der ausgezeichneten französischen Zeitschrift *Le Mois* veröffentlichten Artikel erörtert der sowjetische Schriftsteller Eugen Samjatin die Zukunft des Theaters. Im Augenblick sind die Russen wahrscheinlich diejenige Nation, die für die Prophetenrolle am besten qualifiziert ist. Denn Rußland unternimmt derzeit, in Samjatins Worten, »einen entschlossenen Versuch, eine mindestens fünfzig Jahre hohe Schranke zu überspringen, um direkt in der Zukunft zu landen; und alle, die sich für die Zukunft interessieren, sollten deshalb einen Blick auf Rußland werfen«.

Über das heutige (und in dieser Eigenschaft prophetische) Theater Rußlands hat Samjatin einige sehr aufschlußreiche Dinge mitzuteilen. Um es gleich vorweg zu sagen, »Liebesdramen, wie sie im westlichen Europa immer noch die Bühnen beherrschen, sind vollständig aus den russischen Programmen verschwunden«. Und weiterhin hat man »das Eheproblem im russischen Laboratorium auf eine Weise gelöst, die keinerlei Vorwand mehr für dramatische Kollisionen bietet, weshalb dieses Thema für das Theater unbrauchbar geworden ist«. Die satirische Komödie ist den gleichen Weg gegangen wie das Liebesdrama – aus einleuchtenden Gründen: Satire bedeutet Kritik, und Diktatoren glauben nicht an Kritik, ausgenommen, sie selbst sind die Kritiker.

Ballett und Oper florieren weiter, wie unter dem zaristischen Regime; aber interessanterweise ist es immer dasselbe Ballett und dieselbe Oper. »Der Versuch, neue Ballette und Opern zu schaffen, die sich an neuen Themen inspirieren, ist fehlgeschlagen. Auch für den begeistertsten Anhänger des Fünfjahresplans ist es schlicht zum Lachen, wenn der Heldentenor eine Bravourarie zum Thema Kunstdünger schmettert, oder wenn der Sopran in höchsten Tönen das Lob des Traktors singt.« Nach wie vor drängt sich das Publikum zu den alten Opern von Tschaikowski, Rimski-Korsakow und Mussorgski. Im Hinblick auf die Farcen und Vaudevilles ist sich Samjatin ganz sicher: »Die einzige menschliche Konstante bleibt die Dummheit der Menschen.« Die Posse hat demnach eine unsterbliche Lebenserwartung. Über die Tragödie äußerte er sich weniger optimistisch. Denn obgleich sie die erstrebenswerteste Form für das Drama von Morgen ist, vermag er keinerlei Anzeichen für eine neue russische Tragödie zu erkennen und muß sich mit der Hoffnung begnügen, daß die Fünfjahresplan-Gesellschaft nicht allzulange auf das Erscheinen ihres Shakespeare zu warten haben möge.

Mein eigener Eindruck ist, daß diese Wartezeit ganz schön lang werden könnte. Denn selbst wenn das erforderliche Genie erschiene, worüber sollte es schreiben? Sicher nicht über die Liebe, denn die Liebe ist zu einer Angelegenheit der Vernunft und der Sexualfunktion reduziert worden – man hat Appetit, also ißt man, das ist alles. Nicht über die Ehe, denn die Ehe läßt sich nach Belieben auflösen und führt somit zu keinerlei Konflikten, und das heißt, zu keinerlei Drama mehr. Nicht über die Beziehung zwischen Eltern und Kindern, denn die Familie hat aufgehört zu existieren. Der Staat sorgt nachdrücklich dafür, daß die Reflexe seiner jungen Bürger nur durch die eigenen Funktionäre konditioniert werden, und übernimmt auf diese Weise die Rolle der allumfassenden Ziehmutter. Nicht über die Beziehung zwischen der Seele des einzelnen und Gott, denn sowohl Gott wie auch die einzelne Seele sind glücklich abgeschafft; es gibt nur noch den Staat und den Bürger. Und endlich auch nicht, wie Samjatin andeutet, über die Revolte des einzelnen gegen den Staat, denn der Staat kann es natürlich nicht irgendwelchen verantwortungslosen Dramatikern gestatten, Propaganda gegen seine Autorität zu betreiben.

Soweit man es absehen kann, werden dem künftigen Shakespeare daher nur die folgenden Themen übrigbleiben: Farcen- und possenhafte Themen; Themen aus dem Bereich der Phantasie und des romantischen Wunschdenkens (die Leute werden sich immer nach einer eskapistischen Märchenwelt sehnen); hochmoralische und tragische Themen, die das schlimme Schicksal zum Gegenstand haben, das den einzelnen ereilt, wenn er es versäumt, seine Pflicht gegen den Staat zu tun.

Ob der künftige Shakespeare finden wird, daß diese Themen seinem Genie ausreichend Spielraum geben, scheint mir einigermaßen zweifelhaft. Das Metier des Dramatikers wird schwierig, wenn es kein Drama mehr gibt. Wenn er kommt, wird sich der neue Shakespeare daher vermutlich auf Biochemie oder Physiologie verlegen.

(*Chiacago Herald*, 23. Juli 1932; Ü.: Werner von Koppenfels)

Vulgarität und Literatur

I

Das Literarisch-Vulgäre ist von jener Vulgarität zu unterscheiden, die der Schriftstellerei als Beruf anhaftet. Jeder Mensch wird mit seinem Anteil an der ursprünglichen Sünde geboren, und jeder Autor mischt dem noch eine Prise ursprünglicher (auktorialer) Vulgarität hinzu. Zwangsläufiger- und unentrinnbarerweise. Denn Schaustellung ist immer vulgär, auch wenn das zur Schau Gestellte die erlesenste, delikateste aller Seelen ist.

Einige Autoren sind sich dieser grundsätzlichen Vulgarität ihres Metiers empfindlicher bewußt als andere – manchmal so sehr, daß sie sich, wie Flaubert, kaum dazu überwinden konnten, die Ursünde gegen die guten Manieren zu begehen und die Feder aufs Papier zu setzen.

Es ist natürlich durchaus möglich, daß die größten Autoren niemals geschrieben haben: daß die Welt voll ist von Monsieur Testes und »stummen, ruhmlosen Miltons«, die zu zartbesaitet waren, um vor die Öffentlichkeit zu treten. Ich möchte das gerne glauben, aber es fällt mir schwer. So ein großer Schriftsteller ist von einem Teufel besessen, über den er sehr wenig Kontrolle hat. Wenn der Teufel herauswill (und in der Praxis wollen die Teufel immer heraus), dann kommt er auch raus, und wenn das aristokratische Bewußtsein, mit dem er in unbehaglicher Symbiose lebt, noch so laut protestiert. Der Literaturberuf mag »vom fatalen Makel geheimer Unsinnigkeit« gezeichnet sein – dem Teufel ist das einfach egal. *Scribo quia absurdum.*

II

Bleich zu sein, appetitlos, beim geringsten Anlaß in Ohnmacht zu fallen: dies waren vor gar nicht allzulanger Zeit die Zeichen einer guten Kinderstube für junge Mädchen. Mit anderen Worten, wenn eine junge Frau mit dem Stigma der Anämie und chronischen Verstopfung gezeichnet war, so wußte man sicher, sie war eine Dame.

Unsere Tugenden sind in der Regel (mehr oder minder elegant, je nach dem Geschick des moralischen *couturier*) aus unseren Notwendigkeiten zurechtgeschneidert. Töchter wohlhabender Familien brauchten nicht zu arbeiten; die aristokratische Tradition hielt sie davon ab, freiwillig Arbeit zu suchen; und die christliche Tradition bewahrte sie davor, ihre jungfräuliche Sittsamkeit durch allzu heftige körperliche Bewegung zu gefährden. Gute Poststraßen, und später die Eisenbahn, ersparten ihnen die gesunde Anstrengung des Reitens. Die Segnungen der Frischluft waren noch unentdeckt, und der Luftzug galt als die verbreitetste und beinahe gefährlichste Manifestation des teuflischen Prinzips. Auf ihre Art widernatürlicher als die chinesischen Fußeinschnürer, hatten die Ziergärtner der europäischen Mode bestimmt, die elegante Frau habe ihre Eingeweide durch strikte Schnürung zusammenzupressen und zu verdrängen. Mit einem Wort, das reiche Mädchen mußte ein Leben führen, das mit wissenschaftlicher Konsequenz darauf angelegt war, seine Gesundheit zu ruinieren. Aus demütigendem Zwang wurde eine Tugend gemacht, und die blasse, ätherische Ohnmachtsanfällige der romantischen Literatur blieb auf Jahre hinaus der Typus und Spiegel des gehobenen Jungmädchentums.

Etwas Ähnliches ereignet sich von Zeit zu Zeit im Bereich der Literatur. Es kommen Augenblicke, wo ein allzu auffälliges Zurschaustellen von Lebenskraft oder ein zu unbeschönigtes Interesse an gewöhnlichen Dingen zum Merkmal literarischer Vulgarität wird. Um richtig damenhaft zu wirken, müssen die Musen, ganz wie ihre sterblichen Schwestern, von Anämie und Konstipation gezeichnet sein. Den empfindsameren Autoren bestimmter Epochen erlegen die Zeitumstände ein künstlerisches Dahinsiechen auf, eine Art literarischer Schwindsucht. Dieses unselige Verhängnis wird sogleich in eine Tugend umgewandelt, deren Ausübung man zur allgemeinen Pflicht erklärt.

Vivre? Nos valets le feront pour nous. Denn wie vulgär ist das alles! Wie vulgär, dieser Zwang zum Gehen und Reden; die Augen zu öffnen und wieder zu schließen; Tag für Tag zu denken und zu trinken, ja, und jeden Tag zu essen und wieder auszuscheiden. Und dann diese Nötigung, das Weibchen der eigenen Gattung zu verfolgen, oder das Männchen, je nachdem; dieses ewige Ruminieren, Kalkulieren, Kopulieren, Sich-Vermehren ... Nein, nein, das alles ist viel zu grob, zu tiefstehend, zu stupide. Solche Dinge sind, wie Villiers de l'Isle-Adam sagt, Lakaienarbeit. Doch für die Abkömmlinge wer weiß wie vieler Generationen von Templern, Rittern von Malta und Rhodos, Rittern des Hosenbandordens, vom Heiligen Geist und von all den verschiedenfarbigen Adlern – für diesen Personenkreis kam so etwas nicht in Frage, es gehörte sich einfach nicht. *Vivre ? Nos valets le feront pour nous.*

An derselben Stelle, doch auf einer anderen Ebene der großen Geschichtsspirale, hatte mehr als zweitausend Jahre zuvor Prinz Gautama ebenfalls die Vulgarität des Lebens entdeckt. Der Anblick eines Leichnams, der am Straßenrand verweste, hatte ihm zu denken gegeben. Es war seine erste Begegnung mit dem Tod. So ein verwesender armer Hund ist ein Unberührbarer, und der Verwesungsprozeß ist unter allen Formen von schlechten Manieren die denkbar vulgärste. Denn eine Leiche ist per definitionem eine Person, der es völlig an jedem *savoir vivre* gebricht. Selbst der Latrinenentleerer hat mehr davon. Doch im größten König, in der lieblichsten, blütenschönsten Prinzessin, im ätherischsten Dichter, im bestgekleideten Dandy, im vergeistigtsten, heiligsten Weisheitslehrer lauert der Ausgestoßenste der Ausgestoßenen, der Jauchenträger, der Hund, der Niedrigste der Niederen und wartet, wartet nur darauf, zum Vorschein zu kommen.

Die Helden sind zu sehr damit beschäftigt, sich durchzusetzen und das Gewonnene zu genießen: sie haben keine Zeit zum Denken. Doch die Söhne der Helden – ja, die finden dazu die notwendige Muße. Der künftige Buddha gehörte einer Generation an, die Zeit hat. Er sah den Kadaver, roch seinen vulgären Gestank und begann zu denken. Die Echos seiner Meditation klingen heute noch nach, bereichert durch eine Fülle angesammelter Harmonien, wie die Erinnerung an die letzten Akkorde eines Orgelspiels, die unter der Wölbung einer Kathedrale an- und abschwellen.

Die Geschichte der Ökonomie hat, nicht weniger als die des Krieges oder der Politik, ihre heroischen Zeitalter. Ökonomisch betrachtet war das 19. Jahrhundert das Äquivalent jener Heldenepoche, über die wir im Beowulf oder in der Ilias lesen. Seine Führer kämpften, siegten oder wurden besiegt, und hatten keine Zeit zum Denken. Seine Barden, die Romantiker, sangen begeistert, doch nicht von den Heroen, sondern von höheren Dingen (denn sie waren Homere, die ihren Achill verabscheuten), sangen mit all der Leidenschaft, die die zeitgenössischen Helden darauf verwandten, die Armen in den Staub zu drücken. Erst in der zweiten und dritten Generation hatten die Menschen allmählich die nötige Muße und Distanz, um die ganze Angelegenheit – ökonomisches Helden- und romantisches Bardentum – ziemlich vulgär zu finden.

Villiers war wie Gautama einer von denen, die Zeit hatten. Daß er zufällig ein Sproß all der Templer und Ritter von dem und jenem war, ist demgegenüber weitgehend belanglos. Entscheidend war dies: daß er der Sohn oder Enkel der Wirtschaftsheroen und romantischen Barden war oder es wenigstens der Chronologie nach hätte sein können – ein Mann der Dekadenz. Söhne haben immer das rebellische Bedürfnis, von dem ernüchtert und abgestoßen zu werden, was ihre Väter in Bann zog; doch ob nun ein Bedürfnis dazu bestand oder nicht, es mußte einem empfindsamen Gemüt schwerfallen, den schon in Verwesung übergegangenen Leichnam der industriellen Zivilisation zu sehen und zu riechen, ohne in düstere Gedankengänge hineinschokkiert zu werden. Villiers war ordentlich schockiert; und er drückte diesen Schock in Begriffen einer aristokratischen Arroganz aus, die in ihrer Intensität nahezu brahmanisch war. Doch seine feudale Begrifflichkeit war kaum mehr als ein bloßer Zufall. Ohne mit den Privilegien von Villiers' – möglicherweise legendärer – hoher Abstammung geboren zu sein, waren andere empfindsame Seelen derselben postheroischen Generation ebenso gründlich schockiert. Der Templersproß hatte lediglich einen auffälligeren Wortschatz. Für die intelligenteren und rollenbewußteren Künstler der letzten Dekaden des 19. Jahrhunderts war eine allzu franke Anerkennung der offensichtlichen Lebensrealitäten, waren allzu herzhafte Umgangsformen und (um es grob zu sagen) zuviel Kutteln ziemlich ordinär. *Vivre? Nos valets le feront pour nous.* (Nebenbei bemerkt stieg die Selbstmordrate in den sechziger Jahren steil an; in manchen Ländern sogar auf das Fünffache ihres Standes von siebzig Jahren davor.) Zola war der Oberlakai des Zeitalters. Dieses gewöhnliche Interesse für das wirkliche Leben! Und diese Kutteln! Wollte der Mensch etwa ein Geschäft als Zurichter von Innereien aufmachen?

Einige wenige überalterte Neunziger sind immer noch um den Weg; und ein paar junge Neo-Neunziger, die alle Kunst und menschliche Tätigkeit nach den Kategorien des Amüsanten und Odiosen bewerten, spielen weiterhin kätzchenhaft mit ihren Wachsblumen, ausgestopften Eulen und frühviktorianischen Perlenstickereien. Doch ob alt oder jung, sie zählen nicht. Kutteln und die Anerkennung des Realen sind nicht länger vulgär. Und warum nicht? Was ist geschehen? Drei Dinge: die übliche Reaktion der Söhne gegen die Väter, eine neue industrielle Revolution und die Wiederentdeckung der Mysterien. Wir sind in ein zweites heroisches Zeitalter der Ökonomie eingetreten (ja wir haben es vielleicht schon durchlaufen). Seine Homere sind freilich fast ausnahmslos skeptisch, ironisch, anklagend. Doch diese Skepsis, Ironie und Anklage ist ebenso kräftig und heftig wie das, was bezweifelt und angeklagt wird. Babbitt steckt sogar seine Schmäher mit seiner unbändigen Vitalität an. In derselben Weise entsprach die Energie, die die Romantiker besaßen, derjenigen ihrer Feinde, der Wirtschaftsheroen, die die moderne Industriegesellschaft schufen. Leben zeugt Leben, auch im Gegensatz zu sich selbst.

Vivre? Nos valets le feront pour nous. Doch die Physiker und Psychologen haben unsere Welt als einen trotz allem so phantastisch sonderbaren Ort erschlossen, daß es ein übertrieben humanitärer Akt wäre, sie den Lakaien zur alleinigen Nutznießung zu überantworten. Man soll die Dienstboten nicht verwöhnen. Die anspruchsvollsten Geister brauchen sich eines herzhaften Interesses am wiederentdeckten Mysterium der wirklichen Welt nicht zu schämen. Gewiß, es ist ebensosehr eine sinistre wie eine faszinierende und geheimnisvolle Welt. Und was für ein Schlamassel haben wir, trotz aller guten Absichten, aus unserer speziellen Ecke dieser Welt gemacht, machen wir eifrig weiter daraus! Derselbe alte Industriekadaver – teilweise desinfiziert und im Augenblick auf galvanischem Wege zu einem zuckenden Anschein gesunden Lebens stimuliert – verrottet immer noch am Wegesrand, wie er schon zu Villiers' Zeiten verrottete. Und was das Aas Gautamas anlangt: das haben wir ohnehin immer um uns. Es gibt, wie eh und je, ausgezeichnete Gründe zu individueller Verzweiflung; während die Gründe dafür, an der Gesellschaft zu verzweifeln, tatsächlich ein gutes Stück zwingender sind als zu den meisten Zeiten vorher.

Ein Mallarmésches Zurückschaudern in pure Poesie, ein empfindsames Henry James'sches Meiden aller peinlichen Probleme könnte gerechtfertigt erscheinen. Doch der Geist der Zeit – der industrieheroischen Zeit, in der wir leben – steht solchen Rückzugsbewegungen, solcher Übergabe des Lebens an die Lakaien, entgegen. Er verlangt von uns, nicht nur die Traube der Freude, sondern auch jeden Sodomsapfel »mit festem Zungendruck am Gaumen zu zerpressen«. Auch Staub und Asche wollen lustvoll genossen werden. So ist die moderne amerikanische Erzählliteratur, wie das moderne amerikanische Faktenarsenal, das sie so präzise wiedergibt, höchst umfänglich und lebendig. Und doch, »Staub und Asche, Staub und Asche« bleibt der Grundtenor und die letztliche Moral fast jedes amerikanischen Romans von einiger Qualität. Hohe und heroische Vitalität wird in den Ausdruck von Verzweiflung investiert. Es ist eine Hoffnungslosigkeit von fast Rabelais'scher Intensität.

III

Zu Beginn des 19. Jahrhunderts galt es als vulgär, auf der tragischen Bühne Frankreichs das Wort ›Taschentuch‹ zu erwähnen. Eine willkürliche Konvention hatte die tragischen Charaktere zum Leben in einer Welt verurteilt, in der Nasen nur dazu dienen, die edlen Römer von Griechen und Israeliten zu unterscheiden, niemals aber dazu, geschneuzt zu werden. Willkürliche Konventionen der einen oder anderen Art sind für die Kunst unentbehrlich. Doch so wie eine bestimmte Konvention sich immerzu verändert, verändert sich auch die entsprechende Vulgarität. Wir sind wieder bei den Relativitäten angelangt.

Im Fall des Taschentuches handelt es sich um die besondere und ziemlich absurde Anwendung einer sehr weit verbreiteten künstlerischen Konvention. Sie wird mit der alten metaphysischen Lehre gerechtfertigt, die im Universum zwei Prinzipien, Geist und Materie, am Werk sieht, und dem Geist einen unendlich höheren Wert zuschreibt. Im Namen dieses Prinzips haben viele Religionen das Opfer des Leibes gefordert. Ihre Anhänger haben dieser Forderung mit der Abtötung des Fleisches, gelegentlich auch mit Selbstkastration und Selbsttötung, entsprochen. Nun hat auch die Literatur ihre Manichäer, ebensogut wie die Religon: Menschen, die den Körper und seine Funktionen prinzipiell von der Welt ihrer Kunst ausschließen möchten, die alle allzu eingehenden und detaillierten Berichte aus der physischen Wirklichkeit als vulgär brandmarken, als vulgär auch alle Versuche, mentale oder spirituelle Vorgänge mit leiblichen Geschehnissen in Verbindung zu bringen. Die Bewohner ihres Universums sind keine wirklichen Menschen, sondern jene tragischen Helden und Heroinen, die sich nie schneuzen müssen.

In künstlerischer Hinsicht hat die Abschaffung der Taschentücher und all dessen, wofür Taschentücher direkt oder indirekt stehen, gewisse Vorteile. Die taschentücherlose Welt des reinen Geistes und der reinen Seele ist für einen Erwachsenen die nächste Annäherung an jenen so unendlich heimeligen Freudianischen Mutterschoß, nach dem wir uns alle immerzu, wie nach einem Paradies, zurücksehnen. In der taschentücherlosen Geisteswelt steht es uns frei, die Dinge bis zu ihren letzten logischen Konsequenzen zu verfolgen; dort können wir den Triumph der Gerechtigkeit garantieren, das Wetter kontrollieren, und dort werden (in den Worten jener populären Sehnsuchtsongs, die die Nationalhymnen des Mutterschoßlandes sind) wunderbar all unsere Träume wahr, dort werd ich glücklich sein, in ewigem Sonnenschein, und nur mit dir allein.

In der geistigen Welt ist die Natur keine Sammlung lästig undurchsichtiger und widerborstiger Gegenstände, so verwirrend für den Mann der Wissenschaft, so bösartig feindlich gesinnt gegen den Mann der Tat; sie ist die strahlend vernünftige Substanz einer Hegelschen Naturphilosophie, eine symbolische Manifestation des dialektischen Prinzips. Künstlerisch ist eine solche Natur viel befriedigender (eben weil man viel leichter mit ihr umgehen kann) als das merkwürdige, ziemlich unheimliche und schließlich ganz und gar unbegreifliche Ungeheuer, das uns, wenn wir uns nur einmal aus unseren Elfenbeintürmen herauswagen, auf der Stelle verschlingt. Und der Mensch, im Vergleich zu dem es, wie Sophokles schon vor längerer Zeit bemerkt hat, nichts Ungeheuerlicheres, Wunderbareres, erschreckend Fremderes gibt (es ist schwer, sein *deinóteron* mit einem Wort wiederzugeben) – der Mensch selbst ist gleichfalls ein höchst unbefriedigender Gegenstand für die Literatur. Denn dieses Geschöpf aus Unvereinbarkeiten kann auf gar zu vielen unterschiedlichen Existenzebenen leben. Der Mensch haust in einer Art von psychologischem Woolworth-Gebäude; man kann nie wissen – und er weiß es selbst nicht –, auf welchem Stockwerk er morgen auftauchen wird, oder ob es ihm nicht schon in einer Minute in den Sinn kommt, in den Lift zu springen, um ein Dutzend oder sogar zwanzig Stockwerke nach oben zu rasen, in eine völlig andere Seinsweise. Die manichäische Verdammung des Leibes bewirkt nun von vornherein eine Reduktion dieses unmöglichen Wolkenkratzers um die Hälfte seiner ursprünglichen Höhe. Nachdem der Mensch nun mehr in seinem Bewegungsradius auf die geistigen Stockwerke seines Daseins beschränkt ist, wird er für den Schriftsteller zu einem beinahe leicht zu handhabenden Sujet.

In den französischen Tragödien (den vollkommensten manichäischen Kunstwerken, die je geschaffen wurden) hat sogar die Lust ihre leibliche Eigenschaft eingebüßt und ihren Platz unter den anderen abstrakten Symbolen eingenommen, mit deren Hilfe die Autoren ihre seltsamen algebraischen Gleichungen von Konflikt und Leidenschaft aufstellen. Die Schönheit der algebraischen Symbole liegt in ihrer Universalität; sie stehen nicht jeweils für einen besonderen Fall, sondern für alle Fälle. In ihrem Manichäertum konzentrieren sich die klassischen Autoren ausschließlich darauf, den Menschen als ein Geschöpf reiner Vernunft und fleischentbundener Leidenschaft zu studieren. Der Leib trennt und partikularisiert, der Geist aber eint. Eben dadurch, daß sie solche Beschränkung postulierten, konnten die Klassizisten eine Universalität der Botschaft erreichen, wie sie allen Versuchen, die Besonderheit und Unvollständigkeit leiblichen Lebens wiederzugeben, versagt bleiben muß. Doch was sie an Allgemeingültigkeit gewannen, verloren sie an Lebendigkeit und unmittelbarer Wahrheit. Man kann nicht etwas für nichts bekommen. Manche Menschen meinen, daß Allgemeingültigkeit gelegentlich zu teuer erkauft wird.

Um ihren asketischen Code durchzusetzen, mußten die Klassizisten ein System kritischer Sanktionen entwerfen. An vorderster Stelle stand dabei das Stigma der Vulgarität, das all jenen aufgedrückt wurde, die zu peinlich auf der physischen Seite des menschlichen Daseins bestanden. In einer Tragödie über Taschentücher reden? Der Verstoß gegen die guten sprachlichen Sitten war so ungeheuerlich, als hätte man eine Gabel als Zahnstocher benützt.

Vor nicht allzulanger Zeit fand ich mich in einer Pariser Abendgesellschaft neben einem französischen Englischprofessor sitzen, der mir im Verlauf einer sonst recht angenehmen Unterhaltung zu verstehen gab, ich sei ein führendes Mitglied der neuklassischen Schule, und in ebendieser Eigenschaft würde ich den von ihm betreuten fortgeschrittenen Studenten zeitgenössischer englischer Literatur in Vorlesungen präsentiert.

Die Nachricht deprimierte mich. So abklassifiziert wie ein Museumsstück und in Vorlesungen abgehandelt, fühlte ich mich ganz trostlos posthum. Doch das war noch nicht alles. Die Vorstellung, daß ich ein Neoklassiker sei, lastete schwer auf meinem Gemüt – ein Neoklassiker, ohne es zu wissen, ein Neoklassiker ganz gegen meine Wünsche und Absichten. Denn ich hatte noch nie den geringsten Ehrgeiz, ein Klassiker zu werden, egal ob Neo-, Paläo-, Proto- oder Eo-. Um keinen Preis. Denn zum einen finde ich Geschmack am Lebendigen, Gemischten und Unvollkommenen in der Kunst; ich ziehe es dem Allgemeingültigen und chemisch Reinen vor. Zweitens betrachte ich die klassische Disziplin mit ihrer Insistenz auf Vereinfachung, Elimination, Konzentration, trotz aller formalen Schwierigkeiten, die sie einem Schriftsteller auferlegt, wesentlich als eine Form der Furcht und Flucht vor der allergrößten Schwierigkeit: mit den Mitteln der Literatur jenes unendlich komplizierte und geheimnisvolle Ding angemessen wiederzugeben – die tatsächliche Realität.

Die Welt des Geistes ist ein heimeliges Mutterschoßland, ein Ort, zu dem wir aus der verwirrenden Vielfalt und Seltsamkeit der wirklichen Welt fliehen. Die Materie ist unendlich subtiler und intrikater als der Geist. Oder, um mich etwas philosophischer auszudrücken: das Bewußtsein von Ereignissen, das uns unmittelbar durch Sinnesempfindungen, Intuition und Gefühl zuteil wird, ist unvergleichlich subtiler als jede Idee dieses unmittelbaren Bewußtseins, die wir uns nachträglich bilden können. Unsere raffiniertesten Theorien, unsere elaboriertesten Beschreibungen sind bloß krude und barbarische Vereinfachungen einer Wirklichkeit, die noch in ihren kleinsten Bestandteilen unendlich komplex ist.

Natürlich müssen Vereinfachungen gemacht werden; würden sie nicht gemacht, so wäre es ganz unmöglich, die Wirklichkeit künstlerisch (oder auch wissenschaftlich) zu behandeln. Wie klein muß ein Ausmaß an Vereinfachung sein, um noch mit Verständlichkeit, mit dem Ausdruck einer menschlich signifikanten Bedeutung vereinbar zu sein? Es ist das Geschäft des nicht-klassischen, ›naturalistischen‹ Schriftstellers, dies herauszufinden. Sein Ehrgeiz zielt darauf, die Qualität unmittelbarer Erfahrung literarisch wiederzugeben – mit anderen Worten, das letztlich Unausdrückbare auszudrücken. Dieser Unmöglichkeit auf irgendeinem Wege näher zu kommen scheint mir viel schwieriger, als durch Ausscheiden und Vereinfachen ein vollkommen realisierbares klassisches Ideal zu erreichen. Das Herausschneiden aller komplexen Besonderheit aus einer gegebenen Situation (und das heißt, wie wir sahen, das Herausschneiden all dessen, was daran körperlich ist) stellt sich mir als künstlerische Drückebergerei dar. Ich lehne jedoch einen Ansatz ab, der sich um die künstlerischen Probleme herumdrückt. Eben deshalb finde ich mich im Widerspruch zum Klassizismus.

Literatur ist auch Philosophie, ist auch Wissenschaft. In der Begrifflichkeit des Schönen verkündet sie Wahrheiten. Die Schönheit-Wahrheit der besten klassischen Werke besitzt, wie wir gesehen haben, eine gewisse algebraische Universalität der Bedeutung. ›Naturalistische‹ Werke enthalten die detaillierten Schönheit-Wahrheiten der besonderen Beobachtung. Und die sind wahrhaft wissenschaftlich. Alles, was beispielsweise die modernen Psychologen getan haben, bestand darin, die gewaltigen Schätze an Seelenwissen in Roman, Drama, Gedicht und Essay zu systematisieren und zu entästhetisieren. Autoren wie Blake und Shakespeare, Stendhal und Dostojewski können den modernen Berufswissenschaftler nach wie vor eine Menge lehren. Hier läßt sich, selbst aus dem Werk zweitrangiger Schriftsteller, noch eine reiche Ernte einfahren. Da ich von Natur aus ein Naturgeschichtler bin, habe ich den Ehrgeiz, meine Quote zur Summe der partikularisierten Schönheit-Wahrheiten über den Menschen und seine Beziehung zur Welt, die ihn umgibt, beizutragen. (Am Rande bemerkt: diese Welt der Bezüge, dieses Grenzland zwischen dem Subjektiven und Objektiven, ist ein Terrain, zu dessen Erforschung die Literatur ganz besonders, vielleicht sogar einzigartig befähigt ist.) Ich weigere mich, ein klassischer oder auch neoklassischer Ausscheider und Verallgemeiner zu sein.

Das bedeutet unter anderem, daß ich die klassizistische Exkommunikation des Leibes nicht akzeptieren kann. Ich betrachte es nicht nur als erlaubt, sondern als unumgänglich, daß die Literatur die Physiologie zur Kenntnis nimmt und die immer noch dunkle Beziehung zwischen dem Geist und seinem Leib untersucht. Zugegeben, viele Leute finden die Veröffentlichung solcher Untersuchungsergebnisse, wenn sie nicht in wissenschaftlichen Fachbüchern versteckt und in die dezente Dunkelheit eines graeco-lateinischen Jargons gefaßt sind, außerordentlich und ganz unverzeihlich vulgär; und noch viel mehr Leute finden sie geradezu verrucht. Ich selbst bin schon oft der Vulgarität und Verruchtheit bezichtigt worden, von Rezensenten in der Öffentlichkeit und von unprofessionellen Lesern im privaten Briefwechsel; und der Grund dafür, soweit ich ihn feststellen konnte, war, daß ich meine Erkundungen gewisser Phänomene in verständlichem Englisch in einem Roman zu berichten wagte. Gerade daß sich so viele Menschen von dem schockiert fühlen, was er schreibt, macht es dem Schriftsteller praktisch zur Pflicht, sie weiter zu schockieren. Denn wer sich von der Wahrheit schockieren läßt, ist nicht nur dumm, sondern dazu noch moralisch tadelnswert; die Dummen sollten unterrichtet, die Schlechten bestraft und gebessert werden. All diese löblichen Ziele lassen sich durch einen Schockier-Lehrgang erreichen; strafende Pein fügt man den Wahrheitshassern durch die schockierenden Wahrheiten beim ersten Lesen zu; die Wiederholung wird in ihnen allmählich eine gewisse Schmerzunempfindlichkeit erzeugen und die umnachteten Missetäter schließlich bessern und von ihrem Wahrheitshaß erzieherisch befreien. Denn eine altvertraute Wahrheit vermag nicht mehr zu schockieren. Sie vertraut zu machen, ist daher eine Pflicht. Es ist auch ein Vergnügen. Wie sagt doch Baudelaire? *Ce qu'il y a d'enivrant dans le mauvais goût, c'est le plaisir aristocratique de déplaire.*

IV

Das aristokratische Vergnügen zu mißfallen, ist nicht der einzige Genuß, den einem der schlechte Geschmack verschafft. Man kann eine gewisse Art von Vulgarität um ihrer selbst willen lieben. Künstlerische Schranken zu überschreiten, zu dick aufzutragen, weil es einfach Spaß macht, barocke Farben aufzutragen – es gewährt ein rauschhaftes Vergnügen, solche Sünden gegen den guten Geschmack zu begehen, nicht weil sie anderen Leuten mißfallen (die große Mehrheit findet sie eher unterhaltsam), sondern weil sie ihrem Wesen nach vulgär sind, weil der gute Geschmack, gegen den sie verstoßen, weitgehend ein Absolutum an gutem Geschmack ist; sie sind künstlerische Verstöße, die die erregende Qualität einer Sünde wider den Heiligen Geist besitzen.

Ich glaube, es war Flaubert, der geschildert hat, wie er beim Schreiben von Schwärmen grellbunter Bilder bedrängt wurde, und wie er sie als ein zweiter heiliger Antonius gnadenlos wie Läuse an der nackten

Wand seines Studierzimmers zerquetschte. Er wollte nicht dulden, daß sein Werk sich mit anderer als der eigenen inneren Schönheit schmückte, und ließ keine äußerlichen Edelsteine zu, wie reizvoll sie auch an sich sein mochten. Die Heiligmäßigkeit dieses Asketen der Literatur fand ihre angemessene Belohnung. Es gibt nichts in Flauberts gesamten Schriften, was auch nur von fern einer Vulgarität ähnelt. Die Gefolgsleute seiner Religion müssen täglich um die innere Stärke beten, ihrem Heiligen darin nachzufolgen.

Diese Stärke wird nur selten gewährt. Die Versuchungen, die Flaubert niederkämpfte, machen es einem Menschen von lebhafter Phantasie und aktivem Geist unglaublich schwer, ihnen zu widerstehen. Ein Bild, glitzernd, irisierend, bietet sich an: fang es ein, spieß es auf, und wenn es auch noch so unpassend überbrillant für den Kontext ist! Eine Wendung, eine Situation suggeriert eine ganze Folge überraschender oder amüsanter Vorstellungen, die gleichsam tangential von der runden Welt, die der Schöpfer gerade in Arbeit hat, fortschießen; welch gute Gelegenheit, etwas Witziges oder Tiefschürfendes loszuwerden! Freilich, das Ornament wird wie ein allzu üppiger Auswuchs des gesamten Werkes wirken, aber wenn schon. Nur herein mit der Tangente, oder besser heraus, in die künstlerische Irrelevanz. Und herein mit der wirkungsvollen Wendung, die zu wirkungsvoll, zu farbenfroh ist für das, was sie ausdrücken soll; herein mit der allzu nachdrücklichen Ironie, mit der allzu tragischen Szene, der allzu pathetischen Tirade, der allzu poetischen Beschreibung! Wenn wir all diesen ergötzlichen Versuchungen verfallen, wenn wir all diese bunten Läuse an uns heranlassen, statt sie gleich beim ersten Auftauchen zu zerquetschen, dann wird unser Werk bald glitzern wie ein südamerikanischer Parvenu, blendend vor parasitärem Zierat, und vulgär. Für einen seiner selbst bewußten Künstler besteht ein ganz außerordentliches Vergnügen darin, daß er genau weiß, welche Folgen das Angeben und Dick-Auftragen unweigerlich haben werden, um dann (trotz oder gerade wegen dieses Wissens), bewußt und mit allem handwerklichen Geschick, genau diese Vulgaritäten zu begehen, vor denen ihn sein Gewissen warnt, und von denen er weiß, daß er sie später bereuen wird. Dem aristokratischen Vergnügen, anderen zu mißfallen, kann der bewußte Sünder gegen den guten Geschmack das noch aristokratischere Vergnügen hinzufügen, sich selbst zu mißfallen.

Es ist vulgär, in der Literatur Gefühle zur Schau zu stellen, die man nicht von Natur aus besitzt, aber von denen man meint, man müßte sie deshalb besitzen, weil all die besten Leute sie haben. Es ist ebenfalls vulgär (und das ist der häufigere Fall), zwar Gefühle zu besitzen, sie aber so schlecht auszudrücken, so überdick aufzutragen, daß es so aussieht, als hätte man gar keine natürlichen Empfindungen, sondern sei auf einen literarischen Fälschungsprozeß angewiesen, um Emotionen künstlich zu fabrizieren. Das Authentische in der Kunst ist, wie ich an anderem Ort ausgeführt habe, wesentlich eine Talentfrage. Die Liebesbriefe von Keats klingen echt, weil er literarisch höchst begabt war. Die meisten Männer und Frauen sind sehr wohl imstande, Leidenschaft zu empfinden, doch nicht, sie auszudrücken; ihre Liebesbriefe sind (wie wir aus den Proben erfahren, die bei Gerichtsterminen, Mordprozessen, bei Scheidungen und Verhandlungen wegen gebrochener Eheversprechen verlesen werden) entweder abgedroschen platt oder abgedroschen bombastisch. In jedem Fall aber wirken sie unaufrichtig, im zweiten dazu noch vulgär – denn Dick-Auftragen ist immer vulgär –, weil die Beteuerungen so inkompetent abgefaßt sind, daß sie einfach nicht überzeugen.

Doch vielleicht kann solch ein Übermaß an Beteuerung überhaupt nie überzeugend wirken, wie vollkommen auch die Kunst des Beteuernden sein mag. Zum Beispiel D'Annunzio – niemand beherrscht das Schreiberhandwerk besser als D'Annunzio. Aber wenn er gar zu oft viel Lärm um nichts macht, dann fällt es uns doch schwer, uns zum einen von der Bedeutung dieses Nichts und zum anderen von der Ernsthaftigkeit seiner Gefühle dafür zu überzeugen – und dies trotz der unvergleichlichen Brillanz von D'Annunzios viel Lärm. Übermäßige Beteuerung mag zwar ein bestimmtes Publikum zu einer bestimmten Zeit überzeugen. Doch sobald die Umstände sich geändert haben, die das Publikum empfindlich für die Macht und blind gegen die Vulgarität des Dick-Auftragens machten, hören die Beteuerungen auf, zu überzeugen. Mackenzies *Man of Feeling* etwa beteuert die Empfindsamkeit seines Verfassers mit einem Überschwang, der uns heute nicht nur vulgär, sondern eindeutig lächerlich erscheint. Zur Zeit seiner Veröffentlichung war die Empfindsamkeit aus verschiedenen Gründen äußerst zeitgemäß. Die Umstände wechselten, und der *Man of Feeling* erwies sich als vulgär bis zur absoluten Lächerlichkeit; vulgär und lächerlich ist er seither geblieben und wird es ohne Zweifel auch weiter bleiben.

Der Fall Dickens ist eigenartig. Die wahrhaft ungeheuerliche emotionale Vulgarität, die er sich von Zeit zu Zeit in all seinen Büchern und fast ununterbrochen im *Old Curiosity Shop* zuschulden kommen läßt, ist nicht die emotionale Vulgarität eines Autors, der Gefühle stimuliert, die er selbst nicht besitzt. Es ist ganz im Gegenteil offensichtlich, daß Dickens herzzerreißendes Mitgefühl mit der kleinen Nell empfand; daß er Tränen über ihr Leid vergoß, fromme Verehrung für ihre Herzensgüte empfand und über ihre Freuden jubilierte. Er besaß eben ein leicht überfließendes Herz; doch das Bedenkliche daran war, daß es in so seltsamen und einigermaßen unappetitlichen Sekreten überfloß. Der Schöpfer des späteren Pickwick und der Gebrüder Cheeryble, des Junggesellen Tim Linkinwater, von Mr. Garland und sovielen anderen greulichen Peter Pans war in seinen Gefühlsregungen offenbar ein wenig abnorm. Irgend etwas war ordentlich verquer bei diesem Mann, der sich so weinerlich bibbernd an der Infantilität von Erwachsenen delektierte.

Er selbst hätte seinen abscheulichen emotionalen Geschmack zweifellos mit einem Hinweis auf das Neue Testament gerechtfertigt. Doch die kindgleichen Charaktereigenschaften, die Jesus empfiehlt, sind mit Sicherheit nicht dieselben, die die alten Babys in Dickens' Romanen auszeichnen. Es besteht ein weltweiter Unterschied zwischen Babys und Kindern. Babys sind töricht, unbewußt, menschlich unentwickelt; Kinder dagegen ganz erstaunliche Wesen im Hinblick auf Intelligenz, Eifer, Neugier, Unduldsamkeit gegen das Verlogene, auf die Klarheit und Unbedingtheit ihrer Sicht. Alles spricht dafür, das Jesus kindgleich, nicht aber infantil war. Ein kindgleicher Mann ist keineswegs einer, dessen Entwicklung zum Stillstand kam: im Gegenteil, es ist einer, der sich selbst die Chance weiterer Entwicklung offenhält, lange nachdem die meisten Erwachsenen sich in den Kokon der Gewohnheit und Konvention des mittleren Alters eingesponnen haben. Ein infantiler Mann aber hat sich überhaupt nicht weiterentwickelt, oder er hat sich zurückentwickelt, in einer Regression hin zum Mutterschoß, zu heimeliger Unbewußtheit. Weit entfernt davon, anziehend und vorbildlich zu wirken, ist ein infantiler Mensch in Wahrheit ein höchst abstoßendes, weil wirklich monströses und verwachsenes Wesen. Ein Autor, der tränenvoll solche feisten oder aufgedunsenen Babys vergöttert, wie sie traulich in ihren geistigen oder ökonomischen Ersatz-Mutterschößen hocken und zwischen falschen

Zähnen am Daumen lutschen, muß ernste Probleme mit seiner emotionalen Verfassung haben.

Es gehört zu Dickens' auffälligsten Besonderheiten, daß er sofort aufhört, seinen Verstand zu gebrauchen, wenn immer er beim Schreiben emotional wird. Das Überfließen seines Herzens überflutet den Kopf und trübt sogar seine Augen; denn immer dann, wenn er in Schmelz-Stimmung ist, verliert er die Fähigkeit, und wahrscheinlich auch den Willen, die Realität zu sehen. Bei dieser Gelegenheit beseelt ihn einzig und allein der Wunsch, überzufließen, sonst nichts. Und das tut er, daß es nur so eine Art hat, in abscheulichem Blankvers, der dichterische Prosa sein will und doch nichts weiter als übelster Schwulst ist. »Wenn der Tod die Unschuldigen niederwirft, und die Jungen, dann erheben sich aus jeder zarten Gestalt, deren keuchenden Atem er verströmen läßt, hundert Tugenden in Gestalt von Barmherzigkeit, Wohltätigkeit, Nächstenliebe, um über die Welt zu wandern und sie zu segnen. Aus jeder Träne, die trauernde Sterbliche über solch grünen Gräbern vergießen, entsteht ein Gutes, kommt eine holdere Natur. In den Fußspuren des Zerstörers entspringen helle Geschöpfe, die seiner Macht Trotz bieten, und sein dunkler Pfad wird zu einem lichten Weg in den Himmel.« Und so weiter, in unstillbarem Wortschwall.

Geistig unter Wasser und von den klebrigen Absonderungen seines Herzens geblendet, sah sich Dickens unfähig, im Zustand der Gemütsbewegung die Wirklichkeit, die ihn bewegte, künstlerisch nachzuschaffen; ja er schien unfähig, sie auch nur zu erkennen. Leiden und Tod der kleinen Nell quälten ihn, wie sie im wirklichen Leben jeden normal konstituierten Menschen quälen würden; denn das Leiden und Sterben von Kindern stellt die Frage nach dem Bösen in seiner unbeantwortbarsten Form. Es war Dickens' Aufgabe als Schriftsteller, diese qualvolle Wirklichkeit in den Begriffen seiner Kunst nachzubilden. Es ist ihm gründlich mißlungen. Die Geschichte der kleinen Nell ist in der Tat quälend; doch nicht so, wie sie nach seinem Willen qualvoll sein sollte, sie ist qualvoll in ihrer Unbedarftheit und vulgären Sentimentalität.

Ein Kind, Iljuscha, leidet und stirbt in Dostojewskis *Brüdern Karamasoff*. Warum ist diese Geschichte so unerträglich bewegend, während uns die Geschichte der kleinen Nell nicht nur ungerührt, sondern voll Spott und Hohn läßt? Beim Vergleich beider Erzählungen fällt uns sogleich auf, wie unvergleichlich reicher Dostojewskis Schöpfung an faktischem Detail ist. Das Gefühl hinderte ihn nicht daran, die Dinge genau zu sehen und aufzuzeichnen, oder vielmehr nachzubilden. Er sah alles, was um Iljuschas Totenbett geschah, untrüglich. Der gefühlsgeblendete Dickens bemerkte praktisch nichts von dem, was sich während ihrer letzten Tage in Nells Umgebung zutrug. Er zwingt uns fast, zu glauben, daß er gar nichts sehen wollte. Er wollte selbst unwissend bleiben und wollte, daß seine Leser nichts anderes zur Kenntnis nahmen als das Leiden der kleinen Nell und ihre Unschuld und Herzensgüte.

Aber Güte und Unschuld und die Unverdientheit des Leidens, ja bis zu einem gewissen Grade auch das Leiden selbst, gewinnen nur in bezug auf die tatsächlichen Realitäten des menschlichen Lebens ihre Bedeutung. Davon abgelöst, büßen sie ihren Sinn, vielleicht sogar ihre Existenz ein. Selbst die klassischen Autoren umgaben ihre abstrakten und algebraischen Figuren doch wenigstens mit den abstrakten und algebraischen Implikationen jener menschlichen Wirklichkeit, auf die bezogen Tugenden und Laster allein Bedeutung annehmen. Dank Dickens' pathologisch bewußter Unbewußtheit finden sich Nells Tugenden gleichsam inmitten einer grenzenlosen Wüste des Unrealen ausgesetzt; in solcher Isolation verblassen und ersterben sie. Sogar ihr Leiden und Sterben ermangelt der Bedeutsamkeit, eben wegen dieser Absonderung. Dickens' Unbewußtheit war für diesen Tod tödlich. Nach der buddhistischen Ethik ist Unbewußtheit eine der Todsünden. Die Stumpfen sind böse. (Nebenbei bemerkt kann sich der Schlaueste gelegentlich und unter bestimmten Umständen als zutiefst – und verbrecherisch – stumpfsinnig erweisen. Es kann einer ein scharfsinniger Logiker sein, und zugleich ein emotionaler Kretin.) Verdammte im Bereich des menschlichen Verhaltens, sind sie auch in ästhetischer Hinsicht verdammt. Ihre Kunst ist schlecht: sie ermorden, statt zu erschaffen.

Kunst, wie gesagt, ist auch eine Philosophie, auch eine Wissenschaft. Bei Gleichheit aller anderen Bedingungen wird das Kunstwerk, das auf seine Weise mehr über die Welt ›sagt‹, besser sein, als ein Kunstwerk, das sich darüber eher ausschweigt. (Die anderen Bedingungen, die gleich sein müssen, sind die ästhetischen Formen, nach deren Gesetz der Künstler seine philosophischen und wissenschaftlichen Wahrheiten ausdrücken muß.) Warum ist *The Rosary* als Roman soviel weniger bewunderungswürdig als die *Brüder Karamasoff?* Weil das Ausmaß an Erlebtem aller Art, dem Mrs. Barclay ihr Verständnis oder, wie die Deutschen sagen würden, ihre Einfühlung zugewandt hat, gar so klein ist im Vergleich zu dem, was Dostojewski fühlend begriffen und so vollendet mit den Mitteln der Romankunst nachgeschaffen hat. Die pathetischen Partien des *Old Curiosity Shop* sind ebenso arm an verstandener und künstlerisch nachgeschaffener Erfahrung wie *The Rosary* – ich glaube sogar, noch ärmer. Sie sind aber dazu noch vulgär (was *The Rosary*, dieses genuine Meisterwerk der Gesindestube, nicht ist). Sie sind vulgär, weil ihre Armut eine prätentiöse Armut ist, weil ihre Krankheit (denn Dickens' Sentimentalität ist von wahrhaft pathologischer Natur) sich als die strahlendste Gesundheit ausgibt; weil sie ihren Mangel an Intelligenz und Verstehen mit einem üppigen Redeschwall zur Schau stellen, der nicht nur schockierend, sondern auch lächerlich wirkt.

(*Vulgarity in Literature*, 1930; Ü.: Werner von Koppenfels)

Wenn meine Bibliothek heute nacht abbrennt

Wenn meine Bibliothek abbrennt... Zum Glück ist das bisher nie geschehen. Aber ich bin oft genug umgezogen und habe genügend bücherborgende Freunde, um mir eine ziemlich lebhafte Vorstellung von der Natur dieser Katastrophe machen zu können. Einen geliebten Raum in eine leere Schale verwandelt sehen, mit nichts darinnen als einem dicken Teppich aus der Asche einstiger Lieblingsbücher – der bloße Gedanke läßt einen schaudern. Doch gottlob sind Bücher ja ersetzbar – zumindest die Bücher, die die Regale meiner Bibliothek füllen. Denn mir geht jeder Sammlergeist ab, und nie konnte ich mich für Erstausgaben und antiquarische Raritäten erwärmen. Mir liegt allein der Inhalt der Bücher am Herzen und nicht ihre Form, ihr Datum oder die Anzahl ihrer Vorsatzblätter. Feuer, Freunde und Wohnungswechsel können mir nichts rauben, das nicht, wie die Kinder, Kamele und Eselinnen Hiobs, in vollem Umfang ersetzbar wäre.

Im Prinzip besäße ich gern alles, was an der Dichtung all der Sprachen, zu denen ich auch nur eine flüchtige Bekanntschaft unterhalte, lesenswert ist. Aber im Sinne einer ersten Nothilfe werde ich mir in den ersten Wochen nach meinem hypothetischen Großbrand nur die unentbehrlichsten Hilfsmittel zur geistigen Gesundheit und Geborgenheit anschaffen.

Shakespeare wird mit von der Partie sein – weil es eine so ausgefallene Kreatur – wie die Giraffe – eigentlich gar nicht geben kann. Er ist die reine Unmöglichkeit und doch, wunderbarerweise, vorhanden; zu schön, um wahr zu sein, und dabei ein historisches Faktum, eine Erfahrungstatsache.

Chaucer wird mit von der Partie sein, weil ich für ihn unter allen großen Dichtern die wärmste Zuneigung empfinde; weil ich, wenn ich mir Genialität zu wünschen wagte, um die Gnade bäte, *Troilus* und die *Canterbury Tales* zu verfassen – eine höchst anmaßende Bitte, jedoch etwas weniger ungeheuerlich, als es der Wunsch wäre, wie Shakespeare schreiben zu können.

Homer wird mit dabeisein – weil er der Familie Chaucers angehört, freilich in größerem Maßstab; ein unbedingt wahrhaftiger Dichter, der das Leben so annahm, wie es wirklich ist, und es nahezu so ganzheitlich annahm, wie es einem Menschen gelingen kann, der nicht zur realistischen auch noch über die mystische Schau verfügt.

Dante wird dabeisein – weil er (obgleich er mir als Mensch kaum weniger unangenehm erscheint als Milton) wie Shakespeare eine jener enormen Unmöglichkeiten verkörpert, die doch verifizierbare Tatsachen sind; und weil er sich auf das Geheimnis verstand, das kein anderer Autor je so vollkommen gemeistert hat, die höchsten poetischen Wirkungen mit einer felsartigen, skeletalen Einfachheit der Sprache zu erzielen.

Donne wird dabeisein – wegen seiner faszinierenden Verbindung moderner Sensibilität mit mittelalterlicher Gelehrsamkeit. Marvell ebenfalls – weil sein begrenztes Talent Vollkommenheit besaß. Auch Wordsworth – weil er zu den Naturgewalten zählt, und dies ungeachtet der Tatsache, daß er gelegentlich schlechter schreiben konnte als irgend jemand auf der Welt, und daß er nach Milton und Dante wahrscheinlich der unsympathischste unter allen großen Dichtern ist. Baudelaire wird dabeisein – weil er der letzte und beredteste der Kirchenväter war. Und Rimbaud, weil ihm als Anstifter einer literarischen Revolution Vollkommenheit gelang. Und Mallarmé – weil sein künstlerisches Bewußtsein das vollkommenste war, und weil seine Lyrik mich gleichsam verfolgt hat, seit ich im Knabenalter von zwanzig Jahren den Versuch unternahm, seinen *Après-Midi d'un Faune* zu übersetzen.

Yeats wird dabeisein – weil er in seinen späteren Gedichten ganz außerordentliche Dinge mit Wortverbindungen treibt, die beinahe so nackt und knochig sind wie die der *Göttlichen Komödie*. Und dann Eliot – weil seine Stimme die wunderbar artikulierteste aus der ganzen Generation ist, der ich zufällig angehöre. Soviel zur Dichtung. Nicht daß sich nicht noch unendlich viel mehr darüber sagen ließe: aber eine Bibliothek kann nicht allein aus Dichtern bestehen. Sie muß auch Romane, Essays, Biographien, Briefe enthalten (von allem anderen ganz zu schweigen).

Alle großen Romanautoren sind in erstaunlichem Maße überlebensgroß; darin besteht ihr besonderes Charakteristikum. In manchen Fällen sind sie in alle Richtungen überlebensgroß; in anderen ist an ihnen eine spezielle Begabung, ein bestimmter Zug ihrer Persönlichkeit so über die Maßen entwickelt wie beim Fiedlerkrebs seine

Riesenklaue, die an einem normaldimensionierten Körper angebracht ist. Proust und James Joyce sind bemerkenswerte Exemplare dieses Fiedlerkrebs-Typus von Romancier. Beide waren enorm begabt, doch beide waren auch durch eine unmäßige Selbstbezogenheit eingeschränkt, die den Franzosen in endlose onanistische Beschäftigung mit seinen vergangenen und gegenwärtigen Empfindsamkeiten verstrickte und den Iren in Sackgassen magischen Klangzaubers und eines privaten Idioms führte. Trotzdem müssen beide in unsere Bibliothek aufgenommen werden.

Über die größten Romanciers, die in alle Richtungen Überlebensgroßen, brauchen wir nicht viele Worte zu machen. Da ist Tolstoi, der alles wußte, aufgrund einer Art physiologischer ›Empathie‹, einer Gabe, sich in die organische Beschaffenheit seiner Charaktere hineinzufühlen. Und da ist Dostojewski, der alles wußte aufgrund einer rein psychischen Intuition und aus purem Intellekt. Da ist Dickens, der alles kraft seiner überbordenden Phantasie wußte, und Balzac, dessen allwissende Phantasie zugleich systematisch und pseudologisch war. Sie alle müßten für die Erneuerung der Bibliothek käuflich erworben werden. Und dazu eine Werkausgabe von Stendhal, jener beglückenden Verbindung des Romantisch-Leidenschaftlichen mit dem Zynisch-Analytischen. Und außerdem Stendhals analytischer Lehrmeister, Choderlos de Laclos, Verfasser der außerordentlichen *Liaisons dangereuses;* und jener andere analytische Romantiker, Benjamin Constant. Natürlich dürfen wir auch die großen Meistererzähler des 18. Jahrhunderts nicht vergessen – Henry Fielding, den wir um seiner alles umfassenden und annehmenden Wahrhaftigkeit willen lieben müssen, eine Wahrhaftigkeit, die der Chaucers und Homers verwandt ist; und den Voltaire des *Candide*, eines Werkes, das wenn schon nicht das letzte, so doch gewiß das vorletzte Wort zum Thema der menschlichen Weisheit enthält; und Swift, den ewigen Komiker der Misanthropie, dessen Abneigung gegen das Menschengeschlecht in jedem neuen Jahr unserer Geschichte neue und immer greulichere Rechtfertigungen findet. Was Smollett betrifft – nein: mein Sinn für Humor ist einfach nicht robust genug, um sich rückhaltlos an Syphilis und Beinbrüchen zu delektieren. Und was Goethes *Wilhelm Meister* anlangt – das Buch ist zweifellos ein geniales Werk, doch so randvoll mit selbstgefälligem Egoismus, daß ich es kein zweites Mal zu lesen wünsche.

Bei der Rückkehr ins 19. Jahrhundert finde ich mich ohne weiteres imstande, den Verlust von Scott und Thackeray zu verschmerzen. Aber ich würde mir eine ganze Menge Trollope wiederbeschaffen, denn seine Bürgerschlauheit hat geradezu titanisches Format und sein *common sense*, sein britisches Viktorianertum ist von fast übernatürlicher Intensität. Doch wie steht es mit Flaubert? Es ist lange her, seit ich *Madame Bovary* gelesen habe. Und die *Education sentimentale*, einst eines meiner Lieblingsbücher, hat mich traurig enttäuscht, als ich sie mir vor ein oder zwei Jahren wieder vornahm. *Bouvard et Pécuchet* jedoch wird unter den ersten Büchern sein, die ich mir nachkaufe. Es ist das wahre Epos, nicht »Vom ersten Ungehorsam und vom Fall des Menschen«, sondern von des Menschen erster und originärer Dummheit, ein komisches Buch von wahrhaft Miltonscher Wucht und Weite. Verglichen damit sind Swifts *Advice to the Servants* und seine *Polite Conversation* die reinsten Theokritischen Idyllen.

Wir kommen nun zum 20. Jahrhundert und fragen uns: wie ist es mit Wells, mit Conrad, mit D. H. Lawrence? Eine erneute Lektüre von *Tono Bungay* vor nicht allzulanger Zeit läßt mich annehmen, daß ich mich nach dem Feuer wohl mit Wells' Science-fiction begnügen werde. In den Jahren ihres Erscheinens kamen einem seine Romane über das zeitgenössische Leben aufregend bedeutungsträchtig vor. Heute jedoch haben seine Kommentare über die Probleme von vor dreißig oder vierzig Jahren ihre Pointe verloren, und wir finden uns außerstande, viel Anteil an den papierdünnen Schattenrissen zu nehmen, die sich in diesen Romanen als Charaktere ausgeben. Und Joseph Conrad? Dreißig Jahre nach meiner ersten Begeisterung muten mich seine Bücher, bei aller Schönheit der Komposition, ein wenig leer und substanzarm an. Aber trotzdem werde ich mein Geld in eine neue Ausgabe investieren. Im Hinblick auf D. H. Lawrence dagegen habe ich keinerlei Vorbehalte. Denn Lawrence gehörte fraglos zu den überlebensgroßen Romanciers. Dank seiner erstaunlichen Einsicht in die Natur, dank seines Wissens um die ›dunklen Götter‹, die in den Tiefen der menschlichen Psyche herrschen, wird er immer und in jeder Bibliothek Anrecht auf einen Ehrenplatz haben.

Und nun zu den Essayisten. Wir beginnen, das ist unvermeidlich, mit Montaigne und Pascal, den zwei entgegengesetzten Polen des menschlichen Denkens: Montaigne, der Pol des Humanismus und der Innerweltlichkeit, Pascal, der Pol der Außerweltlichkeit und der ›Ordnung der Liebe‹. Aus den *Essais* und den *Pensées* allein könnte jeder intelligente Leser sich eine vollständige Erziehung in der Kunst, ein vollständiger Mensch zu sein, erwerben.

Bacon gehört zu jenen Autoren, die man, in flexibles Leder gebunden, als Preis für schulisches Wohlverhalten erhält. Trotzdem soll ihm immer ein Platz in meiner Bibliothek offenstehen. Zusammen mit Baltasar Gracián, seinem jüngeren Zeitgenossen, kann er uns in die Geheimnisse des konzentrierten Ausdrucks einweihen, eines Stils, der zugleich telegrafische Knappheit und Würde besitzt. Meine chronologisch nächste Wahl gilt Thomas Traherne, dessen *Centuries of Meditation* der wunderbare Ausdruck jener überirdischen Freude sind, in welcher der Geist Frucht bringt. Und dann brauchen wir John Dryden, weil er wie ein Gentleman schrieb, und Addison, aus dem gleichen Grund – nur daß hier die feine Gentleman-Art schon reichlich rollenbewußt geworden ist. Und Voltaire, weil er bei all seiner oft lächerlichen Seichtheit im *Dictionnaire philosophique* ewig relevante Dinge über Toleranz zu sagen hat, über Vorurteil, Aberglauben und die chronische Infamie aller gesellschaftlichen Organisation, die der Hauptgrund für die Unmenschlichkeit des Menschen gegen seinesgleichen ist. Und David Hume wegen seiner schottischen Weltweisheit, und Samuel Johnson wegen seines gesunden Menschenverstandes und seiner oftmals bewegenden Eloquenz. Und Coleridge natürlich – doch nur mit seinen *Notebooks* und *Aids to Reflection*; denn in seiner *Biographia Literaria* zeigt er (wie Kierkegaard ein Menschenalter später) eine fast fatale Unfähigkeit, es genug sein zu lassen. Und dann Charles Lamb, der am meisten literarische und doch, erstaunlicherweise, spontanste aller Künstler. Und De Quincey, dessen Prosa keiner Zeit verhaftet, sondern zeitlos in ihrer Vortrefflichkeit ist. Und Macaulay, der so schreibt, wie eine Militärmusik spielt, die allerbeste Lektüre für einen verregneten Nachmittag. Und Emerson, der schreibt wie ein Orakel und über einen echten Schatz an Weisheit verfügt. Und Walter Bagehot, ein bewundernswerter Kritiker, der zugleich ein weitblickender Unternehmer war. Und Sainte-Beuve, ein Mann von gewaltiger Gelehrsamkeit und einem Schwung, den nichts zu dämpfen vermochte. Und Matthew Arnold, dessen Bemerkungen über Philistertum und Bildung nach wie vor ins Schwarze treffen. Und Ruskin, für den ich mir eine selektive Lektüre ausbitten muß; denn er vermischt zum Verrücktwerden Unsinn mit menschenfreundlichster Sozialweisheit und wunderbarsten Einsichten in das Wesen der außermenschlichen Natur, und er läßt unerträgliche Abschweifungen mit einer unübertrefflich glanzvollen Prosa wechseln. Und Schopenhauer, einer der wenigen großen Deutschen, die nichts von jener *nimietas* oder ›Zuvielheit‹ an sich haben, die Coleridge als die literarische Nationalsünde der Deutschen beschrieb. Und Heine, der größte Virtuose romantischer Prosa, mit seinen plötzlichen, beinahe musikalischen Übergängen vom Ironischen zum Fast-Sentimentalen, vom Transzendenten zur kalkulierten Groteskerie. Unter den jüngeren Essayisten, die höchst substanzreichen More und Babbitt; und E. M. Forster, dessen *Abinger Harvest* zum Besten an delikatem Witz gehört, das in diesem Jahrhundert geschrieben wurde; und Virginia Woolf, die nicht überlebensgroß genug ist, um als Romanautorin unter die Großen aufgenommen zu werden, jedoch im kritischen Essay ihr vollkommenes Medium fand.

Und dann sind da noch die Biographen, Tagebuch-, Brief- und Memoirenschreiber. Ich kann nur einige wenige aufs Geratewohl herausgreifen. Keats' Briefe zum Beispiel, in mancher Hinsicht denkwürdiger als seine Lyrik; die Briefe Byrons, die ganz gewiß seinen *Childe Harold* überleben werden. Die erstaunlich wahrheitsgetreuen Notizbücher von Constant und Stendhal. Die Autobiographie Alfieris, der sich durch reine Willenskraft in ein dramatisches Genie verwandeln wollte, und von Lorenzo Da Ponte, dem Librettisten Mozarts; als Abenteurer wurde er ständig ausgetrickst und beschwindelt, weshalb er beim Leser soviel mehr Sympathie zu wecken vermag als sein wildentschlossen erfolgreicher Zeitgenosse Casanova. Und das *Journal* der Brüder Goncourt – 5000 Seiten scharfer Beobachtung und sorgfältig dokumentierter Bosheit. Und jene Tagebücher, in denen Scawen Blunt seine Eindrücke einer Gesellschaft festhielt, die noch so viel zeitliche Nähe besitzt, daß sich viele von uns an sie erinnern, und doch der zeitgenössischen Welt fast so fern steht wie das Florenz von Lorenzo Magnifico oder das Rom des Tiberius. Und mit dieser Kadenz in Moll, diesem Trauermarsch-Akkord, wollen wir schließen.

»Was, Künstler, stützt den Geist dir in solch schwerer Zeit?« Die

Antwort auf Arnolds seltsam schweraussprechliche Frage ist heute noch dieselbe wie eh und je, seit die Menschheit die Kunst des Schreibens erfand: eine Sammlung guter Bücher.

(*House and Garden*, November 1947; Ü.: Werner von Koppenfels)

Swift

»Die Königin«, schrieb Swift in einem seiner Briefe an Stella, »die Königin ist wohlauf, aber ich fürchte, sie wird nicht alt werden; denn wie man mir sagt, hat sie manchmal die Gicht im Gedärm (ich hasse das Wort Gedärm).« Und wie er es haßte! Nicht nur das Wort, auch das Zeug selbst, die harmlosen, unvermeidlichen Innereien – er ekelte sich vor ihnen und verabscheute sie mit so inbrünstigem Haß, wie ihn nur wenige je aufgebracht haben. Die Vorstellung war ihm unerträglich, daß die Menschen mit Därmen und Drüsen, mit Leber und Lunge, Milz und Niere durchs Leben gehen müssen. Daß menschliche Wesen gezwungen sind, die Abfallprodukte des Stoffwechsels und der Verdauung wieder auszuscheiden, war für Swift eine Quelle des qualvollsten Leidens. Und wenn er die Yahoos ausnahmslos als seine persönlichen Feinde betrachtete, so vor allem deshalb, weil sie nach Schweiß und Kot rochen, weil sie Zeugungsglieder und Zitzen hatten, Weichteile und haarige Achselhöhlen; ihre moralischen Defekte waren dagegen von untergeordneter Bedeutung.

Swifts Gedichte über Frauen sind sogar noch grimmiger als seine Yahoo-Prosa; sein Groll gegen die Frauen in ihrer Eigenschaft als warmblütige Säugetiere war von unglaublicher Bitterkeit. Man lese nur einmal (mit einem Fläschchen Riechsalz zur Hand, wenn man einen empfindlichen Magen hat) *The Lady's Dressing Room, Cassinus and Peter, A Beautiful Young Nymph Going to Bed.* Hier eine einigermaßen typische Kostprobe:

And first a dirty smock appeared,
Beneath the armpits well besmeared...
But oh! it turned poor Stephen's bowels,
When he beheld and smelt the towels,
Begummed, bemattered, and beslimed,
With dirt and sweat and earwax grimed.

Der Unterrock ein Schmuddelfetzen,
Unter den Achseln wüste Flecken...
Und dann erst! wie's den Stephen hebt,

Als er den Handtuchwust erspäht:
Verklebt, verschmiert, verdreckt ist alles
Von Schmutz und Schweiß und Ohrnschmalz.

Beim Übergang von der Beschreibung zur philosophischen Reflexion finden wir Zeilen wie die folgenden:

His foul imagination links
Each dame he sees with all her stinks;
And if unsavoury odours fly,
Conceives a lady standing by.

Sein Geist, von Unrat übermannt,
Verwechselt Damen mit Gestank,
Und wenn ein übler Duft aufsteigt,
Sucht er den Grund in einem Weib.

Ich kann es mir auch nicht versagen, jenen Vers zu zitieren, von dem Swift so angetan war, daß er ihn zum Höhepunkt von gleich zwei verschiedenen Gedichten machte:

Oh, Celia, Celia, Celia sch...!

Das einsilbige Verbum, dessen Abdruck mir die guten Sitten von 1929 verbieten, reimt mit ›meist‹ und ›Geist‹.

Swifts ›Haß auf das Wort Gedärm‹ muß ihn bis an den Rand des Wahnsinns getrieben haben: nichts anderes als heftigste Liebe oder intensivster Abscheu könnte sein besessenes Interesse am eingeweidlichen und fäkalischen Thema erklären. Die meisten von uns empfinden eine Abneigung gegen schlechte Gerüche und Abfall, doch von so gelinder Art, daß wir kaum je einen Gedanken an sie verschwenden, außer in Fällen, wo sie sich tatsächlich unseren Sinnen aufdrängen. Swift haßte die Gedärme mit so leidenschaftlichem Widerwillen, daß er einen perversen Zwang empfand, unablässig seine Phantasie in ihrer glitschigen Vorstellung zu baden. Die Menschen werden unweigerlich von dem fasziniert, was sie mit Ekel und Grauen erfüllt. Die Gründe dafür sind dunkel und ohne Zweifel komplex. Ein Ursprung dieser offensichtlichen Perversion liegt sicher in einer fast universellen Sucht nach Erregung. Das Leben ist für die meisten Menschen eine recht eintönige Angelegenheit; daher wollen sie sich fast um jeden Preis in Stimulation, Spannung und Aufregung versetzen lassen. Das Greuliche und Abscheuliche sind Quellen starker Emotion; auf diese Weise wird das Greuliche und Abscheuliche zu etwas Erstrebenswertem.

Die meisten von uns können vermutlich Abscheu und Grauen, zumindest in kleinen Dosen, durchaus genießen. Doch wir kommen ziemlich rasch an einen Punkt, wo der Genuß in Schmerz umschlägt; und wenn dies geschieht, tun wir naturgemäß, was wir können, um den Ursprung dieser Schmerzgefühle zu meiden. Doch es gibt wenigstens zwei Arten von Menschen, die dazu bereit sind, freiwillig die Jagd nach Greueln und Abscheulichkeiten fortzusetzen, lange nachdem die Mehrheit ihrer Mitmenschen sich von einem Genuß abzuwenden beginnt, der in unerträglichen Schmerz umschlägt. Zur ersten Art gehören diejenigen, denen Unempfindlichkeit angeboren ist – und die nur durch einen verhältnismäßig enormen Reiz erregbar sind. Einen extremen Fall stellen jene Schwachsinnigen dar, für die eine chirurgische Operation ohne Anästhesie ein echtes Vergnügen ist. Unter dem Messer und unter dem Brenneisen fangen sie endlich an, etwas zu empfinden. Zwischen diesem Extrem der Empfindungslosigkeit und der statistischen Normalität tut sich keine Kluft auf, sondern es existiert eine kontinuierliche, graduell gestufte Folge von Charaktertypen, die insgesamt eine normale Reizung als mehr oder minder unzureichend empfinden. Den Menschen mit angeborener Empfindungsschwäche müssen wir noch all jene hinzufügen, deren normale Empfindungsfähigkeit aus dem einen oder anderen Grund im Verlauf ihres Lebens gelitten hat. Ein vertrauter Typus ist der des gealterten Lüstlings, der, an permanente Ausschweifung gewöhnt, durch seine Lebensweise so ausgelaugt, abgestumpft und verhärtet ist, daß ihn nur noch ein überstarker Reiz in Erregung versetzen kann. Solche Empfindungslosigkeit kann eine Dosis von Greueln und Abscheulichkeiten vertragen, die für einen gewöhnlichen Sterblichen tödlich wäre.

Doch die Empfindungsgestörten sind nicht die einzigen Liebhaber von Greuel und Abscheulichkeit. Es gibt noch eine andere Art von Männern und Frauen, von oft außergewöhnlicher Gefühlsfähigkeit, die bewußt nach dem trachten, was Schmerz und Ekel hervorruft – um des außerordentlichen Genusses willen, den ihnen die Überwindung ihres Widerwillens verschafft. Da ist etwa der Fall der mystischen Madame Guyon: Sie empfand ihre Abneigung gegen unsaubere und unappetitliche Dinge als Schwäche einer Seele, die allein aus und mit ihrem Gott leben wollte. Eines Tages beschloß sie, diese Schwäche zu überwinden; als sie auf dem Boden einen ganz besonders widerwärtigen Klumpen aus Schleim und Speichel sah, hob sie ihn auf und steckte ihn, unter unbeschreiblichem Grauen und Würgen, in den Mund. Ihr gräßlicher Ekel verwandelte sich daraufhin in ein Gefühl von Freude und höchstem Jubel. Eine ähnliche Episode findet sich im Leben des heiligen Franz von Assisi. Fast die erste Handlung seiner geistlichen Existenz bestand darin, die schwärende Hand eines jener Aussätzigen zu küssen, deren Anblick und Gestank ihn bis dahin bis zum Erbrechen angewidert hatte. Wie Madame Guyon wurde auch er für seine Entsagung mit einem ekstatischen Glücksgefühl belohnt. Auch wenig heiligmäßige Menschen haben jene warme Welle der Befriedigung verspürt, die auf eine gegen stärksten inneren Widerwillen vollbrachte Tat folgt. Der Genuß, der darin liegt, den bewußten Willen gegen eine jener dunklen instinktiven Kräfte durchzusetzen, die das Bewußtsein zu Recht als seine Gegenspieler betrachtet, ist für viele Menschen und unter bestimmten Umständen ein mehr als ausreichender Ausgleich für die schmerzhafte Vereitelung ihres ursprünglichen Instinktes.

Unser Geist, und ebenso unser Körper, bildet eine Kolonie von unterschiedlichen Existenzen im Zustand chronisch widerstrebender Symbiose; die Seele ist in Wirklichkeit ein großes Konglomerat von Seelen, und unser Verhalten in jedem einzelnen Augenblick ist das Ergebnis ihrer endlosen Streitigkeiten miteinander in ebendiesem Augenblick. Die Lust, die den Sieg des bewußten Willens begleitet, besitzt eine ganz eigene Qualität, und diese macht sie für bestimmte Temperamente erstrebenswerter als jede andere Lust. Nietzsche riet den Menschen zur Grausamkeit gegen sich selbst, nicht weil diese Askese irgendeinem hypothetischen Gott wohlgefällig gewesen wäre, sondern weil sie eine gute geistige Übung darstellte, weil sie den Willen anspannte und damit ein erhöhtes Gefühl der Macht und des bewußten, willentlichen Lebens gewährte. Diesem lustvoll erhöhten Machtgefühl kann der Gläubige, dessen bewußter Wille ja seiner Vorstellung nach für ein absolut Gutes kämpft, ein nicht weniger lustvolles Tugendgefühl hinzurechnen, eben das wohlgefällige Bewußtsein, daß er seinem Gott wohlgefällt. Madame Guyon und der heilige Franziskus haben höchstwahrscheinlich bei ihrer so überschwenglichen Schilderung des Freudentaumels, den ihr willentliches Schwelgen im Unrat hervorrief, nicht einmal übertrieben.

Swift – um eine lange Abschweifung zu beenden – gehörte nun, wie mir scheint, zu einer Untergattung dieser zweiten Kategorie von Gruselfreunden. Er war keiner von den Empfindungslosen, die nur auf die krassesten Reize reagieren können. Ganz im Gegenteil scheint er von enormer Empfindlichkeit gewesen zu sein. Sein ›Haß auf das Gedärm‹ war die Rationalisierung eines immensen Widerwillens. Warum also hat er so hingebungsvoll über dem gebrütet, was ihn so heftig abstieß? Was war sein Lohn? War es eine Erhöhung des Machtgefühls in Nietzsches Sinn? Oder war es das Glücksgefühl des Christen, der seinem Gott zu Gefallen eine Schwäche überwindet? Nein, seinem Gott zu Gefallen hat der Dechant von St. Patrick sich gewiß nicht in Kot und Auswurf erniedrigt. War es dann vielleicht eine Form von Eigenliebe, von lustvoller Willensbehauptung? Das wohl schon eher, wenigstens bis zu einem Punkt. Doch sein eigentlicher Lohn war der Schmerz, den er empfand. Er stand unter dem Zwang, sich seinen Haß auf das Gedärm immer neu zu vergegenwärtigen, so wie ein Mensch mit einer Wunde oder einem schmerzenden Zahn den Drang verspürt, den Ursprung seines Schmerzes zu befühlen – um sich zu vergewissern, daß er noch da ist und ihn weiter peinigt. Im Falle Swifts ging es nicht darum, durch lustvolle Selbstbehauptung die Pein selbstbeschworenen Ekels zu überbieten. Für ihn war die Pein Lust, oder doch das ersehnte Ziel, auf das seine Tätigkeiten ausgerichtet waren. Er wollte leiden.

Swifts Größe liegt in der Intensität, in der beinahe wahnwitzigen Gewaltsamkeit seines ›Hasses auf das Gedärm‹, der den Kernpunkt seiner Misanthropie darstellt und seinem ganzen Werk zugrunde liegt. Als Doktrin und Lebensphilosophie ist dieser Menschenhaß zutiefst einfältig. Genau wie Shelleys apokalyptische Menschenliebe ist er ein Protest gegen die Wirklichkeit, kindlich (denn nur ein Kind kann sich weigern, die Natur der Dinge zu akzeptieren) wie alle derartigen Proteste, vom Märchen bis zur Utopie des Sozialisten. Als politische Programmschrift oder Ausdruck einer Weltsicht ist *Gulliver* ebenso absurd wie *Prometheus Unbound*. Betrachtet man sie jedoch als Kunstwerke, als selbständige Sprach-Universen, die aus eigener

Machtbefugnis existieren, wie aus willkürlichen Axiomen konsequent abgeleitete Geometrien, so weckt das eine Werk fast ebensoviel Bewunderung wie das andere. Worauf es mir jedoch hier ankommt, ist der Bezug beider Werke zur Realität außerhalb ihrer selbst, nicht die formale innere Beziehung ihrer Komponenten zueinander.

Wenn man sie lediglich als Kommentare zur Wirklichkeit betrachtet, lassen *Gulliver* und *Prometheus* bei aller tiefgreifenden Unterschiedlichkeit einen gemeinsamen Ursprung erkennen – die Weigerung ihrer Verfasser nämlich, die physische Realität der Welt zu akzeptieren. Shelleys Weigerung, die gegebene Welt anzuerkennen, nahm die Form einer lyrisch-prophetischen Flucht in ein Goldenes Zeitalter an, das dann anbrechen wird, wenn Könige und Priester vernichtet sind und ein Kult der Abstraktionen und metaphysischen Absoluta den der bestehenden Götter abgelöst hat. Swift dagegen unternahm keinen Fluchtversuch, sondern er blieb erdverbunden und tauchte beharrlich seine Nase gerade in jene Aspekte der physischen Wirklichkeit, die ihm am heftigsten zuwider waren. Sein Houyhnhnm-Utopia war keines von den künstlichen Paradiesen, deren Fabrikation (aus so gemischten Baustoffen wie religiösen Mythen, Romanzen und Whisky) den Menschen als Fluchtraum aus einer Welt diente, mit der sie nicht zu Rande kamen. Swift glich nicht dem alten Schlawiner aus Bazing in Edward Lears Limerick, der sich eine Stute zulegte,

Which he rode at full speed
To escape from the people of Bazing –

die er ritt im Galopp,
Nichts wie fort, hopp hopp hopp,
Von den schrecklichen Leuten in Bazing.

Swifts Pferde waren kein Transportmittel in eine andere und bessere Welt. Ein geflügelter Engel hätte diesem Zweck besser entsprochen. Wenn er ›sich eine Stute zulegte‹, dann nur, um den gräßlichen Yahoohaufen durch eine Parade ihrer Überlegenheit zu beschämen. Für Swift lag der Reiz des Houyhnhnm-Landes nicht in der Schönheit und Tugend seiner weisen Pferde, sondern im Unflat seiner verwilderten Menschen.

Wie wir bei näherer Betrachtung sehen werden, bestand die große, die unverzeihliche Sünde der Yahoos darin, daß sie ein Gedärm besaßen. Ähnlich wie manche Kirchenväter konnte auch Swift den Männern und Frauen nicht verzeihen, daß sie nicht nur unsterbliche Seelen waren, sondern auch Wirbel- und Säugetiere. Mit einem Wort, er war unfähig, ihnen ihre tatsächliche Existenz zu verzeihen. Ich brauche auf die Absurdität und kindische Torheit dieser Weigerung, die Welt in ihrer Gegebenheit zu akzeptieren, nicht im einzelnen einzugehen. Man leitet aus der Wirklichkeit Abstraktionen ab und versieht sie mit dem Etikett ›Seele‹, ›Geist‹ und so weiter; daraufhin wird die Wirklichkeit verworfen, weil sie diesen willkürlichen Abstraktionen ihrer Gesamtmenge nicht ähnlich genug ist. Ebenso sinnvoll wäre es, die Blumen zu hassen, weil sie nicht den Duftwässern gleichen, die man aus ihnen destilliert.

Eine noch größere, doch nicht weniger häufig begangene Torheit ist es, die Realität zu hassen, weil sie nicht den Märchen gleicht, die die Menschen erfunden haben, um sich über die Beschwernisse und Schwierigkeiten des täglichen Lebens hinwegzutrösten; oder sie zu hassen, weil das Dasein nicht so viel Sinntiefe zu enthalten scheint, wie irgendeiner unserer Lieblingsautoren ihm zuschreibt. Die Art, wie Iwan Karamasoff dem lieben Gott seine Eintrittskarte ins Leben zurückgibt, ist ein typisches Beispiel dieser letzten Form von Kinderei. Iwan ist darüber unglücklich, daß das wirkliche Universum der Vorsehungsmaschinerie christlicher Theologie gar so wenig ähnlich sieht, unglücklich deshalb, weil er keinen Sinn und Zweck im Dasein zu entdecken vermag. Doch der Sinn des Lebens liegt, abgesehen von der bloßen Perpetuierung des Lebendigen (an sich schon ein recht nobler und schöner Zweck), eben in dem Sinn, den wir selbst in das Leben legen: seine Bedeutung ist, was immer wir so zu nennen belieben. Das Dasein ist kein Kreuzworträtsel mit einer vorab festgelegten Auflösung und einem Preis für jeden, der es aufdröselt. Das Welträtsel hat so viele Lösungen, wie auf der Welt Bewohner leben. Jede Lösung ist eine Arbeitshypothese, durch deren Begrifflichkeit der Lösungssucher mit der Wirklichkeit experimentiert. Die besten Lösungen sind diejenigen, die dem, der sie findet, die größte Lebensfülle gestatten, die schlechtesten dagegen die, die ihn zu einem partiellen oder vollständigen Tod verurteilen. Noch die phantastischsten Lösungsvorschläge haben ihren Nutzen als Arbeitshypothesen. So halten sich die Angehörigen gewisser primitiver Volksstämme für Blutsbrüder von Krokodilen und Papageien, und leben in Übereinstimmung mit diesem Glauben – leben recht gut damit, nach allem, was man hört. Wir lächeln über diese Philosophie. Aber ist sie wirklich lächerlicher als eine andere, die uns lehrt, daß Menschen Brüder nicht von Papageien, sondern von eingebildeten Engeln sind? Oder daß eine Abstraktion, die sich Seele nennt, das eigentliche Wesen der Menschennatur ist, während der Leib kaum mehr als eine Zufälligkeit darstellt, und eine üble noch dazu?

Auf die möglichen Gründe von Swifts unsinnigem Haß auf das Gedärm komme ich später zu sprechen. Natürlich war es sein gutes Recht, so zu hassen. Jeder Mensch hat ein unveräußerliches Recht auf die erste psychologische Prämisse seiner Lebensphilosophie, so wie jeder Mensch ein unveräußerliches Recht auf die eigene Leber hat. Doch seine Leber kann eine schlechte Leber sein: sie kann ihn schwerfällig, übellaunig und verzweifelt trübsinnig machen. Sie kann, mit anderen Worten, eher Hindernis als Hilfe für das Leben sein. Nicht anders verhält es sich mit einer Lebensphilosophie. Jeder Mensch hat das Recht, die Welt so zu sehen, wie es ihm beliebt; doch seine Weltsicht kann eine schlechte sein – ein Hindernis, wie eine schadhafte Leber, anstatt eine Lebenshilfe.

Nach diesem Maßstab erweist sich die Swiftsche Weltsicht als offensichtlich schlecht. Die Eingeweide, den Leib mit seinem ganzen Drum und Dran so zu hassen, wie Swift es tat, heißt mindestens die Hälfte der menschlichen Lebensaktivität zu hassen. Es ist unmöglich, ein vollständiges Leben zu führen, ohne das Leben als Ganzes in all seinen Manifestationen anzunehmen. Swifts unglaubliche Kräfte wurden auf seiten des Todes, nicht des Lebens ins Feld geführt. Wie aufschlußreich ist es in diesem Zusammenhang, ihn mit Rabelais zu vergleichen. Als Schriftsteller waren beide vom fäkalischen Thema besessen. Haufen für Haufen findet sich wahrscheinlich in Rabelais' Werk mehr Kot und Unrat aufgetürmt als bei Swift. Aber wie wohltuend ist der Kot, durch den Gargantua watet, wie geradezu erfrischend der Unrat! Der Dreck wird verklärt durch Liebe; denn Rabelais liebte das Gedärm, das Swift so bitterlich verhaßt war. Rabelais besaß den wahren *amor fati*: Er nahm die Realität insgesamt an, nahm mit Dankbarkeit und Entzücken diese ganz und gar unwahrscheinliche Welt an, wo dem Dung Blumen entsprießen und ehrwürdige Kirchenväter (wie in Haringtons *Metamorphosis of Ajax*) auf dem Abtritt thronend über die göttlichen Mysterien meditieren; wo die mystischsten Sänger spiritueller Liebe, wie Dante, Petrarca und Cavalcanti, Frauen und Scharen von Kindern hatten; und wo die Heftigkeit animalischer Leidenschaft Empfindungen ausgesuchtester Zartheit und Noblesse wecken kann. An dieser höchst schönen, lächerlichen und tragischen Welt hatte Swift keinen Anteil: er ist ausgeschlossen von ihr durch seinen Haß, seinen kindischen Vorwurf gegen die Wirklichkeit, nicht völlig anders zu sein, als sie tatsächlich ist. Daß die schöne Celia wie jedes Kalb und jedes Kamel dem Ruf der Natur folgen muß, ist für Swift eine wirkliche Katastrophe. Der weise und medizinisch versierte Rabelais dagegen wäre beunruhigt, wenn sie ihm nicht Folge leistete – und würde ihr einen Besuch in Karlsbad oder Montecatini verschreiben. Swift hätte Celia gern so körperlos wie eine Abstraktion gehabt: er nahm ihr bitter übel, daß sie so kompakt und bei guter Gesundheit war. Man kann sich nur wundern, daß ein erwachsener Mensch auf so ausgesprochen kindische Weise denken und fühlen konnte. Daß der Haß auf das Gedärm eine wesentliche Prämisse für die Philosophie des fünfzehnjährigen Swift war, mag noch verständlich sein, doch daß er noch im Alter von vierzig Jahren *die* Prämisse blieb, verlangt nach Erklärung.

Aus so großem zeitlichen Abstand und angesichts der ganz unzureichenden Zeugnisse, die wir besitzen, können wir auf keine gesicherte Erklärung hoffen; bestenfalls dürfen wir eine Spekulation riskieren, eine mögliche Hypothese zu bedenken geben. Was ich zu bedenken geben möchte – und sicher bin ich nicht der erste, der dies tut –, ist, daß Swifts Haß auf das Gedärm dunkel, aber doch aufs engste mit jener »Kühle des Temperaments« verbunden war, die Sir Leslie Stephen dem geheimnisvollen Liebhaber der Stella und Vanessa zuschreibt. Daß ein Mann mit einer normalen Portion Sexualität sich so seltsam verhalten konnte, wie sich Swift diesen von ihm geliebten Damen gegenüber verhielt, ist ohne Zweifel ziemlich unwahrscheinlich. Die vorhandenen Zeugnisse nötigen uns beinahe den Schluß auf, daß ihn irgendeine physische oder psychische Hemmung daran hinderte, eine Frau auf die übliche, allzu menschliche Weise zu lieben.

Wenn nun ein Mensch daran gehindert wird, tatsächlich oder wenigstens potentiell allzu menschlich zu sein, so wird er dadurch noch kein Übermensch: im Gegenteil, er neigt dazu, weniger als menschlich zu sein. Weniger als menschlich in seiner Torheit, so wie Kant töricht war in den Zwischenzeiten seiner Arbeit an der übermenschlichen *Kritik der reinen Vernunft;* oder weniger als menschlich in der Bösartigkeit, wie der allzu tugendhafte Calvin. Nachdem irgendein körperlicher oder charakterlicher Unfall ihn von der schönen und komischen, recht absurden und dabei doch heiligen, erhabenen und wunderbaren Welt fleischlicher Leidenschaft und Hingabe abgeschnitten hatte (und ohne die Hilfe des Fleisches muß der Geist ewig von der höchsten, tiefsten und intensivsten Form der Liebe ausgeschlossen bleiben), war es Swift versagt, zu voller menschlicher Reife aufzuwachsen. Indem er weniger als menschlich in seiner Kindlichkeit blieb, fuhr er sein Leben lang fort, der Realität zu grollen, weil sie nicht den Abstraktionen und märchenhaften Entschädigungen der Philosophen und Theologen glich. Gleichzeitig entwickelte sich durch seine Trennung von der Welt der Menschen, durch sein Gefühl der Vereinsamung, so etwas wie die weniger als menschliche Bosheit, Haßbereitschaft und selbstgerechte Entrüstung des Puritaners.

Die Kehrseite dieses erbitterten Hassers war, wie so oft, der Sentimentalist – in diesem Fall ein Sentimentalist übelster Sorte. Denn in dem Autor der Babysprache, die soviel Platz in Swifts *Journal to Stella* einnimmt, begegnen wir jenem gemeinsten und widerlichsten Typ des Sentimentalisten (einem Typ, der, nebenbei bemerkt, heutzutage extrem häufig anzutreffen ist), dem Erwachsenen, der bewußt die Verhaltensweisen der Kindheit nachäfft. Der Charakter des Zeitalters, in dem Swift lebte, war hart und männlich: Maschinen, Taylorismus, hochorganisierte Arbeitsteilung, Spezialisierung und Philanthropie hatten noch nicht ihre deshumanisierenden Auswirkungen gezeitigt. Im England des frühen 18. Jahrhunderts mußte sich Swift seiner Infantilität schämen. Seine Babysprache war ein Geheimnis zwischen ihm und den beiden »süßen Rangen«, an die seine Briefe gerichtet sind. Öffentlich enthüllte er nur die puritanische, die kirchenväterliche Seite seines Wesens – die ehrenwert misanthropische Kehrseite der infantilen Medaille. Wenn er zweihundert Jahre später gelebt hätte, in unserer routinegeplagten, mechanisierten Welt schlapper subhumaner Sentimentalisten, so hätte er sich für seine Infantilität nicht mehr genieren müssen: im Gegenteil, er hätte darauf stolz sein können. Dafür hätte er seine Wut und seinen Haß vor dem modernen Publikum verborgen. Wenn Swift heutzutage leben würde, wäre er der vergötterte, mit Adelstitel prämierte, Verdienstorden tragende Autor nicht des *Gulliver* oder des *Tale of a Tub*, noch des *Advice to Servants* oder von *The Lady's Dressing Room*, sondern von *Cinderella* und *Peter Pan*.

(*Do What You Will*, 1929; Ü.: Werner von Koppenfels)

Beim Wiederlesen des *Candide*

Die Möbelwagen hatten ihre Fracht in das neue Haus entladen. Wir waren glücklich installiert, oder besser: uns selbst überlassen, um das Beste aus einer zermürbenden Existenz in Dreck und Durcheinander zu machen. Einer der Präraphaeliten – welcher, ist mir im Augenblick entfallen – hat einmal ein Bild mit dem Titel »Der letzte Tag im alten Heim« gemalt. Ein bewegendes Thema. Doch es bedürfte eines krasseren und härteren Pinsels, um die Schrecken des ersten Tages im neuen Heim zu schildern. Verzweiflung im Herzen, saß ich mitten unter dem Wirrwarr meiner beweglichen Habe, als ich – mit einem Freudenschauer des Wiedersehens – den oberen Rand eines Lederbändchens aus einem Haufen fülligerer Bände, die in einer offenen Kiste untergebracht waren, herausragen sah. Es war *Candide*, mein kleiner Schatz, die Erstausgabe von 1759 mit ihrem verhalten lächerlichen Titelblatt: *Candide ou L'Optimisme, Traduit de l'Allemand de M. le Docteur Ralph.*

Optimismus – etwas davon konnte ich in diesem Augenblick gut gebrauchen, und da der Herr Doktor Ralph bekanntlich einer der fähigsten Prediger ist, um ihn zu verbreiten, nahm ich den Band und fing an zu lesen: »*Il y avait en Westphalie, dans le Château de M. le Baron de Thunder-ten-tronck...*« Ich legte das Buch nicht eher weg, als bis ich beim letzten Satz angelangt war: »*Il faut cultiver notre jardin.*« Dank Doktor Ralphs Handreichung fühlte ich mich gestärkt an Weisheit und Lebensmut.

Doch das Erstaunliche an der erneuten Lektüre des *Candide* ist nicht so sehr, daß das Buch einen mit seiner Brillanz entzückt und überrascht; denn das war nur zu erwarten. Nein, es weckt eine ganz neue und – für mich zumindest – unvorhergesehene Empfindung. In den guten alten Tagen, vor der großen Flut, erschien uns geruhsamen, beschirmten Bürgerskindern die Geschichte von Candides Mißgeschicken lediglich eine ergötzliche Phantasie, oder bestenfalls die übermütige Übertreibung von Zuständen, die nach unseren vagen und theoretischen Vorstellungen irgendwann einmal in großer räumlicher und zeitlicher Ferne geherrscht hatten. Doch wer sich das Buch heute vornimmt, fühlt sich völlig daheim auf seinen Seiten. Es ist, als läse man einen aktuellen Bericht der Ansichten und Ereignisse von 1922; nie war etwas treffender und vollkommener auf uns zugeschnitten. Die Welt, in der wir leben, ist sichtlich die Welt von Candide und Cunégonde, von Martin und der Alten Frau, die eine Papsttochter und Verlobte des allerhöchsten Prinzen von Massa-Carrara war. Der einzige Unterschied besteht darin, daß die Schrekken in der Welt von 1922 eher dichter gedrängt auftreten als in der Welt Candides. Die Intrigen von Bulgare und Aware, der innere Zwist in Marokko, das Erdbeben und das Autodafé nehmen sich dürftig und blaß aus gegen den Weltkrieg, die Hungersnot in Rußland, die irischen Ausschreitungen, die Faschisten und all die anderen Greuel, auf die wir stolz verweisen können. »*Quand Sa Hautesse envoye un vaisseau en Egypte*«, bemerkte der Derwisch, »*s'embarasse-t-elle si les souris qui sont dans le vaisseau sont à leur aise ou non?*« (Wenn Seine Hoheit ein Schiff nach Ägypten schickt, bekümmert er sich dann darüber, ob die Mäuse im Schiffsbauch guter Dinge sind oder nicht?) Nein; aber es gibt Augenblicke, wo Seine Hoheit, aus reiner Zerstreutheit zweifellos, ein Rudel hungriger Katzen in den Laderaum einfallen läßt; der gegenwärtige scheint von dieser Art zu sein.

Katzen in den Laderaum? Daran ist absolut nichts Überraschendes. Die Lebensweisheit eines Martin und der Alten Frau, die einstmals mit dem Prinzen von Massa-Carrara verlobt war, ist zur Alltagsweisheit aller Welt seit 1914 geworden. In der glücklichen viktorianischen und edwardianischen Vergangenheit zeigte sich das westliche Europa wie Candide von allem und jeglichem überrascht. Es staunte über die schrecklichen Manieren von König Bomba, entsetzte sich über die Türken, wußte sich nicht zu fassen angesichts der lockeren Moral des Zweiten Kaiserreiches (was ist der ganze Zola anderes als ein langer Ausruf des Erstaunens über die Umtriebe seiner Zeitgenossen?). Danach entsetzten wir uns über das abscheuliche Benehmen der Buren, während sich das restliche Europa über das unsere entsetzte. Es folgte ein weitverbreitetes Erstaunen darüber, daß man in diesem sogenannten 20. Jahrhundert mit schwarzen Menschen so umgehen konnte, wie man am Kongo und am Amazonas mit ihnen umging. Dann kam der Krieg: ein gewaltiger Ausbruch empörten Erstaunens, und danach ein Einverständnis, das nicht weniger vollständig und unverfroren zynisch war als das eines Martin. Haben wir doch im Verlauf unserer etwas übermäßig verlängerten *histoire à la Candide* der letzten sieben Jahre die Entdeckung gemacht, daß Erstaunen eine überflüssige Emotion ist. Denn es ist alles möglich, nicht nur für die Vorsehung, deren Wege unerforschlich sind, wie wir schon immer – wenn auch auf mehr theoretische Weise – wußten, sondern eben auch für die Menschheit.

Die Menschheit, so hatten wir geglaubt, war aus dem brutalen, wildwütigen Herumgetobe früherer Zeiten herausgewachsen und so zivilisiert und gesittet daraus hervorgegangen wie der alte Gibbon selbst. Heute wissen wir es besser. Man braucht nur ein wildwütiges Milieu zu schaffen, und schon hat man wildwütiges Verhalten; schafft man ein Gibbon-Milieu, so wird sich ein jeder mehr oder minder gesittet benehmen. Es kommt uns so selbstverständlich vor, heute. Und nun, da wir in einer wildwütigen Welt leben, haben wir Martins Lektion so gründlich gelernt, daß wir beinahe ungerührt bei den greulichsten Naturkatastrophen und Schauspielen menschlicher Dummheit und Bosheit zuschauen, die uns in der Vergangenheit in empörtes Entsetzen gestürzt hätten. In Wahrheit haben wir den Martinszustand schon hinter uns gelassen und sind in schrecklich vielen Dingen Pococurantes geworden.

Und welches Heilmittel hilft dagegen? Der Herr Doktor Ralph will uns glauben machen, das Heil bestünde darin, daß wir geduldig unsere Gärten bestellen. Wahrscheinlich hat er recht. Der Haken dabei ist nur, daß für viele von uns der eigene Garten kaum des Bestellens wert erscheint. Der Garten des Bankangestellten und des Fabrikarbeiters, der Garten des Ladenmädchens, des Beamten, des Politikers – kann man die wirklich mit Hingabe bestellen? Oder mein eigener Garten, der Garten des literarischen Journalisten: auf diesem kleinen Flecken wühle und grabe ich, pflanze, beschneide, ernte schließlich – kärglich genug, weiß Gott! – von Jahr zu Jahr. Und wozu das alles, wem zugute, wie die Lateingrammatik sagen würde? Oje, *touché*.

In einem Brief Tschechows steht eine Passage, die sich alle literarischen Journalisten in goldenen Lettern auf den Schreibtisch gravieren lassen sollten. »Ich schicke dir«, sagt Tschechow zu seinem Briefpartner, »Michailowskis Artikel über Tolstoi... Ein guter Artikel; doch seltsam: man könnte tausend solcher Artikel schreiben, und die

Dinge wären doch keinen Schritt weiter, und es bliebe immer noch unverständlich, warum solche Artikel geschrieben werden.«

Il faut cultiver notre jardin. Ja – aber wenn man nun beginnt, sich zu fragen: warum eigentlich?

(*On the Margin*, 1923; Ü.: Werner von Koppenfels)

Jahrhundertfeiern

Von Bocca di Magra bis Bocca d'Arno erstrecken sich Meile um Meile die Sandstrände ohne Unterbrechung. Im Binnenland, hinter einem schützenden Piniengürtel, liegt ein Streifen Küstenebene, flach wie eine Scheibe Holland und von trägen Wasserläufen und Deichen durchzogen. Hier wächst Korn und Wein, dazwischen schlanke Pappelwäldchen und fette feuchte Wiesen. Hie und da ergießen sich die Flüsse in seichte Seen, deren Ufer von schlammigen Reisfeldern gesäumt werden. Und hinter diesem Streifen Ebene, vier oder fünf Meilen vom Meer entfernt, erheben sich die Berge, jäh und steil: die Apuanischen Alpen. Die höchsten Kämme sind aus kahlem Kalkgestein, gelegentlich von Adern jenes weißen Marmors durchzogen, der den kleinen Städten an ihrem Fuße Wohlstand beschert: Massa und Carrara, Serravezza, Pietrasanta. Die Grabdenkmäler der halben Welt werden aus diesen noblen Klippen herausgeschnitten. Ihre tieferen Hänge sind grau von Olivenbäumen, grün von Kastanienwäldern. Über ihren Gipfeln lagern sich die enormen Skulpturen der Wolken.

From cape to cape, with a bridge-like shape,
Over a torrent sea,
Sunbeam-proof, I hang like a roof –
The mountains its columns be.

Von Kap zu Kap, eine Brücke, gespannt
Über das tosende Meer,
Häng ich wie ein Dach, der Sonne so nah,
Und die Pfeiler bildet der Berg.

Diese Landschaft spricht geradezu in Shelleyschen Versen zu uns. Die See mit ihren lichtvollen Windstillen und jähen Stürmen, die verschwommen blauen Inseln weitab vom Ufer am Horizont, die Berge mit ihren wunderbaren Wolken, die Flüsse und Waldflächen sind die eigentliche Substanz seiner Dichtung. Man muß nur eine Weile an dieser Küste leben, und bald wird man feststellen, daß einem diese herrliche, seltsam kindliche Dichtung, dieser schöne und kindähnliche Mensch nicht mehr aus dem Kopf geht. Vielleicht spukt sein Geist an dieser Küste.

Auf diesem Meer segelte er sein zerbrechliches Boot, die eine Hand am Steuerruder, in der anderen sein Äschylos-Bändchen. So denkt man ihn sich an den Tagen der Stille. Doch auch an den Tagen plötzlich aufkommender heftiger Unwetter muß man an ihn denken. Die Blitze zucken über den Himmel, die Donner entladen sich oben in schrecklichen Explosionen, die Bö fährt herab wie eine Furie. Was hört man von dem zerbrechlichen Boot? Nichts, nur daß wenige Tage nach dem Sturm ein junger Leichnam ans Ufer gespült wird, entstellt, nicht wiederzuerkennen; der kleine Äschylos in der Jackentasche allein verrät uns, es war Shelley.

Ich habe den Sommer an dieser verzauberten Küste verbracht. Das mag den Umstand entschuldigen, daß ich in einer so sehr mit sich selbst beschäftigten Welt wie der unseren den Namen eines Dichters erwähne, der nunmehr schon hundert Jahre tot ist. Aber keine Angst: ich habe nicht die Absicht, einen weiteren Artikel über den wirkungslosen Engel zu verfassen, der im Leeren irgendwelche Flügel fruchtlos schlägt. Ich will nicht dem honigtriefenden Chor der Jahrhundert-Festredner mein Gequake hinzufügen. Nein: der Geist Shelleys, der in Versilia und in der Lunigia wandelt, an den Küsten des Golfs von La Spezia und unterhalb von Pisa, wo sich der Arno ins Meer ergießt, dieser Geist, mit dem ich Rede und Händedruck getauscht habe, fordert mich nicht etwa auf, ein überflüssiges und unerhebliches Enkomium zu Papier zu bringen, sondern vielmehr gegen die Herzensergießungen der übrigen Enkomiasten, der honigstimmigen Jahrhundertsänger, Einspruch zu erheben.

Das Gegurre dieser Leute, normalerweise ein Spezifikum gegen Schlaflosigkeit, wirkt in diesem Falle als Reizmittel; es regt auf und erbittert. Denn ärgerlich und widerwärtig ist es ganz ohne Zweifel, dieses öffentliche Spektakel, bei dem ein aufrührerischer junger Mann hundert Jahre nach seinem Tod bis zum Überdruß beweihräuchert wird, und dies von lauter Menschen, die ihn hassen und sich über ihn entsetzen würden, wenn er noch am Leben wäre – ganz genauso wie damals die schottischen Rezensenten Shelley haßten und sich über ihn entrüsteten. Wie würden diese Leute mit einem jungen Zeitgenossen umgehen, der – nicht zufrieden damit, als literarischer Neuerer aufzutreten – sein Talent dazu benützte, gegen die Religion und etablierte Ordnung Sturm zu laufen, der Plutokratie und Patriotismus lästerte, und sich als Bolschewik, Internationalist, Pazifist, Kriegsdienstverweigerer proklamierte? Sie würden sagen, daß er ein gefährlicher junger Mann sei, den man in seine Schranken verweisen müsse; und sie würden entweder seine Begabung herabsetzen und anschwärzen, oder aber – wenn sie auf etwas feinere Art wohlanständig wären – würden sie zu verhindern wissen, daß sein Name jemals in den von ihnen beherrschten Zeitschriften erschiene.

Doch da sie nun einmal wissen, daß Shelley vor hundert Jahren auf dem Sandstrand von Viareggio ordnungsgemäß verbrannt wurde und daß er nicht länger ein gefährlicher lebendiger Mann ist, sondern bloß ein toter Klassiker, tun sich diese ehrenwerten Anhänger der etablierten Literatur zusammen, um ihn im Chor zu lobpreisen, seine Botschaft zu explizieren und seinen Leichnam zu bepredigen. Das honigsüße Gegurre ist von feuchtem Geschniefe begleitet, und so hängt über diesen Jahrhundertfeiern eine joviale Ausdünstung von Unaufrichtigkeit und Heuchelei. Die Wirkung solcher goldenen Jubiläen in England ist nicht etwa die, die großen Toten zu frischem Leben zu erwecken: so ein Jahrhundertbegängnis ist eher ein zweites Leichenbegängnis, eine Bekräftigung ihres Gestorbenseins. Ein ehedem lebendiger Geist wird verknöchert und versteint, und im Rahmen feierlich-funester Rituale verstaut man den petrifizierten Klassiker in einer angemessenen Nische im Tempel bürgerlicher Wohlanständigkeit.

Wieviel besser sie diese Dinge doch in Italien regeln! In diesem Land, das einem immer mehr ans Herz wächst, je mehr man davon sieht, feiern sie ihre großen Männer, so wie es sich gehört; nicht mit Geschniefe, schwarzgekleidet, Gebetbücher in den Händen, Trauerflor am Hut und im Herzen Haß auf alles, was mit Leben und Vitalität zu tun hat. O nein; vielmehr nehmen sie ihre Toten zum Anlaß, um das Leben unter den Lebenden lebendiger zu machen; sie schöpfen aus hundertjährigen Gedenkfeiern Lebensfreude.

Im letzten Jahr feierten die Italiener die 600. Wiederkehr von Dantes Tod. Nun kann man sich lebhaft vorstellen, wie eine solche Feier in England ausgefallen wäre. Die allerältesten Kritiker und alle jungen, die gerne alt wären, hätten lange Abhandlungen in allen möglichen literarischen Zeitschriften veröffentlicht. So hätte man sich auf das Folgende eingestimmt. Dann hätte irgendein edler Lord, oder besser noch ein Prinz von Geblüt, ein Denkmal von Frampton oder einem anderen akademischen Gedenk-Steinmetzen enthüllt. Danach wären idiotische Reden in Wörtern von nicht mehr als zwei Silben über die Asche des intelligentesten Dichters der Welt gehalten worden. Natürlich hätte man seine Intelligenz mit keinem Wort erwähnt; aber sein Charakter, ah! sein Charakter würde in leuchtenden Farben gepriesen. Der feurigste und bitterste der Menschen müßte als Exempel für alle Sonntagsschulkinder herhalten.

Nach soviel Aufwand an Ehrerbietung würden wir mit einem wunderschönen historischen Aufzug im Regen delektiert. Eine weißbewimpelte junge Dame würde Beatrice verkörpern, und für den Dichter selbst würde sich schon irgendein Schauspieldirektor mit dem nötigen Profil und Stimmvolumen finden lassen. Guelfen und Ghibellinen in Phantasiekostümen der Epoche dürften im Schlamm herumplatschen, und eine Unzahl von Versen aus der Feder von Louis Napoleon Parker würde dazu herunterdeklamiert. Am Ende gingen wir alle mit einem ordentlichen Schnupfen nach Hause, und infiziert von septischer Langeweile – aber zugleich mit dem angenehmen Gefühl der Tugendhaftigkeit, wie nach einem Kirchenbesuch.

Und was geschieht in Italien? Das Hauptereignis der Dantefeiern war eine riesige Militärparade. Hunderttausende von drahtigen kleinen braunen Männern defilieren durch die Straßen von Florenz. Junge Offiziere von fabelhafter Eleganz klirren in glänzend geschnittenen Reithosen und glänzend gewichsten Schaftstiefeln durch die Stadt. Die gesamte weibliche Bevölkerung erbebt freudig. Ein vielversprechender Auftakt. Dann werden Reden gehalten, wie sie nur in Italien gehalten werden können: vollmundige, donnergrollende, resonante Reden, alle über Dante als den Italianissimo-Dichter, Dante den Irredentisten, Dante den Propheten eines Groß-Italien, Dante die Geißel *der Serben und Jugoslawen*. Nicht enden wollende Begeisterung. Ohne je eine Zeile von Dante gelesen zu haben, spüren wir, daß Dante unser persönlicher Freund ist, ein faschistischer Bruder.

Danach geht der Spaß erst richtig los: jetzt kommen die *manifestazioni sportive* der Jahrhundertfeier. Unzählige Fahrradrennen werden veranstaltet. Wilde junge Fascisti mit heldischen Römerprofilen huldigen dem Dichter, indem sie die Mailänder Rennbahn mit 180 Stundenkilometern umrunden. Hochgezüchtete Fiat-, Ansaldo- und Lancia-Renner hetzen einander über die Apenninen und rund um die

Alpenbastionen. Es wird nach Tauben geschossen, Pferde galoppieren, hoch fliegt der Fußball unter der glühenden Sonne. Lang lebe Dante!

Wie unendlich ist das alles der stickigen und schniefigen Atmosphäre englischer Gedenkfeiern vorzuziehen! Dichtung bedeutet schließlich Leben, und nicht Tod. Mag sein, daß Fahrradrennen nicht allzuviel mit Dante zu tun haben – obgleich ich ihn mir vorstellen kann, sein schmales Gesicht von metallischer Willenskraft gespannt, wie er auf einem Paar glitzernder Räder die Spiralen der Hölle hinabsaust oder mühsam die 33%-Steigung des Fegfeuer-Berges auf dem Sattel seines wackeren Sunbeam erklimmt. Nein, vielleicht haben sie wirklich nicht viel mit Dante zu tun; aber Aufzüge auf anglikanischen Kathedral-Höfen, öde Artikel alter Männer, die ihn hassen und fürchten würden, wenn er noch lebte, Festreden von edlen Lords vor Denkmälern Königlicher Akademiemitglieder – die haben gewiß noch viel weniger mit dem Autor des Inferno gemein.

Nicht nur ihre großen Toten feiern die Italiener auf solch großartig lebendige Weise. Auch ihre religiösen Feierlichkeiten haben den gleichen herzhaft warmblütigen Charakter. Diesen Sommer etwa fand in Loreto ein großes Fest statt, um die Ankunft eines neuen Marienbildes zu feiern, Ersatz für das alte, vor kurzem verbrannte Bild. Die Festivitäten begannen in Rom, wo das Bild, nachdem es den päpstlichen Segen erhalten hatte, in ein Auto verfrachtet und zum Bahnhof gefahren wurde, unter den Begeisterungsstürmen der Menge, die »Evviva Maria« schrie, während der Fiat mit seiner heiligen Last vorbeirollte. Die Ankunft der Jungfrau in Loreto war das Signal für einen gewaltigen Ausbruch von Lustbarkeit. Es fanden wieder die üblichen Radrennen statt, dazu Fußballspiele, Wettbewerbe im Taubenschießen und Olympiaden. Der Spaß dauerte mehrere Tage. Am Ende der Feiern stiegen zwei Kardinäle in Flugzeugen auf und segneten die versammelte Menschenmenge – worauf der Papst das Ereignis mit der Bemerkung kommentiert haben soll, in diesem Fall sei der Segen wirklich von oben gekommen.

Ein seltenes Volk! Könnten die Italiener doch uns Angelsachsen etwas von ihrem Realismus, ihrer Liebe zum Leben um seiner selbst willen, zu greifbaren, handfesten, unmittelbaren Dingen abgeben! In unserem trüben Land haben wir die Gewohnheit angenommen, den fiktiven Werten allzuviel Respekt zu zollen; wir beten Unsichtbarkeiten an, und imaginäre Hemmungen hindern uns am unmittelbaren Genuß des Lebens. Wir denken viel zu sehr an die Vergangenheit, an Metaphysik, Tradition, ideale Zukunft, Anstand und gute Form; zu wenig an das Leben und den lauten, glitzernden Augenblick. Die Italiener sind die geborenen Futuristen. Kein Marinetti mußte sie dazu überreden, Dante mit Radrennen zu feiern; sie hätten es ganz von selbst, spontan, getan, auch wenn keine futuristische Propaganda dazu in Umlauf gesetzt worden wäre. Marinetti ist das Produkt des modernen Italien und nicht etwa Italien das Produkt Marinettis. Sie sind alle Futuristen in jenem brennend lebendigen Italien, wo wir Nordmenschen immer nur einen Fluchtweg in die Vergangenheit suchen. Oder vielmehr, sie sind gar keine Futuristen. Marinettis Etikett war schlecht gewählt. Sie sind Präsentisten. Die frühen Christen, die sich um nichts als um das Wohlergehen ihrer Seelen in einer künftigen Welt kümmerten, waren, wenn man so will, Futuristen.

Wir täten gut daran, etwas von ihrem lebendigen Presentismo zu lernen. Hoffen wir also, daß unsere Enkel die 200. Wiederkehr von Shelleys Tod mit Himmelsregatten und Wasserflugzeugrennen feiern werden. Die Lebenden werden sich gut unterhalten, und der Tote wird sich würdig erinnert wissen. Der Geist jenes Mannes, der sich zu Lebzeiten an Wind und Wolken ergötzte, an Berggipfeln und Fluten, am Vogelflug und dem Dahingleiten der Schiffe, wird frohlocken, wenn junge Männer sein Andenken hochhalten, indem sie durch die Luft brausen oder wie landende Schwäne über die Meeresfläche schäumen.

The rocks are cloven, and through the purple night
I see cars drawn by rainbow-wingèd steeds
Which trample the dim winds; in each there stands
A wild-eyed charioteer urging their flight.
Some look behind, as fiends pursued them there,
And yet I see no shapes but the keen stars;
Others, with burning eyes, lean forth, and drink
With eager lips the wind of their own speed,
As if the thing they loved fled on before,
And now, even now, they clasped it.

Die Klippen sind zerklüftet. Durch purpurne Nacht
Seh ich die Wagen brausen; regenbogenfarbene
Stuten ziehn sie und treten auf sturmtrübe Winde;
In jedem, wilden Blicks, hetzt sie ein Lenker vorwärts,
Und mancher blickt zurück, als ob Dämonen folgten;
Doch seh ich nur die Form der grellen Sterne.
Andere, Glut im Auge, neigen sich vor und trinken
Mit gierigen Lippen Wind des eigenen Rasens,
Als ob vor ihnen hinfloh, was sie liebten,
Und eben, eben jetzt ergriffen sie's.

Um den Mann zu ehren, der diese Verse schrieb, wären ohne Zweifel Wettflüge oder meinetwegen auch Radrennen eher angebracht als siebenspaltige Artikel aus der Feder der Herren – – –, nun gut, wir sollten vielleicht lieber keine Namen nennen. Wir sollten uns einfach ein Stück von den Italienern abschneiden.

(*On the Margin*, 1923; Ü.: Werner von Koppenfels)

Edward Lear

Es gibt nur wenige Autoren, deren Werke mir auf eine zweite Lektüre Lust machen, und einer von ihnen ist ganz gewiß Edward Lear. Nonsens, genau wie Dichtung (mit der er eng verwandt ist), wie philosophische Spekulation, wie jede Frucht der Phantasie, macht den Anspruch des Menschen auf geistige Freiheit allen bedrängenden Umständen zum Trotz geltend. Solange es dem Menschengeist unbenommen bleibt, den Quangel-Wangel und den Fimbel-Vogel zu erfinden, nach Belieben über die Große Grombulische Ebene zu wandern und über die Höhen des Chankly Bore, ist der Sieg unser. Die Existenz von Nonsens kommt einem Beweis jenes unbeweisbaren Glaubensartikels am nächsten, dessen Wahrheit wir alle voraussetzen müssen, wenn wir nicht elend zugrunde gehen wollen: daß das Leben es wert ist, gelebt zu werden. Immer wenn bestimmte Umstände zusammentreffen, um mit zwingender Syllogistik zu beweisen, das Leben sei nicht lebenswert, wende ich mich an Lear und finde Trost und Erquickung. Ich lese ihn und merke, was das Lebendigsein für eine feine Sache ist, denn in Lears Gesellschaft bin ich frei, nach Herzenslust unlogisch zu sein.

Lear ist ein waschechter Dichter. Denn was ist Nonsens anderes als ein wenig verdrehte poetische Phantasie? Lear besaß den wahrhaft dichterischen Sinn für Worte – Worte an sich, kostbare und klangvolle Worte, wie musikalische Phrasen; und so individuell wie menschliche Wesen. Marlowe spricht volltönend von Lustbarkeiten für die göttliche Zenocrate, und Milton von den welken Blättern, die den Grund in Vallombrosa decken: Lear vom Fimbel-Vogel mit einem Korkenzieherbein, von runzibilischen Löffeln und melubiösen Artigkeiten. Lewis Carroll schrieb eine Literatur des Unsinns, indem er den Sinn übersteigerte – eine Form von überlogischer Logik: seine Wortprägungen sind intellektueller Natur. Lear, der darin auf eigentlichere Art ein Dichter war, schrieb Unsinn, der ein Überschwang der Phantasie ist, und prägte Worte allein um ihrer Farbe und Klangfarbe willen. Sein Nonsens ist der reinere, weil poetischere. Man müßte nur ein ganz klein wenig die Tonart verändern, und schon würde aus dem »Dong mit der leuchtenden Nase« eines der denkwürdigsten romantischen Gedichte des 19. Jahrhunderts. Man könnte auch an den exquisiten »Yonghy Bonghy Bo« denken. In einem der späteren Gedichtbände Tennysons findet sich ein reizvolles kleines Liedgedicht über Catull, das so beginnt:

Row us out from Desenzano,
To your Sirmione row!
So they rowed, and there we landed –
O venusta Sirmio!

Rudert uns von Desenzano
Eurem Sirmione zu!
Frisch gerudert, legt der Kahn an:
O venusta Sirmio!

Kann man auch nur einen Augenblick daran zweifeln, daß Tennyson beim Schreiben dieser Worte die herrliche Auftaktstrophe des »Yonghy Bonghy« im Kopf gehabt haben muß:

On the coast of Coromandel,
Where the early pumpkins blow,
In the middle of the woods,
Dwelt the Yonghy Bonghy Bo.

An der Koromandel-Küste,
tief im schönsten Bohnenstroh
und auf lauter Zuckerwatte
schlief der Yonki-Bonki-Boo.

Ich für meinen Teil ziehe Lears Gedicht vor; es ist das üppigere und kraftvollere von beiden.

Von seiner besten Seite zeigt sich Lears Genius in seinen Nonsens-Reimen oder Limericks, wie sie spätere Generationen zu nennen pflegten. In diesen Versen sehe ich ihn nicht nur als Dichter und Zeichner – und seine künstlerische Einzigartigkeit haben die jüngsten Versuche von Mr. Nash, mit ihm zu wetteifern, nur erneut bestätigt –, sondern auch als tiefgründigen Sozialphilosophen. Keine Studie zu Lear wäre vollständig, ohne wenigstens kurz auf die ominösen »sie« der Nonsens-Reime einzugehen. »Sie« sind, was die Leitartikler der Groschenpresse die rechtschaffenen Männer und Frauen nennen würden; »sie« sind die öffentliche Meinung. Die Nonsens-Verse sind zum größten Teil nichts weiter als Episoden aus der Geschichte jenes ewigen Kampfes, der zwischen dem Genius oder Exzentriker und seinen Mitmenschen ausgetragen wird. Die öffentliche Meinung landauf, landab verabscheut exzentrisches Verhalten. Da gab es beispielsweise den reizenden alten Mann aus Melrose, der ging auf den Zehnspitzen bloß. Aber »sie« sagten (mit ihrer üblichen Unfähigkeit, den Künstler zu begreifen): »Laß das, denn jedermann haßt das, du närrischer Kerl aus Melrose.« Manchmal, wenn der Exzentriker zugleich eine wahrhaft kriminelle Energie aufwendet, sind »sie« zweifellos auch im Recht. Der alte Mann aus Hongkong, der Tag und Nacht schlug seinen Gong, verdiente nichts anderes, als seinerseits erschlagen zu werden. (Aber »sie« schlugen auch den völlig harmlosen Alten aus Schwaben zu Brei, und weshalb? nur weil er Quadrille mal tanzt' mit nem Raben!) Und dann gab es da noch den seltsamen Alten aus Buda, der führte sich auf wie ein Luder; »sie« taten, das wage ich zu behaupten, ganz recht daran, mit Hilfe von Hämmern den Kerl zu belämmern. Doch dabei stellt sich wiederum die Grundfrage nach der Funktion des Bestrafens und der Beziehung zwischen Individuum und Gesellschaft.

Wenn »sie« sich nicht aggressiv verhalten, dann doch wenigstens auf aufdringliche Weise neugierig. So befragen »sie« den Alten aus dem Harze, dessen Stiefel immerzu knarzte, ob sein Stiefel wirklich aus Leder sei. »Sie« belästigten auch den alten Mann auf der Espe mit schwachsinnigen Fragen nach jener Wespe, die ihm so schrecklich auf den Geist ging.

Bei diesen Begegnungen zeigt es sich oft, daß die großen und exzentrischen Geister der dickfälligen und geistesträgen Allgemeinheit ganz schön überlegen sind. Der »alte Geselle aus Ware, der da ritt voller Schneid auf 'nem Bär«, hat es »ihnen« ordentlich gegeben. Denn als »sie« wissen wollten, ob er trabt, kam Bescheid »Wie gehabt!« (Die Zeichnung zeigt den Bären, wie er *ventre à terre* galoppiert): »'s ist ein Schwabeldi-wabbeldi-Bär.« Manchmal lockt der Exzentriker »sie« tatsächlich in die Falle; man denke nur an den älteren Herrn aus Toulon, der immerzu bat um Pardon: als man fragte »Wofür?« hieß es: »Hier ist die Tür! Los, verschwinden Sie aus Toulon!« Aber »sie« haben ihn sicher am Ende doch noch zu Brei geschlagen.

Gelegentlich bedienen sich die großen Geister einer Mallarméschen Taktik und fliehen vor der groben und aufdringlichen Meute auf und davon.

La chair est triste, hélas, et j'ai lu tous les livres.
Fuir, là-bas fuir...

Das Fleisch ist traurig, ach, und ich las alle Bücher.
Fliehen, weit fort entfliehn...

Mit diesen Worten auf den Lippen ist gewiß der betagte Herr aus Bazing (des Geistesgegenwart nicht zu fassen war – trotz symbolistischer Neigungen) hingegangen und hat jene Stute käuflich erworben, die er ritt im Galopp, nichts wie fort, hopp hopp hopp, von den schrecklichen Leuten in Bazing. Er hat den besseren Teil erwählt; denn es ist beinahe unmöglich, mit der Menge auszukommen. So ging es auch dem reizenden Opa aus Ealing, dem es nach Ansicht seiner Vorstadtnachbarschaft am nötigen Feeling fehlte, weil er mit 'nem Schwein und drei Uhus seine Kutsche beluhud. Und dann war da noch jener tragische alte Herr aus Bordeaux (für den ich besondere Sympathie empfinde, weil er mich so ergreifend an mich selbst erinnert), der nie etwas tat *comme il faut*. »Sie sprachen: ›Kochst da weiter Eier im Schuh, dann bleibst du nicht lang in Bordeaux.‹« Die Sorte Mensch, die »ihre« Billigung findet, tut die stumpfsinnigsten Dinge und verfügt über die vulgärsten Fertigkeiten. So konnte den alten Schafskopf aus Filey die ganze Nachbarschaft leiden, denn er tanzte in Socken zum Gebimmel von Glocken. Und die Leute von Shoreham waren hingerissen von einem Mitbürger mit Sinn für Dekorum, der mit Schirm und Melone im Kellerloch wohnte. Typisch – was sonst hätte man von so einem erwarten können?

(*On the Margin*, 1923; Ü.: Werner von Koppenfels)

Baudelaire

Insofern er einem Absolutum nachjagt, dem absolut Bösen, ist der Wüstling ein großer Philosoph – *le débauché est un grand philosophe.* (Das *mot* wird gewöhnlich dem mäßig bedeutenden französischen Metaphysiker Jules Lachelier zugeschrieben.) Der Wüstling ist ein großer Philosoph. So, wie sie dasteht, klingt diese Behauptung etwas zu absolut; sie bedarf näherer Erläuterung. Zweifellos *war* der Wüstling ein großer Philosoph, ehedem. Aber seit den Tagen Humes hat er aufgehört, ein großer Philosoph zu sein, und ist ein recht alberner geworden. Denn wenn es auch erhaben sein mag, dem nachweislich Unerreichbaren nachzujagen, ist es doch ebenso lächerlich. Ein Mensch kann eine arbeitsreiche und asketische Lebensspanne an die Niederschrift von Büchern zur Selenographie der Rückseite des Mondes wenden; wir können seine Zielstrebigkeit bewundern (wenn Zielstrebigkeit denn gerade eine Eigenschaft ist, die uns als bewundernswert beeindruckt), aber wir müssen auch über seine Narretei lachen. Dem Absoluten nachjagen ist nachweislich ebenso Zeitverschwendung wie das Spekulieren über die Topographie der unsichtbaren Landschaften des Mondes. Insofern er versucht, eine absolute Verruchtheit zu rationalisieren, mag der Wüstling etwas von einer heroischen Gestalt an sich haben. In gewissem Sinne ist er aber auch eine Witzfigur. Und als Philosoph ist er, trotz Professor Lachelier, albern.

Selbst die erhabensten Sataniker haben etwas Lächerliches an sich. Denn sie sind verrückt, allesamt verrückt; und wie tragisch und entsetzlich ihre Gestörtheit auch sein mag, Verrückte sind immer lächerlich. Lächerlich in ihrer enormen Bewußtseinstrübung, in ihrer Blindheit, in der Fixierung ihrer Stimmungen, ihrer eisernen Konsistenz, ihren stets gleichbleibenden Reaktionen auf alles, was ihre Manie reizt. Mit einem Wort: lächerlich, weil unmenschlich. Und ganz ähnlich sind auch die erhabensten Sataniker (und im Verein mit ihnen natürlich ihre spiegelbildlichen Ebenbilder, die erhabensten Heiligen) ebenso lächerlich wie groß, weil sie mit dem Verrückten seine partielle Blindheit, seine Starrheit, seine gezwungene, randscharfe und unerschütterliche Fixierung monomanischer Antriebe, seine Unmenschlichkeit gemeinsam haben (und willentlich gemeinsam haben).

Das Gegenteil und zugleich die komplementäre Ergänzung zur unmenschlichen Rigidität und Konsistenz ist eine bestimmte unmenschliche Freiheit. Auf seine einzige fixe Idee konzentriert, hat der Geistesgestörte den Kontakt zu allem anderen eingebüßt. Ihm kommt jede Fühlung zur Welt abhanden, und damit ist er frei von jenen Einschränkungen, die die Notwendigkeit der Aufnahme vitaler Anpassungsbeziehungen zur Außenwelt anderen auferlegt. Trotz ihrer rigiden Unbeirrbarkeit in Gedanken und Handlungen – oder gerade aufgrund dieser Unbeirrbarkeit – können der Heilige und der Sataniker, wie der Verrückte, alles außer ihrer fixen Idee nach Belieben in den Wind schlagen. Häufig ist diese Idee so beschaffen, daß sie sie davor bewahrt, etwas wie normale psychische Beziehungen zu ihren Mitmenschen und der Welt insgesamt aufzunehmen. In solchen Fällen wird ihre unmenschliche Freiheit in ihrer ganzen gespenstischen Lächerlichkeit vollendet und offenbart ihre grotesken Konsequenzen.

Was passiert, wenn Intellekt und Einbildungskraft die Freiheit eingeräumt wird, sich von der heilsamen Kontrolle durch Körper und Triebe loszusagen, wird mit unvergleichlicher Eindringlichkeit von Dostojewski illustriert. Beispielsweise in den *Dämonen*. Im Gesamtverlauf dieses außergewöhnlichen und schrecklichen Romans (und dasselbe gilt für alle Bücher Dostojewskis) taucht keine einzige Figur auf, die eine annehmbare physische Beziehung zu wem oder was auch immer unterhält. Dostojewskis Gestalten essen nicht einmal normal, ebensowenig lieben oder arbeiten sie oder genießen die Natur auf normale Weise. Für solche Parvenüs an Intelligenz und Bewußtheit wie die Russen wäre das viel zu leicht und offenkundig. Liebe im landläufigen Sinne, bloße kreative Arbeit, gewöhnlicher Genuß wirklich sinnlicher Schönheit – das alles sind Aktivitäten, die für neuerweckte Christen weder ›spirituell‹ noch ›sündig‹ genug sind, und samt und sonders zu ›irrational‹, um ehemalige Muschiks zu befriedigen, die sich plötzlich um all den nach und nach angehäuften kulturellen Reichtum Europas bereichert sehen.

Dostojewskis Charaktere sind typische russische Bewußtseinsemporkömmlinge. Ungezügelt vom Körper, sind ihr Intellekt und ihre Einbildungskraft zugleich ausschweifend und monomanisch geworden. Und wenn sie sich schließlich gedrängt fühlen, ihre wilden, zügellosen Einbildungen in die Praxis umzusetzen – denn es ist unmöglich, fortgesetzt den eigenen Nabel zu beschauen, ohne sich auf lange Sicht etwas zu langweilen –, was passiert dann? Sie gehen hin und begehen Selbstmord oder morden und vergewaltigen, je nach der Richtung, die ihre monomanischen Ideen zufällig genommen haben. Wie tragisch das alles ist! Aber auch wie dumm und grotesk! Hätte Stawrogin mit Frauen ins Bett gehen können, die er liebte, anstatt im Banne seiner teuflischen asketischen Prinzipien nur mit Frauen zu schlafen, die er verachtete; hätte Kirilow eine Frau und eine annehmbare berufliche Beschäftigung gehabt; hätte Pjotr Stepanowitsch je nachdem genußvoll eine Landschaft betrachtet oder mit einem Kätzchen gespielt – so hätte keine dieser Tragödien, dieser absurden und idiotischen Tragödien stattgefunden.

Die Schrecknisse, die die *Dämonen* und die anderen Romane Dostojewskis umdüstern, sind Tragödien geistiger Ausschweifung. Alle Gestalten Dostojewskis (und darin ähnelte ihnen Dostojewski selbst, wie man vermuten möchte) sind ausschweifende Seelen, denen jede Zügelung durch den Körper abgeht. Sie sind allesamt emotionale Onanisten, die schrankenlos ihrer Lust in der Leere der Imagination frönen. Gelegentlich werden sie ihrer Masturbationsübungen müde und suchen wieder Kontakt zur Welt zu finden. Aber sie haben alles Realitätsgefühl, alle Erfahrung mit menschlichen Werten eingebüßt. Alle ihre Versuche, ihre onanistischen Träumereien in die Praxis umzusetzen, führen zur Katastrophe. Und zwar unvermeidlich. Aber wie qualvoll sie auch sein mögen (und Dostojewski erspart uns da durchaus nichts), diese Tragödien sind, ich wiederhole es, vollkommen absurd und idiotisch. Sie sind die lächerlich unnötigen Tragödien von Menschen, die sich selbst verrückt gemacht haben. Wir leiden sympathetisch mit, aber gegen unseren Willen; nachher müssen wir lachen. Denn diese Tragödien sind nichts anderes als dumme, zu weit getriebene Farcen.

Robert Burns, nach Chaucer der am wenigsten verstiegene und hochtrabende, der umfassendste und im harmonischen Sinne menschlichste aller englischen Dichter, verstand das sehr gut. Seine »Address to the Devil« (Ansprache an den Teufel) hat als Motto zwei ungeheure Zeilen aus Miltons *Paradise Lost*:

O Prince! O Chief of many thronèd pow'rs
That led th'embattled Seraphim to war!

O Fürst, o Haupt gekrönter Mächte, die
Die Reihen schlachtbereiter Seraphim
Anführte...

Die Worte rollen durch die Räume des Miltonschen Universums, prallen mit schrecklichem Donner vom Dach der Hölle zurück und schweben in feierlichem und himmlischem Klang von Sphäre zu Kristallsphäre; wenn sie aber schließlich auf die Erde treffen, welche sehr merkwürdigen und sogar unschicklichen Echos werden da laut!

O Thou! whatever title suit thee,
Auld Hornie, Satan, Nick, or Clootie,
Wha in yon cavern grim and sootie,
Closed under hatches,
Spairges about the brunstane cootie,
To scaud poor wretches!

Du – welcher Titel dir auch zusagt:
Gehörnter, Satan, Deubel, Hinkefuß,
Der du in deiner grimmigen, rußigen,
Dichtverrammelten Hölle
Mit Eimerchen voll Schwefel herumplanschst,
Um arme Schelme abzubrühen...

Es ist die Stimme der Menschheit, der gesunden, launigen und unaffektierten Menschheit, die da ertönt. Überlebensgroß und unnatürlich, deklamiert Milton die mächtigen Zaubersprüche, die Satan aus dem Abgrund heraufrufen; Heiliger und Dämon, sie stehen zusammen, wie ein Paar Zwillinge. Sie sind erhaben, aber aus eben diesem Grunde lächerlich. Denn der *Chief of many thronèd powers* ist auch eine komische Gestalt, grotesk wie so viele allzu schurkenhafte Schurken in einem alten Melodrama – grotesk wie letztlich manche allzu tugendhaften Helden.

Und die kleineren Sataniker sind wie ihre Herren und Meister. Don Juan, Kain, Heathcliff, Stawrogin – sie sind allesamt Witzfiguren, trotz ihrer Erhabenheit oder gerade deswegen. Und die Sataniker des wirklichen Lebens sind beinahe ebenso lachhaft wie die der Literatur. Beinahe, wenn auch nicht ganz; weil der lebende Sataniker, wenn er auch starr und augenfällig verrückt ist, doch nie so halsstarrig konsistent, nie so völlig frei von den Zwängen normalen menschlichen Lebens ist wie der Sataniker aus Büchern.

Erst wenn es den Satanikern nicht mehr gelingt, ihrer satanischen Rolle voll gerecht zu werden, können wir sie ernst nehmen – denn erst dann beginnen sie menschlich zu wirken. Wenn ihre Erhabenheit von Erfolg gekrönt ist, sind wir zu lachen gezwungen. »Das Gelächter«, sagte Baudelaire, »ist satanisch.« Manches Gelächter vielleicht. Aber keineswegs jedes. Es gibt eine ganze Skala launigen und nicht-schrillen Gelächters, das ganz und gar und auf bezeichnende Weise menschlich ist. Und ich vermute, daß es genau dieses menschliche Gelächter ist, das Baudelaire, der Sataniker, als satanisch beschrieb. Seine Werte waren ›umgewertet‹. Die Heiterkeit, die Männer wie Chaucer oder Burns in ihrer menschlichen Qualität für wohltuend gehalten hätten, fand Baudelaire zwangsläufig feindselig und teuflisch. Denn wenn der Teufel des Menschen ärgster Feind ist, so ist der Mensch nicht minder des Teufels ärgster Widersacher. Das ergiebigste Lösungsmittel für satanische wie für andere übermenschliche Anmaßungen ist das frohgemute Gelächter menschlicher Wesen. Man nenne den Teufel Deubel oder Hinkefuß, und er wird alsbald alle seine Großartigkeit und die Hälfte seiner Schrecklichkeit einbüßen.

Daher Baudelaires Haß auf das Gelächter; von seinem satanischen Standpunkt aus war es in der Tat diabolisch. Satan muß um jeden Preis mit Würde umkleidet werden. In seinem herrlichen und strahlenden Panzer darf keine Lücke klaffen, die die Strahlen menschlicher Heiterkeit durchließe. Die gelächtersichere Rüstung, in der Baudelaire sein Leben verbrachte, war ein »nüchternes Dandytum« der Kleidung, ein frostig-aristokratisches Gebaren, eine mehr als englische Kälte. Sein Äußeres, so Théophile Gautier, trug »den gewollten Stempel englischer Einfachheit und gab gleichsam die Absicht zu erkennen, sich von der ganzen Künstlergilde fernzuhalten. ... Ganz im Gegensatz zu den etwas schlampigen Sitten der Künstler beharrte Baudelaire auf korrektesten Umgangsformen, und seine Höflichkeit war übertrieben bis zur Manieriertheit. Er maß seine Sätze genau ab und benutzte dabei nur die gewähltesten Ausdrücke. ... Die im

Pimodan noch hoch in Ehren stehende Karikatur wurde von ihm als gekünstelt und grob verachtet; aber Paradoxie und Überspitzung versagte er sich nicht. Mit sehr einfachem, ganz natürlichem und völlig gleichgültigem Gesichtsausdruck ... brachte er irgendein gräßliches satanisches Axiom vor. Seine Gesten waren langsam, sparsam und karg, dabei sehr körpernah, denn er verabscheute das südländische Gefuchtel. Ebensowenig liebte er bloße Zungenfertigkeit, und die britannische Zurückhaltung erschien ihm als Ausdruck guten Geschmacks. Man kann von ihm sagen, daß er ein Dandy war, der sich in die Boheme verirrt hatte, dort aber an seinem Rang, seinen Manieren und jenem Kult seiner selbst festhielt, wie er den Menschen charakterisiert, der von Brummells Prinzipien durchdrungen ist.«

Welche ausgeklügelten Vorsichtsmaßnahmen gegen das mögliche Gelächter der Menschheit! Satan ist ein Gentleman, und Satan kann er nur sein unter der Bedingung, ein Gentleman zu bleiben. In dem Augenblick, da er seine Brummellsche Würde einbüßt und der Deubel oder Hinkefuß wird, ist er nur noch ein armer Teufel und nichts mehr. Hätte es Baudelaire freigestanden, seine Dandy-Korrektheit gelegentlich fahrenzulassen, hätte er sich selbst erlaubt, sich manchmal bei den Hörnern zu nehmen, wäre er zweifellos ein glücklicherer und ungeteilterer Mensch und vielleicht sogar ein besserer, weil umfassenderer Dichter gewesen.

Aber er zog es vor, sich an seine satanische Würde zu klammern; er gürtete seinen gelächtersicheren Panzer noch enger um sich. Der Welt trat er als eine Art schwarzer Ritter gegenüber – eine dunkle Gestalt, tragisch und schrecklich, aber gleichzeitig auch lächerlich, weil allzu imposant und ungenügend beweglich.

»Denn die Sünde«, sagt der heilige Paulus, »wird nicht zugerechnet, wo kein Gesetz ist... Das Gesetz aber ist nebeneingekommen, auf daß die Sünde mächtiger würde.« Nur jemand, der an Göttlichkeit im absoluten Sinne glaubt, kann auch dem absoluten Bösen nachstreben; man kann kein Sataniker sein, ohne gleichzeitig, potentiell oder tatsächlich, ein Deïker zu sein. Baudelaire war ein umgedrehter Christ, das fotografische Negativ eines Kirchenvaters. Seine Philosophie war orthodox – sogar mehr als orthodox, beinahe jansenistisch. Seine Einstellung zur Erbsünde (in der Moderne der Prüfstein jeglicher Orthodoxie) war vollkommen rechtgläubig. Sie war sogar sehr viel rechtgläubiger als beispielsweise die von Jesus. Jesus konnte von kleinen Kindern noch sagen: »ihrer ist das Himmelreich«; als rechter Augustinianer nannte Baudelaire sie *des Satans en herbe* – »Teufel in spe«. Er hegte die Verachtung des guten Christen für den modernen Glauben an den Fortschritt. *»La croyance au progrès«*, sagt er, *»est une doctrine de Belges«* (der Glaube an den Fortschritt ist eine Lehre der Belgier). Und wenn er von etwas sagte, es sei belgisch, dann hatte er ihm das verächtlichste Etikett seines gesamten Vokabulars angeheftet.

Für diesen Christen, der die Lehre der Erbsünde mit allen ihren Konsequenzen übernahm, war Menschenfreundlichkeit schlicht verbrecherischer Unsinn. Der Mensch war von Natur aus bösartig und dumm. Die »universale Dummheit jeder Klasse, jedes Individuums, jedes Geschlechts und jedes Lebensalters« flößte ihm, wie Flaubert, chronische Empörung ein. Diejenigen, die, wie der Maler Wiertz (auch er Belgier!), an die »unsterblichen Prinzipien von 1789« glaubten, betrachtete er nahezu als persönliche Feinde. *»Le Christ des humanitaires«*, schreibt er in seinen Aufzeichnungen über Wiertz. *»Peinture philosophique. Sottises analogues à celles de Victor Hugo à la fin des ›Contemplations‹. Abolition de la peine de mort, puissance infinie de l'homme!«* (Der Christus der Menschenfreunde. Philosophische Malerei. Dummheiten ähnlich denen von Victor Hugo gegen Ende der *Contemplations*. Aufhebung der Todesstrafe, unendliche Macht des Menschen!)

Für den schlichten demokratischen Glauben an die Macht der Erziehung, die alle Menschen gleich an Intelligenz und Tugend machen würde, hatte er nichts als Verachtung. Eines seiner Projekte war die Niederschrift eines Essays über die *»infamie de l'imprimerie, grand obstacle au développement du Beau«* (die Verruchtheit des Druckereigewerbes, jenes großen Hindernisses für die Entwicklung des Schönen). Für die Philanthropen des 18. Jahrhunderts, die von dem Axiom ausgingen, daß der Mensch »im Stande der Natur« tugendhaft und vernünftig sei, konnte es logischerweise etwas wie Sünde im christlichen oder Verbrechen im juristischen Sinne des Wortes nicht geben; dem Individuum war keine Schuld für seine bösen Taten anzulasten. Die gesamte Verantwortung fiel auf die Umwelt, auf die Gesellschaft, auf schlechte Gesetze, Priesterschaft, Aberglauben usw. Für Baudelaire zählte einzig das Individuum. Alle, die unrecht tun, müssen die volle Verantwortung für ihre Missetaten tragen. Und welche Taten sind laut Baudelaire Missetaten? Die Antwort ist einfach: Es sind die Taten, die die Kirche für sündhaft hält. Der heilige Paulus hat das Fleisch und alle fleischlichen Werke nie so giftig gehaßt wie Baudelaire; Prudentius schrieb nie mit wilderem Ekel über die Liebe als er. Für den Dichter wie für die christlichen Moralisten waren die schlimmsten, weil anziehendsten, verbreitetsten, die dem Schein nach harmlosesten Sünden jene sexueller Natur. Geh ihnen also aus dem Wege! lautete das Geheiß der Moralisten. Baudelaire aber war ein spiegelverkehrter Christ; für ihn war der kategorische Imperativ das genaue Gegenteil. Den Gelüsten zu frönen ist hassenswert in den Augen Gottes; deshalb (so die Logik der Sataniker) fröne! »*La volupté unique et suprême de l'amour gît dans la certitude de faire le mal. Et l'homme et la femme savent de naissance que dans le mal se trouve toute volupté*« (die einzige und höchste Wollust der Liebe liegt in der Gewißheit, das Böse zu tun. Und von Geburt an wissen Mann und Frau, daß sich im Bösen alle Lust findet). Baudelaire liebte die Revolution aus denselben Gründen wie die Liebe. »*Moi, quand je consens à être républicain*« (er verstreute im Jahre 1848 etwas planlos Gewehrfeuer von den Barrikaden), »*je fais le mal, le sachant. ... Je dis: Vive la Révolution! comme je dirais: Vive la Destruction! Vive la Mort! Nous avons tous l'esprit républicain dans les veines comme la vérole dans les os. Nous sommes démocratisés et syphilisés!*« (Wenn ich einwillige, Republikaner zu sein, tue ich wissentlich das Böse. ... Ich sage: Es lebe die Revolution!, wie ich sagen würde: Es lebe die Zerstörung! Es lebe der Tod! Wir haben alle republikanischen Geist in den Adern und die Syphilis in den Knochen. Wir sind demokratisiert und syphilisiert!) Er haßte und verabscheute die Revolutionäre, die sich einbildeten, zum Wohle der menschlichen Rasse zu handeln. »*Moi, je me fous du genre humain*« (ich kümmere mich einen Dreck um das Menschengeschlecht). Was ihn auf die Barrikaden trieb, war »der Durst nach Rache und die natürliche Lust an der Zerstörung«.

Doch Politik und generell jede Art von ›Aktion‹ (im volkstümlichen Sinn des Wortes) fand er degoutant. Nur in der Theorie hatte er »Verständnis dafür, daß einer eine gute Sache im Stich ließ, nur um zu spüren, wie es war, wenn man zur Abwechslung einmal einer anderen diente«. Eine unüberwindliche Abneigung gegen alle guten Sachen außer der Dichtung hielt ihn davon ab, das Experiment tatsächlich zu unternehmen. Ähnlich verhielt es sich mit seiner Behauptung, er wolle »nicht nur gerne Opfer sein, sondern hätte auch keine Einwände gegen die Henkersrolle – um die Revolution von zwei Seiten aus zu erleben«. Seine Beteiligung an der Revolution war zu marginal, um ihm die Rolle des Opfers oder des Henkers zu erlauben.

Ein Großteil von Baudelaires Satanik außerhalb der politischen Sphäre blieb rein verbal. Und zwar ganz unvermeidlich: denn Baudelaire liebte seine Freiheit, und in einer durchorganisierten Gesellschaft werden die Sataniker, die ihre Prinzipien allzu freizügig in die Praxis umsetzen, ins Gefängnis geworfen. Aus Baudelaires Umgangston hätte man geschlossen, er sei eine Mischung aus Gilles de Rais, Heliogabalus und dem Marquis de Sade. Jedenfalls war das der Eindruck, den er erwecken wollte. Aber Reputationen haben ein merkwürdiges Eigenleben, über das das Individuum wenig oder gar keine Kontrolle auszuüben vermag. Baudelaire wäre es lieb gewesen, wenn die Welt ihn sich als die Inkarnation aller herrenhaften Verruchtheit ausgemalt hätte. Statt dessen – aber man erlaube mir, seine eigenen Worte zu zitieren: »*Un jour une femme me dit: C'est singulier; vous êtes fort convenable; je croyais que vous étiez toujours ivre et que vous sentiez mauvais*« (Eines Tages sagte eine Frau zu mir: Das ist merkwürdig; Sie sind doch sehr manierlich; und ich habe geglaubt, Sie seien ständig betrunken und röchen schlecht).

Im Rufe eines unangenehmen Geruchs zu stehen – hätte irgend etwas verletzender für den Mann sein können, der sich selbst als *Chief of many thronèd powers* sah? Alle, die ihn persönlich kannten, begingen solche Fehler natürlich nicht. Ihr Freund war kein vulgärer Bohemien, sondern ein Dandy; wenn er verrucht war, dann im großen Stil, eben wie ein Gentleman, nicht wie ein Künstler. Aber sie wußten auch, daß ein Großteil seines aristokratischen Satanismus rein platonisch und für Konversationszwecke angenommen war. Praktizierender Sataniker war Baudelaire nur unter solchen Umständen, bei denen aktiver Satanismus nicht von der Polizei unterbunden wird. Jeder Satanismus der Gewalt und der Arglist war damit ausgeschlossen. Er sprach viel über Verrat und Exekution, agierte dergleichen aber nie aus.

Die interessantesten aller gesetzlich tolerierten Sünden sind die des Fleisches. Baudelaire war deshalb vor allem ein Sataniker der Liebe. Aber nicht im Stil des wilden Marquis, nicht einmal in dem von Don Juan. Er opferte seine Partner nicht; er opferte nur sich selbst. Seine

Grausamkeiten richteten sich nach innen. Harmlos, wie man zu sagen versucht ist; die harmlosen Grausamkeiten eines akademischen Satanikers. Und harmlos in einem bestimmten Sinne waren sie denn auch. Baudelaires Weg war nicht mit verführten jungen Mädchen übersät, auch nicht mit ehebrecherischen Weibern oder ausgepeitschten Schauspielerinnen. Bedauerlicherweise vielleicht. Denn die scheinbar harmlose Varietät von Satanismus ist in bestimmter Hinsicht die schädlichste von allen. Der Flagellator und der Verführer richten unter ihren weiblichen Bekannten ein bestimmtes streng begrenztes Ausmaß von Schaden an. Der sich selbst bestrafende Sataniker aber ist unendlich viel zerstörerischer. Denn was bedeuten schon einige Jungfernschaften und einige Flecken gegerbter Kokottenhaut im Vergleich zum ganzen Universum?

Das gesamte Universum – und nichts weniger. Der Sataniker, der sein eigenes Opfer ist, entstellt und befleckt das ganze Universum für sich selbst. Und wenn er, wie Baudelaire, zufällig noch ein großer Dichter ist, entstellt und befleckt er es für seine Leser. Jene de Sades und Don Juans sind niemals in solch gewaltigem Maßstab verderblich. Denn sie genießen ihre Satanik – nicht immer ganz rückhaltlos vielleicht und stets auf verruchte Weise, aber sie genießen sie. Sie gehen ihres Weges und singen mit Pippa: »Hinkefuß sitzt in seiner Hölle, es steht gut um die Welt.« Der Selbsthenker hat keinerlei Genüsse, um sie in eine hübsche Browningsche Philosophie hinüberzurationalisieren. Die Welt ist für ihn hassenswert; er selbst hat sie so gemacht.

Baudelaire behandelte sich selbst mit ausgesuchter Bösartigkeit. Er gab sich die größte Mühe, die Welt so umfassend abstoßend auszustatten, wie er nur konnte. Als Beispiel seiner satanischen Technik sei hier das folgende Fragment einer Autobiographie aus einem seiner Sonette zitiert:

Une nuit que j'étais près d'une affreuse juive,
Comme au long d'un cadavre un cadavre étendu,
Je me pris à songer près de ce corps vendu
A la triste beauté dont mon désir se prive.

Eines Nachts, als ich bei einer gräßlichen Jüdin lag,
wie längs einem Leichnam eine Leiche ausgestreckt,

kam mir neben diesem verkauften Körper in den Sinn
die traurige Schönheit, deren mein Verlangen sich
beraubt.

Erschreckende Zeilen! Wenn man sie liest, scheint man durch immer dicker und dunkler werdende Schichten von schmierigem Greuel hinabzusinken. Ein schauderndes Mitleid ergreift einen. Und dann Verblüffung, Verblüffung angesichts des Gedankens, daß diese entsetzliche Qual selbstverhängt war.

Folter, Folter – wieder und wieder stellt sich das Wort peinigend ein, wenn man die *Fleurs du Mal* liest. Baudelaire selbst kam von dieser Vorstellung nicht los. »Liebe ist wie eine Folter oder eine chirurgische Operation. Diese Vorstellung läßt sich auf die schmerzlichste Weise entwickeln. Selbst wenn die beiden Partner heftig ineinander verliebt und voller gegenseitiger Begierden sind, wird der eine der beiden immer ruhiger oder weniger besessen sein als der andere. Er oder sie ist der Operateur, der Henker; der andere ist der Patient, das Opfer.« Die Torturen, die Baudelaire sich selbst auferlegte, waren keine bloßen Operationen; sie waren weitaus schrecklicher. Zwischen ihm und der »gräßlichen Jüdin« lag nicht einmal die Möglichkeit gegenseitigen Begehrens – da war nichts weiter als Widerwille. Seine Qualen waren vor allem Qualen der Besudelung und Entweihung. Inmitten von Ratten und Exkrementen an einen Körper angekettet zu sein – das waren die Bestrafungen, zu denen er sich auf satanische Weise selbst verurteilte. Und sogar die Phasen der Erholung von der gräßlichen Jüdin waren lediglich mildere Torturen. Jene »traurige Schönheit, deren sein Verlangen sich beraubte«, war eine trunksüchtige Negerin, deren Vulgarität jede Fiber seiner Seele verletzte, deren Dummheit ihn verblüffte und bestürzte, die sich an seinem Geld vergriff und ihm ihre Dankbarkeit erwies, indem sie ihn bei jeder sich bietenden Gelegenheit zum Hahnrei machte.

Quand elle eut de mes os sucé toute la moelle,
Et que languissamment je me tournai vers elle
Pour lui rendre un baiser d'amour, je ne vis plus
Qu'une outre aux flancs gluants, toute pleine de pus.

Als sie mir aus den Knochen alles Mark gesogen
und ich ermattet mich zu ihr wandte, einen Liebeskuß
ihr zu erwidern, sah ich nur einen Schlauch noch,
mit verklebten Flanken, ganz von Eiter angefüllt.

Trotzdem – oder gerade deshalb – blieb Baudelaire seiner Mulattin unauflöslich verbunden. Nach ihren gewöhnlich sehr heftigen Auseinandersetzungen lag er tagelang im Bett, hemmungslos und unaufhörlich weinend. Obwohl, oder gerade weil sie für ihn die niedrigste Form der Liebe repräsentierte, liebte er sie.

Aber gräßliche Jüdinnen und kaum weniger gräßliche Negerinnen waren nicht die einzigen Objekte von Baudelaires Liebe, denn:

Quand chez les débauchés l'aube blanche et vermeille
Entre en société de l'Idéal rongeur,
Par l'opération d'un mystère vengeur
Dans la brute assoupie un ange se réveille.

Wenn weiß und rosenrot bei den Wüstlingen das Frühlicht
eintritt und mit ihm, nagend, das Ideal,
dann wacht, als wirke ein rächendes Geheimnis,
in dem schlafbetäubten Tier ein Engel auf.

Mit anderen Worten, jenes Gefühl-am-Morgen-danach, jenes *omne-animal-triste*-Gefühl, das, den Alten zufolge, den Liebesakt jedes Geschöpfes außer Stute und Frau mit Melancholie tönt, wird leicht und natürlich im Sinne eines christlich-platonischen Idealismus rationalisiert. Der Engel in Baudelaire schlief nie allzu fest. Denn, wie bereits angedeutet, kann kein Mensch Sataniker sein, der nicht gleichzeitig auch Gottgläubiger ist. Über den gräßlichen Jüdinnen und Negerinnen, zu deren Gesellschaft sich Baudelaire verurteilt hatte, schwebte ein weißbeschwingtes und weißgewandetes Ideal weiblicher Reinheit.

Die Umrisse dieses engelhaften Kindes der Phantasie wurden vom Dichter gelegentlich auf die einer realen Frau aus Fleisch und Blut projiziert, die daraufhin aufhörte, Frau zu sein und – mit Baudelaires eigenen Worten, wenn er an eine dieser vergöttlichten Freundinnen schrieb (in diesem Falle ein Künstlermodell) – zu einem *objet de culte* wurde, das »unmöglich zu besudeln« war *(»impossible de souiller«).* Unglücklicherweise war die »Unmöglichkeit der Besudelung« nicht so absolut, wie er sich das gewünscht haben mochte. Idealisierung ist ein Prozeß, der nur in der Phantasie des Idealisierenden abläuft: er hat keine wahrnehmbare Auswirkung auf das idealisierte Ding. Das »Kultobjekt« bleibt unabwendbar, was es war – in diesem Falle eine Frau. Dieser bedauernswerte Umstand wurde von Baudelaire persönlich und unter den lächerlichsten und demütigendsten Umständen wiederentdeckt. Mme. Sabatier war eine lustige junge Witwe, die literarische und künstlerische Abendgesellschaften veranstaltete. Die Brüder Goncourt nannten sie *»une vivandière de faunes«* (eine Marketenderin für Faune); und sie war, wie es scheint, in ihren Vorlieben und Gewohnheiten selbst ein wenig faunisch.

Diesen unwahrscheinlichen Tempel rundlich-üppigen Fleisches und ungewöhnlich warmen Blutes wählte Baudelaire sich als Heimstatt für sein göttliches Ideal. Die Bardame der Faune wurde für ihn zum Gegenstand eines Kultes. Fünf Jahre lang betete er sie an, hingebungsvoll. Als die Veröffentlichung der *Fleurs du Mal* und der nachfolgende Rechtsstreit ihn dann plötzlich berühmt gemacht hatten, entschloß Mme. Sabatier sich, ihm ohne weiteres Werben seinerseits nachzugeben. Aufgefordert, seine Göttin als menschliches, ja sogar allzu-menschliches Wesen zu behandeln, fand Baudelaire sich unfähig, die Gunst der Stunde zu nutzen. Die Dame war beleidigt – verständlicherweise. Sie machte ihm Vorwürfe. Baudelaire erwiderte sie mit Gegenvorwürfen. *»Il y a quelques jours«*, schrieb er, *»tu étais une divinité, ce qui est si commode, ce qui est si beau, ce qui est si inviolable. Te voilà femme maintenant.«* (Schließlich warst Du noch vor ein paar Tagen eine Gottheit, und das ist so bequem und so schön und so unantastbar. Jetzt bist Du Frau.) Und das war unverzeihlich. *»J'ai horreur de la passion«*, fuhr er mit seiner Erklärung fort, *»parce que je la connais avec toutes ses ignominies.«* (Mir graut vor der Leidenschaft – weil ich sie kenne, mit allen ihren Schändlichkeiten.)

In Wirklichkeit kannte Baudelaire von der Leidenschaft sehr wenig. Er kannte die entwürdigende Qual der Hingabe an die Umarmungen gräßlicher Jüdinnen; und in den Armen seiner Negerin erfuhr er die Verrücktheit, die fixierte unheilbare Monomanie ausschließlicher Sinnlichkeit. Am anderen Ende der Skala kannte er die Verehrung unberührbarer Gottheiten – eine Verehrung, für die eine der Vorbedingungen eben die freudlose oder krampfhafte Ausschweifung unter Jüdinnen und Negerinnen war. Denn »*la femme dont on ne jouit point est celle qu'on aime... Ce qui rend la maîtresse plus chère, c'est la débauche avec d'autres femmes. Ce qu'elle perd en jouissances sensuelles elle gagne en adoration*« (die Frau, die man nicht genießt, ist diejenige, die man liebt... Was einem die Geliebte um so teurer macht, ist die Unzucht mit anderen Frauen. Was sie dabei an sinnlichen Genüssen einbüßt, gewinnt sie an Anbetung).

Diese merkwürdigen Perversitäten waren das, was Baudelaire Leidenschaft nannte. Von der eher normalen Liebesbeziehung hatte er keine Ahnung. Es läßt sich bezweifeln, ob er je eine Frau umarmte, die er achtete, oder wußte, was es bedeutete, Begehren mit Wertschätzung und Zärtlichkeit mit Leidenschaft zu vereinen. Wahrscheinlich hätte er bereits die bloße Möglichkeit solcher Kombinationen geleugnet. Seine Theorie der Liebe war die Theorie jener extremen, nahezu manichäischen Christen, die jede Form physischer Leidenschaft unterschiedslos verdammten und sogar die Ehe als Sünde auffaßten. Zwischen Körper und Seele und Geist und Materie hatte er eine unüberbrückbare Kluft aufgerichtet. Der Körper war ganz und gar schlecht; nach der Logik des Satanismus mußte er soviel und vor allem so gemein wie möglich seinen Lüsten frönen. Die Seele war ganz und gar gut; wenn sich deshalb »in dem schlafbetäubten Tier ein Engel erhebt«, darf (definitionsgemäß) keinerlei entweihender physischer Kontakt bestehen.

Was die Liebe betrifft, so gab Baudelaire, mit den Worten von Iwan Karamasoff, »Gott seine Eintrittskarte zurück«. Er weigerte sich, Liebe anzunehmen; er wollte etwas Besseres. Natürlich mit dem Ergebnis, daß er etwas weitaus Schlechteres bekam und die Liebe sich weigerte, *ihn* anzunehmen. Das Bessere ist stets des Guten Feind, und nirgends ein so mörderischer Feind wie in den Dingen der Liebe. Baudelaires Vorstellung von der höchsten Liebe war die einer rein mentalen Beziehung, eines bewußten Zusammenwachsens zweier bis dahin getrennter Wesen. Nicht-ideelle Liebe war für ihn gewöhnlich ein *épouvantable jeu*, ein schreckliches Spiel, weil »wenigstens einer der Spieler dabei die Selbstbeherrschung verlieren« muß. Überdies: »*dans l'amour, comme dans presque toutes les affaires humaines, l'entente cordiale est le résultat d'un malentendu. Ce malentendu, c'est le plaisir. L'homme crie: O mon ange! La femme roucoule:*

Maman! Maman! Et ces deux imbéciles sont persuadés qu'ils pensent de concert. Le gouffre infranchissable qui fait l'incommunicabilité reste infranchi« (überdies ist in der Liebe, wie in beinahe allen menschlichen Geschäften, das gegenseitige herzliche Einvernehmen das Ergebnis eines Mißverständnisses. Dieses Mißverständnis ist die Lust. Der Mann ruft: O mein Engel! Die Frau girrt: Mama! Mama! Und die beiden Gimpel sind überzeugt, daß sie im Einklang miteinander denken. Der unüberbrückbare Abgrund, der jede Verständigung unmöglich macht, bleibt bestehen).

Warum aber sollte er eigentlich nicht unüberbrückt bestehen bleiben? Und warum sollte man nicht manchmal die Selbstbeherrschung verlieren? Wir dürfen uns glücklich preisen, daß wir über kein vollkommenes und ununterbrochen beständiges Bewußtsein unserer selbst und anderer verfügen. Wie ermüdend wäre die Existenz, wenn Bewußtsein und Wille nicht manchmal mit einem Feiertag beschenkt würden, wenn es keine »schrecklichen Spiele« gäbe, in deren Verlauf man gelegentlich sogar den Kopf verlieren kann! Wie ermüdend! Und wie trivial auch und wie kleinlich! Denn ein Mensch verliert, jedenfalls bei der Liebe, seinen Kopf für etwas, das größer und wichtiger ist als sein eigenes Ego, für etwas außerhalb seiner selbst, das dem Leben dient. Und dann das Erschrecken, für jemand anderen völlig durchsichtig zu sein und selbst vollkommen klar zu sehen! Freilich kann dank des Körpers keine vollständige Bewußtheit bestehen, weil es zu keiner wirklichen Substanzmischung kommen kann, zu keiner Ineinswerdung. Der Körper verbürgt uns unsere Privatsphäre, jene geheimste Privatsphäre, der wir, bei Strafe des Verrats an unserem Menschentum, nicht Gewalt antun dürfen.

Aye free, aff han' your story tell,
When wi' a bosom crony;
But still keep something to yoursel'
Ye scarcely tell to ony.

Ja frei, frisch von der Leber weg
Erzähl dem Freund dein Leben,
Doch etwas halt für dich zurück,
Das mußt du keinem geben.

Wirklich *keinem* – nicht einmal in der Liebe. Die Realisierung von Baudelaires Ideal liefe auf eine psychologische Katastrophe hinaus. Aber als rechtgläubiger, wenn auch satanischer Christ, mit seinem Vorurteil zugunsten von Seele und Geist und seinem verächtlichen Haß auf den Körper, vermochte Baudelaire das nicht zu verstehen, im Gegenteil: er malte sich aus, daß er nach seinem eigenen und der Menschheit höchstem Gut strebte. Als er sah, daß keine Aussicht auf das Erringen des Erstrebten bestand, entsagte er der Liebe zugunsten selbstquälerischer Ausschweifung auf der einen und Anbetung aus großer Distanz auf der anderen Seite.

Mit jenem souveränen Augenmaß, das, trotz der Verschrobenheiten und Absurditäten ihrer Glaubenssätze, die Handlungen der Menschen des Mittelalters im allgemeinen auszeichnete, harmonisierten die großen platonisierenden Dichter des 13. und 14. Jahrhunderts Philosophie und die Erfordernisse des Alltagslebens, das Ideale und das Reale, auf unvergleichlich viel befriedigendere Weise. Es gab also eine Frau Dante ebenso wie eine Beatrice, es gab sogar nicht weniger als vier kleine Dantes; auch Dantes Freund und Weggefährte als Dichter, Guido Cavalcanti, hatte Frau und Familie; und obwohl Petrarca nie heiratete, bezeugen zwei uneheliche, im Abstand von sechs Jahren und von derselben Mutter geborene Kinder doch den Umstand, daß Lauras überschwenglicher platonischer Freund nur durch den Zufall seiner Ordenszugehörigkeit davor bewahrt blieb, ein ebenso guter und treuer Ehemann zu werden, wie er, allen Berichten zufolge, ein zärtlich besorgter Vater war.

Bewundernswert widersprüchlich, stimmten diese Dichter das Lob der heiligen Liebe an, während sie gleichzeitig das Beste aus deren weltlicher Abart in den Armen geachteter und zärtlich geliebter Gattinnen machten. Ihre platonischen Beziehungen existierten an den Rändern der Ehe oder ihres Äquivalents, ganz wie in der größeren und weiteren Welt die Klöster an den Rändern des weltlichen Lebens existierten. Mönch und platonische Herrin bezeugten die Existenz des spirituellen Ideals; diejenigen, die sich von ihrem Temperament gedrängt fühlten, extreme Wege einzuschlagen, konnten sich ihrem Ideal nach Belieben widmen, entweder im Kloster oder im Arbeitszimmer des Dichters. Was auch immer geschah, das Ideal erhielt keinerlei Erlaubnis, die unverletzlichen Dimensionen des normalen häuslichen Lebens zu sprengen. Das nämlich blieb, wie wir gewahr werden, wenn wir die *Canterbury Tales* oder das *Decamerone* lesen, das ganze Mittelalter hindurch auf höchst heilsame Weise heidnisch, trotz des Christentums. Erst die Reformation brachte dieses mittelalterliche Gleichgewicht ins Schwanken. Dümmlich konsequent, hoben die bibellesenden Protestanten die Klöster auf und ließen den bis dahin sicher in die Grenzen des Normallebens eingeschlossenen Idealismus auf die armen Köpfe gewöhnlicher Menschen los. An die Stelle des Mönchs trat der Puritaner. Es war ein beklagenswerter Wandel zum Schlechteren. In seinen privaten Anstalten an den Rändern der Gesellschaft aufgehoben, war der Mönch harmlos gewesen. Dem Puritaner aber stand es frei, in die Welt auszuschweifen und sie mit Drangsal und Verheerung zu überziehen, ihm stand es frei, das Leben zu vergiften, nicht nur für sich selbst, sondern für alle, die in seine Nähe kamen. Der Puritaner war und ist eine soziale Gefahr, ein öffentlicher und privater Schädling der abscheulichsten Art. Baudelaire war ein umgekehrter Puritaner. Anstelle von Askese und Anstand predigte er Ausschweifung. Die Mittel, die er anwendete, waren das genaue Gegenteil der von den Puritanern benutzten; seine Motive aber und die ihren, die Ziele, die er und sie anstrebten und erreichten, waren dieselben. Er haßte das Leben genau wie sie und war ebenso erfolgreich bei seiner Zerstörung.

Bereits unfähig, die Widersprüche der mittelalterlichen Christen zu verstehen, war Baudelaire noch weniger in der Lage, die sehr viel radikaleren Widersprüche der heidnischen Griechen zu begreifen. Für die Griechen waren alle Gottheiten (und das heißt: alle Aspekte der menschlichen Natur) gleichermaßen göttlich. Die Kunst des Lebens bestand für sie darin, jeder Gottheit den ihr zustehenden Anteil zukommen zu lassen. Diese Ansprüche waren durchaus verschiedenartig. Apollos Tribut war sehr viel anders geartet als derjenige, den einer dem Dionysos schuldete. Beide Tribute konnten sogar miteinander unvereinbar sein; aber jeder war geschuldet und mußte, zur fälligen Frist und Jahreszeit, beglichen werden. Kein Gott durfte betrogen und keiner überbezahlt werden. Baudelaire war ganz und gar un-hellenisch. Nur ein- oder zweimal in seinem Gesamtwerk berührt er heidnische Themen, und dann behandelt er sie als puritanischer Jansenist, als früher Kirchenvater. Man lese beispielsweise das Gedicht mit dem Titel »Lesbos«. Hier einige bezeichnende Auszüge:

Laisse du vieux Platon se froncer l'œil austère;
Tu tires ton pardon de l'excès des baisers...

Tu tires ton pardon de l'éternel martyre
Infligé sans relâche aux cœurs ambitieux...

Qui des Dieux osera, Lesbos, être ton juge,
Et condamner ton front pâli dans les travaux,
Si ses balances d'or n'ont pesé le déluge
Des larmes qu'à la mer ont versé tes ruisseaux?
Qui des Dieux osera, Lesbos, être ton juge?

Mag doch der greise Plato seine strenge Braue runzeln;
du empfängst Vergebung aus der Küsse Übermaß...

Du empfängst Vergebung aus der ewigen Marter,
die ohne Unterlaß die sehnsuchtstrunkenen Herzen peinigt...

Welcher der Götter wagte es, Lesbos, dein Richter zu sein,
und deine Stimme zu verdammen, die in den Mühen bleichte,
wenn er auf seinen goldenen Schalen nicht die Sintflut
der Tränen wog, die mit deinen Bächen sich ins Meer ergoß?
Welcher der Götter wagte es, Lesbos, dein Richter zu sein?

Für die Zeitgenossen und Nachfolger Sapphos wären diese Zeilen absolut unverständlich gewesen. All das Gerede über Vergebung und Marter, Richtertum und Tränen – die Griechen hätten in völliger Verwirrung die Köpfe darüber geschüttelt. Liebe war für sie nichts, was Vergebung oder Richtertum erfordert hätte. Und was verschlug es letztlich, wenn *les Phrynés l'une l'autre s'attirent* – »die Phrynen füreinander entbrennen«? Für die Griechen war der Aspekt, ob man zu einem Partner des eigenen oder des anderen Geschlechts in Liebe entbrannte, nahezu vollkommen indifferent. Wenig in Platos Schriften – und noch weniger der Leumund, den er bei den Griechen seiner Tage genoß – legt die Vermutung nahe, daß er homosexuelle Umarmungen streng mißbilligt haben könnte. Und die Götter waren, wenn man ihren offiziellen Biographen Glauben schenken darf, wahrscheinlich ebensowenig zu Richtersprüchen über Lesbos aufgelegt wie Plato. Und wenn es denn einem von ihnen eingefallen sein sollte –: war damit zu rechnen, daß er in den Lesbischen Strömen viele

Tränen gefunden hätte? Zweifellos keine aus Gewissensqual oder bewußter Schuld vergossenen. Die einzigen Tränen, die hellenische Liebhaber je vergossen zu haben scheinen, waren die der Jugend – über unerfüllte Leidenschaft – und die des Alters, das sie schwach und häßlich hatte werden lassen – über die unwiederbringlich vergangenen Freuden. Gelegentlich mögen sie natürlich auch die *lacrimae rerum* geweint haben. Denn wie alle wirklichen Realisten waren die Griechen im Grunde zutiefst pessimistisch. Trotz ihrer Schönheit, ihrer unerschöpflichen Merkwürdigkeit und üppigen Vielgestaltigkeit ist die Welt, die sie wahrnahmen, letztlich doch eine Welt des Jammers. Das Geschick kennt keinerlei Mitleid; Alter und Tod lauern am Ende jedes Ausblicks in die Ferne. Deshalb ist es unsere Pflicht, solange wir können, das Beste aus der Welt und ihrem Liebreiz zu machen – vor allem in den Jahren der Jugend und Lebenskraft. Der Hedonismus ist der natürliche Weggefährte des Pessimismus. Wo Gelächter ist, darf man auch erwarten, daß »Tränen um die Dinge« geweint werden. Aber Reue- und Bußtränen – nur ein Narr möchte sich die Welt bejammernswerter einrichten, als sie bereits ist! Nur ein lebensverachtender Verbrecher möchte die Summe allen Elends auf Kosten des kleinen menschlichen Anteils an unsicherer Freude erhöhen!

Die Erde ist reich an Silikon; unser Körper aber enthält nur eine winzige Spur davon. Sie ist arm an Phosphor; der menschliche Körper dagegen reich. Meerwasser enthält wenig Kalk und nur unendlich wenig Kupfer; dennoch findet sich Kupfer im Blut bestimmter Schaltiere, und Kalk ist im Gehäuse aller Molluskenarten überreichlich vorhanden. Die Dinge verhalten sich nun in der psychologischen Welt ganz ähnlich wie in der physischen. Wir leben in einer spirituellen Umwelt, in der zu einem gegebenen Zeitpunkt bestimmte Ideen und Gefühle vorherrschen und andere selten sind. Bei jedem Individuum aber kann das proportionale Verhältnis umgekehrt sein. Denn die Umwelt strömt nicht mechanisch in uns ein; der lebendige Geist eignet sich daraus nur das an, was seinen Bedürfnissen entspricht oder was er aufzunehmen in der Lage ist. Was den Bedürfnissen der mehrheitlichen Geister entspricht (die schwache, unterentwickelte Wesen sind), ist natürlich die Umwelt, wie sie gerade ist. Starke und originäre Geister aber können sich durchaus ablehnend gegenüber ihrer Umgebung zeigen und tun es auch häufig. Was ihren Bedürfnissen entspricht, kann in dem von ihnen bewohnten spirituellen Medium nur in kleinsten Quantitäten enthalten sein. Aber wie die Schaltiere mit ihrem Kupferanteil im Blut oder die Mollusken mit ihrem Kalkmantel verfügen sie über eine wunderbare Geschicklichkeit, alles zu finden und aufzugreifen, was sie brauchen. Baudelaire verkörpert diesen Typus beispielhaft. Im Zeitalter von Buckle und Podsnap, von Optimismus und Respektabilität war er der wildeste und düsterste augustinische Christ, der gewissenhafteste aller Wüstlinge.

Warum? Die Erklärung dafür bietet seine private Biographie. Die entscheidenden Fakten sind die folgenden: Er hatte eine frühkindliche Leidenschaft für seine Mutter, und diese Mutter heiratete, als er noch ein Junge war, ein zweites Mal. Diese zweite Ehe war ein Schock für ihn, von dem er sich nie erholte. Ganze Schichten seines Bewußtseins wurden plötzlich davon verheert. Er hatte angebetet und idealisiert – und zwar um so überschwenglicher, als seine Anbetung und Idealisierung mit einer frühreifen und leicht perversen Sinnlichkeit gepaart waren. Plötzlich wurde die Gottheit gestürzt und geschändet. Er haßte den Schänder und alles, was ihn an den Akt der Schändung erinnerte; er betete das Andenken der noch unentweihten Gottheit an. Der Zynismus und die Perversität der Adoleszenz flossen in seinem Haß zusammen und ließen ihn quälende und entwürdigende Lust an der Erprobung von Vergewaltigungsszenen in Gedanken – und später auch Taten – finden. In den Zwischenphasen, wenn er erschöpft war, verehrte er eine körperlose Gottheit. Und in dieser Weise verfuhr er sein ganzes Leben lang. Da er, wie alle Menschen, einer philosophischen Erklärung für seine Taten bedurfte, fand er sie im halb-manichäischen Christentum der frühen Mönche und Jansenisten. Eine ganz leichte Verdrehung reichte bereits hin, das Credo und die Ethik Pascals in einen selbstquälerischen, weltzerstörerischen Satanismus zu verkehren. Auf der anderen Seite der satanischen Münze waren Neigungen zur ›spirituellen‹ Liebe eingeprägt, wie sie auf so groteske Weise der Fall von Mme. Sabatier illustriert.

Baudelaire aber war kein bloßer Sataniker; er war ein gelangweilter Sataniker. Er war der Dichter des *ennui*, des Überdrusses, jener bestürzenden Langeweile, die *les proportions de l'immortalité* annehmen kann – »die Ausmaße der Unsterblichkeit«. Die persönlichen Determinanten dieser Langeweile sind leicht aufzuspüren. Von frühester Kindheit an war Baudelaire nie völlig gesund. Die Syphilis steckte ihm im Blut: er trank zuviel; er konsumierte, in dieser oder jener Form, große Mengen von Opium; er experimentierte mit Haschisch; er war chronisch erschöpft von freudloser und zuletzt auch völlig lustloser Ausschweifung. Unter solchen physischen Umständen war es schwer, sich munter und überschäumend zu fühlen. Seine finanziellen Verhältnisse waren ebenso zerrüttet wie sein Körper; er war nie schuldenfrei; seine Gläubiger jagten ihn unaufhörlich; er lebte im Zustand ständiger Angst. Eine Neurose war das Ergebnis, die als eines ihrer Symptome eine schreckliche Depression bei ihm hervorrief. Diese Depression wurde, wie er berichtet, in den Herbstmonaten nahezu unerträglich – in jenen schrecklichen, trübseligen Monaten,

Quand le ciel bas et lourd pèse comme un couvercle
Sur l'esprit gémissant en proie aux longs ennuis,
Et que de l'horizon embrassant tout le cercle
Il nous verse un jour noir plus triste que les nuits...

Wenn tief und schwer der Himmel den Geist, den ächzend
von Verdrossenheit geplagten, wie ein Deckel drückt
und ganz den Kreis des Horizonts umfassend
uns einen schwarzen Tag herabgießt, trauriger als die Nächte...

Das alles sind, wie mir bewußt ist, lediglich summarische und oberflächliche Verallgemeinerungen; und obwohl es leicht wäre, mit Hilfe der biographischen Dokumente, die die vereinten Anstrengungen der Crépets – Vater und Sohn – uns zur Verfügung gestellt haben, die charakteristischen Züge von Baudelaires Dichtung im Sinne dieser persönlichen Geschichte detailliert und hinreichend plausibel zu erklären, werde ich mich dieser Aufgabe nicht unterziehen. Denn was mich hier vor allem interessiert, ist nicht Baudelaire als Mensch, sondern Baudelaire als Einfluß, als weiterwirkende Kraft. Und eine Kraft ist er wahrhaftig.

»*Avec Baudelaire*«, schreibt Paul Valéry, »*la poésie française sort enfin des frontières de la nation. Elle se fait lire dans le monde; elle s'impose comme la poésie même de la modernité; elle engendre l'imitation, elle féconde de nombreux esprits... Je puis donc dire que, s'il est parmi nos poètes des poètes plus grands et plus puissamment doués que Baudelaire, il n'en est de plus important.«* (Mit Baudelaire läßt die französische Poesie endlich die Grenzen der Nation hinter sich. Sie wird weltweit gelesen; sie verschafft sich Geltung als die eigentliche Poesie der Moderne; sie ruft Nachahmung hervor, sie befruchtet zahlreiche Geister ... Ich darf also sagen, daß, wenn wir auch Dichter haben, die größer und stärker begabt sind als Baudelaire, dennoch keiner *wichtiger* ist als er.)

Baudelaire ist heute der bedeutendste französische und in der Tat auch europäische Dichter. Seine Dichtung, die Poesie des selbstverdummenden, weltzerstörerischen Satanismus und des unaussprechlichen *ennui* ist inzwischen in den Rang der »eigentlichen Poesie der Moderne« aufgestiegen. Dieser Umstand ist zweifellos merkwürdig. Versuchen wir seine Bedeutung zu ermessen.

Der bedeutendste aller modernen Dichter war ein Sataniker. Bedeutet das, daß seine zeitgenössischen Bewunderer, wie er, verzweifelte Jäger nach dem Absoluten sind – mit einem

goût de l'infini
Qui partout, dans le mal lui-même, se proclame?

... einer Lust am Unendlichen, das überall,
auch im Bösen noch, sich verkündet ...

Nein. Denn um Sataniker zu sein, muß man, wie ich bereits sagte, auch Gottgläubiger sein; und das gegenwärtige Zeitalter ist auf einzigartige Weise gottlos. Die Ausschweifung hatte in den Zeiten Baudelaires eine tragische Dimension; heute hat sie lediglich eine medizinische. Über unsere Sünden denken wir wissenschaftlich, nicht satanisch. Warum dann also diesen chaotischen Jansenisten bewundern, für den die einzige Lust in der Liebe darin bestand, bewußt das Böse zu tun? Wir sollten ihn verachten, weil er so hoffnungslos altmodisch ist. Und hoffnungslos altmodisch finden wir ihn in der Tat; aber nur in der christlichen und tragischen Deutung seiner Handlungen. Die Handlungen selbst sind vollkommen zeitgemäß. *Tes débauches sans soif et tes amours sans âme* – »Deine Ausschweifungen ohne Durst und deine Liebschaften ohne Seele« sind ununterscheidbar geworden von den Extremformen des modernen ›Amüsements‹. Die Freudlosigkeit moderner Lüste und moderner Liebe (die natürlich das

Spiegelbild der ›modernen‹ Lüste und Lieben des Kaiserlichen Rom sind, das sich seiner Katastrophe näherte) ist sogar noch umfassender als die Freudlosigkeit von Baudelaires Ausschweifung. Denn Baudelaire, der christliche Sataniker, genoß wenigstens noch das erregende Bewußtsein, daß er, wenn er haßerfüllt für sich allein das Universum zugrunde richtete, wirklich etwas Böses tat. Den Modernen gelingt es nicht einmal mehr, ihren selbst- und weltzerstörerischen Unterhaltungsformen diesen Kitzel abzugewinnen. Perverserweise tun sie, was sie gar nicht tun wollen, was ihnen keinerlei Amüsement verschafft, und sie haben nicht einmal das Vergnügen, sich auszumalen, daß sie dabei eine Sünde begehen.

Das Fleisch ist diabolisch, der Geist ist göttlich. Fröne also der Lust des Fleisches, fordert der Sataniker, fröne bis zum Überdruß und darüber hinaus. Die modernistische Philosophie und die modernistische Ethik äußern sich da anders. Weder Geist noch Fleisch noch überhaupt etwas ist göttlich. Wichtig ist einzig und allein, daß einer gesellschaftlich effizient ist. Triebhafte Leidenschaft ist der Feind der Effizienz. Lassen Sie Ihre Triebe also nicht mit Ihnen durchgehen; aber unterdrücken Sie sie andererseits auch nicht zu sehr. Die Repression gerät in Widerstreit mit der Effizienz. Die Effizienz verlangt, daß Sie sich weder vollständig verausgaben noch vollständig zurückhalten. Alle, die im Banne dieser gottlosen Philosophie leben und diesen rein medizinischen Empfehlungen Folge leisten, reduzieren ihr eigenes Leben und damit auch das ganze Universum auf graue Bedeutungslosigkeit. Um sich dessen nicht auf allzu unerträgliche Weise bewußt zu werden, umgeben sie sich mit einer stetig wachsenden Zahl von Substituten echten Gefühls. Um in sich selbst die Illusion von Lebendigkeit zu wecken, machen sie Lärm, überstürzen sie sich geschäftig, hasten sie von einer Zerstreuung zur nächsten. Zum Nutzen der Großaktionäre der Unterhaltungsindustrie. Mit einem Wort: sie amüsieren sich bestens und haben eine ›gute Zeit‹.

Je besser aber die Zeit (im modernen Sinne des Ausdrucks), desto größer die Langeweile. Rivers fand heraus, daß die unglücklichen Melanesier vor *ennui* buchstäblich und physisch starben, wenn sie allzu abrupt mit modernen Formen von Amüsement in Kontakt gebracht wurden. Wir haben uns an dieses Leiden ganz allmählich gewöhnt und finden es deshalb weniger letal als die Südsee-Insulaner. Wir sterben nicht gleich daran; wir nähern uns dem verhängnisvollen

Ende der Krankheit nur Schritt um Schritt. Es wird kommen, dieses verhängnisvolle Ende, wenn die Menschen die Kunst, sich selbst zu unterhalten, völlig verlernt haben; sie werden dann ganz einfach an *ennui* zugrunde gehen. Die moderne kreativitätsparende Maschinenwelt hat bereits begonnen, sie dieser Kunst zu berauben. Vom Fortschritt erfinderischen Denkens darf vertrauensvoll erwartet werden, daß er diesen Prozeß beschleunigt. Ein paar weitere Triumphe im Stil von Radio und Tonfilm, und die verdrossene Langeweile, die heute noch bloßes Unbehagen ist, wird zur unerträglichen Agonie werden.

Wir wenden uns der Poesie zu, um dort den vollkommenen Ausdruck unserer Gefühle zu finden. In den *Fleurs du Mal* findet der Mensch der Moderne alle seine Leiden beschrieben – mit welch unvergleichbarer Energie, in wie denkwürdig schönen Formen!

Je suis comme le roi d'un pays pluvieux,
Riche mais impuissant, jeune et pourtant très vieux!

Ich bin gleich dem König eines Regenlandes,
reich, doch kraftlos, jung und dennoch uralt.

Das ist *la poésie même de la modernité.*

(*Do What You Will*, 1929; Ü.: Hans-Horst Henschen)

Famagusta oder Paphos

Famagusta erinnerte mich unweigerlich an den ›Hinterhof‹ der Metro-Goldwyn-Mayer-Studios in Culver City. Dort konnte man, unter pazifischen Hochnebeln, an den Fassaden von Romeo und Julias Verona vorbeiwandern, mitten hinein in Tarzans Dschungel und wieder heraus, durch Bret Hartes Wilden Westen ins Harun-al-Raschid-Land und von dort in die Parks und Herrenhäuser von *Stolz und Vorurteil*. Hier in Zypern ist die Epochen- und Stilmischung nicht weniger ausgefallen, nur: die Häusergruppen sind mehr als realistisch – sie sind real. In Salamis, dem Außenbezirk von Famagusta, könnte man *Quo Vadis* vor einem Hintergrund von massivem Mauerwerk und echtem Marmor drehen. Und drinnen in der Stadt steht, mit schöner Aussicht auf den Hafen, der Turm des Othello (Drehbuch: William Shakespeare; zusätzliche Dialoge: Louella Katz); dieser Othello-Turm ist nicht der übliche Pappschachtel-Ausguck unserer Theateraufführungen, sondern eine gewaltige Geschützstellung der Hochrenaissance und Teil eines Befestigungssystems, das so grundsolide, kunstgerecht und exakt angelegt ist wie die Maginot-Linie. Im Inneren des großartigen venezianischen Mauerrings liegt der leere Raum, der einst eine blühende Stadt war – ein Leerraum mit einigen Flecken neutürkischer Verwahrlosung, ein paar byzantinischen Ruinen und – an essentieller Unwahrscheinlichkeit alles übrige übertreffend – der Moschee. Flankiert von den Kuppeln und Kolonnaden einiger hübscher kleiner Bauten aus osmanischer Zeit, ist diese Moschee ein prachtvolles Stück französischer Hochgotik, dem man einen Fabrikschlot (das Minarett) am Nordende der Fassade angeheftet hat. Golden und warm erhebt sich dieses Klein-Chartres unter dem Mittelmeerblau inmitten von Palmen, Johannisbrotbäumen und orientalischen Cafés. Der Muezzin (lautsprecherverstärkt – schließlich leben wir im 20. Jahrhundert) läßt von diesem frommen Schornstein herab seinen Ruf ertönen, und in der einstigen Kathedrale Sankt Nikolas' des Getreuen beten die Gläubigen – oder die Ungläubigen – je nach Geschmack – nicht zu einem Altar oder Heiligenbild, sondern gen Mekka.

Wir stiegen wieder ins Auto. »Paphos«, sagte ich zum Chauffeur, so beiläufig, wie man in vertrauterer Umgebung »Selfridge« sagen würde oder »Waldorf-Astoria«. Doch der Geburtsort der Venus lag, wie sich herausstellte, weit ab, und der Nachmittag war schon zur Hälfte verstrichen. Außerdem, so versicherte uns der Fahrer (und die Reiseführer bestätigten es), gab es im Grunde gar nichts zu sehen in Paphos. Besser, sich nach Hause zu begeben, um bei Frazer etwas über den Tempel und seine selbstentmannten Priester nachzulesen. Noch besser wäre, nichts nachzulesen, sondern es Mallarmé gleichzutun und ein Sonett über den magischen Namen zu schreiben. *Mes bouquins refermés sur le nom de Paphos.* »Während sich mein altes Buch über den Namen Paphos schließt, Erwähle ich zum Zeitvertreib, allein im Geist, Eine Ruine mir, die tausend Schäume segnen, Unter dem Hyazinth der fernen großen Tage. Falle nur Kälte ein mit ihren Sichel-Stillen, Ich will nicht öde Trauerlieder heulen, Wenn dieser ach so weiße Überschwang am Boden hin Jeglichem Ort den Ruhm erdachter Szene weigert. Mein Hunger, der sich nicht an irdischen Früchten stillt, Findet an ihrem weisen Nichtsein gleiche Lust. Mag eine prangen, duftend weiß im Fleisch! Den Fuß gesetzt auf irgendeine Schlange, dort wo unsere Liebe Gluten schürt, Denke ich länger, und vielleicht liebesverloren, An jene andre – die verbrannte Brust einer antiken Amazone.«

Mes bouquins refermés sur le nom de Paphos,
Il m'amuse d'élire avec le seul génie
Une ruine, par mille écumes bénie
Sous l'hyacinthe, au loin, de ses jours triomphaux.

Coure le froid avec ses silences de faux,
Je n'y hululerai pas de vide nénie
Si ce très blanc ébat au ras du sol dénie
A tout site l'honneur du paysage faux.

Ma faim qui d'aucuns fruits ici ne se régale
Trouve en leur docte manque une saveur égale:
Qu'un éclate de chair humain et parfumant!

Le pied sur quelque guivre où notre amour tisonne,
Je pense plus longtemps, peut-être éperduement
A l'autre, au sein brûlé d'une antique amazone.

Wie nahe dem diese Verse von Keats kommen:

Heard melodies are sweet, but those unheard
Are sweeter; therefore, ye soft pipes, play on;
Not to the sensual ear, but, more endeared,
Pipe to the spirit ditties of no tone.

Süß sind gehörte Weisen, süßer noch
Die ungehörten; leise Flöten, spielt nur zu,
Nicht für das Sinnes-Ohr, nein, lockender
Stimmlose Lieder, die der Geist aufnimmt.

Wollten wir Keats' »Griechische Urne« im Sinne von Mallarmés Amazonenbild parodieren, so ergäbe das: »Süß sind gefühlte Brüste, süßer die ungefühlten; drum, absente Busen, schwellt!« Ebensogut könnte man die Keatssche Formel auf Paphos beziehen: »Archäologische Überreste, die man sehen kann, sind interessant, doch viel eindrucksvoller sind die ungesehenen, denn sie gleichen den Ruinen vom Geburtsort der Aphrodite, wie sie *sein sollten.*«

All dies, so läßt sich in ausgewogener Zusammenfassung formulieren, ist einerseits zutiefst wahr und andererseits völlig verfehlt. Unbesuchte Ruinen, stimmlose Lieder, die solipsistische Liebe zu nicht existenten Brüsten – sie alle sind chemisch rein, unbefleckt von jenen grotesken und abscheulichen Belanglosigkeiten, die Mallarmé »Blasphemien« nannte, also von Stoff und Wesen des wirklichen, leiblichen Lebens. Doch diese Art von chemischer Reinheit (in Mallarméscher Terminologie: der Reinheit von ›Traum‹ und ›Azur‹) ist nicht die gleiche wie die heilbringende Reinheit derer, die reinen Herzens sind; solcher Verzicht auf die belanglose Realität ist nicht dasselbe wie jene Armut, durch die die Armen im Geiste das Himmelreich erlangen. Befreiung winkt nur denen, die sich auf die gegebene Wirklichkeit richtig einstellen und nicht auf eigene oder fremde Vorstellungen und Phantasien. Erleuchtung wird nicht den Quietisten und Puritanern zuteil, die, auf jeweils unterschiedliche Weise, die Welt leugnen, sondern jenen, die gelernt haben, sie anzunehmen und zu verwandeln. Unsere privaten Momente der Stille sind ohne Zweifel wertvoller als die gehörten Weisen, die uns die Jukebox aufdrängt. Aber sind sie auch wertvoller als *Adieu m'Amour* oder der langsame

Satz des zweiten Rasumowski-Quartetts? Wenn wir nicht selber das Glück haben, größere Komponisten zu sein als Dufay oder Beethoven, muß die Antwort hierauf ein nachdrückliches Nein sein. Und wie steht es mit einer Liebe von solch chemischer Reinheit, daß sie am weisen Nichtsein der Früchte gleichen oder höheren Geschmack findet als an duftendem Fleisch? Liebe ist ein Erkenntnisprozeß, und in diesem Fall kann die hochzeitliche Erkenntnis in nichts anderem bestehen als im Verhältnis der Einbildung des Liebhabers zu seiner eigenen Physiologie.

Und ebenso steht es mit der Kenntnis, die sich der Daheimgebliebene von fernen Ruinen erwirbt. In manchen Fällen – und Paphos könnte einer von ihnen sein – mag die Phantasie gefälligere Arbeit leisten als die archäologische Forschung oder der touristische Lokaltermin. Doch im allgemeinen bleibt die Einbildung unermeßlich weit hinter den Erfindungen der Natur und der Geschichte zurück. Nie und nimmer hätte ich, oder selbst ein so großer Dichter wie Mallarmé, es fertiggebracht, Salamis-Famagusta zu erfinden. Darauf hätte Mallarmé natürlich erwidert, es sei ebensowenig sein Ehrgeiz, Salamis-Famagusta zu erfinden, wie das wirkliche, geschichtliche Paphos. Das malerische Detail, die konkrete Gegebenheit – sie waren für den Dichter uninteressant, der sich selbst und anderen den Rat gab: »Tilge das Wirkliche, denn es ist gemein; tilge jede allzu präzise Bedeutung und *rature ta vague littérature*«: radiere deine Literatur, bis sie (vom Standpunkt des Realisten aus) den Charakter der radikalen Unbestimmtheit annimmt.

Mallarmé definierte die Literatur als Gegensatz zum Journalismus. Literatur kann für ihn nie ein Stück Reportage sein, nie der Bericht über eine *chose vue* – etwas in der Außenwelt Geschautes, ja selbst etwas einigermaßen genau mit dem inneren Auge Gesehenes. Beide Klassen der Anschauung besitzen zuviel konkrete Wirklichkeit für die Dichtung und sind demnach zu meiden. Vererbung und eine auf das Visuelle ausgerichtete Umgebung wirkten zusammen, um aus Mallarmé einen manichäischen Platoniker zu machen, für den die Welt der Erscheinungen nichts bedeutete, oder weniger als nichts, die Welt der Ideen dagegen alles. In einem 1867 verfaßten Brief aus Besançon, wo er als Märtyrer des Sekundären Bildungssystems eine Horde roher Jugendlicher, die ihn langweilig und lächerlich fanden, in Englisch unterrichtete, schildert er seinem Freund Henri Cazalis, wie sich in ihm eine Art philosophischer Bekehrung vollzog: »Ich habe ein fürchterliches Jahr hinter mir. Das Denken hat den Punkt erreicht, wo es sich selbst denkt, und ich habe einen reinen Begriff gefunden ... Ich bin vollkommen erstorben, und die unreinste Region, in die mein Geist sich hinauswagt, heißt Ewigkeit. ... Ich bin jetzt unpersönlich und nicht länger der Stéphane, den Du gekannt hast – bin vielmehr die Fähigkeit des Geistigen Universums, mit Hilfe dessen, was ehemals mein Ich war, zu sehen und sich zu entwickeln.« In einer anderen geschichtlichen Konstellation hätte Mallarmé sich vielleicht dem Quietismus zugewandt, der Suche nach dem Nirwana als Entäußerung und Antithese der Erscheinungswelt. Doch er lebte unter dem Zweiten Kaiserreich und der Dritten Republik, und damit stand dieser Weg nicht zur Debatte. Außerdem war er Dichter und als solcher der Aufgabe verschrieben, »den Stammesworten einen reineren Sinn zu verleihen« – *donner un sens plus pur aux mots de la tribu.*

»Die Worte«, so schrieb er, »sind zur Genüge sie selbst und bedürfen keiner zusätzlichen Prägung von außen.« Dieses Außen, diese Welt bloßer Erscheinungen, mußte zunichte gemacht und durch eine Welt autonomer und in gewisser Hinsicht absoluter Worte ersetzt werden. Auf andere, Mallarmésche Weise gesagt: »Die reine Schale, tranklos, unerschöpft in ihrer Witwenschaft, ist die Verheißung einer Rose im Dunkel« – einer mystischen Rose gereinigter, makelloser Sprache nämlich, die sich irgendwie von den vorgegebenen Wirklichkeiten, für die sie stehen soll, gelöst hat und die aus eigener Machtvollkommenheit existiert, nach den Gesetzen ihres wahren Wesens. Diese Gesetze sind zugleich syntaktischer, musikalischer, etymologischer und philosophischer Natur. Ein Gedicht zu schaffen, das im Sinne dieser Gesetze autonom zu bestehen vermag, ist ein Unternehmen, dem nur das literarische Pendant zum großen kontemplativen Heiligen gewachsen wäre.

Ein solcher Ersatz-Heiliger war Mallarmé – der andächtigste und opferbereiteste Literat, der je gelebt hat. Doch wenn der Satz zutrifft: »Das Vaterland zu lieben ist nicht genug«, so gilt dasselbe für die Literatur. Die Dichterschale läßt sich mit Gehaltvollerem füllen als mit Worten von unerschöpfter Witwenschaft und kann dabei doch unbefleckt bleiben. Es wäre, bei hinreichender Begabung, möglich, ein Sonett über das wirkliche Salamis-Famagusta zu schreiben, in all dem wilden, ungereimten Wirrwarr seiner dreitausendjährigen Geschichte; ein Sonett, ebenso vollkommen als Kunstwerk, so makellos, so autark (trotz aller Verweise auf die Welt der Erscheinungen) und absolut wie jenes, das Mallarmé über den Namen Paphos und das Ereignis der Abwesenheit schrieb. Ich freilich kann nichts weiter tun, als diese wirkliche Unwirklichkeit in Worten zu reflektieren, die vielleicht eine Schattierung weniger unrein sind als die des Stammes, und *en passant* dem unerschütterlichen Leugner der Realität, dem sich selbst kasteienden Heiligen der Literatur meine Reverenz zu erweisen, dessen Kunst mich heute noch ebenso fasziniert wie vor vierzig Jahren, da ich sie als Student entdeckte. Traum, Azur, Blasphemie, weises Nichtsein, unerschöpfte Witwenschaft – lauter Possen! Doch wie unglaublich schön sind die Sprachobjekte, die geschaffen wurden, um diese absurde Philosophie auszudrücken:

Tel qu'en Lui-même enfin l'éternité le change...

Wie endlich in Ihn selbst die Ewigkeit ihn wandelt...

Cet unanime et blanc conflit
D'une guirlande avec la même...

Einstimmig weißer Widerstreit
Einer Girlande mit sich selbst...

Le pur vase d'aucune breuvage
Que l'inexhaustible veuvage...

Die Schale, rein von jedem Trank,
In unerschöpfter Witwenschaft...

O si chère de loin et proche et blanche, si
Délicieusement toi, Mary, que je songe
A quelque baume rare émané par mensonge
Sur aucun bouquetier de cristal obscurci...

So kostbar aus der Ferne, nah und weiß, so
Köstlich ganz Du, Mary, daß ich träume
Von einem seltenen Balsam, trügerisch entströmt
Aus keiner Vase von gedunkeltem Kristall...

Als wahre Schatzfunde von Klang und Satzkunst besitzen solche Zeilen etwas vom intensiven *Hiersein* natürlicher Gegenstände, so wie sie das verwandelnde Auge des Liebenden und des Mystikers erblickt. Obgleich grundverschieden von den gegebenen Wundern der Welt, sind sie doch auf geheimnisvolle Weise Entsprechungen des ersten Frühlingslaubes, eines Pflaumenblütenzweigs, gegen den Himmel gesehen, von Moos, das dicht und samtig auf der unbesonnten Seite der Eichen wächst, oder einer Möwe, vom Wind getragen. Dieselben Verse, in denen Mallarmé den Dichter anhält, vor der gegebenen Wirklichkeit die Augen zu verschließen, haben – in einem gewissen Ausmaß jedenfalls – Teil an der göttlichen und apokalyptischen Natur eben dieser Wirklichkeit:

Ainsi le chœur des romances
A la lèvre vole-t-il
Exclus-en si tu commences
Le réel parce que vil

Le sens trop précis rature
Ta vague littérature.

So der Chor der Romanzen:
Er fliegt mit den Lippen.
Tilge daraus, wenn du anfängst,
Das Wirkliche, da gemein

Der allzu genaue Sinn bedeutet
Aufhebung deiner unbestimmten Literatur.

Lächelnd erfreut man sich an diesen Versen – und es ist das gleiche Lächeln wie beim unverhofften Anblick eines Spechts an einem Baumstamm, oder eines Kolibris, der flügelwirbelnd über einer Hibiskusblüte schwebt.

(*Adonis and the Alphabet*, 1956; Ü.: Werner von Koppenfels)

Die Methode des 18. Jahrhunderts

Wenn wir die Manier von Monsieur Prousts Werk als *dix-huitième* charakterisieren, so meinen wir nicht nur jene (durchaus in ihm vorhandene) Qualität porzellanener Kostbarkeit, jene absurd reizvolle Förmlichkeit, mit der wir – vielleicht irrigerweise – diese zivilisierteste Epoche der Geschichte auszustatten pflegen. Das 18. Jahrhundert formvollendeter Anmut ist ja weitgehend ein Produkt unserer eigenen Erfindung; denn die Vergangenheit, so wie sie in unserem Bewußtsein existiert, ist ihrem Wesen nach ein bequemer Mythos, den jede neue Generation nach ihren eigenen Bedürfnissen der Unterhaltung und Propaganda neu gestaltet und umgestaltet.

Die Romantiker betrachteten das 18. Jahrhundert als eine Zeit moralischer und geistiger Verderbtheit. Unsere heutige Vorstellung davon ist eine ganz andere: für manche von uns ist es die preziöse und phantastische Verkörperung von *Fêtes Galantes* oder von Mallarmés kunstvoll lebensferner *»Princesse à jalouser le destin d'une Hébé«*; anderen, auf der Suche nach einem Prügel, um auf Mystik, Schwulst, Sentimentalität und moralische Verkrampfung einzuschlagen, stellt es sich dar als Zeitalter vollendeter Aufgeklärtheit und integraler Vernunft. Wahrscheinlich steckt in all diesen Ansichten ein gutes Stück Wahrheit, auch in der romantischen. Doch im Augenblick geht es uns nicht um den Mythos der Vergangenheit generell, sondern nur um den präzisen Sinn unserer Feststellung, *Du Côté de chez Swann* und *A l'Ombre des jeunes filles en fleur* seien in charakteristischer Weise *dix-huitième*.

Für M. Proust gelten, um es klar zu sagen, die beide heute gängigen Bedeutungen dieses Adjektivs gleichermaßen. Seine Sittenkomödie befaßt sich höchst eingehend mit den reizvollen Nichtigkeiten des geselligen oder auch ›gesellschaftlichen‹ Lebens. Mr. Wells hat einmal Henry James mit einem Nilpferd verglichen, das quer durch einen Salon einer Erbse nachjagt. Daran gemessen müßte M. Proust ein Saurier sein, denn in den ersten zwei Bänden seiner *Suche nach der verlorenen Zeit* hat er schon zwölfhundert gewichtige und enggesetzte Druckseiten gefüllt, ohne jede Auflockerung (wie Alice im Wunderland sich beschweren würde) durch Bilder und Unterhaltungen; und drei weitere Bände sollen noch folgen, ehe die verlorenen Zeiten endlich ›wiedergefunden‹ sind. Ein Diplodokus also, nach stofflichem Umfang und Gewicht des geistigen Aufwands, der dem Erbslein ›Gesellschaft‹ durch den Faubourg Saint-Germain samt seinen Randzonen des Großbürgertums und der Halbwelt nachjagt.

Doch die exquisite Oberflächlichkeit des Gegenstandes – und welch ein Genuß, in diesen Tagen künstlerischer Verbissenheit einen solchen Gegenstand von einem ernsthaften Künstler ernstlich behandelt zu sehen! – ist keineswegs die einzige *Dixhuitième*-Qualität am Werke Prousts. Er ist auch in jenem zweiten Sinn 18. Jahrhundert: aufgeklärt und hochintellektuell durch und durch. Wenn wir seine Methode näher betrachten, so werden wir feststellen, daß sie, bei aller großartigen Weiterentwicklung und Verfeinerung, im Grunde noch diejenige des 18. Jahrhunderts ist.

Im zweiten Band seiner Geschichte des französischen Romans läßt Mr. Saintsbury die Bemerkung fallen: »Psychologischer Realismus ist vielleicht doch stärker von psychologischer Realität unterschieden, als unsere Schlauköpfe der letzten beiden Generationen zuzugeben bereit oder vielleicht auch nur zu verstehen imstande waren.« Realität, im Gegensatz zum bloßen Realismus des Psychologischen, war es, worauf die Charakterzeichner des 18. Jahrhunderts abzielten. Eine gute Probe ihrer analytischen Kunst hat etwas außerordentlich Befriedigendes und Überzeugendes an sich. Man denkt voll Bewunderung an die Konturenschärfe und schiere Präzision von Alfieris Selbstporträt oder an Benjamin Constants so subtil und dabei so einfach und sparsam gezeichneten *Adolphe*. Sie erzielten ihre besondere Wirkung durch einen Prozeß der Abstraktion von den mannigfaltigen und generell ziemlich ungeordneten psychologischen Gegebenheiten. Die »Schlauköpfe der letzten beiden Generationen« haben sich zum großen Teil damit befaßt, diese verworrenen Fakten genau so aufzuzeichnen, wie sie tatsächlich zu beobachten waren. Ihnen schien ein derartiger psychologischer Realismus näher an der Wahrheit als die Abstraktionen und Destillate, die frühere Epochen aus den nackten Tatsachen herstellten; doch, wie Mr. Saintsbury andeutet, könnte es sein, daß sich künstlerische Wahrheit und Überzeugungskraft sicherer mit der anderen Methode erreichen lassen.

Die Erfindung und Entwicklung der Psychologie als moderne Wissenschaft läßt uns allerlei winzige Abfälle des Denkens, Fühlens und

Empfindens für wichtig und aufschlußreich ansehen, die unseren Vorfahren fast ganz vernachlässigenswert vorgekommen wären. Sie insistierten nicht auf den Erscheinungsformen, weil sie sich in erster Linie für das interessierten, was sie als die dahinterliegende Realität betrachteten. Sie protokollierten nicht die kleinsten flüchtigen Regungen im Denken und Fühlen ihrer Helden; sie rationalisierten und verallgemeinerten den chaotischen Komplex des Seelenlebens zu einem einheitlichen Charakter. Es ist durchaus vorstellbar, daß Mr. James Joyce eines Tages ein Buch schreibt, das dasselbe Thema behandelt wie *Adolphe*. Anstelle von Constants klar umrissenen Helden würde er uns einen bunten Mischmasch aus Empfindungen, Erinnerungen, Begierden, Gedanken und Gefühlen präsentieren und unserer Phantasie die Aufgabe überlassen, das alles zu einem einsichtigen Charakter zu verkochen. *Adolphe* oder *Ulysses* – wo liegt die Wahrheit? In beiden, so dürfen wir annehmen, oder, wenn man so will, in keinem von beiden. Jedenfalls bedeutet jeder von ihnen eine Sichtweise der menschlichen Seele und damit eine eigene Facette der Wirklichkeit.

M. Proust gehört seiner Methode nach der älteren Schule an. Er verabreicht uns Psychologie nicht im unverdauten Rohzustand. Er rationalisiert, destilliert und peptisiert seine Daten und tischt schließlich seinen Lesern das köstlich pure Endergebnis auf. M. Proust treibt den Vorgang der Verfeinerung so weit, Verallgemeinerungen über Leben und Charakter in jener grandios gebieterischen und didaktischen Manier anzustellen, vor der wir alle heute so heillose Angst haben. Hier eine Probe seines aphoristischen Stils, anläßlich einer Charakterisierung des literarischen Diplomaten Monsieur de Norpois: »Meine Mutter wunderte sich darüber, daß er so zuverlässig war, obgleich so vielbeschäftigt, und so liebenswürdig, obgleich weitbekannt, ohne zu bedenken, daß die ›obgleich‹ immer verkannte ›weil‹ sind, und daß (so wie Greise erstaunlich für ihr Alter sein können, Könige voller Schlichtheit und Provinzler über alles auf dem laufenden) dieselben Gewohnheiten es M. de Norpois gestatteten, so vielen Tätigkeiten zu genügen und dabei so wohlgeregelt zu reagieren, in der großen Welt zu glänzen und uns gegenüber liebenswürdig zu sein.« Das ist großartig gesagt, und Dinge dieser Art, von M. Prousts eigentümlich witziger Weisheit gefärbte Verallgemeinerungen, ließen sich fast auf jeder Seite des Buches finden.

M. Proust so zu lesen, wie er es verdient, verlangt eine beinahe unbegrenzte Menge Zeit – viel mehr Zeit leider, als die meisten von uns übrig haben. Denn seine Mühlen gehen langsam, sehr langsam, und mahlen außerordentlich fein. Im ersten Buch, *Du Côté de chez Swann*, wurden wir zunächst mit dem Helden in seiner Kindheit und im Kreise seiner Familie bekanntgemacht; dann, im Zuge einer erstaunlich brillanten und witzigen Gesellschaftsstudie, erfuhren wir, wie es kam, daß Swann – Swann vom Jockey Club, so glanzvoll auf dem Parkett der höchsten Gesellschaft – schließlich Odette heiratete, die Möchtegern-Intellektuelle und *demi-mondaine*. Jetzt, im zweiten Band, ist der Held herangewachsen. Seine knabenhafte Leidenschaft für Swanns junge Tochter wächst und vergeht, und in der zweiten Hälfte des Buches verteilt und verflüchtigt sie sich unter einer ganzen Schar von »jeunes filles en fleur«, die er am Strand trifft oder nur beiläufig erblickt. Im üblichen romanhaften Sinn des Wortes ereignet sich gar nichts: Viele Figuren gehen über die Bühne und werden zu Ausfahrten aufs Land oder Badeausflügen an die See mitgenommen. Das ist alles, aber wir lesen gebannt weiter, fasziniert von M. Prousts luzid intellektueller Behandlung seines Stoffes, vom Scharfsinn und der Gründlichkeit seiner Analyse, von seinem Witz und vor allem von seiner Einsicht in die Schönheit und seiner Gabe, sie in einem bisweilen etwas preziösen, aber unverkennbar originellen und reizvollen Stil auszudrücken.

M. Proust gehört zu den interessantesten Erscheinungen der zeitgenössischen Literatur, und sei es nur deshalb, weil er seiner selbst so gewiß ist und so sicher in seiner Entwicklung und Verfeinerung einer großen traditionellen Manier. In freudiger Erwartung sehen wir dem Erscheinen von *Le Côté de Guermantes* entgegen, den zwei Teilen von *Sodome et Gomorrhe* und zu guter Letzt dem Band *Le Temps retrouvé*, der das umfängliche Werk vollenden soll. Wir werden sie allesamt käuflich erwerben, und wenn uns auch die Zeit mangeln mag, sie gleich bei Erscheinen zu lesen, so wollen wir sie doch für ein ruhiges und mußevolles Alter aufheben; dann, irgendwann zwischen siebzig und achtzig, gedenken wir uns in die warme Sonne oder an ein behagliches Kaminfeuer zu setzen, um ein ganzes glückliches Jahr *à la recherche des temps perdus* zu verbringen.

(*The Athenaeum*, 7. November 1919; Ü.: Werner von Koppenfels)

D. H. Lawrence

»Ich sage immer, mein Motto ist ›Kunst um meiner selbst willen‹«. Die Worte stammen aus einem Brief, den Lawrence vor dem Krieg schrieb. »Wenn ich schreiben *will*, dann schreibe ich – wenn ich nicht will, tue ich es nicht. Die Schwierigkeit liegt darin, genau die Form zu finden, die die eigene Leidenschaft (bei mir entsteht ein Werk aus Leidenschaft, wie Küsse – bei Ihnen nicht?) annehmen will.«

Kunst um meiner selbst willen. Zwar ›um meinetwillen‹, aber doch ›Kunst‹. Lawrence war immer und unentrinnbar Künstler. Ja, unentrinnbar ist das richtige Wort; denn es gab Augenblicke, da wollte er seinem Geschick entrinnen. »Ich wünschte vom Grund meines Herzens, das Schicksal hätte mir nicht das Stigma ›Schriftsteller‹ aufgedrückt. Es ist ein Geschäft, das einen krank macht.« Doch gegen das Verdikt des Schicksals gibt es keine Berufung. Nicht daß Lawrence etwa ständig Berufung einlegen wollte: Er beklagte sich nur von Zeit zu Zeit, und was ihn dazu veranlaßte, war kein Haß auf die Kunst als solche, sondern Haß auf die Schmerzen und Demütigungen, die bei der Ausübung seiner Kunst anfielen. »Warum«, so fragt er in einem Brief an Edward Garnett, »müssen wir uns mit Literatur und dergleichen Narreteien abplagen? Warum können wir nicht anständig und ehrbar leben, ohne uns ständig von den Kritikern dieses kleinen Theaters schikanieren zu lassen?«

Ein Werk veröffentlichen heißt immer eine Blöße aufdecken, und den ›Eseln, Affen und Hunden‹ etwas Zartes und Verletzliches vorwerfen. Im allgemeinen jedoch liebte Lawrence sein Schicksal, liebte er eine Kunst, die er gemeistert hatte – und welchem Meister einer Kunst könnte es anders ergehen? Außerdem war die Kunst, wie er sie übte und wie sie im Grunde jeder, selbst der pharisäisch ›reinste‹ Künstler übt, immer Kunst ›um meinetwillen‹. Sie war ihm auf praktische Weise nützlich. »In Büchern legt man seine Krankheiten ab – wiederholt und vergegenwärtigt die eigenen Emotionen, um sie zu meistern.« Und letztlich verblaßte die Frage, ob Zu- oder Abneigung im Spiel war, vor der Tatsache, daß Lawrence auf sehr reale Weise von seinem Schöpfergeist besessen war. Er konnte gar nicht anders. »Ich schreibe gerade einen Roman«, heißt es in einem frühen Brief, »einen

Roman, den ich nie in den Griff bekommen habe. Hol ihn der Teufel, hier bin ich auf Seite 145 angelangt und habe keine Ahnung, was das Ganze soll. Ich hasse es. F. behauptet, es wird gut. Aber es ist wie ein Roman in einer Fremdsprache, die ich nicht so recht beherrsche – ich sehe von allem nur einen vagen Umriß.« Gegenüber dieser fremden Macht in ihm, die seine Kunstwerke schuf, gab es nur Unterwerfung. Lawrence unterwarf sich, vollständig und ehrfürchtig. »Ich denke mir oft, man sollte imstande sein, zu beten, ehe man eine Arbeit anfängt – und sie dann dem Herrn überlassen. Ist es nicht Schwerarbeit, mit der eigenen Phantasie zu Rande zu kommen – und alles andere dafür über Bord zu werfen? Ich habe dabei immer das Gefühl, nackt vor dem Feuer des Allmächtigen zu stehen, damit es mich durchdringe – und das ist ein ziemlich schreckliches Gefühl. Um Künstler zu sein, muß man erschreckend religiös sein.« Umgekehrt muß man auch erschreckend kunstbesessen sein, hätte er hinzufügen können, aus einem erschreckenden Wissen um Inspiration und die zwingende Gewalt des eigenen Genius, um religiös zu sein, so wie Lawrence religiös war.

Man kann über Lawrence nur schreiben, indem man ihn als Künstler beschreibt. Künstler war er vor allem anderen, und die Tatsache dieses Künstlerseins erklärt ein Leben, das uns, wenn wir sie vergessen, unerklärlich fremd vorkommen müßte. In seinem Buch *Son of Woman* hat Middleton Murry lang und breit über Lawrence geschrieben – jedoch über einen Lawrence, in dem man, als Leser dieser eigenartigen Studie in negativer Hagiographie, niemals einen Künstler vermuten würde. Denn es gelingt Mr. Murry, fast völlig den Sachverhalt zu übersehen, daß sein Gegenstand (beinahe hätte ich gesagt: sein Opfer) zu jenen gehört, »denen ihr Schicksal das Stigma des Schriftstellers aufgedrückt hat«. Sein Buch ist ein *Hamlet* ohne den Prinzen von Dänemark, und daher – trotz all seiner metaphysischen Finessen und Freudianischen Scharfsinnigkeiten – weitgehend ohne Belang. Den Widersinn seiner kritischen Methode verdeutlicht schon der bloße Gedanke, daß niemand je von Lawrence gehört hätte, wäre er nicht Künstler gewesen.

Ein Künstler ist der Künstler, der er ist, weil ihm bestimmte Gaben verliehen sind. Und er führt das Leben, das er realiter führt, eben weil er Künstler ist und als solcher über eine spezifische geistige Ausstattung verfügt. Nun gibt es allgemeine Fähigkeiten und besondere Begabungen. Wem ein großer Anteil an einer besonderen Begabung in die Wiege gelegt wurde, der wird vermutlich durch Erziehung weniger tief geprägt als der allgemein Befähigte. Seine Begabung ist sein Fatum, und er folgt einer vorherbestimmten Bahn, von der ihn keine Macht der Welt abbringen kann. Was immer Helvétius und Dr. Watson behaupten mögen, es unterliegt wohl kaum einem Zweifel, daß keine noch so tiefgreifende Erziehung – und der Begriff umfaßt alles vom Ödipus-Komplex bis zum englischen *Public School*-System – einen Mozart davon abgehalten hätte, Musiker zu sein, und die Musik davon, zum Mittelpunkt der Existenz Mozarts zu werden. Und wie hätte eine andere Erziehung den Ausdruck der ureigenen Begabung beispielsweise bei Blake verändern können? Natürlich läßt sich eine solche Frage nicht mit Sicherheit beantworten. Man kann nur die unüberprüfbare Überzeugung äußern, daß eine so tief individuelle und originelle, so offenkundig ›inspirierte‹ Kunst ihr Wesen nicht geändert hätte, unter welchen Umständen auch immer (jedenfalls innerhalb angemessener Grenzen) Blake aufgewachsen wäre.

Lawrence, darauf weist F. R. Leavis nachdrücklich hin, hat viele Gemeinsamkeiten mit Blake. »Er besaß dasselbe Bewußtsein dafür, was ihm wichtig war, dieselbe Kraft, eigene Gefühle und Emotionen von konventionellen Empfindungsweisen zu unterscheiden, dieselbe ›erschreckende Ehrlichkeit‹«. Wie Blake, wie jeder Mensch im Besitz großer Sonderbegabung, war er durch seine Gaben prädestiniert. Versuche, ihn mit den Begriffen einer Freudianischen Umwelt-Hypothese zu erklären, mögen interessant sein: das Wesentliche klären sie nicht. Daß Lawrence durch die Liebe zu seiner Mutter und durch ihre unmäßige Liebe zu ihm nachhaltig geprägt worden ist, daran kann niemand zweifeln, der *Sons and Lovers* gelesen hat. Doch fast ebenso unzweifelhaft ist (für mich jedenfalls) eine zweite Tatsache: Selbst wenn er die Mutter schon während seiner Kindheit verloren hätte, Lawrence wäre immer noch, seinem Wesen nach und von Grund auf, Lawrence gewesen. Lawrences Biographie erklärt nicht Lawrences Werk. Ganz im Gegenteil, sein Werk, oder besser die Begabung, die dieses Werk ermöglicht hat, erklärt auf weite Strecken seine Biographie. Er lebte so, wie er lebte, weil er, von Geburt an und wesensmäßig, der war, der er war. Um sinnvoll über Lawrence zu schreiben, müssen wir zwei Fragen mit all ihren Implikationen beantworten: Erstens, welcher Art waren die Gaben, die er besaß? und zweitens, wie hat der Besitz dieser Gaben seine Art, auf die Erfahrungswelt anzusprechen, beeinflußt?

Lawrences besondere und charakteristische Gabe war eine außergewöhnliche Empfänglichkeit für das, was Wordsworth »unbekannte Daseinsweisen« nannte. Er war sich des Weltgeheimnisses immer intensiv bewußt, und dieses Geheimnis war ihm immer ein *numen*, etwas Göttliches. Lawrence konnte etwas nie vergessen, das die meisten von uns fast ständig vergessen: die dunkle Gegenwart des Anderen, das jenseits der Grenzen des bewußten Menschengeistes liegt. Diese besondere Empfänglichkeit war begleitet von einer ungeheueren Kraft, die ihn befähigte, die unmittelbare Erfahrung des Anderen im Medium der Literatur künstlerisch auszudrücken.

Dies also war Lawrences besondere Gabe. Ihr Besitz erklärt vieles an ihm. Er erklärt, um gleich damit zu beginnen, seine Einstellung zur Sexualität. Seine spezifischen Erlebnisse als Sohn und als Liebhaber mochten seine Hinwendung zu diesem Gegenstand verstärken, haben sie aber sicherlich nicht ausgelöst. Was immer er erlebte, Lawrence *mußte* sich der Sexualität zuwenden; die Art seiner Begabung machte es unvermeidlich. Was die sexuelle Erfahrung für ihn bedeutete, war dies: in ihr und durch sie wird die unmittelbare, nicht-mentale Erkenntnis des göttlichen Anderen gleichsam auf den Brennpunkt gebracht – einen Brennpunkt aus Dunkelheit. In Parodie von Matthew Arnolds berühmter Formel könnte man sagen: Sexualität ist etwas außerhalb unseres Ich, das hinstrebt – nicht zur Gerechtigkeit, denn das Wesen der Religion ist nicht Gerechtigkeit; wie Kierkegaard betont, gibt es eine spirituelle Welt jenseits der ethischen – eher: das hinstrebt zum Leben, zum Göttlichen, zum Aufgehen im Mysterium. Paradoxerweise ist dieses Etwas außerhalb unseres Ich jedoch in unserem Ich plaziert; dieser Inbegriff des Anderen ist zugleich der Inbegriff unseres eigenen Wesens.

»Und Gott den Vater, den Unerforschlichen, den Unerfahrbaren, erfahren wir im Fleisch, im Weib. Sie ist das Tor für unseren Eingang und Ausgang. In ihr kehren wir zum Vater zurück, doch gleich den Zeugen der Verklärung, blind und bewußtlos.« Ja, blind und bewußtlos, denn sonst offenbart sich nicht das göttliche Andere, sondern nur die allzumenschliche Sündhaftigkeit. »Die Umarmung der Liebe, die Dunkel bringen sollte und Vergessen, will bei diesen Liebenden (den Helden einer Erzählung von Poe) zu einer Angelegenheit des Tages werden, die ihnen höhere Bewußtheit verschafft, Visionen in Spektralfarben, prismatisch gebrochen. Wie sündhaft sie ist, diese Liebe bei Tage, und das ganze Sexualpalaver!« Wie Lawrence all die Eleonoras und Ligeias und Roderick Ushers und all die seelenvollen Mrs. Shandies haßte, die männliche ebenso wie die weibliche Ausführung! Und wie ihn all die Don Juans abstießen, mit ihrer kenntnisreichen Sinnlichkeit und bewußten Libertinage! (Ungefähr zur selben Zeit, als er *Lady Chatterley's Lover* schrieb, las er die Memoiren von Casanova und fand sie zutiefst schockierend.) Wie bitter er die Wilhelm-Meistersche Sicht der Liebe als Erziehungsprozeß verabscheute, als Kultivierungsmittel, als Seelenexpander! Die Liebe auf solche Weise, bewußt und mit Vorbedacht, zu *gebrauchen*, schien ihm eine Verfälschung, fast eine Blasphemie. »Es kommt mir eigenartig vor«, sagt er einmal zu einem Schriftstellerkollegen, »daß Sie hauptsächlich und mit Vorliebe männliche Figuren darstellen – als ob Sie Frauen nicht danach einschätzen, was sie an sich sind, sondern was die Männer in ihnen sehen. So scheinen die Frauen letztlich in Ihrem Werk nur soweit zu existieren, als sie männliche Projektionen darstellen... Es scheint, als ob Sie die *Positivität* der Frauen negieren, und sie gleichsam zu bloßen Instrumenten machen.« Der instrumentale Charakter von Wilhelm Meisters Frauen empörte Lawrence auf heftigste.

(An dieser Stelle möchte ich in Parenthese bemerken, daß die Lawrencesche Lehre de facto ständig von Leuten in Anspruch genommen wird, die Lawrence leidenschaftlich abgelehnt hätte – und zur Rechtfertigung von Verhaltensweisen, die ihm unerwünscht, ja abstoßend vorgekommen wären. Daß dem so ist, entwertet natürlich keineswegs seine Lehre. Ein und dieselbe Philosophie kann zum Guten oder Bösen ausschlagen, je nachdem, ob der Mensch, der sie annimmt und zur Richtschnur seines Lebens macht, seinem Wesen nach edel oder gemein ist. Schließlich war Tartuffes Doktrin auch diejenige eines Pascal. Es hat kultivierte Fetischanbeter gegeben und unsäglich schweinische Christen. Das Niederschmetterndste, das dem Prediger einer neuen Lebensweise zustoßen kann, ist ohne Frage der Erfolg. Denn solcher Erfolg läßt ihn erkennen, wie diejenigen, die er bekehrt hat, seine Lehre verzerren, degradieren und auf übelste Art parodieren. Wäre Franz von Assisi hundert Jahre alt geworden, wieviel Bitterkeit hätte er erfahren müssen! Zu seinem Glück starb der Heilige mit fünfundvierzig, noch relativ unangefochten von Desillusion, da er immer noch auf der Schwelle zum großen Erfolg seines Ordens stand. Schriftsteller beeinflussen ihre Leser, Prediger ihre Hörer – doch im Grunde immer so, daß sie mehr die werden, die sie sind. Wenn das Leser-Ich nun zufällig dem des Autors wesensmäßig verwandt ist, wird der Einfluß so ausfallen, wie ihn der Autor wünscht. Wenn es aber wesensmäßig dem des Autors unähnlich ist, dann wird es vermutlich dessen Lehre zur Rechtfertigung von Überzeugungen und zur Entschuldigung für Verhaltensweisen verdrehen, die den vom Autor vertretenen völlig entgegengesetzt sind. Lawrence teilt das Schicksal jedes Menschen, dessen Werke auf seine Mitmenschen eine Wirkung ausübten. Das war unvermeidlich und lag in der Natur der Sache.)

Für einen Menschen, der mit Empfänglichkeit für das Geheimnis des Anderen begabt ist, muß die wahre Liebe notwendig, mit einem Wort von Lawrence, *nächtig* sein. Dasselbe gilt für die wahre Erkenntnis. Nächtig und taktil – eine Berührung im Dunkel. Der Mensch bewohnt, zu seiner eigenen Bequemlichkeit, ein hausgemachtes Universum innerhalb der größeren, fremden Außenwelt der Materie und seiner eigenen Irrationalität. Aus der uneingrenzbaren Schwärze dieser Welt schachtet das Licht seines gewohnheitsmäßigen Denkens gleichsam eine kleine Höhlung aus – einen Tunnel der Helle, in dem er von der Geburt des Bewußtseins bis zu dessen Tod lebt, webt und ist.

Für die meisten von uns ist dieser Tunnel die ganze Welt. Wir ignorieren das Dunkel draußen: und wenn wir es nicht ignorieren können, weil es uns allzu beharrlich bedrängt, lehnen wir es ab – aus Angst. Nicht so D. H. Lawrence. Er hatte Augen, die durch die Wände von Licht tief ins Dunkel hineinsehen konnten, feinfühlige Finger, die ihm das umgebende Geheimnis ständig bewußthielten. Er konnte sich nicht mit dem hausgemachten, humanen Tunnel zufriedengeben, konnte sich nicht vorstellen, daß irgendwer sonst sich damit zufriedengab. Dabei unterschied er sich auch von jenen anderen, denen das Weltgeheimnis beständige Gegenwart ist, den großen Wissenschaftlern und Philosophen: er wollte die erleuchtete Zone nicht weiter ausdehnen; er lehnte das Dunkel draußen nicht ab, sondern fühlte sich darin zu Hause. Die meisten Menschen leben in einer kleinen Lichtpfütze, die von den Kutschenlampen der Gewohnheit und ihrer Augenblicksinteressen gebildet wird; doch daneben gibt es auch die reine und lichtstarke Illumination durch den interesselosen wissenschaftlichen Intellekt. Für Lawrence waren beide Lichtquellen gleichermaßen suspekt, schienen beide gerade das zu verfälschen, was ihm die unmittelbar erfaßte Wirklichkeit war – das Dunkel des Mysteriums. »Meine tiefste Religion«, so sagte er schon 1912, »ist der Glaube daran, daß Fleisch und Blut weiser ist als der Intellekt. Wir können uns mit dem Verstand verrennen. Doch was das Blut fühlt, glaubt und sagt, ist immer wahr.« Wie Blake, der um Erlösung von »einfältiger Schau und Newtons Schlaf« gebetet hatte, wie Keats, der einen Toast auf Newtons Untergang ausbrachte, weil dieser den Regenbogen erklärt hatte, lehnte auch Lawrence übermäßiges Wissenwollen ab, weil es den menschlichen Sinn für das Wunderbare verkümmern und die Empfänglichkeit für das große Geheimnis abstumpfen lasse.

Seine Abneigung gegen die Wissenschaft war von leidenschaftlicher Art und ganz phantastisch irrational im Ausdruck. »Alle Wissenschaftler sind Lügner«, pflegte er zu sagen, wenn immer ich mit irgendeiner experimentell erwiesenen Tatsache ankam, die das Pech hatte, ihm zu mißfallen. »Lügner, lauter Lügner!« Es war eine recht bequeme Theorie. Ich erinnere mich an ein besonders langes und heftiges Streitgespräch zum Thema Evolution, deren Existenz Lawrence immer mit leidenschaftlichem Unglauben bestritt. »Aber sieh Dir doch das Beweismaterial an, Lawrence«, insistierte ich, »wenigstens ansehen mußt Du es!« Seine Antwort war charakteristisch: »Beweise interessieren mich nicht. Beweise sagen mir nichts. *Hier* kann ich es nicht fühlen.« Und er preßte beide Hände auf sein Sonnengeflecht. Ich gab es auf, mit ihm zu rechten, und bemühte mich hinfort, soweit es zu vermeiden war, den verhaßten Namen der Wissenschaft in seiner Gegenwart nicht mehr zu nennen.

Lawrence konnte einem soviel geben, und was er gab, war so kostbar, daß es unersprießlich und unsinnig schien, die Zeit in seiner Gegenwart mit Streitereien über Themen zu verschwenden, denen er jedes vernünftige Interesse verweigerte. Ohne Rücksicht auf die intellektuellen Folgen blieb er seinem eigenen Genius durch dick und dünn unweigerlich treu. Der *daimon*, von dem er besessen war, dies fühlte er, mußte etwas Göttliches sein, das er niemals leugnen oder hinwegexplizieren, ja nicht einmal zu einem Kompromiß verleiten mochte. Diese Loyalität zu sich selbst oder vielmehr zu seiner Begabung, zu jenem fremden und machtvollen *numen*, von dem er spürte, daß es ihn als Tempel gebrauchte, ist von grundlegender Bedeutung für Lawrence und erklärt wie kein anderer Umstand, was immer die Welt an seinen Überzeugungen und seinem Verhalten befremdlich fand.

Es war nicht etwa seine Begriffsstutzigkeit, die ihn jene Verallgemeinerungen und Abstraktionen verwerfen ließ, mit deren Hilfe die Philosophen und Wissenschaftler dem Menschengeist einen Pfad durch das Chaos der Erscheinungen zu bahnen suchen. Nochmals: es lag nicht am Begreifen, denn Lawrence besaß, über seine besondere Gabe hinaus, einen überaus scharfen Verstand. Er war nicht nur ein Genie, er war dazu auch noch hochintelligent. (In seiner Kindheit und Jugend hatte er sich beim Ablegen von allerlei Prüfungen glänzend bewährt.) Er wäre imstande gewesen, die Ziele und Methoden der Wissenschaft vollkommen zu begreifen, wenn er nur Wert darauf gelegt hätte. Und in der Tat hatte er sie vollkommen begriffen, und eben dies war der Grund, warum er sie verwarf. Denn die Methoden der Wissenschaft und der philosophischen Kritik waren mit seiner Gabe nicht vereinbar – der unmittelbaren Wahrnehmung und künstlerischen Wiedergabe des göttlichen Anderen. Und ihr Ziel, die Grenzen des Unbekannten zurückzudrängen, ließ sich nicht mit seinem Ziel versöhnen: in möglichst enger Berührung mit dem umgebenden Dunkel zu verharren. Und so verwarf er, ungeachtet ihres gewaltigen Ansehens, Wissenschaft und kritische Philosophie; er blieb seiner Begabung treu. Seine Treue wirkte ausschließend. Er weigerte sich, sein unmittelbares Wissen um das Geheimnis näher zu bestimmen oder zu erklären oder es auch nur durch andere, abstrakte Formen der Erkenntnis zu ergänzen. »Diese schrecklich bewußten Typen wie Poe und seine Ligeia verleugnen das Leben selbst, das in ihnen steckt: alles wollen sie in Geschwätz verwandeln, in *Wissen*. Und aus diesem Grund verläßt sie das Leben, das eben nicht wißbar ist.« Lawrence hat es sich versagt, auf abstrakte Weise zu *wissen*. Er wollte lieber leben; und er wollte, daß auch die anderen Menschen lebten.

Niemand ist von Natur aus vollständig und universal: Keiner kann alle möglichen Arten menschlicher Erfahrung aus erster Hand kennen. Universalität ist daher nur von jenen zu erreichen, die auf geistigem Wege lebendige Erfahrung simulieren – mit einem Wort, von den Wissenden, von Menschen wie Goethe (ein Künstler, gegen den Lawrence immer den heftigsten Widerwillen empfand).

Weiterhin ist niemand von Natur vollkommen, und keiner kann Vollkommenheit unwillkürlich erreichen. Die größte Begabung ist eine begrenzte Begabung. Vollkommenheit, sei es in ästhetischer oder ethischer Hinsicht, muß das Ergebnis von Wissen sein, und der mühseligen Anwendung von Wissen. Formale Ästhetik ist eine Angelegenheit der Regeln und der besten klassischen Modelle; formale Ethik eine Sache der zehn Gebote und der Nachahmung Christi.

Mit solcherlei »unnatürlichen« Prozeduren, solcher Illoyalität gegen die eigene Gabe, gegen das in ihm ansässige oder besuchsweise anwesende *numen*, wollte Lawrence nichts zu schaffen haben. Daher sein ästhetischer Grundsatz, die Kunst müsse ganz und gar spontan und, genau wie der Künstler, unvollkommen, begrenzt und vergänglich sein. Daher auch sein ethischer Grundsatz, die erste moralische Pflicht eines Menschen sei es, nicht über seinen menschlichen Stand und sein ererbtes seelisches Vermögen hinaus zu leben.

Das Kunstwerk und das Denkmal dauerhafter als Erz sind gerade in ihrer Vollendung und ewigen Dauer unmenschlich – des Guten zuviel. Lawrence lehnte sie ab. Kunst, so wie er sie sah, sollte aus unmittelbarer Regung zum Ausdruck ihrer selbst erblühen oder zur Mitteilung an andere und mit dem Vorübergehen der Regung vergehen. Von allen Baumaterialien gefiel ihm Adobe am besten; er liebte diese Lehmziegel dafür, daß sie extreme Formbarkeit mit extremer Unbeständigkeit verbanden. Jedenfalls konnte es keine für die Ewigkeit gebauten Pyramiden aus Adobe geben, keine mathematisch exakt konstruierten Parthenons. Aus Holz ebensowenig, Gott sei Dank. Einer der wesentlichen Gründe, warum er die Etrusker so gern mochte, lag in der Tatsache, daß sie hölzerne Tempel bauten, die nicht erhalten blieben. Stein bedrückte ihn mit seiner unzerstörbaren Massivität, mit seiner Fähigkeit, die harten, kompromißlosen Formen reiner Geometrie anzunehmen und unbegrenzt zu bewahren. Große Bauten bereiteten ihm Unbehagen, auch dann, wenn sie schön waren. Etwas von solchem Unbehagen spürte er auch in der Gegenwart eines vollendeten Kunstwerkes.

In der Musik beispielsweise liebte er das Volkslied, weil es ein gewichtloses Ding war, aus unmittelbarer Regung geboren. Symphonien bedrückten ihn: sie waren zu groß, zu ausladend, zu sorgsam und bewußt ausgearbeitet, zu »möchtegern« – um einen typischen Lawrence-Begriff zu verwenden. Er wollte unbedingt verhindern, daß jemals ein Werk von ihm möchtegern-artig würde. Er erlaubte ihnen, aus der Tiefe seines Wesens nach ihrem Willen zu erblühen; nie mochte er seinen bewußten Intellekt dazu aufbieten, ihnen den Anspruch übermenschlicher Vollkommenheit aufzuzwingen, oder übermenschlicher Allgültigkeit. Es war typisch für ihn, daß er kaum je Geschriebenes flickte oder korrigierte. Oft habe ich ihn sagen hören, er sei tatsächlich unfähig, etwas auszubessern. War er einmal mit dem, was er geschrieben hatte, unzufrieden, so machte er es nicht wie die meisten Autoren, die da feilen, stutzen, einschieben, umstellen: er schrieb neu. Mit anderen Worten, er gab seinem *daimon* eine neue Chance, das zu sagen, was er sagen wollte. Es existieren meines Wissens drei abgeschlossene und vollkommen unterschiedliche Manuskripte zu *Lady Chatterley's Lover*. Und dies war keineswegs der einzige Roman, den er mehr als einmal geschrieben hat. Er war entschlossen, alles, was er hervorbrachte, unmittelbar aus der geheimnisvollen, irrationalen Kraftquelle in seinem Inneren entspringen zu lassen. Nie wollte er dem bewußten Intellekt erlauben, sich nachträglich einzumischen und dem Werk seinen Stempel abstrakter Perfektion aufzudrücken.

Was für den Bereich der Kunst galt, galt ebenso für den der Ethik. »Sie wollen, daß ich Form habe: das heißt, ich soll *ihre* verheerende, verhärtete Haut- und Knochenform haben, und ich weigere mich.« Das ist über seine Romane gesagt, doch es gilt genausogut für sein Leben. Jeder Mensch, so betonte Lawrence, muß der Künstler seines Lebens sein und seine eigene moralische Form schaffen. Die Kunst des Lebens ist noch schwerer als die des Schreibens. »Wieviel schwieriger ist es, Liebe zu leben und zu gewinnen, als sie in Worte zu fassen.« Um so wichtiger muß es daher sein, diese Kunst mit der zartesten, subtilsten Empfindlichkeit auszuüben, um so unzumutbarer, die »verheerende Haut- und Knochenform« der Moral zu akzeptieren, die *sie* einem immerzu aufdrängen wollen. Es ist die Aufgabe eines empfindungsstarken Lebens-Künstlers, seine eigene Natur so anzunehmen, wie sie ist, ohne den Versuch, sie gewaltsam in eine andere Form zu zwängen.

Er muß das ihm anvertraute Material annehmen – die Schwachheit und Unvernunft ebenso wie den Sinn und die Stärke; das geheimnisvolle Dunkel und Anderssein nicht weniger als das Licht des Verstandes und die Bewußtheit des Ich –: muß all dies annehmen und zu einem überzeugenden Muster verweben; zu seinem eigenen Muster, nicht dem Muster eines anderen. »Früher sagte ich zu mir selbst: ›Wie kann ich anderen Schuld geben? Warum zornig werden?‹... Jetzt sage ich: ›Wenn der Zorn kommt, mit blitzenden Augen, so mag er sich austoben. Die Hand Gottes wird er kaum von mir abschütteln. Er ist einer der Erzengel mit flammendem Schwert. Gott hat ihn geschickt – sein Kommen geht über meine Vernunft.‹«

Diese Worte wurden schon 1910 geschrieben. Vom Anfang seiner Laufbahn an betrachtete Lawrence den Menschen als bloßen Treffpunkt vielfältiger Gottheiten. Seine besonderen Gaben der Empfindung und des Ausdrucks machten dies unvermeidlich. Ebenso unvermeidlich wie die Tatsache, daß ein Mensch vom eigentümlichen Genius Blakes die in vieler Hinsicht ähnliche Lehre von den unabhängigen Seinsweisen entworfen hat. Alle gängigen Systeme der Philosophie und Moral zielen darauf ab, den natürlichen Polytheismus des Menschen im Namen irgendeines geistig und sittlich konsequenten Jehova zu reglementieren. Für Lawrence war dies ein unhaltbarer Standpunkt. Ein Gott besaß ebensoviel Existenzberechtigung wie ein anderer, und die dunklen waren ihm nicht weniger genuin göttlich als die hell-strahlenden. Möglicherweise (da er nun einmal für die Eigenschaft des dunkel-Göttlichen so empfänglich war und so besonders befähigt, sie künstlerisch auszudrücken), möglicherweise sogar noch göttlicher. Wie dem auch sei, solche Vielgötterei hatte durchaus ihre demokratische Seite. Diese Auffassung der Menschennatur brachte ihn dazu, zwei recht ungewöhnliche Lehrsätze aufzustellen. Den ersten würde ich die Lehre von der kosmischen Zwecklosigkeit nennen. »Es gibt keinen Zweck. Leben und Liebe *sind* Leben und Liebe, ein Veilchenstrauß *ist* ein Veilchenstrauß, und ihnen mit aller Gewalt einen Zweck unterschieben heißt alles ruinieren. Lebe und laß andere leben, liebe und laß die anderen lieben, blühe und welke, und folge der natürlichen Neigung und Windung, dem zwecklos fließenden Strom.«

Die ontologische Zwecklosigkeit hat ihr ethisches Gegenstück in der Lehre von der Sorglosigkeit. »Sie verzehren sich einfach vor lauter Sorgerei. Sie sorgen sich so unablässig um Faschismus und Völkerbund, ob Frankreich im Recht ist, oder die Ehe in Gefahr, daß sie nie wissen, wo sie eigentlich sind. Jedenfalls leben sie nie an dem Ort, wo sie sich gerade befinden. Sie bewohnen abstrakte Räume, die Wüstenleere von Politik, Prinzipien, Recht und Unrecht, und so fort. Sie sind zur Abstraktion verdammt. Eine Unterhaltung mit ihnen ist wie der Versuch, mit dem Buchstaben x in Algebra eine menschliche Beziehung anzuknüpfen.« Schon 1911 riet er seiner Schwester: »Gib dich nicht mit Religion ab. Wenn ich du wäre, würde ich das alles beiseite lassen und versuchen, mich dem Gegenwärtigen möglichst vollständig zuzuwenden.«

Beim Lesen solcher Stellen – und sie sind in jedem Buch, das Lawrence schrieb, reichlich vorhanden – muß ich immer an einen bestimmten Abschnitt der *Pensées* denken, wo Pascal über die absurden Ablenkungen spricht, mit denen die Menschen ihre freie Zeit anfüllen, um ja kein Loch und keinen Spalt offenzulassen, durch die ein ernsthafter Gedanke in ihr Bewußtsein eindringen könnte. Auch Lawrence eifert gegen *divertissements*, doch nicht gegen dieselben *divertissements* wie Pascal. Für ihn gab es zwei große und sündhafte Ablenkungen. An erster Stelle die Arbeit, die er als bloßes Betäubungsmittel wie Opium ansah. (»Du darfst dich nicht zu sehr erschöpfen«, schreibt er an einen arbeitsamen Freund; »das ist unmoralisch.« Unmoralisch nicht zuletzt deshalb, weil es uns nur allzu leicht fällt, dieses Ausweichen vor der obersten Pflicht des Menschen: zu leben. »Denk dran, wieviel Ruhe und Frieden, wieviel ausgesprochene Trägheit und Faulheitsluxus in der Arbeit steckt.« Lawrence empfand ein echt puritanisches Mißfallen gegen das Laster der Arbeit. Er protestierte aus den gleichen Gründen gegen das Evangelium der Arbeit, die Chrysipp gegen das aristotelische Evangelium des reinen Geistes ins Feld führte: daß sie nämlich, in den Worten des alten Stoikers, »nur eine Art von Unterhaltung« sei, und das wahre Leben eine weit ernstere Angelegenheit als bloße Plackerei oder abstrakte Spekulation.)

Die zweite in Lawrences Augen unentschuldbare Ablenkung war ›Spiritualität‹, jenes hochfliegende Sinnieren über die letztendliche Natur der Dinge, das für Pascal »erst eigentlich die Aufgabe und Würde des Menschseins« ausmachte. Pascal war entsetzt darüber, daß menschliche Wesen das Unendliche und Ewige über »Tanz, Gesang, Lautenspiel und Versemachen« vergessen konnten. Lawrence war nicht weniger entsetzt, daß sie all die Freuden und Mühen des unmittelbaren Lebens soweit vergessen konnten, um an Ewigkeit und Unendlichkeit zu denken, ganz zu schweigen vom Völkerbund und der Heiligkeit der Ehe. Beide waren große Künstler, und jeder von beiden ist somit imstande, uns davon zu überzeugen, daß er zumindest teilweise recht hat. Hier ist nicht der Ort, um zu entscheiden, wie weit genau jeder von ihnen im Recht ist. Diese Frage läßt auch gar keine exakte und endgültige Antwort zu. »Geistige Bewußtheit«, so schrieb Lawrence, »ist eine rein individuelle Angelegenheit. Manche Menschen sind von Geburt an zu hoher und empfindlicher Bewußtheit ausersehen.« Andere sind es nicht. Außerdem braucht jedes Lebensalter seine angemessene Lebensphilosophie. (Die Lawrencesche Philosophie, so würde ich meinen, ist für das Alter und das Nachlassen der Lebenskräfte nicht allzu gut geeignet.) Darüber hinaus gibt es Konstellationen, in denen das spontane Leben eine große Ablenkung darstellt, und andere, in denen es fast sündhaft wäre, sich durch die Ewigkeit oder den Völkerbund ablenken zu lassen. Lawrences eigentümlicher Genius mußte auf dem spontanen Leben unter Ausschluß aller Ideale und festen Prinzipien bestehen. Pascals völlig andere Begabung führte unweigerlich zu einer völlig anderen Philosophie.

Seine Abneigung gegen abstraktes Wissen und reine Spiritualität machte Lawrence zu einer Art von mystischem Materialisten. So empfindet er zum Beispiel die Wirkung des Mondes sehr stark; deshalb kann der Mond unmöglich eine »kalte steinerne Welt« sein, »gleichsam eine erkaltete Version unserer eigenen. Unsinn. Er ist eine Ballung dynamischer Substanz, wie Radium oder Phosphor, die durch einen Pol von lebendiger Energie zur Verfestigung gebracht wird.« Die Materie muß ihrem Wesen nach ebenso lebendig sein wie der Geist, der sie wahrnimmt und von dieser Wahrnehmung bewegt wird. Lebhafte und heftige geistige Wirkungen müssen sich von entsprechend lebhaften und heftigen materiellen Ursachen herleiten. Umgekehrt muß auch jedes heftige Fühlen oder Begehren des Geistes imstande sein, heftig auf die äußere Materie einzuwirken. Lawrence wollte einfach nicht glauben, daß der Geist bewegt werden kann, bewegt bis zum Wahnsinn, ohne der Außenwelt auch nur die kleinste entsprechende Bewegung mitzuteilen. Er war nicht allein Materialist, sondern auch Subjektivist; mit anderen Worten, er glaubte in der einen oder anderen Form an die Möglichkeit von Magie. Sein mystischer Materialismus fand in der seltsamen Kosmologie und Physiologie seiner spekulativen Essays bezeichnenden Ausdruck, und in der Art, wie er die seltsame christliche Lehre von der Auferstehung des Leibes neuformulierte. Sein Denken empfand das bloße Überleben des Geistes als unzureichend; denn der Geist eines Menschen ist das Bewußtsein seiner Identität, und Lawrence wollte nicht immerzu sich selbst identisch bleiben. Er wollte das Anderssein erfahren, wollte es seiend erfahren, im lebendigen Fleisch, das immer und wesensmäßig das *Andere* ist. Deshalb mußte es eine Auferstehung des Leibes geben.

Die Treue seinem eigenen Genius gegenüber ließ ihm gar keine andere Wahl; Lawrence mußte auf jenen geheimnisvollen Kräften des Anderen beharren, die im Außen verstreut und im Inneren dunkel geballt liegen, auf dem Leib und dem Geist des Menschen. Er mußte – auch wenn er sich dadurch als Romanautor in höchst gravierender Weise selbst benachteiligte. Denn nach seiner Sicht der Dinge waren die meisten menschlichen Tätigkeiten mehr oder minder sündhafte Ablenkungen von der eigentlichen Aufgabe: menschlich zu leben. Er lehnte es ab, über solche Ablenkungen zu schreiben; das heißt, er weigerte sich, über die hauptsächliche Beschäftigung der zeitgenössischen Welt zu schreiben. Und als ob diese drastische Beschränkung seiner Thematik nicht genügte, lehnte er es darüber hinaus ab, über Menschen im üblichen Sinn des Wortes zu schreiben. *The Rainbow* und *Women in Love* (und in geringerem Ausmaß alle seine Romane) stellen die praktische Anwendung einer Theorie dar, die sich in einem sehr wichtigen und interessanten Brief an Edward Garnett vom 5. Juni 1914 ausgedrückt findet:

»Aus irgendeinem Grund interessiert mich das Physische, das Außermenschliche an der Menschheit, viel mehr als das altmodische menschliche Element, das uns veranlaßt, eine Figur auf eine ganz bestimmte moralische Systematik hin anzulegen und konsistent auszuführen. Die bestimmte moralische Systematik ist es, woran ich mich stoße. Bei Turgenjew, Tolstoi und Dostojewski ist das moralische System, in das alle Figuren eingepaßt sind – und es ist fast das gleiche System bei allen – langweilig, alt und tot, wie außerordentlich die Figuren an sich auch sein mögen. Wenn Marinetti schreibt: ›An einer Stahlplatte ist die Massivität an sich das Interessante, das heißt, die begriffslose, un-menschliche Verbindung, die ihre Moleküle beispielsweise im Widerstand gegen ein Geschoß bilden. In der Erhitzung eines Stücks Holz oder Eisen steckt für uns mehr Leidenschaft als im Lachen oder Weinen einer Frau‹ – dann verstehe ich, was er damit meint. Als Künstler begeht er eine Torheit, wenn er die Hitze des Eisens und das Lachen der Frau in Gegensatz rückt. Denn das Faszinierende an einem Frauenlachen beruht auf demselben Prinzip wie die Verbindung der Stahlmoleküle oder ihr Verhalten bei Erhitzung: es ist der un-menschliche Wille, der mich fesselt, ob wir ihn nun Physiologie nennen oder, wie Marinetti, Physiologie der Materie. Es ist mir gar nicht so wichtig, was die Frau *fühlt* – in der üblichen Bedeutung dieses Wortes; denn das setzt ein Ich voraus, durch das sie fühlt. Mir ist allein wichtig, was die Frau *ist* – was sie IST – im unmenschlichen, physiologischen, materiellen Sinn des Wortes... In meinem Roman darf man nicht mehr nach dem alten stabilen Ich der Figuren suchen. Es gibt dort ein anderes Ich, in dessen Aktion das Individuum nicht länger erkennbar ist, sondern gleichsam allotropische Zustände durchläuft; Zustände, die sich nur durch tieferdringende Sinnesorgane als jene, die wir einzusetzen gelernt haben, als unterschiedliche Stadien ein und desselben radikal unveränderten Elementes erkennen lassen. (So wie der Diamant und die Kohle aus demselben Grundelement bestehen, Kohlenstoff. Der übliche Roman würde die Geschichte des Diamanten von seinen Anfängen her erzählen – doch ich sage: ›Was Diamant! Das ist Kohlenstoff.‹ Und Kohle oder Staub könnten mein Diamant sein – mein Thema heißt: Kohlenstoff.)«

Die Gefahren und Schwierigkeiten dieser Methode sind offensichtlich. Anläßlich einer Kritik Stendhals hat Professor Saintsbury vor langer Zeit einmal bemerkt, daß »psychologischer Realismus sich vielleicht stärker von psychologischer Realität unterscheidet als unsere Schlauberger der letzten zwei Generationen zugeben wollten oder festzustellen imstande waren«.

Psychologische ebenso wie physische Realität ist durch unsere geistige und leibliche Grundausstattung bedingt. Der normale Menschenverstand setzt aufgrund dessen, was unsere unbewaffneten Sinne bezeugen, eine Welt als gegeben voraus, in der die physische Realität aus Gegenständen wie massiven Tischen und Stühlen, Kohlebrocken, Wasser und Luft besteht. Wenn sie nun ihre Forschungen weitertreibt, entdeckt die Wissenschaft, daß diese Proben physischer Realität ›in Wirklichkeit‹ aus den Atomen unterschiedlicher Elemente bestehen, und diese Atome wiederum aus mehr oder minder zahlreichen Elektronen und Protonen in unterschiedlichen Mustern. Ganz entsprechend gibt es eine gewöhnlich-vernünftige, pragmatische Vorstellung von psychologischer Realität und ebenso eine der ungewöhnlichen Vernunft. Für die üblichen praktischen Zwecke stellen wir uns menschliche Wesen als charakterbegabte Geschöpfe vor. Doch die Analyse ihres Verhaltens kann so weit getrieben werden, daß sie aufhören, Charaktere zu sein und sich als Ansammlungen psychologischer Atome erweisen. Lawrence (wie nicht anders zu erwarten bei einem, der noch hinter der harmlos vertrautesten Erscheinung immer das Fremde wahrnehmen konnte) entschied sich für die ungewöhnliche Vernunftsicht der Psychologie. Daher die Befremdlichkeit seiner Romane. Und daher auch, zugegebenermaßen, gewisse Eigenschaften nachdrücklicher Monotonie und intensiver Verschwommenheit; Eigenschaften, die bewirken, daß einige davon bei aller Reichhaltigkeit und überraschenden Schönheit sich so seltsam schwer zu Ende lesen lassen. Die meisten von uns sind eben mehr an Diamanten und Kohlestücken interessiert als an undifferenziertem Kohlenstoff, wie lebendig er auch beschrieben wird. Mir sind Leser begegnet, deren Reaktion auf Lawrences Bücher genau seiner eigenen Reaktion auf die Evolutionstheorie glich. Was er schrieb, bedeutete ihnen nichts, weil sie »es *hier* nicht fühlten« – im Sonnengeflecht. (Daß Lawrence bei all seinem Haß auf die Wissenschaft in der Psychologie Methoden anwendete, die er selbst mit chemischer Analyse verglich, mag befremdlich erscheinen. Doch wir müssen uns vor Augen halten, daß sich seine Analyse nicht im Intellekt vollzog, sondern in einem unmittelbaren Intuitionsvorgang; daß er sozusagen imstande war, den Kohlenstoff in Diamant und Kohle zu *fühlen* und in seinem Glas Wasser- und Sauerstoff zu *schmecken.*)

Lawrence also besaß eine Begabung oder wurde, anders herum gesagt, von einer Begabung besessen, der er unerschütterlich treu blieb. Ich habe versucht zu zeigen, wie dieser Besitz und diese Treue sein Denken und Schreiben beeinflußten. Wie haben sie sich auf sein Leben ausgewirkt? Die Antwort soll, soweit möglich, in Lawrences eigenen Worten gegeben werden. An Catherine Carswell schrieb er einmal: »Ich glaube, Du bist von allen Frauen, die ich je getroffen habe, die einzige, die innerlich distanziert genug, ihrem Wesen nach eigenständig und abgesondert genug ist, um wahrhaft Schriftstellerin, Künstlerin, Berichterstatterin zu sein. Deine Beziehungen zu anderen Menschen sind nur Abstecher vom eigenen Ich. Und der Wunsch nach Kindern und den üblichen Erfüllungen des Menschenlebens wäre meiner Meinung nach eine Art Verfälschung für Dich. Du warst nie für ›Begegnung und Bindung‹ geschaffen, sondern dazu, essentiell unberührt zu bleiben, was immer Du erleben mochtest.«

Lawrences Wissen um ›den Künstler‹ war offenkundig persönliches Wissen. Er wußte aus realer Erfahrung, daß der wirkliche Schriftsteller seinem Wesen nach eine abgesonderte Kreatur ist, die Begegnung und Bindung nicht begehren darf, und sich selbst verrät, wenn sie allzu sehnsüchtig nach den üblichen Erfüllungen des Menschenlebens verlangt. Alle Künstler kennen diese Existenzbedingung ihrer Spezies, und viele haben dieses Wissen – sehr oft unter Qualen – bezeugt; im Innersten abgesondert zu sein ist kein Spaß. Zweifellos hat Lawrence sein Leben lang unter der elementaren Einsamkeit gelitten, zu der ihn seine Begabung verdammte. »Woran ich kranke«, schrieb er dem Psychologen Dr. Trigant Burrow, »ist die vollständige Zurücksetzung meines gesellschaftlichen Urtriebs... Für mich reicht der Gesellschaftstrieb tiefer als der Geschlechtstrieb – und Unterdrückung wirkt sich hier noch viel verheerender aus als im sexuellen Bereich. Keine Repression der sexuellen Eigenheit ist der des gesellschaftlichen Menschen in mir vergleichbar, wie sie das individuelle Ego bewirkt, mein eigenes ebenso wie das jedes anderen Menschen... Was mich angeht: ich leide schwer an diesem Abgeschnittensein... Manchmal wird man gezwungenermaßen zu einem richtigen Einsiedler. Das geht mir gegen den Strich. Doch alles andere ist dann entweder persönliches Gezänk oder Zank ums liebe Geld: widerlich. Natürlich bleiben immer noch die gewöhnlichen Bekannten, die nichts weiter sind als Bekannte. Aber echte menschliche Beziehungen gibt es nicht mehr – das ist das Verheerende.«

Es gibt keine echten menschlichen Beziehungen mehr: so lautet die Klage aller Künstler. Die erste Schuldigkeit des Künstlers gilt seinem Genius, seinem *daimon;* zwei Herren zugleich kann er nicht dienen. Tatsächlich besaß Lawrence ein erstaunliches Talent, mit beinahe jedem, der ihm begegnete, in eine enge Beziehung einzutreten. »Hier« (in der Pension in Bournemouth, wo er 1912, nach seiner Krankheit, Aufenthalt nahm) »verstricke ich mich so sehr in das Leben aller möglichen Menschen – das ist sehr interessant, manchmal etwas schmerzhaft, oft lustig. Ich komme einfach so eng mit den Leuten in Berührung, daß es Komplikationen gibt. Aber ich liebe es, mich gelegentlich in Verwicklungen zu bringen.« Die Liebe zu seiner Kunst war allerdings größer als seine Vorliebe für Verwicklungen. Wenn immer eine Verwicklung seine künstlerische Tätigkeit zu beeinträchtigen drohte, war sie es, die geopfert wurde: er zog sich zurück.

Lawrences einzige tiefe und dauerhafte menschliche Beziehung war die zu seiner Frau. (»Zum Scheitern verurteilt«, so schrieb er an einen Künstlerkollegen, »wäre für mich jeder Versuch, etwas auszurichten, ohne daß ich eine Frau im Rücken habe... Böcklin – oder irgendein andrer seines Schlages – traute sich nie anders als mit dem Rücken zur Wand im Café Platz zu nehmen. Und ich traue mich nur mit einer Frau im Rücken in der Welt Platz zu nehmen... Eine Frau, die ich liebe, hält mich gewissermaßen in direktem Kontakt mit dem Unbekannten, in dem ich mich sonst ein wenig verliere.«) Was den Rest der Menschen betraf, so erlegte ihm seine Gabe eine grundsätzliche Distanz auf. Oft gab er freilich der Welt die Schuld an diesem Exil. »Es läuft darauf hinaus, daß die *Einheit* mit den Menschen (durch den Krieg) in mir zerstört ist. Ich bin ich, du bist du, und Himmel und Hölle liegen in der Kluft dazwischen. Glaube mir, ich bin zutiefst verletzt dadurch, so vom Körper der gesamten Menschheit abgeschnitten zu sein, aber es ist nun einmal so, und so ist es richtig.«

Es war richtig, denn in Wirklichkeit hatte ihn nicht der Krieg vom Körper der gesamten Menschheit abgeschnitten, sondern sein eigenes Talent, jene seltsame Gottheit, der seine oberste Loyalität galt. »Ich will nicht mehr in dieser Zeit leben«, schrieb er bei anderer Gelegenheit. »Ich kenne sie. Ich verwerfe sie. Soweit ich irgend kann, will ich außerhalb dieser Zeit stehen. Ich will mein Leben leben, und nach Möglichkeit glücklich sein. Und wenn die ganze Welt schaudernd im bodenlosen Abgrund versinkt... Ich glaube, die höchste Tugend besteht darin, glücklich zu sein, in der größten Wahrheit zu leben und sich nicht der Falschheit dieser persönlichen Zeiten auszuliefern.« Das Adjektiv ist höchst aufschlußreich. Unter allen herabsetzenden Wörtern, die man auf unser unbehagliches Zeitalter anwenden könnte, ist ›persönlich‹ sicher das letzte, das den meisten von uns in den Sinn käme. Für Lawrence war es das erste. Seine Gabe war es, das Unbekannte, das geheimnisvolle Andere, zu fühlen und auszudrükken. Dem Besitzer und Besessenen einer solchen Gabe mußte beinahe jedes Zeitalter unzulässig und bedrohend persönlich erscheinen. Seine Aufgabe war es, zu verwerfen und zu entkommen. Doch einmal entkommen, konnte er nicht anders als die Abwesenheit ›echter menschlicher Beziehungen‹ zu beklagen.

In sprunghaften Ansätzen versuchte er, den Kontakt mit dem Körper der gesamten Menschheit wiederherzustellen. Da gab es immer neue Projekte für Kolonien in entlegenen Ecken der Erde; sie zerschlugen sich alle. Dann waren da seine Versuche, sich bestehenden politischen Parteien anzuschließen; doch irgendwie »habe ich anscheinend den Anschluß an die ›fortschrittliche‹ Clique ganz verloren. In Croydon sind die Sozialisten so stumpfsinnig und die Leute der Fabian Society gar so platt.« (Leider Gottes nicht nur in Croydon.) Während des Krieges hatte er vor, mit einigen Freunden eine unabhängige politische Bewegung in Gang zu bringen, aber unter der Bedingung, »daß ich abseits bleibe, in Italien, und die Worte meiner Seele niederschreibe. Aus der physischen Gegenwart zu sprechen, dazu müßte ich mir Gewalt antun.«

Und Gewalt wollte er sich letzten Endes doch nicht antun; er hielt sich fern, abseits, ›seinem Wesen nach abgesondert‹. »Man lebt nicht von der Landschaft«, schrieb er 1916 aus Cornwall, »sondern von der Freiheit, sich allein darin zu bewegen.« Wie heftig er unter dieser Freiheit litt, von der er lebte! *Kangaroo* beschreibt ein späteres Stadium in der Debatte zwischen dem einsamen Künstler und dem Menschen, der sich nach gesellschaftlicher Verantwortung und Kontakt mit dem Körper der gesamten Menschheit sehnte. Wie der Held seines Romans entschied sich auch Lawrence letztlich gegen den Kontakt. Er war von Natur aus kein Menschenführer, sondern Prophet, die Stimme eines Rufers in der Wüste – der Wüste seiner eigenen Isolation. Die Wildnis war sein Ort, und doch fühlte er sich in ihr als Verbannter. An Rolf Gardiner schrieb er 1926: »Wie gern wäre ich verbunden mit etwas, mit ein paar Leuten, in irgendeiner Angelegenheit. In *entscheidender* Hinsicht war ich immer sehr allein und habe darunter gelitten. Aber ich kann mich einfach nicht an irgendwelche Clubs, Gesellschaften, Freimaurerlogen oder sonstige verdammte Institutionen anschließen. Falls Sie also eine Unternehmung haben, der ich mich anschließen *kann*, so will ich meinen Sternen danken. Natürlich wird es für mich unsagbar heikel sein, mich zu binden.« Er war letzten Endes so heikel, daß er sich nie binden konnte, sondern ebenso abseits und unverbunden starb, wie er gelebt hatte. Der *daimon* ließ es nicht anders zu.

(Eine Spekulation darüber, ob Lawrence nicht glücklicher geworden wäre, wenn er die Anweisung seines *daimon* mißachtet und sich wenigstens um eine mechanische, äußerliche Verbindung mit dem Gesamtkörper der Menschheit bemüht hätte, will ich mir hier versagen. Spontaneität ist nicht das einzige und unfehlbare Geheimnis des Glücks, und eine ›möchtegern‹-Existenz muß nicht unbedingt zum Verhängnis führen. Doch dies nur am Rande.)

Es war, wie ich glaube, das Gefühl des Abgeschnittenseins, daß Lawrence zu seiner rastlosen Wanderschaft über die ganze Erde trieb. Seine Reisen waren Flucht und Suche zugleich: die Suche nach einer Gesellschaft, mit der er Kontakt aufnehmen konnte, nach einer Welt, deren Verhältnisse nicht persönlich waren, und wo das wissende Bewußtsein das Leben nicht verfälscht hatte. Eine Suche, die gleichzeitig auch eine Flucht vor dem Elend und Übel der Gesellschaft darstellte, in die er hineingeboren war und für die er sich doch, bei aller künstlerischen Distanz, nicht anders als zutiefst verantwortlich fühlen konnte. Er selbst empfand sich als englisch, »aller Welt, und selbst England, zum Trotz«: eben deshalb mußte er nach Ceylon, Australien und Mexiko. In England hätte er sich nicht so intensiv englisch fühlen können, ohne sich in gemeinschaftliche politische Aktion zu verstricken – als einer, der nicht dazugehören und sich nie anschließen wollte; denn sich anzuschließen war etwas, wozu er sich einfach nicht überwinden konnte, etwas, das der Künstler in ihm als gewaltsamen Eingriff empfand. Er war zu sehr Engländer und zu unbedingt Künstler, als daß er hätte zu Hause bleiben können. »Vielleicht muß ich diese Orte einfach ausprobieren, vielleicht ist es mir verordnet, die Welt kennenzulernen. Doch angeregt werde ich dadurch nur äußerlich. Innen bleibe ich abgesonderter und unbewegter denn je. So ist es nun einmal. Das alles ist nur eine Art, vor sich selber und den großen Problemen davonzulaufen, der ganze Wilde Westen und das fremde Australien. Doch ich bemühe mich, einen klaren Kopf zu behalten. Man lebt, ohne die geringste innere Bindung einzugehen, besonders hier in Amerika.«

Seine Suche war fruchtlos, seine Flucht aussichtslos. Er schaffte es nicht, seinem Heimweh noch seinem Verantwortungsbewußtsein zu entkommen; und nie fand er eine Gemeinschaft, der er angehören konnte. In einer Art von Verzweiflung tauchte er noch tiefer in das umgebende Mysterium ein, in die dunkle Nacht des Anderen, deren Essenz und Symbol die geschlechtliche Erfahrung ist. In *Lady Chatterley's Lover* schrieb Lawrence den Epilog zu seinen Reisen und zog aus seiner langen und fruchtlosen Praxis der Flucht und Suche die für ihn zwangsläufige Moral. Es ist ein befremdliches und schönes Buch, und dabei unaussprechlich traurig. Doch dasselbe gilt im Grund auch für das Leben dessen, der es schrieb.

Lawrences psychologische Vereinsamung kam, wie wir gesehen haben, aus seinem Streben nach physischer Absonderung vom Gesamtkörper der Menschheit. Diese physische Absonderung wirkte sich auf sein Denken aus. »Klingt das aufdringlich? Machen Sie sich nichts draus«, schrieb er einem Korrespondenten am Ende eines ziemlich dogmatischen Briefes. »Wenn man hier draußen für sich lebt, wird man so anders, so ex-cathedra.« In der Absonderung, hoch über dem Wirrwarr zu leben, hat seine Vorteile; doch es fordert auch Opfer. Wer die Welt aus der Vogelperspektive betrachtet, sieht klar und umfassend; aber er neigt dazu, alle lästigen Einzelheiten, alle Schwierigkeiten gesellschaftlicher Existenz zu ignorieren und, indem er sie ignoriert, mit dem Urteilen und Verurteilen allzu rasch und summarisch bei der Hand zu sein. Nietzsche verbrachte seine fruchtbarsten Jahre auf dem Hochsitz von Berggipfeln oder versunken in die noch abgründigere Einsamkeit irgendwelcher Pensionen am Mittelmeer. Eben deshalb konnte er, bei aller Feinheit und Empfindlichkeit seines Wesens, so blutrünstig als Zensor sein – so sehr im Unrecht, bei all seiner Begabung, aber auch so sehr im Recht.

Aus den Wüsten von New Mexico, aus dem toskanischen und sizilianischen Hinterland, aus dem australischen Busch beobachtete, beurteilte und beriet Lawrence die ferne Welt der Menschen. Die Urteile waren, wie nicht anders zu erwarten, häufig summarisch und heftig; die Ratschläge zwar bis zu einem gewissen Grad bewundernswert, aber doch unangemessen. Politische Ratschläge von seiten religiöser Erneuerer, selbst von den talentiertesten, sind immer unangemessen; denn es geht im Grunde nie um politischen Rat, sondern immer um etwas anderes. Unterschiede der Quantität, wenn sie groß genug sind, schlagen um in Unterschiede der Qualität. Dieses Blatt Papier zum Beispiel ist qualitativ verschieden von den Atomen, aus denen es besteht. Eine entsprechende Differenz unterscheidet die

Welt des Politikers von der des Künstlers, des Moralisten, des religiösen Lehrers. »Es ist das Geschäft des Künstlers«, schreibt Lawrence, »ihn (den Krieg) bis ins Herz jedes einzelnen Kämpfers zu verfolgen – nicht in Armeen zu reden, in Nationen und Zahlen, sondern ihm nachzuspüren bis zu seinem Ursprung – zum Ausgangspunkt – bis zu *ihrem* Krieg –, und da liegt er auf dem Grund fast jedes englischen Herzens, der Krieg – die Kriegsbegierde – der *Wille* zum Krieg, und auf dem Grund jedes deutschen Herzens.«

Doch die Berufung auf das Herz des einzelnen vermag im Bereich der Politik, die eine Wissenschaft der durchschnittlichen Mengen ist, nur sehr wenig zu bewirken. Ein Versicherungsstatistiker kann uns sagen, wie hoch die wahrscheinliche Selbstmordrate im nächsten Jahr sein wird; und kein Künstler, Moralist oder Messias kann durch einen Appell an die einzelnen Herzen diese Vorhersage um ihre bemerkenswerte Genauigkeit bringen. Wenn die Dinge, die des Kaisers sind, sich von den Dingen Gottes unterscheiden, so deshalb, weil das, was des Kaisers ist, nach Tausenden und Millionen zählt, während die Dinge Gottes einzelne, individuelle Seelen sind. Die Dinge Gottes waren bei Lawrences Dunklem Gott noch nicht einmal individuelle Seelen, sondern die psychologischen Atome, aus deren Vereinigung zu einem Muster sich die Seele bildet. Wenn Lawrence politischen Rat anbietet, dann geht es dabei um Dinge, die letztlich überhaupt nicht politisch sind. Die politische Welt der enormen Zahlen war ihm ein Alptraum, und er floh vor ihr.

Ursprüngliche Gemeinschaften sind so klein, daß ihre Politik im Grunde unpolitisch ist; für Lawrence machte nicht zuletzt das ihren großen Reiz aus. Er schaute von irgendeiner weitentrückten und dünnbesiedelten Höhe zurück auf die enorme, durcheinanderwimmelnde moderne Welt und war schockiert von dem Anblick, der sich ihm bot. Er verurteilte, gab Empfehlungen, doch eigentlich und letztlich fühlte er sich unfähig, mit des Kaisers fremden und inhumanen Problemen zu Rande zu kommen. »Ich wollte, es gäbe Wunder«, lautete seine letzte, verzweifelnde Stellungnahme. »Ich habe die alte mühselige Art satt, die Dinge bis zu ihrem logischen Ende zu durchdenken.« Aber leider gibt es keine Wunder, und der Glaube vermag keine Berge zu versetzen – auch nicht der eines Genies.

Genug der Deutung und Erklärung. Für alle, die Lawrence kannten, war nicht die Frage *warum*, sondern die Tatsache *daß* er war, was er sein mußte, das Entscheidende. Ich erinnere mich sehr genau an meine erste Begegnung mit ihm. Der Ort war London, die Zeit 1915. Doch Lawrences leidenschaftliche Rede ging geographisch in weite Ferne, dafür persönlich außerordentlich nahe. Die Schrecken der mittleren Distanz – der Krieg, der Winter, die Stadt – waren für ihn kein Thema. Denn er war gerade, wie er fest glaubte, auf dem Sprung nach Florida, wo er jene Kolonie der Entronnenen gründen wollte, von der er unablässig und bis zum Schluß träumte. Name und Ort dieses Saatfeldes einer anderen und glücklicheren Welt waren bisweilen die reine Phantasie. Es wurde etwa Rananim genannt, und war wie Prosperos Insel. Manchmal stand es auch auf der Landkarte und hieß dann Florida, Cornwall, Sizilien, Mexiko oder auch wieder, eine Zeit lang, das ländliche England. An jenem winterlichen Nachmittag 1915 war es Florida. Ehe wir unseren Tee ausgetrunken hatten, fragte er mich, ob ich mich der Kolonie anschließen wollte, und obgleich ich ein geistig wachsamer junger Mann ohne jede Anfälligkeit für Enthusiasmen war und obwohl Lawrence mich mit Vertraulichkeiten, an die mich mein Werdegang nicht gewöhnt hatte, bestürzte und in Verlegenheit brachte, sagte ich ja.

Es war sicher ein Glück, daß das Florida-Projekt sich zerschlug. Gottesstaaten und -städte mußten seit jeher zerfallen; und Lawrences Stadt – oder vielmehr Dorf, denn er haßte Städte – des Dunklen Gottes wäre zweifellos ebenso zugrunde gegangen wie alle anderen. Besser, daß es ein Programm und eine Hoffnung blieb, und immer bleiben mußte. Und selbst in dem Augenblick, als ich mich bereiterklärte, der Kolonie beizutreten, wußte ich das. Aber irgend etwas an Lawrence machte solches Wissen, solange man in seiner Gegenwart war, sonderbar nebensächlich. Er mochte undurchführbare Projekte vorschlagen, mochte Dinge sagen oder schreiben, die nachweislich falsch oder gelegentlich (etwa wenn er über die Wissenschaft sprach) absurd waren; doch im großen und ganzen zählte das alles nicht. Was zählte, war immer Lawrence selbst und das Feuer, das in ihm brannte und mit so seltener und wunderbarer Ausstrahlung in fast allem aufleuchtete, was er schrieb.

Meine zweite Begegnung mit Lawrence fand einige Jahre später statt, anläßlich eines seiner Kurzbesuche in jenem Nachkriegsengland, das er mit der Zeit so schrecklich und hassenswert fand. Dann erhielt ich 1925, während eines Indienaufenthaltes, einen Brief aus

Spotorno. Er hatte einige meiner italienischen Reiseessays gelesen, äußerte Zustimmung, schlug ein Treffen vor. Im nächsten Jahr waren wir in Florenz, er ebenfalls. Von dieser Zeit an bis zu seinem Tod waren wir oft zusammen – in Florenz, in Forte dei Marmi, einen Winter lang in Diablerets, in Bandol, in Paris, in Chexbres, wieder in Forte, und schließlich in Vence, wo er starb.

In einem unregelmäßig geführten Tagebuch finde ich unter dem 27.12.1927 folgenden Eintrag: »Aß zu Mittag und verbrachte den Nachm. mit den Lawrences. D. H. L. in großartiger Form, von wunderbarer Beredsamkeit. Er gehört zu den wenigen Menschen, für die ich wirklich Respekt und Bewunderung fühle. Bei den meisten herausragenden Menschen fühle ich mich wenigstens derselben Gattung zugehörig wie sie. Aber dieser Mann hat etwas anderes, einen qualitativ, nicht nur graduell höheren Rang.«

›Andersartigkeit und qualitativ höherer Rang.‹ Ich glaube, beinahe jeder, der ihn gut gekannt hat, muß diesen Eindruck von Lawrence gehabt haben. Gleichsam ein Wesen anderer Ordnung, empfindlicher, von höherer Bewußtheit, gefühlsfähiger als selbst die begabtesten unter den normalen Menschen. Natürlich hatte er seine Fehler und Schwächen; er hatte seine geistigen Grenzen – Grenzen, die er sich selbst absichtlich aufzuerlegen schien. Aber diese Fehler, Schwächen und Grenzen taten seinem höheren Anderssein keinerlei Abbruch. Sie verringerten ihn sozusagen nur quantitativ, während sein Anderssein qualitativer Art war. Es mag einer den halben Inhalt seines Weinglases verschütten – was bleibt, ist immer noch Wein. Wasser aber, wie voll auch das Glas ist, hat in jedem Fall weder Geschmack noch Farbe.

Mit Lawrence zusammen zu sein war eine Art Abenteuer, eine Entdeckungsreise ins Neue und Andere. Denn da er selbst einer anderen Ordnung des Seins angehörte, bewohnte er auch ein anderes Universum als die normalen Menschen – eine hellere und intensivere Welt, zu der einem seine Rede Zutritt verschaffte. Er schien die Dinge mit den Augen eines Menschen zu betrachten, der am Rande des Todes gestanden hat und dem sich, während er wieder aus dem Dunkel auftaucht, die Welt als unergründlich schön und geheimnisvoll offenbart. Für Lawrence bedeutete das Dasein eine einzige Genesung: so als würde er an jedem Tag seines Lebens aus irgendeiner tödlichen Krankheit neugeboren. Was diese genesenden Augen sahen, verrieten noch seine beiläufigsten Bemerkungen. Ein ländlicher Spaziergang mit ihm war ein Gang durch jene wunderbar reiche und bedeutungsvolle Landschaft, die zugleich Hintergrund und Hauptperson all seiner Romane ist. Er schien aus persönlicher Erfahrung heraus zu wissen, was es heißt, ein Baum zu sein, ein Gänseblümchen, eine sich brechende Welle oder sogar der geheimnisvolle Mond selber. Er verstand es, in die Haut eines Tieres zu schlüpfen und einem in den überzeugendsten Einzelheiten zu berichten, wie es fühlte und wie es, auf dunkle, un-menschliche Weise, dachte. Über Black-Eyed Susan etwa, eine Kuh auf seiner Ranch in New Mexico, konnte er unermüdlich reden, und ich meinerseits wurde nie müde, seinem Bericht über ihren Charakter und ihre Rinderphilosophie zuzuhören.

»Er sieht«, sagte Vernon Lee einmal zu mir, »mehr als ein menschliches Wesen sehen sollte. Und vielleicht«, so fügte sie hinzu, »ist dies der Grund, warum er die Menschheit so sehr haßt.« Und warum er sie so sehr liebte. Nicht nur die Menschheit: auch die Natur, und sogar das Übernatürliche. Wohin er auch blickte, er sah mehr als ein Mensch sehen sollte; sah mehr, liebte daher mehr, und haßte mehr. Bei ihm zu sein hieß an eine Grenze des menschlichen Bewußtseins versetzt zu werden. Für einen Bewohner der sicheren Metropole des Denkens und Fühlens war das ein höchst aufregendes Erlebnis.

Ein ganz besonderer Reiz an der Gesellschaft von Lawrence war, daß er sich nie langweilen und deshalb auch nie langweilig sein konnte. Er verstand es, vollständig in dem aufzugehen, was er im Augenblick gerade tat; und keine Arbeit war ihm zu bescheiden, oder so banal, daß er es nicht der Mühe wert hielt, sie gut zu verrichten. Er konnte kochen, nähen, einen Strumpf stopfen und eine Kuh melken, er war ein geschickter Holzfäller, hatte eine gute Hand im Sticken; Holzstöße, die er aufbaute, brannten immer, und wenn er einen Boden geschrubbt hatte, war dieser gründlich sauber. Darüber hinaus besaß er ein für einen hochintelligenten und hochempfindlichen Menschen noch viel bemerkenswerteres Talent: er verstand sich darauf, nichts zu tun. Er konnte einfach dasitzen und vollkommen zufrieden sein. Und solange man sich in seiner Gesellschaft aufhielt, war diese Zufriedenheit ansteckend.

Ebenso ansteckend wie Lawrences zufriedene Gelassenheit wirkte seine gute Laune und sein Lachen. Selbst in seinen letzten Lebensjahren, als seine Krankheit die Oberhand gewonnen hatte und ihn zollweise umbrachte, konnte Lawrence dann und wann noch lachen, mit einer Spur seiner alten, übermütigen Fröhlichkeit. Als es dann dem Ende zu ging, war sein Lachen, leider, ein bitteres und sein Übermut von fast erschreckender Wildheit. Manchmal hörte ich ihn über die Menschen und ihre Art mit einer Art von dämonischem Hohn reden, so daß es bei aller erstaunlichen Brillanz und Tiefe des Gesagten schmerzlich schwerfiel, ihm zuzuhören. Das geheime Wissen um die eigene Auflösung erfüllte seine letzten Lebensjahre mit überwältigender Trauer. (Wie tragisch der glanzvolle Bogen seiner Briefe am Ende zusammensinkt, dem Dunkel entgegen!) Er entschied sich jedoch dafür, seine Trauer in Form von Zorn auszudrücken. Emotionale Unschicklichkeit fand er immer wahrhaft schockierend, und da er den Zorn für eine schicklichere Emotion hielt als resignierende, leidende Melancholie, zog er es vor, zornig zu sein. Er rächte sich an dem Schicksal, das ihn mit Trauer geschlagen hatte, indem er alles und jedes grimmig verhöhnte. Und da die Traurigkeit des langsam sterbenden Mannes so unsagbar tief war, wütete sein Hohn um so schrecklicher. Das Lachen des früheren Lawrence und dann und wann, wie gesagt, auch noch des späteren war dagegen ohne Bitterkeit und ganz herrlich.

Vitalität besitzt die Anziehungskraft des Schönen, und in Lawrence strömte unablässig ein Springquell der Vitalität. Er stieg in ihm auf, brach immer wieder aus ihm heraus in einer großen, leuchtenden, aufschäumenden, in allen Farben spielenden Explosion, und zwar zu einer Zeit, wo er nach den Regeln der Medizin längst hätte tot sein müssen. In den letzten beiden Jahren war er wie eine Flamme, die einfach weiterbrennt und sich wunderbarerweise darüber hinwegsetzt, daß es keinerlei Brennstoff mehr gibt, um ihr Dasein zu erklären. Obwohl man ständig Angst um ihn haben mußte, gewöhnte man sich so sehr daran, die selbstgespeiste Flamme in ihrer zerbrochenen und leeren Lampe dahinlodern zu sehen, daß man fast glauben mochte, das Wunder ließe sich unbegrenzt verlängern. Doch das war nicht möglich. Als ich ihn nach mehreren Monaten der Trennung zu Beginn des Frühjahrs 1930 in Vence wiedersah, war das Wunder vorbei, und die Flamme flackerte dicht vor dem Verlöschen. Ein paar Tage später war sie ausgegangen.

Seine Briefe sind nicht nur an sich schön und außerordentlich fesselnd, sie sind auch als biographische Dokumente von höchstem

Interesse. In ihnen hat Lawrence sein Leben geschrieben und sein Selbstporträt gemalt. Wenige Menschen haben in ihren Briefen mehr von sich gegeben. Lawrence ist beinahe vollständig in ihnen enthalten. Beinahe, denn er folgte der doppelten Anweisung des Robert Burns:

Aye free, aff han' your story tell,
When wi' a bosom crony;
But still keep something to yoursel'
Ye scarcely tell to ony.

Ja frei, frisch von der Leber weg
Erzähl dem Freund dein Leben,
Doch etwas halt für dich zurück,
Das mußt du keinem geben.

Die Briefe zeigen uns Lawrence, wie er in seinem täglichen Leben war. Wir erleben ihn in allen Stimmungslagen. (Und es ist eigentümlich und amüsant zu beobachten, wie sich seine Stimmung je nach der Art des Korrespondenten verändert. »Meine Freundlichkeit macht mich manchmal ein wenig falsch«, bemerkt er streng über sich selbst. Mit anderen Worten, er verstand sich anzupassen. Dem einen Briefpartner gegenüber ist er fröhlich, bisweilen sogar übermütig – weil Übermut von ihm erwartet wird; einem anderen gegenüber ernst und nachdenklich; mit einem dritten spricht er die Sprache der Prophezeiung und Offenbarung.) Wir folgen ihm von einer lebendig gesehenen und festgehaltenen Landschaft zur nächsten. Wir beobachten ihn während des Krieges, als subjektivistischen und einsamen Künstler, wie er seinen Kampf gegen den Alptraum objektiver Fakten kämpft und gegen all die unmenschlich zahlreichen Dinge, die des Kaisers sind. Kämpft – und zwangsläufig verliert. Nach dem Krieg folgen wir ihm rund um die Welt, während er, bald im einen, bald im anderen Kontinent, eine äußere Wildnis als Ebenbild der inneren sucht, aus der er seinen Prophetenruf erschallen läßt, oder irgendeine Gemeinschaft, als deren Glied er sich empfinden kann. Wir sehen ihn zu seinen Mitmenschen hingezogen und wieder von ihnen abgestoßen, sehen, wie er den Entschluß faßt, sich selbst in eine Beziehung zur Gesellschaft zu zwingen, und wie er ihn unvermittelt wieder fallen läßt, um sich erneut vom Strom der Umstände und seiner eigenen Neigungen treiben zu lassen. Und schließlich, als seine Krankheit allmählich übermächtig wird, sehen wir ihn von einer finsteren Wolke der Trauer verdüstert – jener furchtbaren Trauer, die ihn in einer Stimmung seinen bitterbösen Gedichtband *Nettles* schreiben ließ, in einer anderen aber *The Man Who Died*, die schöne und sehr bewegende Geschichte eines Wunders, auf das er irgendwo in seinem Bewußtsein immer noch hoffte und weiter hoffte, dem sicheren Wissen zum Trotz, daß es sich niemals ereignen konnte.

Besonders im früheren Teil seiner Laufbahn, und dann wieder gegen ihr Ende zu, war Lawrence ein überaus produktiver Briefschreiber. Es gab jedoch auch eine Zwischenzeit, in der Periode seiner Wanderjahre, wo er offenbar nur sehr wenig schrieb. Von den Briefen, die das Datum dieser Nachkriegsjahre tragen, sind bisher nicht mehr als ein oder zwei Dutzend aufgetaucht; und es ist kaum anzunehmen, daß weitere Nachforschungen noch wesentlich mehr ans Licht bringen. Nicht weil sie vernichtet oder zurückgehalten wurden, sind Lawrences Briefe aus diesen Jahren so rar, eher weil er aus irgendeinem Grund damals kein Interesse verspürte, Briefe zu schreiben: das heißt, er wollte sich nicht in irgendwelche menschlichen Beziehungen eingebunden fühlen. Nach einiger Zeit beginnt der Strom erneut zu fließen. Doch die späteren Briefe sind bei aller Vielzahl und Qualität weder so zahlreich noch so herrlich vielfältig und reichhaltig wie die früheren. Man spürt, daß Lawrence sich seinen Briefpartnern nicht mehr so vorbehaltlos öffnen wollte wie in der Vergangenheit.

(*The Olive Tree*, 1936; Ü.: Werner von Koppenfels)

Was genau heißt eigentlich ›modern‹?

In einem Café in Siena kam ich einmal mit einem italienischen Medizinstudenten ins Gespräch. Wie die meisten seiner Landsleute war er recht zutraulich und offenherzig. Wir kannten uns noch keine halbe Stunde, da hatte er mir schon seine ganze Lebensgeschichte erzählt. Unter anderem teilte er mir mit, daß er sich nach einem Studienjahr in Rom genötigt sah, nach Siena umzuziehen, weil er in Rom einfach nicht studieren konnte: Es gab zuviel Ablenkung in der Hauptstadt, genauer gesagt, zuviel weibliche Ablenkung. In Rom, das wußte er, bestand für ihn keine Aussicht auf einen Abschluß. »In einer kleinen Stadt wie Siena«, sagte ich, »gibt es wohl keine Ablenkungen dieser Art?« »Nicht ganz so viele wie in Rom«, gab er zu. »Trotzdem«, so fuhr er mit einem Lächeln männlicher Selbstgefälligkeit fort, »Sie sollten die jungen Sienesinnen nicht unterschätzen. Die sind ganz erstaunlich modern.« Und dann berichtete er von seinen Abenteuern mit den Ladenmädchen des Ortes.

Ich mußte lachen, nicht über seine Geschichten, die äußerst langweilig und gemeinplätzig waren, sondern über seinen speziellen Gebrauch des Wortes ›modern‹. Es war das erste Mal, daß ich es in diesem Zusammenhang hörte; seither ist mir dieser Gebrauch immer wieder begegnet. Ich erinnere mich, wie einmal in London einer jener schäbigen Mitläufer modischer Künste, die ihre ›künstlerische Veranlagung‹ zum Vorwand für ein müßiges, mieses und völlig unnützes Leben nehmen, lauthals damit prahlte, er sei ganz und gar modern: seinetwegen könne jeder seine Frau haben. Und er gab den Anwesenden zu verstehen, daß die besagte Dame ebensowenig Aufhebens um Seitensprünge kreuz und quer machte, und also, mit einem Wort, ebenso modern dachte wie er.

Nun habe ich etwas von einem Grammatiker und literarischen Pedanten an mir, der sich heftig gegen jeden unpassenden Wortgebrauch sträubt. Jedes Wort besitzt seine ganz bestimmte Bedeutung; es sollte folglich immer in diesem überkommenen Sinn gebraucht werden, ohne daß man es dazu zwingt, etwas zu bedeuten, das es nie zu bedeuten bestimmt war. Wenn man demnach von einem Menschen sagen möchte, er sei so lüstern und gefühllos, sich wahllos auf etwas einzulassen, das mit dem technischen Begriff ›Liebesaffären‹ bezeichnet wird, so sollte man das ohne Umschweife tun, und nicht behaupten, der oder die Betreffende sei ›modern‹. Denn ein solcher Mensch benimmt sich nicht modern, sondern im Gegenteil antik und atavistisch. Sich aufzuführen wie die Römer unter Caracalla, die Griechen in Kleinasien oder die Babylonier, ist nicht im geringsten modern. Historisch betrachtet sind Keuschheit und monogame Liebe die modernen Erfindungen. Mein italienischer Freund und die jungen Kunstmitläufer waren im Grund schrecklich altmodisch. Ihre Ansichten waren 18. Jahrhundert, waren das alte Rom und Babylon. Die wirklich modernen Leute lieben à la Browning.

Doch mein Italiener und die Kunstjünger hatten natürlich eine gewisse Rechtfertigung dafür, das Adjektiv ›modern‹ in diesem speziellen Zusammenhang zu verwenden: der Geisteszustand, den sie damit bezeichneten, ist eben derzeit in gewissen Kreisen recht weit verbreitet. Doch vieles ist modisch, ohne modern zu sein. Es besteht ein großer Unterschied zwischen der bloßen Mode als zeitgenössischem Verhalten und der Modernität. Denn Dinge und Ideen, die in der Vergangenheit modisch waren, können wieder Mode werden. Reifröcke und enganliegende Gewänder, hohe oder niedrige, enge oder weite Taillen kommen und gehen in buntem Wechsel. Aber es wäre absurd, sie modern zu nennen, nur weil sie zufällig im Augenblick, da wir dies sagen, en vogue sind. Nur das wahrhaft Neuartige, das keinerlei Entsprechung in der Antike hat, ist modern. Dies gilt etwa für unsere maschinelle Zivilisation, samt den von ihr erzeugten Ideen und Lebensbedingungen. Sexuelle Promiskuität dagegen ist alles andere als modern; sie ist nur eine uralte, anachronistische Gewohnheit, die zufällig in diesem Augenblick und in gewissen beschränkten Zirkeln gerade wieder grassiert.

Über moderne Kunst reden wir ebenso lose und ungenau wie über die modernen Sitten. Manches an der zeitgenössischen Kunst ist wirklich modern, insofern als es allein unsere Zivilisation charakterisiert und sich von alter Kunst unterscheidet. Auf der anderen Seite gibt es da auch viel Altes, Wiederaufgewärmtes, das wir nur darum modern nennen, weil es gerade im Schwang ist. So sind die barbarischen Klänge und Rhythmen Strawinskys im Grund überhaupt nicht modern: sie stellen nur eine kunstvolle, gelehrte und wirkungsvollere Weiterentwicklung der Laute dar, die wilde Völkerschaften ausstoßen, um sich in einen Zustand emotionaler Erregung zu versetzen. Wer die Transkriptionen tibetanischer Musik aufgeführt hörte, die Teilnehmer an der Everest-Expedition mitgebracht haben, dem wird die Nähe dieser primitiven Klänge zur Musik Strawinskys aufgefallen sein. Ohne ein Übermaß an Eitelkeit werden wir feststellen dürfen, daß die Tibetaner in ihrer geistigen Entwicklung mehrere tausend Jahre hinter uns zurück sind; die Musik Strawinskys und seiner Nachahmer ist demnach nichts weiter als ein höchst kultivierter und bewußter Atavismus. In ihrer Intellektualität und ihrem Idealismus sind Bach und Beethoven unvergleichlich moderner als Strawinsky. Unter den zeitgenössischen Komponisten läßt sich am ehesten Schönberg als modern ansehen, denn anders als der modisch atavistische Strawinsky tut er etwas, wozu unsere primitiven Vorfahren nicht imstande waren: Sein Appell gilt dem Geist und Intellekt und nicht den Nerven und urtümlichen Emotionen. Schönberg mag kein übermäßig inspirierter Künstler sein, doch er bewegt sich jedenfalls in der Richtung aller menschlichen Entwicklung voran – in Richtung auf mehr Geistigkeit und Spiritualität. Strawinsky dagegen geht rückwärts: fort vom Geist, hin zur Physiologie.

Wenn wir über die bildenden Künste sprechen, machen wir einen ziemlich ähnlichen Fehler. Denn wir bezeichnen gewohnheitsmäßig fast jedes Bild oder jede Skulptur als ›modern‹, die zufällig dem Gegenstand, den sie vermutlich darstellen sollen, besonders unähnlich sind. Nun ist aber Verzerrung an sich keineswegs etwas Modernes. Alle primitive Kunst ist nicht-realistisch; alle inkompetente Kunst ebenfalls, was nicht heißen soll, daß alle nicht-realistische Kunst inkompetent ist. Unrealistik als solche ist jedenfalls noch kein Kriterium für Modernität. Es hat sich so ergeben, daß wir in einer Zeit leben, in der viele Künstler einen bewußt naiven Stil pflegen, in der die Technik (doch nicht so sehr die Thematik und Symbolik) der Primitiven weithin nachgeahmt und die Kunst aufs äußerste vereinfacht und stilisiert wird.

Offensichtlich ist an der bloßen Nachahmung der Primitiven nichts besonders Modernes; modern, und zwar in bedauerlicher Weise, ist dagegen die Angewohnheit der Zeitgenossen, primitive Kunst ihres Gehaltes und ihrer Bedeutung zu entleeren. Kunst um der Kunst willen und die Theorie einer reinen Ästhetik sind moderne Erzeugnisse einer Trennung von Kunst und Religion. Beim Betrachten zeitgenössischer Bilder hat man den Eindruck, daß die Mehrzahl dieser Maler keine blasse Ahnung davon hat, was sie eigentlich malen soll. Sie üben gleichsam ihre Kunst im Leeren aus, ohne Kontakt mit dem Leben und Denken um sie herum. Es gibt genügend großartige Künstler der Vergangenheit, die uns gezeigt haben, daß sich reine Ästhetik mit dem Erzählen von Geschichten und dem Ausdruck von Ideen vereinbaren läßt. Nur wenige unter den begabtesten Künstlern der heutigen Zeit versuchen diese Verbindung herzustellen, oder es gäbe mehr wahrhaft moderne Kunst.

Mit der Literatur steht es ebenso wie mit Malerei oder Musik. Das, was Journalisten oder andere gedankenlose Leute üblicherweise modern nennen, ist entweder auf banale Weise exzentrisch, wie das Geschreibsel der Dadaisten, auf smarte Weise zynisch und gefühllos in der zweitrangigen Manier des 18. Jahrhunderts, wie die Romane von Mr. Firbank, oder in auftrumpfender Weise anstößig und blasphemisch wie *Ulysses*, der schlicht und einfach eine Auflehnung des Autors gegen seine mittelalterliche katholische Erziehung darstellt. Die Blasphemien im *Ulysses* sind genau wie die Marlowes im 16. Jahrhundert, und seine Derbheiten sind die eines Kirchenvaters, der aus der Einsiedelei auftaucht und über die Greuel der sündigen Welt herzieht.

Keine dieser literarischen Kundgebungen ist modern, denn keine ist neu. Sie repräsentieren nicht das eigentlich Charakteristische an unserer Kultur. Sie zweigen ab von der Hauptentwicklungslinie des Fortschritts, die in Richtung auf zunehmende geistige Subtilität, zunehmende Feinfühligkeit der Emotionen, zunehmende Toleranz und Verständnisfähigkeit geht. Eine enorme geistige Freiheit und Beweglichkeit unterscheidet dieses Zeitalter von den vergangenen. Das modernste Werk der Literatur ist zugleich das intelligenteste, einfühlsamste und spirituellste, das freieste und toleranteste, das allerumfassendste. Der modernste Romanautor aller Zeiten ist folglich ohne Zweifel Dostojewski. Daß er zufällig schon 1881 gestorben ist, tut seiner Modernität keinerlei Abbruch. Seine Subtilität und Einfühlsamkeit, seine Intelligenz und die Tiefe seines Verstehens bleiben unübertroffen, und auch nicht annähernd erreicht. Seine Romane sind das vollständigste und charakteristischste Erzeugnis des modernen Geistes. Es ist zu hoffen, es ist sogar zu erwarten, daß die Mehrzahl der Menschen im Lauf ihrer Evolution zu solcher Intelligenz, solcher Tiefe und Weite des Verstehens, solch rarer Empfindungsfähigkeit heranwächst, wie Dostojewski sie besaß. Er ist seit über vierzig Jahren tot. Doch er war so übermäßig, so abnorm modern, daß es vermutlich einige Jahrhunderte dauern wird, bis wir anderen unseren Rückstand aufholen.

Um in der jüngsten Literatur das Moderne vom Nicht-Modernen zu unterscheiden, bedarf es nur einer gewissen Reflexion. So ist Anatole France, wie genußreich er sich auch lesen läßt, kein Moderner, sondern ein antiker Zeitgenosse, ein auf den neuesten Stand gebrachter Lukian. Marcel Proust dagegen ist entschieden modern; seine Empfindungsgabe und sein durchdringendes, wenn auch begrenztes Charakterverständnis hat in der alten Zeit nicht ihresgleichen. D. H. Lawrence ist teilweise außerordentlich modern, teilweise atavistisch in der Art Strawinskys. Als Dichter ist Thomas Hardy, ungeachtet seines hohen Alters, wesentlich moderner als, sagen wir, Jean Cocteau. Es wäre leicht, aber auch langweilig, solche Beispiele weiter zu vermehren. Sie würden allesamt auf dieselbe Schlußfolgerung hinführen: nicht alles Modische ist auch modern. Daher sollten wir nicht weiterhin ein nützliches und bedeutungsvolles Wort mißbrauchen, indem wir es unterschiedslos auf alles anwenden, was zufällig zeitgenössisch ist.

(*Vanity Fair*, Mai 1925; Ü.: Werner von Koppenfels)

BILDENDE KUNST

Conxolus

Zu wissen, was alle Welt weiß – daß beispielsweise Vergil die *Aeneis* schrieb, oder daß die Winkelsumme eines Dreiecks der Summe zweier rechter Winkel entspricht –, ist einigermaßen langweilig und wenig apart. Willst du auf preiswerte Weise in den Ruch der Gelehrsamkeit kommen, so vergiß am besten all das öde und stumpfsinnige Wissen, das zum Allgemeinbesitz gehört, und verlege dich auf etwas Eigentümliches und Abseitiges. Zitiere statt Vergil lieber Sidonius Apollinaris und äußere lauthals deine Verachtung für alle, die den Hofdichter des Augustus dem Panegyriker von Avitus, Majorianus und Anthemius vorziehen. Wenn die Rede auf *Jane Eyre* oder *Wuthering Heights* kommt (die du natürlich nicht gelesen hast), mußt du einfach erklären, die *Pächterin von Wildfell Hall* sei unvergleichlich viel besser als beide zusammen. Einen, der Donnes Dichtung lobt, sieh so richtig von oben herab an, und gib ihm dann den guten Rat, doch erst einmal seinen Góngora zu lesen. Fällt der Name Raffael, so tu, als müßtest du dich übergeben (obgleich du den Vatikan nie von innen gesehen hast); Raffael? Die Raphael Mengs in Petersburg (mußt du sagen) sind die einzigen Gemälde, die du ertragen kannst. Auf diese Weise wirst du dir den Ruf eines Menschen von profunder Gelehrsamkeit und erlesenem Geschmack zulegen. Wenn du dagegen zu erkennen gibst, daß du deinen Dickens kennst, daß du die Bibel, die englischen Klassiker, Euklid und Horaz gelesen hast, wird niemand besonders viel von dir halten. Du bist eben wie alle Welt.

Die unbeschreibliche Lückenhaftigkeit meiner Erziehung hat mich im Zuge meiner journalistischen Laufbahn oft dazu gebracht, diese Taktik anzuwenden. Ich habe hochnäsig über Abgelegenes und Verqueres geschrieben, um meine Unkenntnis des Naheliegenden und Klassischen zu kaschieren. Der Beruf eines literarischen Journalisten ist insgesamt wenig dazu angetan, die Ehrlichkeit zu fördern. Alles hat sich verschworen, aus ihm einen Scharlatan zu machen. Er hat einfach nicht die Muße, regelmäßig und gezielt zu lesen, während ihn gleichzeitig das ewige Rezensieren mit einem bruchstückhaften Sammelsurium an Information bekanntmacht. Er wäre ein Monstrum an geistiger Redlichkeit, wenn er ebendies nicht in seinen eigenen Artikeln weiterverwerten würde, beiläufig und dabei auftrumpfend, so als sei jedes kuriose Detail der letzte Ausläufer einer Landzunge vom unermeßlichen Kontinent seines Universalwissens. Der ständige Zwang, Leser anzuziehen, verleitet ihn außerdem dazu, um jeden Preis ungewöhnlich und originell zu sein. Ist es da verwunderlich, wenn er von den fünf Zeilen Vergil und Apollinaris, die er parat hat, lieber einen Vers des letzteren zitiert? Oder, wenn er gar keinen Vergilvers kennt, daß er seine Unkenntnis zu einer kritischen Tugend macht und uns zu verstehen gibt, die besten Geister hätten sich mittlerweile von Maro ab- und dem Sidonius zugewandt?

Im Kloster Subiaco, irgendwo im fernen Hinterland jenseits von Tivoli, findet sich neben mancherlei anderen schönen und geschichtlich interessanten Dingen eine Anzahl von Fresken aus dem 13. Jahrhundert, von der Hand eines Meisters mit Namen Conxolus, der nur als Maler dieser Werke bekannt ist. Der Name ist vorzüglich – er könnte gar nicht besser sein: majestätisch und gleichzeitig ein wenig grotesk, ungewöhnlich (ja, soweit ich weiß, einmalig), einprägsam, kurz, ein Name, wie er von Rechts wegen einem großen Manne zu gehören scheint. Conxolus: beim Klang dieser sonoren Silben hat der gebildete Mensch das unbestimmte und unbehagliche Gefühl, er sollte eigentlich wissen, worauf sie sich beziehen. Ist es eine Schlacht? oder ein Stück scholastischer Philosophie? eine Häresie? oder was sonst? Wenn er nach einem qualvollen Augenblick des Hangens und Bangens (während er darüber im Ungewissen bleibt, ob der andere das Geheimnis lüften oder ihn zum Geständnis seiner Ignoranz nötigen wird) endlich erfährt, daß Conxolus ein Maler war, wird der gebildete Mensch mutig die Flucht nach vorne antreten: »Welch ein begnadeter Künstler!« ruft er hingerissen.

Der journalistische Alte Adam war noch nicht ganz in mir erstorben, und ich kannte doch meine gebildete Gesellschaft. Die Versuchung war groß. Ich würde einer umnachteten Welt den Conxolus predigen und, indem ich ihn als Künstler in den Himmel hob, mich selbst als Kunstkritiker erhöhen. Und wie preiswert war das Ganze! Um den Preis von ein paar Litern Benzin, von zehn Francs für Postkarten und Trinkgelder und eines ausgezeichneten Mittagessens (Forelle blau) in Tivoli würde ich mich zum absoluten Herrn meines

El Greco (1541–1614), *Traum Philipps II.*, um 1580, Madrid, El Escorial
(s. a. Text Seite 208)

Giovanni Battista Piranesi (1720–1778), Radierung aus der Folge *Carceri,* Tafel VI (s. a. Text Seite 236)

San Francesco in Rimini (s. a. Text Seite 175)

Pieter Breughel d. Ä. (1525/30–1565), *Der düstere Tag*, 1565, Wien, Kunsthistorisches Museum (s. a. Text Seite 196)

Francisco de Goya (1746–1828), Radierung aus der Folge *Disparates*, Nr. 10 »El caballo raptor« (s. a. Text Seite 255)

Piero de la Francesca (1410/20–1492), *Auferstehung Christi,*
um 1460/64, Sansepolcro, Pinacoteca Comunale (s. a. Text Seite 181)

Gegenstandes machen und mir eine kunsthistorische Reputation verschaffen. Es gäbe keine mühseligen Reisen zu entlegenen Museen auf der Suche nach den *opera minora* des Meisters, keine strapaziöse Lektüre deutscher Monographien. Nur dieser eine, äußerst kurzweilige Ausflug zum Oberlauf des Anio, dieser Vierzigminuten-Spaziergang hügelauf, dieses kurze Herumschlendern um die erste Einsiedelei des heiligen Benedikt – das wäre alles. Ich würde nach London zurückkehren, und ein paar Aufsätze, meinetwegen auch ein kleines Buch mit hübschen Abbildungen, über den Meister schreiben. Und dann, wenn in gebildeter Gesellschaft die Leute von Duccio oder Simone Martini redeten, würde ich von der Höhe meiner Überlegenheit herab nachsichtig lächeln: »Ist ja alles schön und gut. Aber wenn man Conxolus kennt...« Und ich würde von seinen taktilen und olfaktischen Nuancen schwärmen, von seiner meisterhaften Behandlung der vierten Dimension, seinem delikaten, exquisiten Umgang mit *repoussoirs* und seiner unübertrefflichen Farbgebung, die ihn alles Fleisch auf seinen Bildern in zwei Ockertönen malen ließ, in unreinem Purpur und Gänsekotgrün. Meine Zuhörer (wie alle Habitués der gebildeten Gesellschaft immerzu von der Angst verfolgt, sie könnten im geistigen Rennen auf die hinteren Ränge zurückfallen) würden mit gravitätischer Begier lauschen. Sie würden von mir gehen in dem triumphalen Bewußtsein, ihre Rivalen überrundet und eine Höhenstufe des Zeitgeistes erklommen zu haben, zu der nur die Auserwähltesten Zugang hatten, und ihren Geist nach der neuesten Pariser Mode eingekleidet wissen (denn natürlich würde ich ihnen zu verstehen geben, daß Derain und Matisse ganz und gar meine Ansicht teilten). Und von jenem Tage an würde der Name Conxolus – und meiner mit ihm – in den besten Salons erklingen, *crescendo*, in stetig wachsendem Geraune, von Euston bis ans Ende der Welt.

Die Versuchung war groß. Doch ich rang heldenhaft mit ihr und gewann schließlich die Oberhand. Ich kam zu dem Schluß, daß ich, auch um den Preis eines noch so schmeichelhaften Rufes für kritische Erkenntnis und Scharfsicht, die Wahrheit nicht auf den Kopf stellen konnte. Denn die traurige Wahrheit ist nun einmal, daß unser einzigartiger und volltönender Conxolus als Maler völlig unerheblichen Rang besitzt. Sachkundig und gut ausgebildet, gewiß, aber auch nicht mehr. Sein hauptsächliches Verdienst besteht darin, daß er im

13. Jahrhundert gelebt und im charakteristischen Stil seiner Epoche gearbeitet hat. Er malte in der dekadenten byzantinischen Manier, die wir, nach unserer Gewohnheit, eher vom Florentinischen Cinquecento zurück- als vom Ravenna des 6. Jahrhunderts vorauszudenken, fälschlich als ›primitive‹ oder frühe Kunst bezeichnen. Das und nichts anderes ist, um es nochmals zu sagen, sein wesentliches Verdienst – zumindest für uns. Denn noch vor hundert Jahren hätte man auf seine Primitivität lediglich mit nachsichtigem Spott reagiert.

Heute ist das alles ganz anders; und so gründlich anders, daß viele junge Leute in dem verzweifelten Bestreben, nur ja nicht für altmodisch zu gelten, alle Bilder, die ihren Gegenständen ordentlich ähnlich sehen, als höchst verdächtig und von vornherein lächerlich einschätzen – es sei denn, irgendeine ästhetische Autorität verbürgt sich für ihre chemische Reinheit. Diesen Asketen gilt alle natürliche Schönheit in künstlerischer Abbildung als verdammenswert. Die genaue malerische Wiedergabe einer schönen Frau erscheint ihnen als Pralineschachtelkunst, eine schöne Landschaft als bloßer poetischer Erguß. Besitzt ein Kunstwerk offensichtlichen Zauber, rührt es den Betrachter auf den ersten Blick an, dann muß es nach Meinung dieser Leute notwendig schlecht sein. Die Anwendung dieser Doktrin auf die Musik hat zu einer Erhöhung Bachs – selbst der seelenlosesten und mechanischsten Momente Bachs – auf Kosten Beethovens geführt; zu einer trocken ›klassischen‹ Spielweise Mozarts, den man für emotionsfrei hält, da er nicht auf vulgäre Weise emotional ist wie Wagner; zu dampforgelartigen Händel-Aufführungen und besinnungslosem Palestrina-Gedröhn. Und die absurden jungen Leute, die diese Aufführungen so richtig kalt ließen, haben sie in Reaktion auf die angebliche Gefühlsduselei und weinerliche Idealisierung des Spätviktorianismus als Gipfel des Künstlerischen beklatscht.

Mit der bildenden Kunst verhält es sich ähnlich. Je schlammtrüber die Farben, je verzerrter die Figuren, um so reiner die Kunst. Es gibt junge Maler zu Hunderten, die, auch wenn sie es könnten, es nicht wagen würden, reizvoll und realistisch zu malen, aus Angst, dabei die Wertschätzung der jungen Kunstkenner, die ihre Gönner sind, zu verlieren. Nun malen gute Maler in der Regel gut und drücken das aus, was sie zu sagen haben, gleichgültig, welcher Konvention sie sich dabei bedienen; und mäßige Maler malen unter allen Umständen nur mäßig. Es könnte uns daher völlig unberührt lassen, wenn mäßige junge Maler sich der Verzerrung und den trüben Farben zuwenden statt dem Ergötzenden, dem Realen und Reizvollen. Es ist nicht ernstlich von Belang, wie sie malen. Und doch hat die Welt den mäßigen Malern der Vergangenheit einiges an Unterhaltsamkeit zu verdanken, solange sie nur nach Kräften die Natur nachahmten und Geschichten erzählten. Sie verdankt ihnen getreue Abbilder schöner Gegenstände, Dokumente und gemalte Notizen, amüsante Anekdoten und Randbemerkungen zum Leben. Wenn es auch keine großen Bilder waren, so waren diese Dinge doch nicht wertlos, denn sie besaßen noch einen anderen als nur ästhetischen Wert. Der junge untalentierte Maler der Gegenwart aber, der nach einem mythischen Ideal des rein Ästhetischen strebt und ihm alles opfert außer der Form, gibt uns nichts als die reine Langeweile. Denn seine Bilder sind schlechte Bilder, und sie entschädigen uns nicht für ihre schlechte Qualität dadurch, daß sie uns an reizvolle Gegenstände erinnern; sie haben nicht einmal den Wert von Dokumenten und Randbemerkungen, sie erzählen noch nicht einmal eine Geschichte. Mit einem Wort, sie besitzen überhaupt nichts Empfehlenswertes. Vom Unterhalter ist der zweitrangige Künstler (jedenfalls der ›progressive‹ Typ) zum unerträglichen Langweiler herabgesunken.

Das jugendliche Mißtrauen gegenüber aller Realistik bezieht sich nicht nur auf die Zeitgenossen; es wirkt sich auch im Rückblick aus. Von zwei gleichermaßen talentarmen Künstlern der Vergangenheit zieht die Jugend heute ohne Zögern den weniger realistischen, den ›Primitiveren‹ vor. Ein Conxolus wird einfach darum über sein Pendant im 17. Jahrhundert erhoben, weil seine Figuren an nichts Reizvolles im Bereich der Natur erinnern, weil er kein Licht- und Schattenspiel kennt, weil seine Komposition streng symmetrisch ist und weil der Gefühlsgehalt seiner heftig christlichen Bilder sich für uns völlig verflüchtigt hat, ohne irgend etwas zu hinterlassen, das in unserem Inneren auch nur die geringste Empfindung hervorrufen könnte – mit Ausnahme der berühmten ästhetischen Empfindungen, die die Jugend so eifrig kultiviert.

Zugegeben, die Konvention der italienischen Maler des 17. Jahrhunderts ist ziemlich schwer erträglich. Die wilde Gestik, mit der sie ihre Bilder anfüllten, in der Hoffnung, künstlich eine Atmosphäre der

Leidenschaft zu erzeugen, ist im Grunde zum Lachen. Der barocke und der ihm verwandte romantische Stil sind von der Natur der Sache her die beiden Stile, die sich am besten zum Ausdruck des Komischen eignen. Aristophanes, Rabelais, Nashe, Balzac, Dickens, Rowlandson, Goya, Daumier und die namenlosen Groteskmaler überall auf der Welt und zu allen Zeiten – alle Praktiker der reinen Komödie in Kunst und Literatur – haben sich eines ausschweifenden, barocken, romantischen Stils bedient. Natürlicherweise; denn reine Komödie ist ihrem Wesen nach ausschweifend und enorm. Ausgenommen in der Hand gewaltiger Genies (wie Marlowe und Shakespeare, Michelangelo und Rembrandt), muß dieser Stil lächerlich wirken, wenn er für ernste Zwecke verwendet wird. Fast alle barocke Kunst und fast alle ihr verwandte romantische Kunst einer späteren Epoche wirkt lächerlich, weil Künstler zweiten Grades einen tragischen Gegenstand im Medium eines wesensmäßig komischen Stils auszudrücken versuchen.

In dieser Hinsicht ist das Werk der ›Primitiven‹ – selbst der zweitrangigen Primitiven – dem ihrer Seicento-Nachfolger tatsächlich vorzuziehen. Denn auf ihren Bildern herrscht kein grundsätzlicher Zwiespalt zwischen Stil und Gegenstand. Doch das ist nichts weiter als eine negative Qualität; die Primitiven zweiter Güte sind achtbar, aber sie sind außerordentlich langweilig. Das Werk späterer Realisten mag insgesamt vulgär und abgeschmackt sein; doch das wird sehr oft durch den Reiz seiner Einzelheiten ausgeglichen. Man findet auf den zweitrangigen Bildern des 17. Jahrhunderts reizvolle Landschaften, interessante Physiognomien, aparte Studien von Licht und Schatten – lauter Dinge, die zwar diese Bilder als ganze nicht von Mangelhaftigkeit freisprechen, ihnen aber doch Gefälligkeit und Interesse verleihen. In den Conxoli früherer Epochen mag das Werk als Ganzes respektabel sein, doch seine Eintönigkeit wird durch keinerlei überraschende oder ergötzliche Details belebt.

Durch ihr absurd asketisches Mißtrauen gegen das offensichtlich Ergötzliche haben die jungen Leute sich um einiges an Genuß gebracht. Sie langweilen sich mit zweitrangigen Conxoli, wo sie sich mit ebenfalls zweitrangigen Fetis und Caravaggios und Rosa da Tivolis und Carpionis und Guercinos und Luca Giordanos und vielen anderen so gut unterhalten könnten. Wenn man überhaupt zweitrangige Bilder betrachten muß – und es gibt so wenige gute Bilder, daß einem gar nichts anderes übrigbleibt –, dann ist es in jedem Fall vernünftiger, solche zu betrachten, die einem etwas zu geben haben (auch wenn es nur die Rosinen in einem schauerlichen Kuchen sind), als solche, die absolut nichts hergeben.

(*Along the Road*, 1925, Ü.: Werner von Koppenfels)

Der Musenquell

»Ein bißchen Wissen«, so sagt Pope, »steigt zu Kopfe schnell.« Und wer konnte schließlich mit diesem Risiko besser vertraut sein als der Mann, der sich unterfing, Homer zu übersetzen, ohne praktisch auch nur ein Wort Griechisch zu verstehen? »Nur wer tief trinkt« – man spürt, daß diese Ermahnung aus tiefstem Übersetzerherzen kommt –, »koste den Musenquell!«

Tief trinken: das ist ein heilsamer Rat, immer unter der Voraussetzung, daß die fragliche Flüssigkeit selbst heilsam ist. Aber wie heilsam ist der Musenquell wirklich? Das bleibt eine dornige Frage. Nicht jedem Trinker ist jedes Heilwasser bekömmlich. Leute, denen ein tiefer Zug aus den Quellen von Karlsbad und Montecatini gut bekommt, mag eine Überdosis von Wasser aus Bath umbringen. So ist auch der Musenquell nicht jedermanns Sache. Der Philosoph und der Gelehrte können so tief daraus trinken wie sie wollen, er wird ihnen auf alle Fälle guttun. Dem Dichter kann er mit Sicherheit auch nicht schaden: seine inspirierten Wald- und Wiesentöne werden durch ein bißchen Weisheit nur noch klangvoller. Der Politiker wäre gut beraten, aus dem Quell häufiger und kräftiger zu trinken, als er es gemeinhin tut. Der Geschäftsmann kann aus ihm in tiefen Zügen Nutzen schöpfen, während ihn der Amateur um des reinen Genusses willen trinkt. Doch es gibt zumindest eine Art von Menschen, für die der Musenquell fast tödlich zu sein scheint. Unter keinen Umständen sollte man dem bildenden Künstler erlauben, daraus zu trinken.

Zwei Jahrhunderte sind vergangen, seit Pope seine Leser vor den Risiken eines bißchen Wissens gewarnt hat. Die Geschichte dieser beiden Jahrhunderte, und zumal der letzten fünfzig Jahre, hat erwiesen, daß in bezug auf den bildenden Künstler viel Wissen ebenso riskant ist wie wenig Wissen. Es ist sogar noch bei weitem riskanter.

Ich kann am besten erklären, was geschieht, wenn Künstler tief aus dem Musenquell trinken, indem ich eine Art von Kunsthandwerksmesse beschreibe, die ich im letzten oder vorletzten Sommer in München besuchte. Es war eine aufwendige Angelegenheit. Möbel, Schmuck, Keramik, Textilien – alle Arten von angewandter Kunst waren reichlich vertreten. Und alle Ausstellungsstücke kamen aus

Deutschland. Alles deutsch – und doch sprachen diese Töpfe und Pfannen, diese Stühle und Tische, Webstoffe und Gemälde, diese geschnitzten und handgeschmiedeten Werkstücke außer ihrem angeborenen Germanisch noch hundert andere Sprachen. Persisch, Mongolisch, Semitisch, Bantu, Polynesisch, Maya – die Münchner Stöcke und Steine beherrschten all diese Zungen fließend. Hier zum Beispiel stand ein mexikanischer Topf, verziert mit maurischen Arabesken; dort eine kleine Statue im griechischen Stil des 6. Jahrhunderts mit einem Schuß Westafrika. Hier stand ein Schwarzwälder Bauerntisch auf ägyptischen Beinen, dort ein Kruzifix, geschnitzt von einem T'ang Künstler, der zufällig ein Lehrjahr in Italien als Schüler Berninis verbracht hatte. Ziegenbock, Frauenleib, Löwe und Greif – hier gab es Kobolde und Chimären in Hülle und Fülle. Und kein Stück (das war der eigentliche Graus, denn Erfolg rechtfertigt alles), kein Stück taugte etwas.

Nun ist freilich Deutschland auch dasjenige Land, in dem die Risiken allzu großen Wissens am offensichtlichsten geworden sind. Es ist das Land, das am tiefsten aus der Musenquelle getrunken hat. Während der letzten fünfzig Jahre haben Verleger in Deutschland sechsmal soviel illustrierte Monographien zu jedem Thema herausgebracht wie ihre Kollegen in Frankreich, und mindestens ein dutzendmal so viele wie wir in England. Mit unermüdlichem Fleiß und einer Begeisterung, die nichts – nicht der Krieg, und noch nicht einmal der Frieden – dämpfen konnte, haben die Deutschen die künstlerischen Hinterlassenschaften jedes einzelnen Volkes abfotografiert, das jemals auf Erden florierte. Diese Fotos haben sie, mit gelehrten Vorreden, in kleinen Bändchen vertrieben, die vor langer Zeit eine Mark pro Stück kosteten und selbst heutzutage nicht viel mehr als, sagen wir, fünfzehn oder zwanzig Milliarden. Die Deutschen wissen mehr als irgendein Volk auf der Welt über die Kunststile der Vergangenheit – und ihre eigene heutige Kunst ist so hoffnungslos öde wie die Kunst einer Nation nur irgend sein kann. Ihre miese Qualität ist, mathematisch gesprochen, eine Funktion ihrer Gelehrtheit.

Was in Deutschland geschah, ist – wenn auch in etwas weniger ausgeprägter Form – in allen Ländern der Welt geschehen. Wir alle wissen zuviel, und unser Wissen hindert uns – ausgenommen die unabhängigsten und begabtesten unserer Künstler – daran, gute Arbeit zu leisten.

Bis vor kurzem wußte kein europäischer Künstler etwas über andere Kunstformen als die in seinem Erdteil geläufigen, noch hielt er dergleichen Kenntnisse für wissenswert. So hatte ein Bildhauer des 16. Jahrhunderts zwar eine Ahnung von griechischer Skulptur – oder zumindest von römischen Kopien griechischer Skulpturen aus bestimmten Kunstperioden. Doch von den Werken, die gotische Bildhauerkunst – und zwar in seinem eigenen Lande – hervorgebracht hatte, kannte er so gut wie nichts; und was er kannte, war er bereit, als bloße Barbarei zu verspotten. Es gab noch keine Fotografien, und es gab nur sehr wenig Skulpturen. Der Bildhauer der Renaissance arbeitete in fast völliger Unkenntnis dessen, was andere Bildhauer in anderen Ländern geleistet hatten. Mit dem Ergebnis, daß er sich auf die eine Konvention konzentrierte, die ihm gut schien, die klassische, und sie ungestört fortentwickeln konnte, bis er all ihre möglichen Ressourcen ausgeschöpft hatte.

Noch aufschlußreicher verhält es sich mit der Architektur. Dreihundert Jahre lang herrschte der klassische Standard unangefochten in Europa. Die gotische Baukunst war verachtet und vergessen. Niemand hatte auch nur eine Ahnung von anderen Stilen. Eine Architektengeneration nach der anderen arbeitete ohne Unterbrechung nach den Gesetzen ein und derselben Konvention weiter. Und welche unwahrscheinliche Schöpfungsvielfalt hat man ihr abgewonnen! Ausgehend von den gleichen klassischen Einheiten, brachten aufeinanderfolgende Generationen eine Reihe absolut origineller und unverwechselbarer Werke hervor. Brunelleschi, Alberti, Michelangelo, Palladio, Bernini, Pietro da Cortona, Christopher Wren, Adam, Nash – all diese Architekten verfuhren nach denselben klassischen Normen, nutzten sie für eine Abfolge distinktiver Meisterwerke, die in völliger Eigenständigkeit nebeneinander stehen.

Sie waren freilich allesamt geniale Menschen, die, unter welchen Umständen auch immer, große Dinge vollbracht hätten. Was aber viel erstaunlicher anmutet, ist die Leistung der weniger herausragenden Künstler. Während dieser ganzen Großepoche weist noch jede Gesellenarbeit Qualitäten auf, die wir unter den minderen Künstlern der Gegenwart vergeblich suchen würden. Eben deshalb, weil es an ablenkendem Wissen fehlte, wurde dieses hohe handwerkliche Niveau unter den geringer Begabten möglich. Es gab eben nur eine mögliche Konvention für sie, und sie konzentrierten alle Geisteskraft darauf, mit ihr das bestmögliche Ergebnis zu erzielen.

Wie anders sieht es heutzutage aus! Der heutige Künstler kennt die Kunstkonventionen aller Völker, die je existiert haben, und hat sie verstehen gelernt. Für ihn gibt es nicht länger die eine, bindende Konvention; da sind tausend Konventionen, die ihm allesamt Achtung abverlangen, weil ihre Regeln großartige Werke hervorgebracht haben. Vorbei ist es mit der seligen Unkenntnis, verschwunden ist die gesunde Geringschätzung für alle außer einer einzigen Konvention. Es gibt keine Traditionen mehr – oder hundert: das läuft auf dasselbe hinaus. Das Kunstwissen des Künstlers trägt dazu bei, ihn abzulenken und seine Energien zu zersplittern. Statt daß er sein ganzes Leben darauf verwendet, eine Konvention auszuwerten, durchstreift er rastlos alle bekannten Stile, entnimmt allen einzelne Anregungen und kann sich doch für keinen wirklich entscheiden.

Doch in der Kunst gibt es keine Abkürzungen zum Erfolg. Man kann sich nicht in einer halben Stunde die Geheimnisse eines Stils aneignen, an dessen Vervollkommnung Generationen gearbeitet haben. In einer halben Stunde kann man allerdings die auffälligsten Oberflächenmerkmale eines Stils aufnehmen: man lernt, ihn zu karikieren, mehr nicht. Um einen Stil wirklich zu verstehen, muß man sich ihm völlig ausliefern, um gleichsam in ihm zu leben; dazu bedarf es der Konzentration und dauernden Anstrengung.

Doch diese Konzentration ist es gerade, die unser Zuvielwissen zunehmend unmöglich macht – jedenfalls für alle außer den individuell begabtesten und willensstärksten Künstlern. Die allerdings kann man ruhig sich selber überlassen: unabhängig von ihrer geistigen und materiellen Umgebung werden sie immer sie selbst sein. Das Wissen aber zeitigt seine verheerendsten Auswirkungen an den minderen Werkleuten, in den niederen Rängen. In einem anderen Jahrhundert wären sie ohne Ablenkung ans Werk gegangen, hätten versucht, einer einzelnen Konvention mit größtem Gewinn zu folgen – und, mehr noch, der Versuch wäre ihnen in der Regel bis an die äußerste Grenze ihrer natürlichen Befähigung geglückt. Ihre Nachfahren versuchen, möglichst viel Gewinn aus fünfzig verschiedenen Konventionen zugleich zu ziehen. Die Ergebnisse zeigt München aufs schauerlichste. Und nicht allein München, sondern auch Paris, London, New York, die ganze wissensgeplagte Welt.

Doch das Wissen ist nun einmal da und ohne weiteres zugänglich. Man kann es nicht verstecken oder zerstören. Es gibt kein Zurück in die Unwissenheit von einst, die es den Künstlern der Vergangenheit erlaubte, jahrelang oder sogar jahrhundertelang in ein und demselben Stil weiterzuarbeiten. Das Wissen hat Rastlosigkeit, Ungewißheit und die Möglichkeit rascher und unablässiger Wechsel in den Kunstkonventionen mit sich gebracht. Wie viele Stile haben wir in den letzten siebzig Jahren kommen und gehen sehen! Präraphaeliten, Impressionisten, Jugendstil, Futuristen, Postimpressionisten, Kubisten, Expressionisten... Die Ägypter hätten hundert Jahrhunderte gebraucht, um solch eine Stilvielfalt zu durchlaufen. Heute erfinden wir eine neue Konvention – häufiger noch handelt es sich dabei um die Wiedererweckung und Kombination alter Konventionen –, beuten sie aus und werfen sie wieder weg, und das alles im Zeitraum von nur fünf Jahren. Die Festigkeit der alten Traditionen, der feine, sichere Geschmackssinn, der sich aus Nichtwissen und anspruchsvoller Intoleranz entwickelte – all das ist dahin. Wird es je wiederkehren? Gewiß, mit der Zeit werden sich die Künstler an die toxische Wirkung des Musenquells gewöhnt haben. Die unendliche Wissensmasse, die vorerst noch als schwerer Brocken in unseren Hirnen liegt, wird allmählich verdaut werden. Wenn es soweit ist, wird sich eine Art von Stabilität – oder vielmehr von langsam stetiger Bewegung, denn es gibt keine Stabilität im Leben – einstellen. Bis dahin müssen wir uns damit abfinden, in einer Epoche zersplitterter Energien zu leben, einer Zeit der Experimente und Pastiches, der Rastlosigkeit und verzweifelten Ungewißheit.

Die gewaltige Mehrung unseres kunstgeschichtlichen Wissens hat nicht nur die Künstler in Mitleidenschaft gezogen, sondern auch all jene, die an den Künsten Anteil nehmen. Denn *tout savoir est tout pardonner*: wir haben gelernt, jeden Stil zu schätzen und seine besonderen Meriten zu erkennen. Einem Voltaire oder Dr. Johnson erschien die gotische Kunst noch als etwas Barbarisches. Wie sie wohl reagiert hätten, wenn an sie das Ansinnen gestellt worden wäre, die bildnerischen Reize einer polynesischen Statue zu bewundern, oder die Tierdarstellung eines Künstlers, der Jahrtausende vor dem Anbeginn der Geschichte lebte? Unser Wissen befähigt uns dazu, Verständnis für unvertraute Standpunkte aufzubringen und künstlerische Konventionen zu würdigen, die von uns radikal verschiedene Menschen entworfen haben. Das alles hat zweifellos sein Gutes. Doch unser Verständnis ist derart uferlos und wir scheuen so sehr den leisesten Anflug von Unduldsamkeit Dingen gegenüber, die einem angeblich gefallen müssen, daß wir in unserer allumfassenden Manie soweit gekommen sind, nicht nur das Hervorragendste zu lieben, in welcher Konvention es uns auch unter die Augen tritt, sondern auch das Dürftigste.

Wir begnügen uns nicht mit der Hochschätzung der guten Dinge, die unsere Vorfahren verdammten. Der Appetit wächst mit dem Essen. Gute Nahrung reicht nicht aus für unseren Verständnishunger: wir müssen dazu auch noch das Schlechte verschlingen. Um vor uns selbst diese Wertschätzung des Schlechten zu rechtfertigen, haben wir serienweise neue ästhetische Wertvorstellungen eingeführt. Dieser Prozeß, der schon vor geraumer Zeit einsetzte, hat sich mit stetig wachsender Geschwindigkeit fortgesetzt, so daß es heute schon beinahe gar nichts mehr gibt, wie schlecht es auch sein mag, dem wir nicht einen Reiz abgewinnen könnten.

Historisch gesehen war vermutlich die erste Phase im Aufbrechen der Geschmacksnormen die Erfindung des ›Malerischen‹. Ein malerischer Gegenstand läßt sich als etwas definieren, das eine oder mehrere über das Maß des Normalen hinausgehende Eigenschaften aufweist. Die besondere Natur dieses Übermaßes ist dabei nahezu unerheblich. So genügt selbst ein Übermaß an Schmutz, um einen Gegenstand malerisch zu machen. Idealiter muß ein malerischer Gegenstand oder Schauplatz gleich mehrere übermäßige Eigenschaften besitzen, die in heftigem Gegensatz zueinander stehen – etwa übermäßige Düsternis zu übermäßiger Helle, oder exzessive Prachtentfaltung zu exzessiver Verwahrlosung.

Das Verschrobene ließe sich als Verkleinerung des Malerischen mit einem Schuß Komik definieren. Jene kleinen alten Häuser, die Dikkens so gern beschrieb – lauter Risse und Winkel und kuriose Vorfälle – sind typische Exempel des Verschrobenen. Das Verschrobene hat immer auch etwas Behaglich-Heimeliges an sich, sogar etwas auf komische Weise leicht Tugendhaftes – drollig tugendhaft, wie Tom Pinch in *Martin Chuzzlewit*. Es war das viktorianische Bürgertum, das die Verschrobenheit zu einem Standard ästhetischer Qualität erhob. Seine Vorliebe dafür, verbunden mit einer Vorliebe für das Malerische, gestattete es ihm, von unzähligen Dingen entzückt zu sein, die tatsächlich mit der Kunst so gut wie gar nichts mehr gemein hatten. Was ich ›Kunsthandwerkelei‹ oder ›Verländlichung‹ nennen möchte, ist nichts anderes als eine Tolstoische Fortentwicklung des Verschrobenen.

Die entscheidende Erfindung der letzten Jahre war das ›Amüsante‹. Seinem Ursprung nach ist es ein höchst anspruchsvoller aristokratischer Wertmaßstab. Alle schlechte Kunst, deren Schlechtheit eine positive Eigenschaft ist (und nicht nur die negative Qualität ehrbarer Langweiligkeit), läßt sich als amüsant bezeichnen. So ist ein Wordsworth, wenn er schlecht schreibt, alles andere als amüsant; Moore dagegen ist es durchaus. Denn Moores Schlechtheit ist ein Epochenmerkmal, grellbunt, manieriert und affektiert. Das Schlechte an Wordsworth steht, wie seine guten Seiten, über der Zeit. Seine *Ecclesiastical Sonnets* sind absolut banal, genau wie die schönsten Passagen des *Prelude* und der *Excursion* absolute Dichtung sind.

Ein hochentwickelter Sinn für das Amüsante in den Künsten ist derzeit sehr weit verbreitet. Nur wenige von denen, die bewußten Anteil an den Künsten nehmen, sind davon frei. Das Amüsante hat sogar einen eigenen Marktwert angenommen; Händler stellen fest, daß sie gute Preise für die Pappmachémöbel von 1850 erzielen können oder für die Wachsblumen und Statuetten der Zeit Louis-Philippes. Die Leute, die solche Objekte sammeln, scheinen ebensoviel Befriedigung daraus zu schöpfen – wenigstens eine Zeitlang – wie aus den schlicht-elegantesten Hepplewhite-Möbeln oder aus den erlesensten Elfenbeinarbeiten des 14. Jahrhunderts. Und natürlich gibt es keinen Grund, warum das nicht so sein sollte, immer vorausgesetzt, sie können nach wie vor erkennen, daß Heppelwhite besser ist als viktorianisches Pappmaché und mittelalterliches Elfenbein schöner als Wachsblumen. Doch beunruhigenderweise besteht diese Einsicht nicht immer so vollständig oder so prompt, wie es eigentlich sein sollte. Das ist die große Gefahr beim Kult des Amüsanten: er läßt seine Anhänger vergessen, daß es das Schöne und Erhabene überhaupt noch gibt. Zu guter Letzt kommt es soweit, daß Erasmus Darwin mehr gilt als Wordsworth und Longhi mehr als Giotto. Indirekt ist daran der Musenquell schuld.

(*Along the Road*, 1925; Ü.: Werner von Koppenfels)

Rimini und Alberti

Rimini wurde an jenem Morgen von drei prominenten Besuchern beehrt – von uns beiden und dem wundertätigen Arm des heiligen Franciscus Xavier. Von den übrigen sterblichen Resten des Heiligen getrennt, dessen Heimstatt ein schmuckverziertes Tabernakel in der Jesuskirche in Alt-Goa ist, machte der Arm, genau wie wir, eine Italienreise. Während wir armen Durchschnittstouristen jedoch unterwegs Geld ausgaben, scheffelte der Arm – und das war vielleicht seine größte Wundertat – Geld ein. Er brauchte sich nur durch das Glasfenster des Reliquienschreins zu zeigen, in dem er reiste – der Arm eines Skeletts, an dessen Knochenhand noch ein riesiger Amethystring funkelte –, und schon wurde ihm die Verehrung sämtlicher Zuschauer zuteil und eine sparsam mit Nickelmünzen und kleinsten Banknoten durchsetzte Kupfergeldkollekte. Die Kupfergeldkollekte ging an die ausländischen Missionen: wohin die Verehrung ging, darüber wage ich keine Vermutungen anzustellen. Zweifellos wurde sie jeweils zusammen mit dem Opfergroschen im Buch des Engels vermerkt, der die guten und bösen Taten der Menschen aufzeichnet.

Mir tat der Arm des heiligen Franz Xaver ziemlich leid. Der Leib des Heiligen ruht jetzt, nachdem er von China nach Malakka und von Malakka nach Indien überführt wurde, im protzigen Schrein zu Goa. Nach einem so ungewöhnlich rührigen Leben wie dem seinen hat es der große Missionar verdient, endlich in Frieden zu ruhen. Und das tut er auch, zumindest zum größten Teil. Sein rechter Arm freilich wurde der weltlichen Ruhe nicht teilhaftig; seine Missionsreisen sind noch nicht zu Ende. In seinem Kasten aus Glas und Gold bereist er unermüdlich die katholische Christenheit und sammelt Geld – »um den Indianern ihre Unschuld zu rauben«, wie es Mr. Matthew Green vor zweihundert Jahren prägnant und ziemlich bissig formuliert hat. Armer Arm!

Wir begegneten ihm an jenem Morgen in der San Francesco-Kirche in Rimini. Das Gebäude quoll bis auf die Straße über von Verehrern. Die Leute schienen irgendwie auf ein Wunder zu warten. In der Kirche schob sich eine lange Reihe Männer und Frauen langsam zum Chor hinauf, um den juwelengeschmückten Gebeinkasten zu küssen und ihre *soldi* zu deponieren. Draußen, in der Menge an der Kirchentür, standen ein paar Straßenhändler, die Bildpostkarten des Wundertätigen Arms und kurze, aber märchenhafte Biographien seines Besitzers feilboten. Einer davon, mit dem wir ins Gespräch kamen, erzählte uns, daß er dem Arm von Stadt zu Stadt hinterher reise und seine Waren immer dort verkaufe, wo der Arm gerade Station machte, um sich bewundern zu lassen. Anscheinend war das ein recht lohnendes Geschäft; zumindest brachte es genug ein, um seiner Familie ein angenehmes Leben in Mailand zu ermöglichen. Er zeigte die Fotos; Mutter und Kinder – alle wirkten sie wohlgenährt. Aber, der Ärmste! Durch seine Arbeit war er fast ständig unterwegs. »Wozu heiratet man eigentlich?« fragte er, als er die Fotografien wieder einsteckte. »Wozu?« Er schüttelte seufzend den Kopf. Hätte man den Arm nur bewegen können, sich irgendwo eine Weile niederzulassen!

Während der Mittagszeit wurde der Arm durch Rimini kutschiert. Ihm zu Ehren hingen überall rote und gelbe Bettdecken aus den Fenstern; die Gläubigen warteten ungeduldig. Und endlich kam er, in einem sehr großen, sehr lauten und schmutzigen alten Fiat, aber es begleiteten ihn nicht etwa, wie man vielleicht erwartet hätte, die kirchlichen Würdenträger der Stadt, sondern sieben bis acht höchst weltliche junge Männer mit Schwarzhemden, gekräuseltem Haar, und Automatikpistolen, die ihnen die Hosentaschen ausbeulten – zweifellos die Abordnung der hiesigen Faschisten.

Der Arm belegte den Vordersitz neben dem Fahrer; die Faschisten lümmelten sich auf dem Rücksitz. Als der Wagen vorbeifuhr, taten die Gläubigen etwas sehr Merkwürdiges; sie verbanden die Gesten der Verehrung und des Beifalls und sanken applaudierend auf die Knie. Der Arm wurde behandelt wie eine Kombination aus Jackie Coogan und der Hostie. Nach dem Mittagessen fuhr man ihn schnell nach Bologna. Die Verkäufer der Heiligenbildchen folgten, so rasch es die italienischen Züge erlaubten, die Menge zerstreute sich, und in der San Francesco-Kirche kehrte wieder die gewohnte Stille ein.

Das fanden wir recht erfreulich, denn wir waren ja nicht nach Rimini gekommen, um ein Stück des heiligen Franz Xaver, sondern um die Kirche des heiligen Franz von Assisi zu sehen. Solange der Arm da war, hatte man keine Möglichkeit gehabt, irgend etwas zu besichtigen; nach seiner Abreise konnten wir das endlich nach Belieben tun. Und doch war ich sehr froh, daß wir in San Francesco der umherreisenden Reliquie und ihren Verehrern begegnet waren. In dieser merkwürdigen Kirche, die Malatesta als christlichen Tempel vorfand, in heidnischer Form umbaute und sich selbst, seiner Geliebten und der Menschheit weihte, hatten die Szenen, deren Zeugen wir soeben geworden waren, etwas rührend Unpassendes, das – Ironie der Situation – eine Art nachdenklicher Heiterkeit hervorrief. Ich versuchte mir vorzustellen, was der erste heilige Franz wohl von Sigismondo Malatesta gehalten hätte und Sigismondo von ihm, und was Sigismondo wohl zu der Entweihung seines nietzscheanischen Tempels durch diesen posthumen Besuch gesagt hätte, den ihm ein Teil des zweiten heiligen Franz soeben abgestattet hatte. Man kann sich vorstellen, wie die Vier auf den elysischen Gefilden einen vergnüglichen kleinen gobinesken oder lukianischen Dialog führen, wie sie leicht und anmutig über die furchtbarsten Tiefen des Geistes hinweggleiten. Und für den, der Ohren hat zu hören, ist selbst das stumme Streitgespräch der Steine beredt. Die gotischen Spitzbogen im Innenraum protestieren gegen die römische Schale, mit der Alberti die Kirche des heiligen Franz umgeben hat; sie protestieren gegen Matteo de' Pastis heidnische Innengestaltung und Malatestas blasphemische Selbsterhöhung; sie protestieren, indem sie die unermüdliche Selbstlosigkeit des Missionars rühmen, gegen die übertriebene Pracht seines jesuitischen Reliquienschreins. Würdevoll, beherrscht und verstandesbetont scheint Albertis Fassade die *naiveté* des ersten und die fanatische Besessenheit des zweiten heiligen Franz zu beklagen und Malatesta, bei allem Lob seiner Intelligenz, für seine Begierden und Ausschweifungen zu tadeln. Indessen lacht Malatesta zynisch über sie alle. Macht, Sinnenlust und Isotta – dies, verkündet er durch die Art der Innenraumgestaltung, die er Matteo de' Pasti übertrug, ist das einzige, was zählt.

Das Äußere der Kirche gehört ganz allein Alberti. Weder der heilige Franz noch Malatesta dürfen seine feierliche, harmonische Schönheit stören. Die Fassade ist ein Triumphbogen, eine edlere Version jenes Augustusbogens, der sich über die Straße am anderen Ende Riminis wölbt. In die mächtige Südwand hat Alberti eine Reihe tiefer Bogennischen gebrochen. Eine lange Perspektive hinab wechseln Schattentiefe und glatter, sonnenbeschienener Stein harmonisch miteinander ab; und in jeder Nische steht, schlicht und schmucklos wie die Figur eines frühen Römers in den Schriften Plutarchs, der Sarkophag eines Gelehrten oder Philosophen. Hier findet man nichts von der paradiesnahen Naivität des heiligen Franz. Alberti ist ein völlig bewußter erwachsener Mensch; er betet zwar an, aber er betet die Vernunft an, auf rationale Weise. Das ganze Bauwerk ist eine Hymne an die Schönheit des Intellekts, eine Verherrlichung des Verstands als des alleinigen Ursprungs menschlicher Größe. Es hat eine römische Form; denn Rom war das in der Vergangenheit liegende Utopia, in dem Männer wie Alberti in der Renaissance und noch sehr lange danach die Erfüllung ihrer Ideale sahen. Der römische Mythos hält sich zäh, der griechische noch viel zäher; es gibt auch heute noch gewisse Opfer humanistischer Bildung, die die Republik als Heimat aller Tugenden betrachten und das perikleische Athen als die einzige Quelle menschlicher Intelligenz.

Malatesta wäre eine bessere Apotheose seiner Person zuteil geworden, wenn er in einem späteren Jahrhundert gelebt hätte. Alberti war ein zu strenger und stoischer Künstler, als daß er sich zu rein theatralischem Pomp herabgelassen hätte. Außerdem versteht man sich auf Pomp erst wirklich seit dem 17. Jahrhundert, dem Zeitalter des Barock, der Prachtentfaltung von Königen und Klerus. Der hart arbeitende Missionar, dessen Arm wir morgens in Malatestas Tempel gesehen hatten, ruht in Goa in genau der Umgebung, die sich bestens für den selbsterrichteten Schrein eines Tyrannen eignen würde. Albertis Monument hingegen ist ein Tribut an die Macht des Intellekts. Als Ehrenmal für einen besonders gerissenen, mordlüsternen Raufbold ist es absurd.

Das Innere der Kirche wurde freilich ganz nach Malatestas Wünschen gestaltet. Da Alberti nicht da war, um sich in seine Gestaltungsentwürfe einzumischen, konnte Sigismondo Matteo de' Pasti und seinen Mitarbeitern alle Themen der Steinmetzarbeiten selbst diktieren. Der Innenraum ist folglich ein einziger großer Tribut an Malatesta und Isotta, wobei hie und da noch ein gutes Wort für die heidnischen Götter, für Dichtung, Kunst und Wissenschaft eingelegt wird. Die allzu ausdrucksvolle theatralische Geste der Architekten und Innenraumgestalter des Barock war noch nicht erfunden; deshalb wird Sigismondos ordinärer Despotismus in erlesenstem Geschmack und mit Hilfe einer verfeinerten, gebildeten Phantasie verherrlicht. Sigismondo wurde etwas Besseres zuteil, als er eigentlich verdiente; er hätte Borromini, den Cavaliere Arpino und einen zehntrangigen

Nachahmer Berninis verdient. Doch dank des Umstands, daß er zufällig in jener Zeit lebte, bekam er statt dessen Matteo de' Pasti, Piero della Francesca und Leon Battista Alberti.

Albertis Anteil an dem Monument also ist eine Art Hymne an die Schönheit des Intellekts, ein Lobgesang auf die Zivilisation, in der Sprache Roms formuliert – die er jedoch frei gebraucht und nicht so pedantisch, wie sich damals die Philosophen und Poeten des lateinischen Idioms bedienten. Meiner Ansicht nach war er fast ›der Römer edelster von allen‹. Die Außenansicht von San Francesco in Rimini, der Innenraum der Sant' Andrea-Kirche in Mantua (der später leider übertüncht wurde und dessen Mitte von Juvaras absurd hoher Kuppel gekrönt wird, statt von Albertis selbst entworfener Flachkuppel) können es an Schönheit mit allem aufnehmen, was die gesamte Renaissance-Architektur zu bieten hat. Noch bemerkenswerter werden sie durch die Tatsache, daß sie in seiner Epoche ohne Beispiel dastehen. Alberti gehörte zu den Neu-Erfindern des Stils. Seine spezielle römische Manier (die in der Spätrenaissance allgemeine Nachahmung fand) hat er sogar als einziger wiederentdeckt. Dem anderen Frührenaissance-Stil, der wie derjenige Albertis auf der Klassik basierte – dem Stil Brunelleschis –, war, zumindest in bezug auf die Kirchenarchitektur, keine Zukunft beschieden. Sant' Andrea zu Mantua ist das Bauwerk, dem die typischen Kirchen der Spätrenaissance nachgebildet wurden, nicht Brunelleschis San Lorenzo oder Santo Spirito in Florenz.

Ein Vergleich zwischen diesen Architekten, die beinahe Zeitgenossen waren – Brunelleschi wurde etwa fünfundzwanzig Jahre vor Alberti geboren –, ist äußerst interessant und aufschlußreich. Beide widmeten sich begeistert dem Studium der Antike, beide kannten ihr Rom, beide integrierten die charakteristischen Elemente der klassischen Architektur in ihre Bauwerke. Und doch wäre es schwierig, zwei Architekten zu finden, deren Bauten sich grundlegender voneinander unterscheiden. Man vergleiche das Innere der beiden florentinischen Kirchen Brunelleschis mit dem der Sant' Andrea-Kirche von Alberti. Brunelleschis Kirchen sind durch Reihen hoher, schlanker, Rundbogen tragender Pfeiler in Mittel- und Seitenschiffe unterteilt. Die Details sind klassisch, und zwar so exakt, als seien sie von römischen Handwerkern ausgeführt worden. Der Gesamtentwurf jedoch ist nicht römisch, sondern romanisch. Brunelleschis Kirchen sind einfach schlankere Varianten von Basiliken des 11. Jahrhunderts mit ›stilreineren‹ Details. Alles ist luftig und hell; die Innenräume dieser Kirchen haben sogar etwas Gefährdetes, so grazil sind die Pfeiler, so viel leerer Raum befindet sich zwischen ihnen.

Welch ein Kontrast zu Albertis herrlicher Kirche! Der Grundriß besitzt die Form eines lateinischen Kreuzes, mit nur einem Mittelschiff und mehreren Seitenkapellen. Das Mittelschiff hat ein Tonnengewölbe; über der Vierung befindet sich eine Kuppel (leider die Juvaras, nicht die Albertis); der Altar steht in einer Apsis. Die Kapellen öffnen sich durch hohe und verhältnismäßig breite Rundbogen zum Mittelschiff. Zwischen den Kapellen befinden sich gewaltige Pfeiler aus Mauerwerk, so breit wie die Bogen, die sie voneinander trennen. In jeden dieser Pfeiler ist eine kleine Tür eingelassen, durch die man Seitenkapellen betritt, die aus der Masse ausgehöhlt wurden. Doch die Türen fallen kaum auf, und der Gesamteindruck ist der, daß sich Leere und Masse gleichmäßig abwechseln. Albertis Architektur ist im wesentlichen die der Masse, Brunelleschis Architektur die der Linie. Brunelleschi bringt es fertig, selbst der riesigen Kuppel von Santa Maria del Fiore eine außergewöhnliche Leichtigkeit zu verleihen – die eines von Linien durchzogenen leeren Raums. Luftig hängt die gewaltige Masse von ihren acht Marmorstreben herab. Mühelos wird vor unseren Augen ein Wunder vollbracht. Doch geht es bei einer Kuppel, wie schwerelos man sie auch gestaltet, im wesentlichen um Masse. Als Brunelleschi seine Kuppel für Santa Maria del Fiore entwarf, drängte sich ihm der plastische Aspekt der Dinge auf. Vielleicht ist dies der Grund, daß die Kuppel alles, was er je geschaffen hat, weit hinter sich läßt. Das zu lösende architektonische Problem erlaubte ihm nicht, seiner Leidenschaft für Leichtigkeit und zarte Linien freien Lauf zu lassen. Hier hatte er es mit Massen zu tun; daran konnte er nicht vorbei. Und dadurch, daß er die Masse der Kuppel soweit wie möglich im Sinne zarter, kräftiger, sprunghafter Linien behandelte, gelang es ihm, seinem Werk eine Eleganz und ätherische Kraft zu verleihen, die keine andere Kuppel aufzuweisen hat. Brunelleschis übrige Werke sind, wenn auch von bezaubernder Anmut, zumindest meiner Ansicht nach weit weniger überzeugend, eben weil bei ihnen so eindeutig die Linie im Vordergrund steht. Brunelleschi hat die Architektur der Römer studiert, aber er übernahm nur die Details. Das Wesentliche daran – ihre majestätische Wucht – gefiel ihm nicht. Er zog es in all seinen Kirchenentwürfen vor, das Werk der romanischen Architekten so lange zu verfeinern, bis er schließlich bei einer schlanken, waghalsigen Eleganz anlangte, die nur noch aus Leere und Kontur bestand.

Alberti wiederum übernahm von den Römern das grundlegende Konzept der Architektur der Masse und entwickelte es, mit einigen Verfeinerungen, für den modernen christlichen Gebrauch weiter. Meines Erachtens war er von den beiden der bessere, wahrhaftigere Architekt. Denn mir persönlich liegt Wuchtigkeit und Stabilität. Ich weiß, andere bevorzugen Linien und Leichtigkeit und würden den Innenraum von San Lorenzo über den von Sant' Andrea stellen, die Pazzi-Kapelle über San Francesco in Rimini. Wir werden uns nie einigen können. Jeder bildende Künstler und wahrscheinlich jeder, der die bildenden Künste schätzt, muß ein gewisses Gefühl für die Form an sich besitzen. Doch nicht jeder interessiert sich für die gleiche Art von Form. Die Anhänger der reinen Form und die Anhänger der Masse bilden die Extreme auf einer ästhetischen Werteskala. Die ästhetische Vorliebe des einen Künstlers oder Kunstliebhabers ist das Kompakte; den anderen berühren nur lineare Arabesken auf einer Fläche. Diese formalen Vorlieben mögen deplaziert sein. Maler werden vielleicht durch ihre übertriebene Vorliebe für dreidimensionale Kompaktheit ganz über das Gebiet der Malerei hinausgeführt; Michelangelo ist dafür ein eindeutiges Beispiel. Bildhauer mit einer zu großen Vorliebe für die Wirkung der Linie sind keine Bildhauer mehr, und schaffen nur noch flächige Dekorationen in Stein oder Metall, die nur von einem einzigen Blickwinkel aus betrachtet werden sollen und keine Tiefe besitzen; die berühmte Diana, die Goujon zugeschrieben wird (wahrscheinlich aber von Benvenuto Cellini stammt), gehört zu diesen in der Fläche entworfenen Statuen. Und so wie Maler sich nicht zu sehr zur Kompaktheit hingezogen fühlen dürfen und Bildhauer nicht zu sehr zur Fläche, sollten sich meiner Ansicht nach auch Architekten nicht nur für Linien interessieren. Ein Gebäude in den Händen eines Linien-Enthusiasten nimmt die allzu schlanke und spinnenbeinige Eleganz der Werke Brunelleschis an.

Die Psychoanalytiker, die jegliches Kunstinteresse auf eine infantile Liebe zu Exkrementen zurückführen, würden zweifellos eine simple fäkalische Erklärung für die Mannigfaltigkeit unserer ästhetischen Vorlieben bereithalten. Der eine liebt die Masse, der andere

Linien: Die Erklärung im Sinne der Koprophilie ist so augenfällig, daß man sie mir hier erlassen möge. Ich werde mich mit einem Zitat aus dem Werk Dr. Ernest Jones' begnügen, warum die Verehrung der Form so häufig mit der Verehrung eines moralischen Ideals einhergeht; mit einem Wort, warum Kunst so oft religiös ist. »Die Religion« sagt Dr. Jones, »hat sich der Kunst schon immer in der einen oder anderen Form bedient und muß dies deshalb tun, weil sich inzestuöse Wunschphantasien stets aus dem Material bilden, das die unbewußte Erinnerung an infantile koprophile Interessen liefert; das ist die eigentliche Bedeutung des Satzes: ›Die Kunst ist die Dienerin der Religion.‹« Was für erleuchtende und schöne Worte! Schade, daß sie nicht vor dreißig Jahren geschrieben wurden. Ich hätte gern Tolstois Kommentar in *Was ist Kunst* zu dieser neuesten und besten ästhetischen Theorie gelesen.

(*Along the Road*, 1925; Ü.: Sabine Hübner)

Das beste Bild

Borgo San Sepolcro ist nicht ganz einfach zu erreichen. Es gibt eine groteske kleine Bimmelbahn, die von Arezzo aus über die Berge dorthin fährt. Man kann die Sache auch von Perugia tiberaufwärts angehen. Oder man nimmt, falls man gerade in Urbino ist, einen Autobus, der bergauf, bergab durch die Apenninen den Weg nach San Sepolcro in etwas mehr als sieben Stunden schafft. Kein reiner Spaß, diese Reise, wie ich aus Erfahrung weiß. Aber sie lohnt den Aufwand – freilich nach Möglichkeit in einem anderen Vehikel als dem Omnibus – wegen der Bocca Trabaria, dem schönsten aller Apenninenpässe, zwischen dem Tiber und dem Tal des Metauro. Wir überquerten ihn im ersten Frühjahr. Unser Bus ächzte und ratterte mit letzter Kraft einen kahlen Nordhang hinauf, zwischen nackten Felsen, welkem Gras und noch knospenlosen Bäumen. Er fuhr über den Sattel und plötzlich, wie durch ein Wunder, war der Boden gelb von unzähligen Primeln, jede Blüte ein kleines Sinnbild der Sonne, die sie ins Leben gerufen hatte.

Und wenn man San Sepolcro endlich erreicht hat, was gibt es da zu sehen? Ein mauerumgürtetes Städtchen, in einem weiten flachen Tal zwischen den Hügeln gelegen; ein paar schöne Renaissancepaläste mit hübschen schmiedeeisernen Balkonen; eine wenig aufregende Kirche – und dann noch das beste Bild der Welt.

Das beste Bild der Welt ist *al fresco* auf die Wand eines Rathaussaales gemalt. Irgendein unwissentlich wohltätiger Vandale ließ es, einige Zeit nach seiner Fertigstellung, mit einer dicken Kalkschicht übertünchen, unter der es ein oder zwei Jahrhunderte verborgen lag, um endlich in einem für ein Fresko jener Zeit bemerkenswerten Erhaltungszustand wieder aufzutauchen. Dank dem Vandalen findet der Besucher, der heute den Palazzo dei Conservatori in Borgo San Sepolcro betritt, die überwältigende *Auferstehung* fast so vor, wie Piero della Francesca sie gemalt hat. Ihre hellen und doch subtil gedeckten Farben leuchten in kaum beeinträchtigter Frische von der Wand herab. Keinerlei Feuchtigkeit hat die Linienführung verwischt, kein Schmutz sie verdunkelt. Wir müssen unsere Phantasie nicht anstrengen, um uns mit ihrer Hilfe die Schönheit des Ganzen auszumalen. Vor uns steht in seinem vollen und gegenwärtigen Glanz das größte Gemälde der Welt.

Das größte Gemälde der Welt... Der Leser lächelt. Zugegeben, der Ausdruck klingt lächerlich. Es gibt keine fruchtlosere Beschäftigung, als wenn sich sogenannte Kenner die Zeit damit vertreiben, eine erste und zweite Elf der weltbesten Maler aufzustellen, Achter- und Vierercrews von Musikern, Rugbymannschaften aus Dichtern, Galabesetzungen von Architekten, und so fort. Nichts ist fruchtloser, weil man sich auf höchst unterschiedliche Art unter seinesgleichen hervortun kann, und weil die Menschennatur eine unendliche Vielfalt aufweist. Ist Fra Angelico ein besserer Künstler als Rubens? Solche Fragen sind, wenn man so will, bedeutungslos: Fragen des persönlichen Geschmacks, nichts weiter. Ganz recht – bis zu einem gewissen Punkt.

Denn es gibt doch so etwas wie einen absoluten Standard künstlerischer Leistung. Und dieser Standard ist letzten Endes ein moralischer. Ob ein Kunstwerk gut oder schlecht ist, hängt ganz und gar von dem Eigencharakter ab, der sich darin ausdrückt. Nicht daß alle Menschen mit hohem Ethos deshalb schon gute Künstler wären oder alle Künstler auf traditionelle Weise hochethisch. Longfellow war anständig und ein schlechter Dichter, und Beethovens Geschäftsgebaren seinen Verlegern gegenüber war schlicht unehrenhaft. Aber es kann einer unehrenhaft gegen seine Verleger sein und doch nicht gegen jenes Ethos verstoßen, das den guten Künstler ausmacht. Es ist das Ethos der Integrität, der Ehrlichkeit gegen sich selbst.

Es gibt zweierlei Arten schlechter Kunst: die eine, die negativschlechte, ist nichts weiter als langweilig, dumm, inkompetent; die andere, die positiv-schlechte, besteht aus Lug und Trug. Ganz oft ist die Lüge sehr gut verpackt, so daß sie fast jeden hinters Licht führt – eine Zeitlang. Am Ende freilich kommt die Lüge unweigerlich heraus. Die Mode wechselt, das Publikum lernt, mit veränderter Einstellung zu sehen, und wo es eben noch ein bewundernswertes, wahrhaft herzbewegendes Werk sah, sieht es jetzt den Schwindel.

In der Geschichte der Künste finden wir unzählige Betrügereien dieser Art, Werke, die einmal für echt galten und später als gefälscht erkannt wurden. Von den meisten sind selbst die Namen heute vergessen. Doch eine dunkle Erinnerung daran, daß Ossian einstmals gelesen wurde, daß Bulwer-Lytton als großer Romancier galt und ›Festus‹ Bailey als gewaltiger Dichter, klingt immer noch von ferne in uns nach.

Ihre Pendants von heute sind eifrig damit beschäftigt, Ruhm und Reichtum anzuhäufen. Oft frage ich mich, ob auch ich dazugehöre. Wer weiß? Man kann ohne jede Betrugsabsicht zum künstlerischen Schwindler werden, ja, seinen ehrlichsten und hehrsten Vorsätzen zum Hohn.

Manchmal ist so ein Scharlatan zugleich ein Genie ersten Ranges, und dann erscheinen ganz eigenartige Künstler wie Wagner und Bernini, die es verstehen, aus dem Falschen und Theatralischen etwas beinahe Erhabenes zu machen.

Wie schwer es ist, Kunst und Pseudokunst auseinanderzuhalten, beweist die Tatsache, daß unzählige Menschen sich in dieser Hinsicht täuschen ließen und noch immer täuschen lassen. Auf die Dauer, wie gesagt, setzt sich das Echte durch. Doch in jedem bestimmten Augenblick wird die Mehrheit der Menschen, wenn schon nicht die Fälschung dem Echten vorziehen, so doch ohne Unterschied dem einen wie dem anderen Reverenz erweisen.

Nach dieser kleinen Abschweifung wenden wir uns wieder Borgo San Sepolcro und dem größten Gemälde der Welt zu. Groß, von unbedingter Größe ist es deshalb, weil derjenige, der es gemacht hat, nicht nur Talent besaß, sondern echten Adel. Und für mich persönlich ist es das bewegendste aller Bilder, weil sein Maler in gleichsam höherem Maße als jeder andere diese von mir am meisten bewunderten Eigenschaften besaß und weil seine ästhetischen Vorstellungen von der Art sind, die meinem Verständnis von Natur aus am meisten entgegenkommt. Eine natürliche, ungezwungene, von aller Anmaßung freie Größe – das ist die vorherrschende Eigenschaft, die Pieros Gesamtwerk auszeichnet. Es ist von einer Hoheit, die nicht im geringsten anstrengt, theatralisch oder hysterisch wirkt, eine Hoheit in Händels, nicht in Wagners Manier. Jede Gebärde gerät ihm zur Größe, ohne daß es dazu eines bewußten Kraftaufwandes bedarf. Wie Alberti, mit dessen Architektur seine Malerei (wie ich zu zeigen hoffe) gewisse Gemeinsamkeiten hat, scheint sich Piero an dem inspiriert zu haben, was ich die Religion der Plutarchschen Viten nennen möchte – Religion nicht im christlichen Sinne, sondern als Ehrfurcht vor allen bewundernswerten Eigenschaften des Menschen. Auch seine vom äußeren Gegenstand her christlichen Bilder sind in Wahrheit Hymnen zu Ehren der menschlichen Würde. In jeder Hinsicht ist er ein Künstler des Intellekts.

Auf die dramatischen Aspekte von Religion und Existenz läßt er sich nur wenig ein. Seine Schlachtgemälde in Arezzo sind trotz der vielen spektakulären Vorgänge, die sie enthalten, alles andere als dramatische Kompositionen. All den Aufruhr, all die Leidenschaftlichkeit dieser Szenen hat sein Geist zu intellektueller Tiefe und Ganzheit geläutert. Es ist, als hätte Bach die *Ouvertüre 1812* geschrieben. Ebensowenig zeichnen sich die beiden herrlichen Gemälde in der National Gallery, die *Geburt* und die *Taufe Christi*, durch besondere Teilnahme am religiösen oder emotionalen Gehalt der dargestellten Ereignisse aus. Bei der höchst ungewöhnlichen *Geißelung* in Urbino tritt der nominelle Gegenstand der Darstellung auf der linken Seite der Bildtafel in den Hintergrund, wo er das Gegengewicht zu drei geheimnisvollen Gestalten bildet, die – dem ganzen Geschehen entrückt – rechter Hand im Vordergrund stehen. Wir haben es hier, wie es scheint, nur mit einem kompositorischen Experiment zu tun, doch das Experiment ist so eigenartig und auf so frappante Weise überzeugend, daß wir das Fehlen dramatischer Bedeutung nicht als Manko empfinden: unsere Befriedigung ist vollkommen.

Die *Auferstehung* von San Sepolcro wirkt dagegen dramatischer. Piero hat einer einfachen Dreieckskomposition symbolische Bedeutung für sein Thema verliehen. Die Basis des Dreiecks bildet das Grab; und die Landsknechte, die in seiner Umgebung schlafend lagern, bezeichnen durch ihre Positionen den Aufschwung der beiden Seiten, die sich am Scheitelpunkt, im Antlitz des Auferstandenen, vereinen. Er steht da, ein Banner in der rechten Hand, den linken Fuß bereits erhoben und auf den Rand des Grabes gesetzt, und schickt sich eben an, in die Welt hinauszutreten. Keine geometrische Anordnung könnte schlichter oder zwingender sein. Doch die Gestalt, die sich da vor unseren Augen aus dem Grab erhebt, gleicht eher einem der Helden Plutarchs als dem Christus konventionell frommer Vorstellung. Der Körper ist vollkommen modelliert, wie bei einem griechischen Athleten; so überwältigend kraftvoll, daß die Wunde in der muskulösen Seite irgendwie belanglos erscheint. Das Gesicht ist streng und gedankenschwer, die Augen kühl. Die ganze Gestalt drückt größte physische und geistige Kraft aus. Hier ersteht das klassische Ideal selbst, so unglaublich viel schöner und erhabener als die klassische Wirklichkeit, aus dem Grabe auf, in dem es viele Jahrhunderte lang gelegen hatte.

Ästhetisch ähnelt das Werk Pieros dem des Alberti darin, daß es ebenfalls seinem Wesen nach eine Kunst des Massiven ist. Wie Alberti zu Brunelleschi, so verhält sich Piero della Francesca zu seinem Zeitgenossen Botticelli. Botticelli war im Grunde ein Zeichner, einer, der bewegliche, elastische Linien entwarf, der in Begriffen des Arabesken dachte, das es in Flächen einzuschreiben galt. Piero dagegen besitzt eine Leidenschaft für Massivität als solche. All seine Arbeiten haben etwas an sich, das ständig an ägyptische Skulpturen erinnert. Piero teilt jene ›ägyptische‹ Vorliebe für glatte, gerundete Oberflächen als den äußeren und symbolischen Ausdruck einer Masse. Die Gesichter seiner Figuren scheinen wie aus sehr hartem Gestein geschnitten, in das sich die Einzelheiten menschlicher Physiognomie nicht eingravieren ließen – die Vertiefungen, Linien und Runzeln des wirklichen Lebens. Sie sind ideal wie die Gesichter ägyptischer Götter und Fürsten: Oberfläche trifft und vermählt sich mit bruchlos geschwungener Oberfläche in beinahe geometrischer Manier. Man sehe sich daraufhin etwa die Frauengesichter auf Pieros Fresko *Die Königin von Saba erkennt den heiligen Baum* in Arezzo an. Sie sind allesamt aus einem besonderen Guß: die Stirn hoch, gewölbt und glatt; der Hals ein Zylinder aus poliertem Elfenbein; mitten aus der konkaven Tiefe der Augen schwellen die Lider in einer einzigen ungebrochenen Kurve zur prallen Wölbung; die Wangen sind von vollendeter Glätte, und die fein geschwungene Führung ihrer Oberflächen wird durch ein höchst delikates Chiaroscuro angedeutet, das die Festigkeit und Kompaktheit des Fleisches besser ausdrückt, als es das raffinierteste Licht- und Schattenspiel nach Art eines Caravaggio vermöchte.

Pieros Leidenschaft für das Kompakte zeigt sich nicht weniger auffällig an der Art, wie er die Gewänder und den Faltenwurf seiner Figuren behandelt. So läßt er bemerkenswerterweise, wenn immer es der Gegenstand erlaubt, seine Charaktere in seltsamem Kopfputz auftreten, dessen solide geometrische Beschaffenheit an jene merkwürdig geformten Zeremonienhüte oder Tiaren erinnert, wie sie die Statuen ägyptischer Könige zu tragen pflegen. Unter den Fresken in Arezzo gibt es einige, die diese Eigenart aufweisen. Auf der Darstellung des Heraklios, wie er das Heilige Kreuz zurück nach Jerusalem bringt, tragen alle kirchlichen Würdenträger extrem hohe Kopfbedeckungen, kegelförmige, trompetenartige, ja sogar rechteckige Hüte. Sie sind glattflächig und ganz offensichtlich mit tiefem Behagen an ihrer

Massivität gemalt. Ein oder zwei ähnliche Kopfbedeckungen und dazu viele Spielarten von wunderbar gewölbten Helmen sind in den Schlachtszenen am selben Ort zu sehen. Der *Herzog von Urbino* auf dem bekannten Porträt der Uffizien trägt eine Mütze aus rotem Tuch, deren Form ein wenig der modernen englischen Brodrick-Mütze ähnelt, nur ohne Spitze – eine zylindrische Form, die den Kopf umschließt und von einer vorspringenden Scheibe gekrönt wird. Die Glätte und Rundung der Oberfläche wird in dem Bild besonders herausgestellt.

Doch Piero vernachlässigt auch die Schleier seiner Frauenfiguren nicht. Obgleich sie doch aus durchsichtigem Batist bestehen, hängen sie in so steifen Falten um die Häupter dieser Damen, als seien sie von Stahl. Was die Kleider anlangt, so zeigt er eine besondere Vorliebe für gefältelte Mieder und Kittel. Das Ausschwingen und Zurücktreten der plissierten Stoffe fasziniert ihn, und er liebt es, die Art nachzuzeichnen, wie die gekräuselten Falten der Linie des Körpers darunter folgen. Dem Faltenwurf gibt er, wie nicht anders zu erwarten, besondere Pracht und Schwere. Seine vielleicht feinste Behandlung zeigt das Altarbild der *Madonna della Misericordia*, das neben der *Auferstehung* im Rathaus von San Sepolcro hängt. Im Mittelpunkt dieses Bildes, eines der frühesten aus der Hand Pieros, steht die Gestalt der Jungfrau, wie sie beide Arme ausbreitet, um die Bittstellergruppen zu beiden Seiten mit den Falten ihres schweren blauen Mantels zu bedecken. Der Mantel und das Kleid der Jungfrau hängen in einfachen, vertikal fallenden Falten herab, wie die Gewandrillen des archaischen bronzenen Wagenlenkers im Louvre. Piero hat diese abwechselnd konvexen und konkaven Flächen mit besonderer Liebe gemalt.

Es ist nicht meine Absicht, eine Abhandlung über Piero della Francesca zu schreiben; das wurde schon so oft und so mangelhaft getan, daß ich darauf verzichten kann, diesen vollendeten Künstler noch tiefer unter Schlammschichten aus Kommentatorengeschwätz zu begraben. Ich wollte an dieser Stelle nichts weiter tun, als meine Liebe zu seinem Werk zu begründen und mich dafür zu rechtfertigen, daß ich seine *Auferstehung* das größte Gemälde der Welt nannte. Was mich an seinem Charakter anzieht, ist seine geistige Kraft; seine Gabe der völlig unaffektierten großen und noblen Geste; sein Stolz auf alles, was herrlich ist an der Menschheit. Am Künstler ist mir der Liebhaber des Kompakten besonders sympathisch, der Maler glattgewölbter

Oberflächen, der Komponist, der mit massiven Blöcken baut. Persönlich schätze ich ihn höher als Botticelli, und zwar soviel höher, daß ich, vor die Wahl gestellt, dessen Gesamtwerk für die Erhaltung der *Auferstehung*, der *Geburt*, der *Madonna della Misericordia* und der Fresken von Arezzo zu opfern, ohne Zögern die *Primavera* und alles übrige den Flammen überantworten würde.

Es hat sich zum Nachteil von Pieros Ruhm ausgewirkt, daß seine Werke vergleichsweise wenig zahlreich und nicht allzuleicht zugänglich sind. Mit Ausnahme der *Geburt* und der *Taufe* in der National Gallery befinden sich alle wirklich bedeutenden Arbeiten Pieros in Arezzo, San Sepolcro und Urbino. Die Darstellungen des *Herzogs* und der *Herzogin von Urbino* mit ihren jeweiligen Triumphzügen in den Uffizien sind reizend und außerordentlich ›unterhaltsam‹, aber sie zeigen Piero nicht von seiner allerbesten Seite. Weder das Altarbild in Perugia noch die *Madonna* mit Heiligen- und Stifterfiguren in Mailand ist von höchster Qualität. Der *Heilige Hieronymus* in Venedig ist ziemlich gut, ebenso das beschädigte Fresko der *Malatesta* in Rimini. Der Louvre besitzt nichts von ihm, und Deutschland hat lediglich eine architektonische Studie aufzuweisen, die nicht an die in Urbino befindliche heranreicht. Wer immer Piero wirklich kennenlernen will, muß sich daher von London nach Arezzo, San Sepolcro und Urbino bemühen. Nun ist Arezzo freilich eine etwas langweilige Stadt und überdies so undankbar gegen seine großen Söhne, daß es innerhalb seiner Mauern kein Denkmal für den göttlichen Aretino gibt. Ich halte wenig von Arezzo, aber trotzdem: an Arezzo führt kein Weg vorbei, wenn man die bedeutendsten Werke Pieros sehen will. Von Arezzo muß man sich nach San Sepolcro durchschlagen, wo das Gasthaus eben noch passabel, und die Verkehrsverbindungen so schlecht sind, daß man geradezu zu einer Übernachtung am Ort genötigt wird – es sei denn, man reist im eigenen Auto. Und von San Sepolcro heißt es dann, sich auf den Weg nach Urbino zu machen (die Busfahrt quer durch den Apennin dauert, wie gesagt, sieben Stunden). Hier allerdings werden einem nicht nur zwei wunderbare Pieros geboten – die *Geißelung* und eine Architekturszene –, sondern dazu der erlesenste Palast Italiens und beinahe so etwas wie ein gutes Hotel. Selbst für den müde-überdrüssigsten Touristen ist Urbino de rigueur; man kommt nicht darum herum, angeschaut muß es werden. Doch im Falle von Arezzo und San Sepolcro stellt sich kein derartiger moralischer Zwang ein. Folglich machen sich nur wenige Touristen die Mühe, beide Städte zu besuchen.

Wenn die Hauptwerke Pieros in Florenz zu besichtigen wären und die Botticellis in San Sepolcro, dann hätte sich, das glaube ich mit Sicherheit, die öffentliche Wertschätzung der beiden Meister umgekehrt. Kunstbeflissene englische Fräulein ständen in ekstatischer Betrachtung vor der *Geschichte des Heiligen Kreuzes,* statt vor der *Primavera.* Touristische Ekstasen hängen zum großen Teil von den Sternen im Baedeker ab, und solche Sterne werden in den zugänglichen Städten freigebiger an die Kunstwerke verteilt als in den unzugänglichen. Wenn die Arena-Kapelle in den kalabrischen Bergen stände und nicht in Padua, wieviel weniger von Giotto hätten wir alle gehört.

Doch genug davon. Der Schatten des Conxolus erhebt sich vor mir und erinnert mich, daß ich drauf und dran bin, in den Irrtum derer zu verfallen, die Verdienst mit dem Maßstab des Seltenen und Abgelegenen messen.

(*Along the Road,* 1925; Ü.: Werner von Koppenfels)

Breughel

Die meisten unserer Fehler sind im Grunde grammatischer Art. Wir bereiten uns unsere eigenen Schwierigkeiten, indem wir eine unangemessene Sprache zur Beschreibung von Fakten benutzen. Um nur ein Beispiel anzuführen: Ständig geben wir mehr als einem Ding denselben Namen und demselben Ding mehr als einen Namen. Die Ergebnisse sind, wenn wir dann für oder gegen etwas sprechen sollen, beklagenswert. Denn wir benutzen eine Sprache, die die Dinge, für oder gegen die wir sprechen, nicht angemessen beschreibt.

Das Wort ›Maler‹ ist einer jener Namen, dessen wahllose Anwendung zu den schlimmsten Ergebnissen geführt hat. Alle diejenigen, die, aus welchen Gründen und in welcher Absicht auch immer, Pinselstriche auf Leinwände auftragen und Gemälde anfertigen, werden unterschiedslos Maler genannt. Von der Einzigartigkeit des Namens in die Irre geführt, haben die Ästhetiker uns glauben zu machen versucht, daß es eine einzige Maler-Psychologie, eine einzige Funktion der Malerei und einen einzigen Maßstab der Kunstkritik gäbe. Die Mode wechselt, und mit ihr die Auffassungen der Kritik. Zum gegenwärtigen Zeitpunkt gilt es als schick, an die Form bis hin zum Ausschluß des Sujets zu glauben. Den jungen Leuten schwinden nachgerade die Sinne vor ästhetischer Begeisterung über einen Matisse. Vor zwei Generationen noch hätten sie sich die Augen vor dem letzten Landseer-Bild gewischt. (Oh, diese mehr als menschlichen, diese wahrhaft christusähnlichen Hunde – wie sie sich bewegten, welche Lehren sie den Menschen erteilten! Wo sonst hatte es eine religiöse Malerei dieses Ranges gegeben seit dem Tode von Carlo Dolci?)

Diese historischen Ausblicke sollten uns zur Vorsicht mahnen, wenn wir in Versuchung geraten, allzu ausschließlich an irgendeine einzige Kunsttheorie zu glauben. Eine bestimmte Malweise, ein bestimmter Ideenzusammenhang sind zu jedem gegebenen Zeitpunkt in Mode. Sie werden zur Grundlage einer Theorie gemacht, die alle anderen Arten von Malerei und alle vorhergehenden kritischen Kunsttheorien verwirft. Dieser Prozeß wiederholt sich ständig.

Zum gegenwärtigen Zeitpunkt haben wir allerdings einen beispiellos toleranten Eklektizismus erreicht. Wir sind in der Lage, wenn wir denn auf dem laufenden sind, an allem Gefallen zu finden, von Negerskulpturen bis hin zu Luca della Robbia und von Magnasco bis hin zu byzantinischen Mosaiken. Aber es ist ein Eklektizismus, der auf Kosten nahezu des gesamten Gehalts der verschiedenen in Betracht gezogenen Kunstwerke geht. Was wir an allen diesen Werken zu sehen gelernt haben, ist ihre formale Qualität, die wir gesondert betrachten und willkürlich für ihre Essenz ausgeben. Das Thema des Werkes, im Verein mit allem, was der Maler damit, über seine Einstellung zu formalen Beziehungen hinaus, zum Ausdruck bringen wollte, verwirft die zeitgenössische Kunstkritik als unwichtig. Der junge Maler vermeidet es ängstlich, in seine Bilder irgend etwas einzuführen, das irrigerweise für eine Geschichte oder für den Ausdruck einer Weltsicht gehalten werden könnte, während der junge *Kunstforscher* sich, gleichsam wie von einem exhibitionistischen Akt, von jeder Manifestation irgendeines solchen verbotenen Interesses für Drama oder Philosophie bei einem Zeitgenossen abwendet. Zwar wird es den alten Meistern nachsichtigerweise erlaubt, Geschichten zu illustrieren und ihre Gedanken über die Welt zum Ausdruck zu bringen. Arme Teufel, sie wußten es eben nicht besser! Unser moderner Beobachter aber stellt ihre Ignoranz in Rechnung und übergeht alles mit Stillschweigen, was keine Frage formaler Beziehungen ist. Die Bewunderer von Giotto (die heute so zahlreich sind wie die Bewunderer von Guido Reni vor hundert Jahren) bringen es fertig, die Fresken des Meisters ohne jede Rücksicht auf das anzuschauen, was sie darstellen oder was der Maler zum Ausdruck bringen wollte. Jeder Keim eines dramatischen oder bedeutungshaltigen Aspekts wird keimfrei daraus vertrieben; lediglich die Komposition wird bewundert. Der Prozeß gleicht dem Unternehmen, lateinische Verse zu lesen, ohne sie zu verstehen – einzig um des rhythmischen Hexameter-Gerassels willen.

Natürlich wäre es absurd, die Bedeutung formaler Beziehungen zu leugnen. Kein Bild findet irgendeinen Zusammenhalt ohne Komposition, und kein guter Maler geht ohne eine spezifische Leidenschaft für die Form als solche vor – genau wie kein guter Schriftsteller ohne die Leidenschaft für Wörter und die Anordnung von Wörtern auskommt. Offensichtlich kann kein Mensch sich angemessen ausdrükken, wenn er kein Interesse an den Ausdrücken hat, die er als Medium seiner Ausdrucksfähigkeit zu verwenden beabsichtigt. Nicht alle Maler sind an derselben Art von Formen interessiert. Manche haben beispielsweise eine Vorliebe für Massen und die Oberflächen von festen Körpern. Andere begeistern sich für Linien. Manche komponieren dreidimensional. Andere lieben flächige Silhouetten. Manche legen die Oberfläche des Bildes gern weich und sozusagen durchscheinend an, damit die auf dem Bild selbst dargestellten Gegenstände distinkt und unterschieden gesehen werden können wie durch eine Glasscheibe. Andere (wie beispielsweise Rembrandt) tragen mit Vorliebe eine reiche, pastose Grundfläche auf, die alle dargestellten Gegenstände absorbiert und zu einem Ganzen zusammenzieht, und zwar trotz der Tiefe der Komposition und der Distanz der Gegenstände von der Bildebene.

Alle diese rein ästhetischen Erwägungen sind, wie bereits gesagt, wichtig. Alle Künstler haben Interesse daran; aber nahezu keiner von ihnen ist daran unter Ausschluß alles anderen interessiert. Sehr selten nur finden wir einen Maler, der sich allein von seinem Interesse für Form und Textur dazu inspirieren läßt, ein Bild zu malen. Gute Maler ›abstrakter‹ Sujets, oder selbst von Stilleben, sind selten. Äpfel und Stereometrie stimulieren einen Menschen nicht, seine formalen Einsichten zum Ausdruck zu bringen und eine Komposition zu gestalten. Alle Gedanken und Gefühle sind miteinander verflochten. Mit den Worten des schönen alten Liedes

The roses round the door
Make me love mother more.

Ein Gefühl wird von einem anderen erregt. Unsere Fähigkeiten kommen am besten in einer geistesverwandten Gefühlsatmosphäre zur Wirkung. Beispielsweise wurde Mantegnas Fähigkeit, edle Arrangements von Formen zusammenzustellen, von seiner gefühlsmäßigen Vorliebe für eine heroische und gottähnliche Menschheit stimuliert. Mit dem Ausdruck dieser Gefühle, die er erregend fand, brachte er gleichzeitig auch – und in der vollkommensten Weise, deren er fähig war – seine Gefühle und Eindrücke von Massen, Oberflächen, festen Körpern und Leerräumen zum Ausdruck. »*The roses round the door*« – seine Heldenverehrung – »*made him love mother more*«, das heißt: ließen ihn, weil sie seine Kompositionsgabe stimulierten, auch besser malen. Hätte Isabella d'Este ihn Äpfel, Servietten und Flaschen malen lassen, hätte er, weil er an diesen Gegenständen nicht interessiert war, nur eine dürftige Komposition zustande gebracht. Und doch sind Äpfel, Servietten und Flaschen aus rein formaler Sicht ebenso interessant wie menschliche Körper und Gesichter. Aber Mantegna war – wie die Mehrheit der Maler – zufällig eben nicht sehr leidenschaftlich an diesen leblosen Gegenständen interessiert. Wenn man gelangweilt ist, wird man langweilig.

The apples round the door
Make me a frightful bore.

Unvermeidlich; außer wenn ich ebenso ausschließlich an der Form interessiert bin, daß ich alles malen kann, was Gestalt hat, oder wenn ich zufällig ein bestimmtes Maß jenes wunderlichen Pantheismus besitze, jenes animistischen Aberglaubens, der van Gogh die niedrigsten aller Alltagsgegenstände als himmlisch oder teuflisch belebt anschauen ließ. »*Crains dans le mur aveugle un regard qui t'épie*« – »Fürchte in der nackten Mauer einen Blick, der dich ausspäht«. Wenn ein Maler das kann, wird er wie van Gogh in der Lage sein, Bilder von Feldern mit Kohlköpfen und von Schlafzimmern billiger Hotels zu malen, die ebenso hochdramatisch sind wie ein Raub der Sabinerinnen.

Die zeitgenössische Mode will es, daß vor allem der Maler bewundert wird, der sich auf die formalen Aspekte seiner Kunst konzentrieren kann und Bilder hervorbringt, die von keiner Art vergegenständlichter Literatur getrübt sind. Die Maxime des alten Renoir – »*Un peintre, voyez-vous, qui a le sentiment du téton et des fesses, est un homme sauvé*« (Sehen Sie, ein Maler, der ein Gefühl für Busen und Hintern hat, ist ein geretteter Mensch) – wird von den Puristen für verdächtig freizügig gehalten. Ein Maler, der ein Gefühl für Busen und Hintern hat, ist ein Maler, der mit Genuß reale Modelle porträtiert. Jener reine Ästhet sollte nur ein Gefühl für Halbkugeln, gekrümmte Linien und Oberflächen haben. Aber dieses »Gefühl für Hintern« ist allen guten Malern gemeinsam. Es ist der kleinste gemeinsame Nenner des ganzen Berufsstandes. Es ist möglich, wie Mantegna eine leidenschaftliche Vorliebe für alles Feste zu haben und gleichzeitig ein stoischer Philosoph und Heldenverehrer zu sein. Es ist ebenso möglich, mit Michelangelo die vollkommene Vergegenwärtigung von Brüsten und gleichzeitiges Interesse für die Seele zu vereinen oder, wie Rubens, ein Gefühl für menschliche Größe und gleichzeitig für menschliche Hinterteile zu haben. Das Größere umfaßt das Kleinere; große dramatische oder reflektierende Maler wissen alles, was die Ästhetiker, die geometrische Bilder, Äpfel oder Hinterbacken malen, wissen, und ein Gutteil darüber hinaus. Was sie über formale Beziehungen zu sagen haben, ist, wenn auch bedeutend, doch immer nur ein Teil dessen, was sie insgesamt zum Ausdruck zu bringen haben. Das zeitgenössische Beharren auf der Form bei Ausschluß alles anderen ist eine Absurdität. Das gleiche gilt auch für das ältere Beharren auf der genauen Nachahmung bei Ausschluß der Form. Es braucht keine Ausschließungen zu geben. Trotz des einen und einzigen Namens gibt es viele verschiedene Arten von Malern, und mit Ausnahme derer, die nicht malen können, und derer, die geistig trivial, vulgär und öde sind, haben alle ein Recht zu existieren.

Alle Klassifikationen und Theorien werden nachträglich aufgestellt; zuerst müssen die Fakten eingetreten sein, damit tabellarisiert und methodisiert werden kann. Den historischen Prozeß umkehrend, rücken wir den Fakten mit theoretischen Vorurteilen gewappnet zu Leibe. Anstatt jedes Faktum an und für sich zu betrachten, fragen wir uns, wie es ins theoretische Schema paßt. Zu jedem gegebenen Zeitpunkt mißlingt es einer Reihe bedeutsamer Fakten, in die jeweils modische Theorie Eingang zu finden, die dann außer acht gelassen werden müssen. So mißlang es der Kunst El Grecos, sich dem Ideal guter Malerei anzupassen, wie es von Philipp II. und seinen Zeitgenossen vertreten wurde. Die Sieneser des 15. Jahrhunderts galten den Kennern des 17. und 18. Jahrhunderts als unfähige Barbaren. Unter dem Einfluß von Ruskin verstand es das spätere 19. Jahrhundert, nahezu jede Form von Architektur in Mißkredit zu bringen, die nicht gotisch war. Und das frühe 20. Jahrhundert mißbilligt und ignoriert unter französischem Einfluß alles in der Malerei, was literarisch, reflektierend oder dramatisch ist.

In jeder Ära hat die Theorie die Menschen bewogen, vieles zu schätzen, was schlecht, und vieles abzulehnen, was gut war. Das einzige Vorurteil, das der ideale Kunstkritiker haben sollte, ist das Vorurteil gegen das Unfähige, das geistig Unredliche und das Sinnlose. Die Zahl der Arten und Weisen, wie gute Bilder gemalt werden können, ist ganz unermeßlich und hängt lediglich von der Variabilität des menschlichen Geistes ab. Jeder gute Maler erfindet eine neue

Malweise. Ist dieser Mann ein fähiger Maler? Hat er etwas zu sagen, ist er echt? Das sind die Fragen, die der Kritiker sich zu stellen hat. Nicht dagegen Fragen wie: Stimmt er mit meiner Theorie der Nachahmung oder Verzerrung überein, mit meiner Theorie der moralischen Reinheit oder der signifikanten Form?

Es gibt einen Maler, dem gegenüber, wie mir scheint, das theoretische Vorurteil immer höchst unbillig verfahren ist. Ich meine den älteren Breughel. Schaue ich mir seine besten Gemälde an, so finde ich, daß ich ehrlich und aufrichtig alle die Fragen bejahen kann, die sich ein Kritiker legitimerweise stellen sollte. Er ist ästhetisch höchst fähig; er hat viel zu sagen; er ist von ganz eigentümlicher, interessant kraftvoller Geistesart; und er erhebt keine falschen Ansprüche, er ist völlig ehrlich. Und doch hat er nie das hohe Ansehen genossen, auf das seine Verdienste ihm ein Anrecht geben. Das liegt, wie ich meine, daran, daß sein Werk nie recht mit einer der verschiedenen kritischen Theorien übereingestimmt hat, die seit der Zeit seines Wirkens ihren Auftritt in der ästhetischen Welt hatten.

Als subtiler Kolorist, als sicherer und treffender Zeichner und im Besitz der Gaben, die ihn befähigen, die ungezählten Figuren, mit denen seine Bilder gefüllt sind, zu gefällig dekorativen Gruppen zu ordnen (Gruppen, die, wie wir sehen, wenn wir seine Methode des formalen Arrangements zu analysieren versuchen, aus individuell flachen, silhouettenähnlichen Gestalten aufgebaut sind, die auf sukzessiv gestaffelten Ebenen stehen), kann sich Breughel rein ästhetischer Verdienste rühmen, die ihn eigentlich sogar bei der strengsten Sekte von Pharisäern beliebt machen sollten. Mit diesem rein ästhetischen Zuckerguß überzogen, sollte sich die bittere Pille seiner erzählerischen Malweise, wie man vermuten möchte, leichter schlucken lassen. Wenn Giottos Techtelmechtel mit der Heilsgeschichte ihm vergeben wird, warum sollte dann nicht Breughel verziehen werden, daß er Anthropologe und Sozialphilosoph ist? Worauf ich versuchsweise antworten möchte: Giotto wird vergeben, weil wir so gründlich aufgehört haben, an das katholische Christentum zu glauben, daß wir die Thematik seiner Bilder leicht außer acht lassen und uns auf ihre formalen Qualitäten konzentrieren können; Breughel andererseits wird nicht verziehen, weil er Beobachtungen über die Menschheit angestellt hat, die uns noch immer treffen. Vor seiner Thematik können wir nicht ausweichen; sie berührt uns zu nahe, als daß wir sie außer acht lassen könnten. Eben deshalb wird Breughel von allen zeitgemäßen *Kunstforschern* verschmäht.

Und sogar in der Vergangenheit, als es noch keinerlei theoretischen Einspruch gegen die Vermischung von Literatur und Malerei gab, mißlang es Breughel aus einem anderen Grund, sein Recht zu bekommen. Er wurde als niedrig, grob, als bloßer Komödiant angesehen und deshalb ernsthafter Auseinandersetzung für unwert befunden. So informiert uns die *Encyclopedia Britannica,* bei der man sich in diesen Dingen immer darauf verlassen kann, daß sie die vor einigen Generationen herrschende Meinung getreulich wiedergibt, in den elf Zeilen, die sie sparsamerweise Pieter Breughel widmet, daß die »Motive seiner Bilder hauptsächlich humorige Gestalten wie die von D. Teniers sind; und wenn ihm auch der zarte Pinselstrich und die silbrige Klarheit jenes Meisters fehlen, hat er doch Energie und komische Kraft im Überfluß.«

Wer immer diese Zeilen geschrieben hat – und sie können durchaus von jemandem geschrieben worden sein, der vor fünfzig Jahren auf Sicherheit gehen und das Richtige sagen wollte –: er hat sich schwerlich die Mühe gemacht, irgendeines der Bilder anzuschauen, die Breughel als reifer und vollendeter Künstler gemalt hat.

Zwar hat er in seiner Jugend ein Gutteil Brotarbeit für einen Händler geliefert, der sich auf Karikaturen und Fratzen in der Manier von Hieronymus Bosch spezialisiert hatte. Seine späteren Bilder aber, zu einer Zeit gemalt, da er die Geheimnisse seiner Kunst wirklich gemeistert hatte, sind ganz und gar nicht komisch. Sie sind Studien über das bäuerliche Leben, sie sind Allegorien, sie sind religiöse Bilder mit höchst befremdlicher Farbgebung, sie sind exquisit poetische Landschaften. Breughel starb auf der Höhe seiner Schaffenskraft. Aber von seinem reifen Werk ist genug erhalten geblieben – in Antwerpen, in Brüssel, in Neapel und vor allem in Wien –, das die Albernheit des klassischen Verdikts bloßstellt und ihn als das zeigt, was er war: der beste Landschaftsmaler seines Jahrhunderts, der genaueste Beobachter von Sitten und Bräuchen und der wunderbar geschickteste malerische Erkunder und Spurenleser einer bestimmten Sicht des Lebens.

Gerade in Wien läßt sich Breughels Kunst in allen ihren Aspekten am besten studieren. Denn Wien besitzt praktisch alle seine Meisterwerke gleich welchen Genres. Die in Antwerpen, Brüssel, Paris, Neapel und anderswo verstreuten Bilder vermitteln nur einen schwachen

Begriff von Breughels Bedeutung. In den Wiener Museen aber sind mehr als ein Dutzend seiner Bilder vertreten, die sämtlich aus seiner letzten und besten Periode stammen. Der *Turmbau zu Babel,* das *Große Martyrium,* die *Zählung der Menschen in Bethlehem,* die beiden Winterlandschaften und die Herbstlandschaft, die *Bekehrung des Heiligen Paulus,* die *Schlacht zwischen Israelitern und Philistern,* die *Bauernhochzeit* und der *Bauerntanz* – alle diese bewundernswerten Bilder sind hier versammelt. Und nach eben diesen Werken muß er beurteilt werden.

Vier Landschaften sind in Wien zu sehen: der *Düstere Tag* (Januar) und die *Jäger im Schnee* (Februar), eine Novemberlandschaft (die *Heimkehr der Herde*) und die *Zählung der Menschen in Bethlehem,* ein Werk, das trotz seines Titels wenig mehr ist als eine Landschaft mit Figuren. Dieses letztgenannte Bild ist, wie die Februarlandschaft und der *Kindermord* in Brüssel, eine Schneestudie. Szenen im Schnee kommen Breughels Malweise besonders entgegen. Denn ein schneeiger Hintergrund wirkt darauf hin, daß alle davor sich abzeichnenden schwarzen oder farbigen Gegenstände in Form sehr ausgeprägter, scharfumrissener Silhouetten in Erscheinung treten. Breughel macht in allen seinen Kompositionen, was der Schnee in der Natur macht. Alle Gegenstände auf seinen Bildern (die auf eine Art und Weise komponiert sind, die stark an japanische Werke gemahnt) sind papierdünne Silhouetten, die, Ebene um Ebene, wie die Theater-Bühnenbilder in der Tiefe des Szenenraumes gestaffelt sind. Folgerichtig erreicht er in den Bildern mit Schneeszenen, wo die Natur seine gewohnte Methode nachzuahmen beginnt, einen geradezu beunruhigenden Grad von elementarem Realismus. Jene Jäger, die da über die Hügelkuppe ins verschneite Tal mit seinen gefrorenen Weihern hinabstapfen, sind Väterchen Frost und seine Mannen selbst. Die Menschenmengen, die über die weißen Straßen von Bethlehem drängen, sind in einem absoluten Winter situiert; jene wilden Reiter, die inmitten einer Weihnachtspostkartenlandschaft plündern und morden, sind Teil der Heerscharen von König Winter, und die unschuldigen Kinder, die sie töten, sind die jungen grünen Schößlinge der Erde.

Breughels Methode verträgt sich mit den schneelosen Januar- und Novemberlandschaften grundsätzlich weniger gut. Die verschiedenen Ebenen stehen etwas zu flach und distinkt nebeneinander. Es bedürfte einer sanfteren, blumigeren Malweise, um die intime Qualität solcher Szenen zu erfassen, wie er sie auf diesen beiden Bildern darstellt. Ein geborener Herbstmaler würde beispielsweise die Tiere, die Menschen, die Bäume und die fernen Berge zu einer dunstigeren Einheit verschmolzen und damit Nähe und Ferne in der satten Oberfläche seiner Farbe gemischt haben. Breughel malte zu transparent und zu flach, um zum vollkommenen Interpreten solcher Landschaften zu werden. Dennoch hat er, im Rahmen einer für ihn nicht restlos geeigneten Konvention, Erstaunliches geleistet. Der Herbsttag ist ein Bild von exquisiter Schönheit. Hier macht er, wie in der düster-dramatischen Januarlandschaft, einen subtilen Gebrauch von goldenen, gelben und braunen Farbtönen und erzielt damit eine gedeckte und doch leuchtende Farbharmonie. Die Novemberlandschaft ist ganz mild und heiter; aber im *Düsteren Tag* hat er eines jener Natur-Dramen von Himmel und Erde inszeniert – einen Konflikt zwischen Licht und Finsternis. Das Licht bricht aus am Horizont verstreuten Wolkenbänken hervor, strahlt vom Fluß in seinem in der Bildmitte gelegenen Tal auf, erglänzt auf den Gipfeln der Berge. Der Vordergrund, der den Kamm eines bewaldeten Hügels darstellt, ist dunkel; und die an den Hängen wachsenden blattlosen Bäume heben sich schwarz vor dem Himmel ab.

Diese beiden Bilder sind die schönsten Landschaften des 16. Jahrhunderts, die ich kenne. Sie sind auf intensive Weise poetisch, dennoch gedämpft und nicht übertrieben malerisch oder romantisch. Jene gefährlichen Schlünde und überhängenden Klippen, für die die älteren Maler eine so große Vorliebe hatten, tauchen in diesen Beispielen aus Breughels reifster Phase nicht auf.

Breughels Anthropologie ist ebenso reizvoll wie seine Naturpoesie. Er kannte seine Flamen, kannte sie aufs genaueste, sowohl in ihrer Wohlstandsphase als auch in den elenden Jahren von Hader, Rebellion, Verfolgung, Krieg und anschließender Verarmung, die auf die Heraufkunft der Reformation in Flandern folgten.

Selbst Flame und so tief und unauslöschlich Flame, daß er in der Lage war, nach Italien zu gehen und, wie sein großer Landsmann im vorhergehenden Jahrhundert, Roger van der Weyden, ohne den geringsten Anflug von Italianismus zurückzukehren, war er gleichsam wie geschaffen, zum Naturhistoriker des flämischen Volkes zu werden. Er stellt seine Landsleute zumeist in Augenblicken orgiastischer Fröhlichkeit dar, mit der sie die mühselige Monotonie ihres Alltagslebens ausgleichen – wie sie sich an gewaltigen Freß- und Saufgelagen und plumpen Tänzen gütlich tun und ihrer Neigung zu spezifisch flämischen skatologischen Deftigkeiten frönen. Die *Bauernhochzeit* und der *Bauerntanz* sind wunderbare Beispiele für diesen anthropologischen Typus von Malerei (beide in Wien). Und auch jene beiden anderen merkwürdigen Bilder sollten nicht außer acht gelassen werden, der *Kampf von Karneval und Fastenzeit* und die *Kinderspiele*. Auch sie zeigen bestimmte Aspekte der heiteren Seite des Lebens in Flandern. Aber die Darstellung ist nicht die einer individuellen Szene, die zufällig auf ihrem Höhepunkt erfaßt und reproduziert wird. Die beiden Bilder verfahren systematisch und enzyklopädisch. Auf dem einen illustriert Breughel alle Kinderspiele; auf dem anderen alle Karnevalsbelustigungen, die in geordneter Phalanx gegen die Streitkräfte der Askese ins Feld geführt werden. Auf genau dieselbe Weise stellt er auf seinem außerordentlichen *Turmbau zu Babel* alle Bauverfahren dar. Diese Bilder sind Handbücher ihrer jeweiligen Motivkreise.

Breughels Vorliebe für Verallgemeinerung und Systematisierung wird überdies in seinen allegorischen Werken vergegenständlicht. Der *Triumph des Todes* im Prado ist beängstigend in seiner umfassenden und vollständigen Behandlung des Themas. Die phantastische *Dulle Griet* in Antwerpen ist ein nahezu ähnlich sorgfältig behandelter Triumph des Bösen. Seine Illustrationen zu Sprichwörtern und Parabeln gehören in dieselbe Kategorie. Sie zeigen ihn als einen Mann, der zutiefst überzeugt war von der Realität des Bösen und der Schrecknisse, die dieses sterbliche Leben, von der Ewigkeit ganz zu schweigen, für die leidende Menschheit bereithält. Die Welt ist ein schrecklicher Ort; trotzdem aber oder gerade deshalb essen, trinken und tanzen Männer und Frauen, der Karneval ficht gegen die Fastenzeit, und sei es nur einen Augenblick lang; Kinder spielen auf den Straßen, Menschen heiraten inmitten derber Lustbarkeiten.

Von allen Breughelschen Bildern aber ist dasjenige, das die Reflexion am nachhaltigsten anregt, nicht spezifisch allegorisch oder systematisch. Der *Gang nach Golgatha* ist eines seiner großformatigsten Gemälde, auf dem sich kleine Gestalten drängen, die rhythmisch vor einem weiten und malerischen Hintergrund gruppiert werden. Die Komposition ist einfach, an und in sich selbst gefällig und scheint aus dem Gegenstand hervorzugehen, anstatt daß sie ihm auferlegt wurde. So viel zur reinen Ästhetik.

Es gibt Hunderte von Darstellungen der Kreuzigung und der Kreuztragung – von den bewundernswertesten und unterschiedlichsten Meistern. Von allen Kreuzesmartyrien aber, die ich je gesehen habe, ist das von Breughel das suggestivste und auf dramatische Weise beängstigendste. Denn alle anderen Maler haben diese schrecklichen Szenen sozusagen von innen nach außen gemalt. Für sie ist Christus der Mittelpunkt, der göttliche Held der Tragödie; das ist ihr Ausgangsfaktum; es transformiert und zieht alle anderen Fakten in Mitleidenschaft, indem es das Grauen des Dramas gewissermaßen rechtfertigt und alles, was die Hauptfigur umgibt, in eine geordnete Hierarchie von Gut und Böse einreiht. Breughel dagegen beginnt außerhalb und arbeitet sich nach innen vor.

Er stellt die Szene so dar, wie sie sich irgendeinem Zufallsbeobachter auf der Straße nach Golgatha an einem bestimmten Frühlingsmorgen des Jahres 33 n. Chr. geboten hätte. Manche Künstler haben den Eindruck erweckt, als seien sie Engel, indem sie die Szene gewissermaßen in Kenntnis ihrer Bedeutung malten. Breughel aber bleibt entschieden ein einfacher menschlicher Zuschauer. Was er zeigt, ist eine Menge von Menschen, die in feiertäglicher Heiterkeit munter den Abhang eines Hügels hinaufstreben. Auf dem Gipfel dieses Hügels, der im Mittelgrund auf der rechten Bildseite zu sehen ist, stehen zwei Kreuze mit daran aufgehängten Schächern, und dazwischen klafft ein kleines Loch im Boden, in das in Kürze ein weiteres Kreuz eingepflanzt werden soll. Im Umkreis der Kreuze steht auf dem kahlen Hügelgipfel ein Ring von Menschen, die mit ihren Picknick-Körben gekommen sind, um der kostenlosen Unterhaltung beizuwohnen, die ihnen von den Schergen der Justiz geboten werden wird. Diejenigen, die bereits ihren Platz im näheren Umkreis der Kreuze gefunden haben, sind die Umsichtigen; in unseren Tagen würden wir sie mit Campingstühlen und Thermosflaschen sechs Stunden vor Vorstellungsbeginn in der vordersten Reihe der Warteschlange für einen Auftritt der Melba in Covent Garden sehen. Die weniger Vorsorglichen oder Wagemutigeren finden sich in der Menge, die mit dem dritten und größten Verbrecher den Hügel heraufkommt, dessen Kreuz den Ehrenplatz zwischen den beiden anderen einnehmen soll. In ihrem eifrigen Bestreben, beim Aufstieg auch nur ja kein bißchen Spaß zu versäumen, vergessen sie, daß sie bei der eigentlichen Hinrichtung mit den rückwärtigen Plätzen auf dem tatsächlichen Handlungsort vorliebnehmen müssen. Es kann natürlich aber auch sein, daß sie sich ihre Plätze dort oben reserviert haben. In Tyburn konnte man einen hervorragenden Platz in einer Privatloge für eine halbe Krone bekommen; mit der Eintrittskarte in der Tasche konnte man dem Karren vom Gefängnis aus folgen, zeitgleich mit dem Verbrecher ankommen, und doch eine vollkommene Sicht auf die Vorstellung haben. In unseren Tagen, da eine wunderliche Humanitätsduselei so entschieden triumphiert hat, daß Erhängungen privat stattfinden müssen und nicht einmal Mrs. Thompsons Schreie im Radio übertragen werden dürfen, müssen wir uns damit begnügen, über Hinrichtungen zu lesen und sie nicht als Augenzeugen anzuschauen. Die Impresarios, die Eintrittskarten für Tyburn verkauften, haben geadelten Zeitungsbesitzern weichen müssen, die einem unendlich viel größeren Publikum pikante Beschreibungen von Tyburn ins Haus liefern. Wenn die Leute noch immer am Marble Arch gehängt würden, wäre Lord Riddell sehr viel weniger reich.

Diesem gierig bebenden, lüsternen Interesse an Blut und Brutalität, das wir in unseren zivilisierten Tagen nur aus gehörigem Abstand auf den Seiten unserer Tageszeitungen befriedigen können, wurde zur Zeit Breughels mit mehr Nachsicht stattgegeben; das naive, unbefangene Tier im Menschen war weniger ausgefuchst, erhielt längeren Auslauf und umkläffte und umsprang schweifwedelnd das auserkorene Opfer. So gesehen, so fühllos, von außen, reinigt oder erhebt die Tragödie nicht; sie ängstigt und versetzt in Verzweiflung; oder sie kann sogar eine Art schauerliche Heiterkeit hervorrufen. Ein und dieselbe Situation kann häufig tragisch oder komisch sein, je nachdem, ob sie mit den Augen derer gesehen wird, die sie erleiden, oder derer, die sie als Zuschauer erleben. (Wenn man die Perspektive ein wenig verschiebt, könnte Macbeth als lärmende Farce paraphrasiert werden.) Breughel macht ein Zugeständnis an die hohe Tragödie, indem er in den Vordergrund seines Bildes eine kleine Gruppe frommer Frauen stellt, die weinen und die Hände ringen. Sie stehen völlig abseits der anderen Figuren und haben, im Stil von Roger van der Weyden gemalt, keinerlei harmonischen Zusammenhang mit ihnen. Eine kleine Oase leidenschaftlicher Spiritualität, eine Insel von Bewußtheit und Verständnis inmitten der vorherrschenden Dummheit und Brutalität. Warum Breughel sie in dieses Bild eingesetzt hat, ist schwer zu erraten; vielleicht zu Nutz und Frommen des konventionell Religiösen, vielleicht aus Respekt vor der Tradition; vielleicht aber auch, weil er seine eigene Komposition zu bedrückend fand und deshalb diese noble Belanglosigkeit einfügte, um sich selbst zu beruhigen.

(*Along the Road, 1925*; Ü.: Hans-Horst Henschen)

Kunst und Religion

Hält die Kunst ihrem Zeitalter den Spiegel vor? Oder das Zeitalter seiner Kunst? Folgt der Künstler oder führt er? Oder geht er seinen Weg allein, wobei er nur dem kategorischen Imperativ seiner Begabung und der inneren Logik einer verpflichtenden Überlieferung folgt? Ist er der Vertreter einer Epoche? Oder vertritt er bloß einen Wahlkreis, der nicht größer ist als der besondere Kreis von Begabten – seine Vorläufer, Zeitgenossen und Nachfolger –, dem er durch die Vorbestimmung seiner Erbmasse zufällig angehört?

All diese Fragen können, und zwar völlig treffend, bald mit ja, bald mit nein, bald mit ja und nein zugleich beantwortet werden. Es gibt da keine allgemeinen Regeln, sondern nur besondere Fälle; und die meisten dieser Fälle sind für uns in ein dichtes Dunkel des Nichtwissens gehüllt.

Da ist etwa der Fall, der sich jedem touristischen Rombesucher darbietet: der faszinierend rätselhafte Fall der Barockkunst und des Katholizismus im 17. Jahrhundert. In welchem Bezug zueinander standen die beiden? Welcher Art war der Zusammenhang zwischen den Kunstformen der Zeit und der religiösen Erfahrung derer, die in ihr lebten?

Nach dreihundert Jahren ist das einzige, was wir mit Sicherheit wissen, daß sich die in der religiösen Barockkunst Dargestellten ausnahmslos in einem Zustand chronischer Gefühlserregung befinden. Sie ringen die Arme, rollen die Augen, pressen ihre Hände auf wogende Busen, und manchmal schwinden ihnen im Übermaß des Empfindens die Sinne bis zur Bewußtlosigkeit. Wir betrachten sie mit einer Mischung aus ästhetischer Bewunderung und moralischem Mißfallen und fangen an, Mutmaßungen über ihre Zeitgenossen anzustellen. War deren religiöse Existenz ebenso wild bewegt wie das Leben der Phantasiegestalten dieser Maler und Bildhauer? Und wenn ja, war dann die Kunst Nachbildung ihrer Erregtheit, oder war die Erregung Reflex einer Kunst, die aus rein ästhetischen Gründen so heftige Bewegung aufwies? Oder gab es am Ende in der wirklichen Welt, die der gemalten und gemeißelten entsprach, eine derartige Erregtheit überhaupt nicht? Die Künstler des Barock waren es vermutlich leid, immer nur dasselbe zu tun wie ihre Vorgänger, und fanden sich durch die innere Logik ihrer Tradition zur Erkundung des Übermäßigen veranlaßt; deshalb mußten die Gestalten über den Altären in einstudierter Verzückung gestikulieren. Doch das religiöse Leben der Menschen, die vor diesen Altären ihre Andacht verrichteten – hatte es sich gegenüber anderen Epochen wirklich so entscheidend verändert? Gab es nicht damals wie zu jeder Zeit immer nur einige wenige leidenschaftlich kontemplative und aktive Seelen, die den großen Teigklumpen der Buchstabenfrommen und der Schwärmer, der Mitläufer und der Lauen unvollkommen durchsäuerten?

Ich für meinen Teil neige der letzten Ansicht zu. Die Umwelt ist ja nie die einzige Determinante – immer ist da auch die genetische Erbmasse mit am Werk und bringt in jeder geschichtlichen Epoche Konstitutionen und Temperamente der verschiedensten Art hervor. Alle Anlagen der menschlichen Natur sind zu allen Zeiten vorhanden, und zu allen Zeiten werden (ungeachtet gewisser Milieubedingungen, die sich für einige nachteilig auswirken mögen) so gut wie all diese Anlagen in gewissem Umfang realisiert.

Man braucht nur einmal Salimbenes *Chronik* und Laws *Serious Call* nachzulesen, um zu begreifen, daß es in den Zeitaltern des Glaubens ebenso viele irreligiöse Menschen gab wie Pietisten im Zeitalter der Vernunft. Die Byzantiner, die sich über Fragen der trinitarischen Theologie bis zum Wahnsinn ereifern konnten, waren dieselben Byzantiner, die bei den Wagenrennen in Raserei gerieten. Und unser eigenes Zeitalter der Atomphysik ist zugleich eine erstaunliche Blütezeit der Astrologie und des Zahlenglaubens. In jeder Epoche gibt es nicht etwa eine Synthese, sondern lediglich ein rohes Gemenge von Gegenständen und Unvereinbarkeiten. Und doch besitzt jede Epoche nur einen vorherrschenden Kunststil, in dessen Ausdrucksformen Maler und Bildhauer eine streng begrenzte Anzahl von Sujets behandeln.

Die Kunst läßt sich in diesem Zusammenhang als Prozeß der Auswahl und Verwandlung definieren, durch den eine nicht zu bewältigende Vielheit zumindest auf einen Anschein von Einheit zurückgeführt wird. Daher dürfen wir nie erwarten, in der Kunst eine Spiegelung der gleichzeitigen Wirklichkeit zu finden, wie sie von den Menschen in all ihrer angeborenen und erworbenen Vielfalt erlebt wird. Wie könnte man sonst aus dem Studium der verhaltenen und formalisierten Kunst des italienischen Trecento auf die Existenz der ausschweifenden religiösen Erweckungsbewegungen schließen, die ein so charakterischer Zug jener Zeit waren? Und, umgekehrt, aus den barocken Ausschweifungen auf die Präsenz der Mystik im 16. und 17. Jahrhundert? Wer vermöchte bei der Betrachtung von Carlo Dolcis Magdalena zu ahnen, was der heilige Johannes vom Kreuz über die wahre Liebe gesagt hat: daß sie nicht eine Sache der Empfindung, sondern des Willens sei? Oder wer könnte, Berninis heilige Theresa vor Augen, je vermuten, daß Berninis Zeitgenosse Charles de Condren an den Ekstatikern die Schwäche beklagt, die sie dazu bringt, Gott so *animalement* zu empfangen?

Wahrscheinlich dürfte es sich so verhalten haben, daß – während die große Mehrheit, wie stets, gleichgültig oder in sprunghaften Anwandlungen von Aberglauben verharrte und die Meister des religiösen Lebens eine Verehrung des Geistes im Geiste predigten – die Künstler der Zeit sich dafür entschieden, ein Christentum der Nervenerregung und eingeweidlichen Inbrünste zu glorifizieren, bald mit Leidenschaftlichkeit, dann wieder süßlich und sentimental. Und sie trafen diese Entscheidung nicht aus Gründen der Lebensumstände, sondern der künstlerischen Praxis. Ihre Gemälde und Skulpturen waren keine Spiegelung des zeitgenössischen religiösen Erlebens in seiner Vielfalt, und konnten es nicht sein; und ebensowenig spiegelte das religiöse Erleben der meisten Zeitgenossen die vorherrschende Kunst. Kunst und religiöses Leben gingen getrennte Wege, wobei die Künstler die Religion zum Anlaß nahmen, um einen barocken Expressionismus zu entwickeln, und die Gläubigen sich dieser Kunst als Mittel bedienten, um zu den verschiedenen Arten geistlicher Erfahrung zu gelangen, zu denen ihre Temperamente sie tauglich machten. Und genau die gleiche Beziehung hatte zwischen Kunst und Religion geherrscht, als die ›Primitiven‹ einen vielgestaltigen Katholizismus als Gelegenheit benützten, um eine ganz besondere Art von statischer Komposition zu schaffen, während die Frommen diese Werke zum Zwecke religiöser Erweckung oder geistlicher Betrachtung oder auch magischer Beschwörung benützten.

Von Rom und dem Barock wollen wir uns für einen Augenblick der Toscana und dem Rokoko zuwenden. Einige Meilen von Siena entfernt steht mitten in den Weinbergen ein großes Kartäuserkloster, Pontignano genannt, in dem heute ein Dutzend Bauernfamilien hausen. In den alten Zeiten besaß jeder Mönch eine Wohnung aus drei Räumen: Küche, Schlafraum und eine winzige Gebetszelle. Die Vordertüren dieser Räumlichkeiten gingen auf den Kreuzgang, und nach hinten lagen kleine ummauerte Gärtchen, in denen man Gemüse ziehen und das eigene Grab graben konnte. Jeder Bruder lebte für sich, unabhängig von allen übrigen, ein Einsiedler in einer Gemeinschaft von Einsiedlern, ein Stummer unter den Schweigern. Die meisten Gebäude in Pontignano stammen aus dem 14. Jahrhundert, wurden aber von einem Innendekorateur des 18. aufgefrischt. Unter seiner Leitung wurde die Kirche mit einem riesigen Hochaltar aus Holz geschmückt, so bemalt, daß es aussah wie Marmor; und die kleinen Oratorien, in denen die Mönche ihre persönliche Andacht verrichteten, wurden mit Rokokoschnörkeln überstuckt, bis sie aussahen wie die Boudoirs von lauter Provinz-Pompadours.

Uns mit unserem unverbesserlichen Geschichtssinn erscheint die Verbindung aus heiligem Bruno und Louis Quinze aberwitzig ungereimt. Doch wie kam sie den Mönchen selbst vor, die tatsächlich in diesen Oratorien beteten? Fingen sie mit einem Male an zu denken, zu fühlen und sich aufzuführen wie jene liederlichen Abbés, die wir mit dieser Art von Ambiente zu verbinden pflegen? Sicher nicht. »Niemals reformiert, da niemals deformiert«, ging der Kartäuserorden weiter seinen Weg, ungeachtet aller ästhetischen Modewechsel. In ihren neu stuckverzierten Oratorien stellten die Brüder ihre Betrachtungen über den Tod an, genau wie ihre Vorgänger in gotischem oder romanischem, barockem oder Renaissance-Dekor. Stile wandeln sich, Weltreiche entstehen und vergehen; der Tod aber bleibt sich gleich: eine früher oder später in jedes Menschenleben tretende nackte Tatsache – eine Tatsache, unberührt von Geschichte, für die folglich alle geschichtlichen Wechsel, ob politischer oder wirtschaftlicher, künstlerischer oder wissenschaftlicher Art, völlig unerheblich sind. Die pompadoursche Kunst in den Oratorien von Pontignano sagt uns absolut nichts über die Kartäuserreligion der Zeit, die wie immer auf die Betrachtung des Todes ausgerichtet war. Wir erfahren aus ihr einzig und allein, daß die Mönche es im 18. Jahrhundert für angebracht hielten, die alten Baulichkeiten zu restaurieren, und daß die einzigen Restaurateure in diesem noch von Pastiche und Antikenfälschung verschonten Jahrhundert eben Leute waren, die ihre Ausbildung in der damals gängigen Kunsttradition erhalten hatten.

Heutzutage sind die Gläubigen schlimmer dran als damals die Mönche von Pontignano. Nicht lebendiges Rokoko, sondern das Pseudomittelalter oder irgendein Stück massenerzeugter *bondieuserie* ist alles, was sie für ihre Zwecke finden können. Dennoch, trotz der Nichtigkeit moderner religiöser Kunst, blüht die Religion, in all ihren Erscheinungsformen, von der fetischistischen zur meditativen, weiterhin und bringt ihre guten oder bösen Früchte hervor. Der Mensch ist ein Ganzes und die Gesellschaft (vielleicht) ebenso; doch sie sind Ganzheiten, die wie Schiffe durch wasserdichte Schotten unterteilt sind. Auf der einen Seite einer solchen Trennwand ist die Kunst, auf der anderen die Religion. Es mag guter Wein in der einen und Spülicht in der anderen Abteilung sein. Die beiden sind nicht wie kommunizierende Röhren oder osmotisch verbunden, sondern nur von oben her, durch den Intellekt, der beide gleichzeitig sieht und erkennt, daß sie – mehr im Nebeneinander als in Verschmelzung – demselben individuellen oder gesellschaftlichen Ganzen angehören.

(*Themes and Variations*, 1950; Ü.: Herberth E. Herlitschka)

Meditation über El Greco

Die Wonnen des Nichtwissens sind auf ihre Weise ebenso groß wie die Wonnen der Erkenntnis. Denn obwohl das Licht gut ist, obwohl es Befriedigung verschafft, wenn man in der Lage ist, die einen umgebenden Dinge in ein geordnetes und verständliches System zu bringen, ist es auch gut, sich manchmal im Dunkeln wiederzufinden; ist es hin und wieder angenehm, in vager Bestürzung über eine Welt spekulieren zu müssen, die das Nichtwissen auf eine Menge für einander wechselseitig bedeutungsloser Ereignisse reduziert hat, Ereignisse, die, wie lauter unerforschte und phantastische Inseln, die Oberfläche eines weiten Ozeans von Unbegreiflichkeiten übersäen.

Für mich liegt einer der größten Reize des Reisens darin, daß es einzigartige Möglichkeiten bietet, dem Luxus des Nichtwissens zu frönen. Ich bin keiner jener gewissenhaften Reisenden, die, bevor sie ein neues Land besuchen, wochenlang zunächst seine Geologie, Wirtschaft, Kunstgeschichte und Literatur büffeln. Ich ziehe es vor, zumindest während meiner allerersten Besuche, als gründlich unvorgebildeter Tourist zu reisen. Erst später, wenn meine Ignoranz ihre jungfräuliche Frische eingebüßt hat, beginne ich zu lesen, was der intelligente Tourist schon auswendig gewußt haben würde, bevor er seine Fahrkarte kauft. Ich lese – und alsbald beginnen meine isolierten und rätselhaft ungereimten Eindrücke in einer Folge von Offenbarungen Bedeutung zu gewinnen, und meine wahllos durcheinandergewürfelten Erinnerungen ordnen sich harmonisch zu Mustern. Die Wonnen des Nichtwissens haben ihren Platz den Wonnen der Erkenntnis geräumt.

Ich habe nur zweimal Spanien besucht – und das will sagen: nicht oft genug, um meiner Ignoranz müde zu werden. Ich genieße es noch immer, mit leichter Verwirrung sowenig wie möglich über all das zu wissen, was ich zwischen den Pyrenäen und Kap Trafalgar gesehen habe. Noch zwei oder drei Besuche, und die Zeit wird für mich reif sein, die London Library aufzusuchen und im Schlagwortkatalog das Stichwort »Spanien« zu durchmustern. In einem der zahlreichen, allzu zahlreichen der dort katalogisierten Bücher werde ich zweifellos die Aufklärung eines kleinen Geheimnisses finden, das mich eine ganze Reihe von Jahren sanft und mit Unterbrechungen in Atem gehalten hat – seit ich bei einer jener bewundernswerten Leihgaben-Ausstellungen in Burlington House zum ersten Mal eine Version von El Grecos *Traum Philipps II.* gesehen habe.

Diese merkwürdige Bildkomposition, die jedem Besucher des Escorials vertraut ist, stellt den König tintenschwarz gekleidet und behandschuht wie einen Leichenbestatter dar, auf einem prallgefüllten Kissen mitten im Vordergrund kniend; in einiger Entfernung von ihm, auf der linken Seite, eine Gruppe weiterer frommer Kniender, einige in weltlicher, andere in geistlicher Tracht, alle aber sichtlich gottergeben, die zu einem Himmel voller freudetaumelnder Engel, Kardinaltugenden und biblischer Personen aufschauen, die ihrerseits wiederum in einem Kreis um das Kreuz und das leuchtende Monogramm des Erlösers angeordnet sind. Auf der rechten Bildseite gähnt der gewaltig breite Schlund eines Wals, und eine große Menschenmenge, wahrscheinlich Verdammte, stürzt sich (allem zum Trotz, was wir in unserer Jugend über die Anatomie von Walen gelernt haben) in den karmesinroten Abgrund hinab. Ein merkwürdiges Bild, ich wiederhole es, und als Kunstwerk nicht bemerkenswert gut; es gibt aus derselben Jugendphase des Meisters manche sehr viel bessere El Grecos. Dennoch ist es, trotz seiner Mittelmäßigkeit, ein Bild, für das ich eine gewisse Schwäche habe. Ich mag es aus dem heute traurig unorthodoxen Grunde, weil das Thema mich interessiert. Und das Thema interessiert mich, weil ich nicht weiß, was eigentlich das Thema ist. Denn dieser Traum König Philipps – was war das? War es eine visionäre Vorwegnahme des Jüngsten Gerichts? Ein mystischer Blick in den Himmel? Ein ermunternder Seitenblick auf die handfeste Art des Allmächtigen, mit Ketzern umzuspringen? Ich weiß es nicht – und ich möchte es im Augenblick nicht einmal wissen. Angesichts einer so ausschweifenden Phantasie wie der von El Greco sind die Wonnen des Nichtwissens besonders intensiv. Mit dem geheimnisvollen Wal, dem Leichenbestatter-König, den schwärmenden Luft-Heiligen und den hinweggefegten Sündern konfrontiert, lasse ich meine Phantasie schweifen und schwelge geradezu in den Wonnen verdutzten Nichtwissens.

Die für mein Empfinden anziehendste Phantasie, die mir dabei gekommen ist, besagt, daß dieses seltsame Bild als prophetische und symbolische Autobiographie gemalt worden ist, daß es hieroglyphisch die ganze spätere Entwicklung El Grecos zusammenfassen sollte. Denn dieser Wal im Vordergrund der rechten Bildseite – dieser Urgroßvater von Moby Dick, mit seinem gewaltigen Maul, seinem karmesinroten Schlund und der Menge hinabsteigender Verdammter, die wie Bankangestellte um sechs Uhr abends in die Untergrundbahn eintauchen –, dieser Wal, sage ich, ist das bezeichnendste autobiographische Detail aller frühen Bilder El Grecos. Denn welches Ziel haben sie vor Augen, diese hastenden Verdammten? »Immer die rote Gasse runter«, wie unsere Kindermädchen sagten, wenn sie uns ermutigten, die ungenießbaren Speisen der Kindheit hinunterzuwürgen. Hinunter in ein trübes Inferno von Kutteln. Mit einem Wort: in jenes befremdliche und eher schreckliche Universum, in dem El Greco, in dem Maße wie er älter wurde, immer ausschließlicher heimisch geworden zu sein scheint. Denn im späteren malerischen Werk des Kreters ist jede Person ein Jonas.

Ja, *jede* Person. Und damit enthüllt sich *Der Traum Philipps II.* als lückenhafte Prophezeiung, als verstümmeltes Symbol. Allein für die Verdammten öffnet der Wal sein Maul. Hätte El Greco die ganze Wahrheit über seine künftige Entwicklung darstellen wollen, so hätte er ihnen die Seligen spornstreichs nachschicken oder seinen Heiligen und Engeln zumindest ein eigenes, anderes Monster beigesellen müssen – einen überirdischen, kopfunter in den Wolken schwebenden Wal, mit einer zweiten roten Gasse, die schnurstracks und gerade zu einem verschluckten Himmel hinaufführt. Paradies und Fegefeuer, Hölle und sogar die gewöhnliche Erde – für El Greco in seiner Reifezeit lag jeder Bereich des Universums im Bauche eines Wals. Seine Verkündigungen und Himmelfahrten, seine Todeskämpfe, Verklärungen und Kreuzigungen, seine Martyrien und Stigmatisierungen sind ausnahmslos viszerale Ereignisse. Der Himmel ist nichts weiter als das Schwarze Loch von Kalkutta, und Gott selbst ist walverschlungen.

Die Kritiker haben versucht, El Grecos malerische Agoraphobie im Sinne seiner frühkindlichen Erziehung auf Kreta zu erklären. Auf seinen Bildern ist kein Raum, versichern sie uns, weil die typische Kunst jenes Byzanz, der geistigen Heimat El Grecos, das Mosaik war, und das Mosaik ist bar aller Tiefe. Eine bestechende Erklärung, die einzig daran krankt, daß sie zufällig beinahe völlig danebentrifft. Erstens nämlich war das byzantinische Mosaik nicht ausnahmslos ohne Tiefe. Jene außerordentlichen, aus dem 8. Jahrhundert stammenden Mosaiken in der Omajaden-Moschee in Damaskus beispielsweise sind ähnlich räumlich und luftig wie impressionistische Landschaften. Zwar sind sie in vieler Hinsicht außergewöhnliche Muster dieser Kunst. Aber sogar die verbreiteteren Tonplattenmosaiken haben wirklich nichts mit El Grecos Malweise zu tun, denn die byzantinischen Heiligen und Könige sind in eine Art zweidimensionaler Abstraktion eingeschlossen oder genauer: flach eingelegt – in einen rein euklidischen, plan-geometrischen Himmel aus Gold oder Blau. Ihr Universum hat auch nicht die geringste Ähnlichkeit mit jenem Bauch eines Wales, in der jede Gestalt El Grecos ihr oder sein geheimnisvolles oder beängstigendes Leben führt.

El Grecos Welt ist kein Flachland; sie hat Tiefe – gerade etwas Tiefe. Und eben das verleiht ihr den Anschein einer so beunruhigenden Welt. Die Personen der byzantinischen Mosaik-Künstler sind in ihrer zweidimensionalen Abstraktion völlig zu Hause; sie sind an ihre Umwelt angepaßt. El Grecos Menschen aber, dicht und dreidimensional, als Bewohner eines räumlichen Universums vorgesehen, sind in eine Welt eingeschlossen, in der vielleicht gerade genug Raum ist, ›um sich um die eigene Achse zu drehen‹, aber nicht mehr. Sie sind Gefangene und, schlimmer noch, Gefangene in einem viszeralen Gefängnis. Denn alles, was sie umgibt, ist organisch, animalisch. Wolken, Felsen und jeglicher Faltenwurf sind auf geheimnisvolle Weise in Schleim, enthäutete Muskeln und Bauchfell verwandelt. Der Himmel, in den Graf Orgaz auffährt, ähnelt einer Art kosmischem Operationssaal für eine Blinddarmentzündung. Die *Auferstehung* in Madrid ist eine Auferstehung in einem Verdauungstrakt. Und aus den späteren Bildern gewinnen wir den grausigen Eindruck, daß alle – menschlichen wie göttlichen – Gestalten einen Auflösungsprozeß zu erleiden begonnen haben und allmählich ihren viszeralen Umgebungen gleichgestellt werden. Sogar auf der *Auferstehung* in Madrid haben die Formen und Texturen des nackten Fleisches einen merkwürdig kuttelartigen Aspekt angenommen. Im Falle der nackten Gestalten des *Laokoon* oder der *Öffnung des Siebenten Siegels* (beides Spätwerke El Grecos) ist dieser Angleichungsprozeß sogar noch beträchtlich weiter getrieben. Nachdem sie gesehen haben, wie ihr Faltenwurf und die sie umgebende Landschaft allmählich peptonisiert und umgewandelt wurde, entdecken die unglücklichen Jonasse von

Toledo zu ihrem Entsetzen, daß sie selbst verdaut werden. Ihre Körper, ihre Arme und Beine, ihre Gesichter, Finger und Zehen hören auf, ihr menschliches Eigentum zu sein; sie werden – der Prozeß verläuft langsam, aber mit unerbittlicher Heftigkeit – Teil der inneren Körpervorgänge des universalen Wals. Zum Glück für sie starb El Greco früh. Noch weitere zwanzig Jahre – und die Heilige Dreifaltigkeit, die Gemeinschaft der Heiligen und die gesamte Menschenrasse hätte sich vordergründig kaum mehr von Wucherungen eines kosmischen Darms unterschieden. Und selbst die Auserwählten hätten vielleicht danach gestrebt, Band- und Saugwürmer zu werden.

Was mich selbst betrifft, so tut es mir sehr leid, daß El Greco nicht das Alter von Tizian erreicht hat. Mit achtzig oder neunzig Jahren hätte er wahrscheinlich eine nahezu abstrakte Kunst hervorgebracht – einen Kubismus ohne Kuben, organisch und rein viszeral. Was für Bilder hätte er dann gemalt! Schön, aufregend, zutiefst beängstigend. Denn beängstigend sind sogar schon die Bilder seiner mittleren Schaffensphase, entsetzlich trotz ihrer außerordentlichen Kraft und Schönheit. Dieses hinuntergewürgte Universum, in das er uns führt, ist eine der beunruhigendsten Hervorbringungen des menschlichen Geistes. Denn welche Gründe hatte El Greco, die Menschheit die rote Gasse hinunterzujagen? Was bewog ihn dazu, Gott aus seinem grenzenlosen Himmel zu entführen und Ihn in eines Fisches Bauch einzusperren?

Hier kann man nur dunkel spekulieren. Alles, was ich mit Sicherheit sagen kann, ist, daß es tiefere und gewichtigere Gründe für den Wal gab als die Erinnerungen an die Mosaiken – die völlig unviszeralen Mosaiken –, die er im Laufe einer Kindheit auf Kreta und einer Jugend in Venedig und Rom gesehen haben mag. Und auch kein Augenleiden reicht, wie das manche behauptet haben, als Erklärung für seine befremdliche künstlerische Entwicklung aus. Die Leiden müssen schon sehr schwerwiegend sein, bevor sie völlig koextensiv mit ihren Opfern werden. Daß Menschen von ihren Krankheiten in Mitleidenschaft gezogen werden, ist offenkundig; nicht weniger offenkundig aber ist, daß sie, ausgenommen wenn sie schon beinahe *in extremis* sind, eben etwas mehr darstellen als nur die Summe ihrer Krankheitssymptome. Dostojewski war mehr als die personifizierte Epilepsie, Keats war noch etwas anderes als ein bloßer Klumpen Lungentuberkulose. Die Menschen benutzen ihre Krankheiten wenigstens ebensosehr, wie sie von ihnen benutzt werden. Mit großer Wahrscheinlichkeit hatte El Greco irgendein Augenleiden. Andere Menschen aber haben genau dasselbe Augenleiden gehabt, ohne deshalb Bilder wie *Laokoon* oder *Die Öffnung des Siebenten Siegels* zu malen. Es ist absurd zu sagen, daß El Greco eben ein Fall von mangelhaftem Sehvermögen war; er war ein Mensch, der sich ein mangelhaftes Sehvermögen zunutze machte.

Zu welchem Zweck? Um irgendeine befremdliche Weltsicht, irgendeine mysteriöse Philosophie zum Ausdruck zu bringen? Eine Antwort fällt schwer. Denn El Greco gehört als Metaphysiker (jeder bedeutende Künstler ist Metaphysiker, ist ein Verkünder von Schönheitswahrheiten und Formtheorien) keiner bekannten Schule an. Alles, was sich auf dem Wege der Ein- und Zuordnung sagen läßt, ist, daß er, wie die meisten großen Barockkünstler, an die Gültigkeit der Ekstase, des Irrationalen glaubte, an ›numinose‹ Erfahrungen, aus deren Rohstoff die Vernunft Götter oder die verschiedenen Attribute der Götter schafft. Die Art von ekstatischer Erfahrung aber, die von El Greco künstlerisch wiedergegeben und meditativ gestaltet wurde, war völlig verschieden von der Art von Erfahrung, die in der Malerei, Bildhauerei und Architektur der großen Barockkünstler des *seicento* beschrieben und symbolisch ›rationalisiert‹ wurde.

Jene Massenproduzenten von Spiritualität, die Jesuiten, hatten eine einfache Technik zur Erzeugung orthodoxer Ekstasen perfektioniert. Sie hatten eine bisher nur den geistlich Wohlhabenden zugängliche Erfahrung in Billigware umgemünzt und sie damit allen zugänglich gemacht. Was die italienischen *seicento*-Künstler so brillant und fruchtbar wiedergaben, war diese wohlfeile Erfahrung und die Metaphysik, in deren Sinne sie rationalisiert werden konnte. »Die heilige Theresa für alle.« – »Ein Johannes vom Kreuz in jedem Heim.« Das waren ihre Slogans – oder hätten es doch zumindest sein können. Nimmt es also wunder, wenn ihre Erhabenheiten theatralische Nichtigkeiten waren, ihre Zartheit süßlich und ihre spirituellen Eingebungen ziemlich abgedroschen und vulgär? Sogar die größten Barockkünstler waren eben nicht wegen ihrer Subtilität und spirituellen Verfeinerung bemerkenswert.

Mit diesen ziemlich oberflächlichen Ekstasen und der orthodoxen Gegenreformation, in deren Sinne sie interpretiert werden konnten, hat El Greco nichts zu schaffen. Der strahlend tröstliche Himmel, die lachenden oder rührseligen, aber stets allzumenschlichen Gottheiten, die Bühnen-Weiten und die Bühnen-Mysterien, kurz: das ganze Repertoire der *seicentisti* fehlt auf seinen Bildern. Statt dessen ist da Ekstase und flammendes Sehnen; aber immer – wie wir gesehen haben – Ekstase und Sehnen im Bauche eines Wals. El Greco scheint fortgesetzt mit den physiologischen Wurzeln der Ekstase befaßt zu sein, nicht mit ihren spirituellen Blüten; mit den primären leiblichen Grundlagen numinoser Erfahrungen, nicht mit ihren mentalen Abkömmlingen.

Wie vulgär auch immer, hatten die Künstler des Barock die Blüte im Blick, nicht die Wurzel, die Abkömmlinge und theologischen Deutungen, nicht die rohen Fakten des unmittelbaren körperlichen Erlebens. Nicht daß sie sich des physiologischen Wesens dieser primären Gegebenheiten nicht bewußt gewesen wären. Berninis erstaunliche *Heilige Theresa* tut das auf die unzweideutigste Art und Weise kund; und es ist interessant festzuhalten, daß er bei dieser Statue (genau wie bei der sehr ähnlichen und erstaunlichen *Ludovica Albertoni* in San Francesco a Ripa) dem Faltenwurf eine Art organische und sozusagen intestinale Üppigkeit der Form mitgibt. Etwas gedämpfter, geglätteter und vereinfachter wäre das Gewand der großen Heiligen vom ganzen Rest der verschluckten Landschaft im Bauche von El Grecos Wal kaum zu unterscheiden. Bernini rettet die Situation (aus der Sicht eines Verfechters der Gegenreformation), indem er in seine Komposition die Gestalt des speerschwingenden Engels einführt. Diese junge Luftgestalt ist der Bewohner eines unverschluckten Himmels. Er verkörpert in sich die Verbindung unendlicher Räume. Reizend und ein wenig grotesk (die Hand, die den flammenden Speer führt, zeigt einen graziös gekrümmten kleinen Finger, wie die Hand irgendeiner allzu verzärtelten jungen Person, die im Begriff ist, ihre Teetasse zu heben) symbolisiert der Engel die spirituelle Blüte der Ekstase, deren physiologische Wurzel die ohnmächtig schmachtende Theresa in ihrem Bauchfellgewand ist. Bernini ist, spirituell gesprochen, ein *plein-airiste*, ein Freiluftmaler.

Nicht so El Greco. Was ihn betrifft, ist da nichts außerhalb des Wals. Die primäre physiologische Gegebenheit der religiösen Erfahrung ist für ihn auch die abschließende Gegebenheit. Er verharrt stetig auf der Ebene jenes viszeralen Bewußtseins, das wir so weitgehend außer acht lassen, mit dem aber unsere Vorfahren (wie ihre Sprache beweist) ein Großteil ihres Denkens und Fühlens bestritten haben. »Wo ist Dein Eifer und Deine Stärke, das Tönen Deiner Eingeweide und Deiner Gnade für mich?« – »Mein Herz dreht sich inwendig, meine Reue regt sich.« – »Ich lobe den Herrn, der mir geraten hat; auch züchtigen mich meine Nieren des Nachts.« »Denn Gott ist mein Zeuge, wie inbrünstig sehne ich mich nach Euch allen im Herzensgrund Christi.« – »Denn Du hast meine Nieren bereitet und hast mich gebildet im Mutterleibe.« – »Ist Ephraim mein lieber Sohn?... Deshalb sind meine Eingeweide bekümmert um ihn.« Die Bibel hat einen wahren Überfluß an solchen Sätzen – Sätzen, die den modernen Leser wunderlich, etwas unanständig, ja sogar abstoßend anmuten. Wir sind daran gewöhnt, uns uns selbst als völlig kopflastig vorzustellen. Fälschlich, wie die Physiologen gezeigt haben. Denn was wir denken und fühlen und sind, wird zu einem großen Teil vom Zustand unserer endokrinen Drüsen und unserer Eingeweide determiniert. Der Psalmist, der sich von seinen Nieren belehren läßt, der Apostel mit seinem sehnenden Leib – sie stehen gänzlich im Einklang mit der modernen physiologischen Strömung.

El Greco lebte zu einer Zeit, als die Realität des ursprünglichen viszeralen Bewußtseins noch immer anerkannt wurde – als das Herz und die Leber, die Milz und der Busen noch die gesamte Gefühlswelt des Menschen bestimmten und die vier Säfte Blut, Schleim, Galle und Melancholie seinen Charakter festlegten und seine wechselnden Stimmungen beherrschten. Sogar die erhabensten Erfahrungen galten als primär physiologisch fundiert. Theresa erkannte Gott im Sinne heftigen Schmerzes in ihrem Herzen, ihrer Seite, ihrem Leib. Während aber Theresa, und mit ihr die überwältigende Mehrzahl der Menschenwesen, es für ganz natürlich hielt, aus dem Bereich der Physiologie in den des Geistes überzugehen – aus dem Bauch des Wales in den weit offenen Himmel –, verweilte El Greco hartnäckig bei seiner Erfahrung, verschluckt worden zu sein. Seine Meditationen waren allesamt von religiöser Erfahrung und Ekstase geprägt – aber immer von religiöser Erfahrung in ihrem rohen physiologischen Status, immer von primärer, unmittelbarer, viszeraler Ekstase. Er brachte diese Meditationen im Sinne christlicher Symbole zum Ausdruck – das heißt von Symbolen, wie sie gewöhnlich benutzt wurden, um Erfahrungen zu beschreiben, die sich von den primären physiologischen Zuständen, auf die er Nachdruck zu legen gewohnt war, beträchtlich unterschieden. Der Kontrast zwischen diesen Symbolen in ihrer allgemein anerkannten Bedeutung und dem besonderen Privatgebrauch, dem El Greco sie dienstbar machte – eben dieser merkwürdige Kontrast verleiht El Grecos Bildern ihre eigentümlich beängstigende Dimension. Denn die christlichen Symbole erinnern uns an all die spirituell offenen Räume – die offenen Räume altruistischen Fühlens, die offenen Räume abstrakten Denkens, die offenen Räume freischwebender spiritueller Ekstase. El Greco sperrt sie ein, verschließt sie eilends im Bauch eines Fisches. Die spirituellen offenen Räume werden von ihm genötigt, als Sprache zu dienen, in deren Begriffen er über die geheimen Unmittelbarkeiten des viszeralen Bewußtseins spricht, über die Ekstase, die die persönliche Seele tilgt, nicht indem sie sie in der Unendlichkeit des Universums auflöst, sondern indem sie sie niederzieht und sie in der warmen, pulsierenden, bebenden Finsternis des Körpers ertränkt.

Ich habe mich weit und auf spekulativen Wegen vom Leichenbestatter-König und seinem rätselhaften Alptraum von Jonassen und Walen entfernt. Aber imaginatives Wandern ist das Privileg des Unwissenden. Wenn man nicht weiß, steht es einem frei zu erfinden. Ich habe die Gelegenheit ergriffen, weil sie sich von selbst bot. Irgendeinmal könnte ich entdecken, worum es bei dem Bild geht, und wenn das geschehen ist, werde ich nicht mehr die Freiheit haben, meine eigenen Deutungen anzubringen. Imaginative Kritik ist im wesentlichen eine Art Ignoranz. Nur deshalb, weil wir nicht wissen, was ein Schriftsteller oder Künstler zu sagen beabsichtigt hat, steht es uns frei, uns eigene Bedeutungen auszuhecken. Hätte uns El Greco irgendwo ganz genau bedeutet, was er zu vermitteln beabsichtigte, indem er in Form von Schleimhäuten und Schwarzen Löchern malte, dann wäre ich jetzt nicht mehr in der Lage, darüber zu spekulieren. Glücklicherweise aber hat er uns keinerlei Hinweis gegeben; ich habe also ein Recht darauf, meiner Phantasie freien Lauf zu lassen.

(*Music at Night*, 1931; Ü.: Hans-Horst Henschen)

Variationen über El Greco

Im Jahre 1541, als Domenikos Theotokopoulos geboren wurde, stand seine Heimatinsel Kreta schon mehr als dreihundert Jahre lang unter venezianischer Herrschaft. Der Handel war der mächtigen Flagge gefolgt, nicht aber die Kultur. In Sprache, Denken und Kunst blieb die Insel, was sie, seit das Seevolk die minoische Macht endgültig gebrochen hatte, schon immer gewesen war – ein Teil Griechenlands. In den kretischen Schulen studierten die jungen Leute die Philosophen des alten Athen und die Theologen des christlichen Byzanz. Byzantinische Gemälde und byzantinische Mosaiken schmückten die Kirchen, und sogar im revolutionären 16. Jahrhundert gingen die kretischen Künstler ihren traditionellen Weg, ohne den gleichzeitigen Ereignissen im nahen Italien die geringste Beachtung zu schenken. Ihre Bilder waren zweidimensional, unrealistisch und unberührt von Perspektive und Chiaroscuro. Was diese Künstler betraf, so mochten Giotto und Masaccio, von Raffael und Tizian ganz zu schweigen, nie gelebt haben.

Der junge Domenikos erhielt eine gründliche griechische Erziehung und studierte die Malkunst unter den besten Meistern der Insel. Freilich nicht allzulange. In Kandia konnte man, neben anderen festländischen Importen, auch Beispiele venezianischer Malerei zu Gesicht bekommen. Mochten die Rechtgläubigen darüber die Köpfe schütteln: Was für eine Art, die Muttergottes zu behandeln! Und diese unziemliche menschliche Gestalt – sollte das vielleicht der Pantokrator sein? Auf einen jungen Mann von originellem und forschendem Geist muß gerade das Unorthodoxe an diesen Bildern faszinierend gewirkt haben. Sie waren Wahrzeichen einer Welt, wo der Künstler sein eigener Herr war, wo er auch technische Experimente anstellen durfte und wo es ihm freistand, all die Dinge zu sehen und abzubilden, die für die Byzantiner einfach nicht existierten. Überdies war diese Welt künstlerischer Freiheit zugleich eine Welt, in der einer sein Glück machen konnte. Venedig war reich, Kreta jämmerlich arm. In Kandia hatte ein Mann keine Zukunft; auf dem Festland dagegen, auf dem Festland...

Anfang der sechziger Jahre, als der junge kretische Einwanderer zum ersten Mal an Land ging, stand Venedig auf der Höhe seines künstlerischen Ruhmes. Tizian war ein sehr alter Mann, malte aber nicht weniger gut, ja wahrhaftig noch besser als in seiner Jugend. Tintoretto, gut vierzig Jahre jünger, war eifrig am Werk und wandelte die kompositorischen Grundsätze der Hochrenaissance in die des Barock um. Noch immer in jugendlichem Mannesalter, verfertigte Veronese mühelos gewaltige Meisterwerke dekorativer Kunst. »Seligkeit war's, in jenem Morgenglanz zu atmen.« Doch jeder Morgenglanz – der künstlerische ebenso wie der politische, religiöse oder erotische – weicht nun einmal dem Vormittag, dem Nachmittag und der Nacht. Nachdem Domenikos mehrere Jahre lang als »Schüler Tizians« gearbeitet hatte (um die Formel zu gebrauchen, mit der man ihn später charakterisierte), begann er, ein tiefes Unbehagen an der venezianischen Kunst zu empfinden. Es hätte auch kaum anders sein können. Von Natur aus introspektiv, nach seiner Erziehung ein Neuplatoniker und Jünger der byzantinischen Kunst, mochte der junge Mann die venezianische Maltechnik noch so sehr bewundern: nie und nimmer konnte er den Gebrauch billigen, der von dieser Kunst gemacht wurde. Für seinen Geschmack war sie zu heidnisch, zu wollüstig, zu dekorativ, zuviel mit Äußerlichkeiten befaßt, zuwenig verinnerlicht und ernsthaft.

Auf der Suche nach einer seinen Anlagen und Idealen eher entsprechenden Kunst zog es Domenikos 1570 nach Rom. Doch leider erwies sich Rom als ebenso enttäuschend wie Venedig. Von den großen Meistern der Hochrenaissance war keiner mehr am Leben, und ihre Nachfolger waren zweitrangige Manieristen, unfähig, etwas Neues zu schaffen, und parasitär von den Errungenschaften der Vergangenheit zehrend. Die Lebenden erschienen Domenikos uninteressant, und auch die großen Toten waren nicht die Meister, nach denen er Ausschau gehalten hatte. An Michelangelo kritisierte er beispielsweise, daß dieser Mann einfach nicht malen könne – eine etwas derbe Art, die unzweifelhafte Tatsache auszusprechen, daß Michelangelo in erster Linie Bildhauer war und daß seine Gemälde gewissermaßen Übertragungen von Skulpturen in eine Sprache sind, die nicht seine künstlerische Muttersprache war. Für einen jungen Mann, dazu berufen, sich nicht in Marmor und bildhauerischen Transkriptionen, sondern in Farben und der satten Textur von Ölpigmenten auszudrücken, konnten die Fresken der Sixtinischen Kapelle nicht allzu lehrreich sein.

Der Romaufenthalt des Künstlers dauerte mehrere Jahre. Dann, irgendwann vor dem Jahre 1577, begab er sich nochmals auf Wanderschaft, diesmal nach Spanien. Warum ausgerechnet nach Spanien? Wie üblich wissen wir es nicht. Als man einige Jahre später, im Verlauf einer Rechtsstreitigkeit, dieselbe Frage an El Greco richtete, verweigerte er die Antwort. Er war offenbar der Meinung, die Leute sollten sich lieber um ihre eigenen Angelegenheiten kümmern.

Die Wanderungen des Kreters waren nun zu Ende. Er ließ sich in Toledo nieder und blieb dort mit seiner Ehefrau Jerónima de las Cuevas und seinem Sohn Jorge bis zu seinem Tod im Jahre 1614. Über sein Leben in Spanien wissen wir nur wenig mehr als über seine Existenz in Kreta und Italien – das heißt, so gut wie nichts. Hier sind einige der spärlichen Flicken und Fetzchen an Information, die auf uns gekommen sind.

Beruflich war El Greco recht erfolgreich. Er erhielt viele Aufträge und wurde für seine Arbeiten gut bezahlt. Mehrfach verklagte er seine kirchlichen Arbeitgeber, um den ausbedungenen Preis auch wirklich zu erhalten. Er stand in dem Ruf, sein Geld mit fürstlicher Großzügigkeit auszugeben: wie es hieß, mußte bei seinen Mahlzeiten ein ganzes Orchester für Tafelmusik sorgen. Seine Wohnung am Rand des großen Tajo-Cañons zählte vierundzwanzig Räume, von denen die meisten jedoch fast völlig unmöbliert belassen wurden. An der eigenen Genialität zweifelte er nie. Er wußte, daß er ein außerordentlicher Maler war, und scheute sich nicht, das auch öffentlich zu sagen. Im übrigen verweigerte er, wenn Philipp II. oder gewisse geistliche Würdenträger seine Bilder kritisierten, weil sie gegen die Normen kirchlicher Kunst verstießen, beharrlich jeden Kompromiß und malte weiter genau so, wie er es für richtig hielt.

Ähnlich wie Tintoretto modellierte er kleine Lehmfiguren, an denen er die Wirkungen von Beleuchtung und Perspektive studierte. Pacheco, der Schwiegervater von Velázquez, sah einen ganzen Schrank voll solcher Figuren, als er El Greco kurz vor dessen Tod besuchte. Es versteht sich von selbst, daß sie alle spurlos verschwunden sind und mit ihnen El Grecos Traktat über die Malerei. Der Maler zählte Dichter, Gelehrte und hervorragende Geistliche zu seinen Freunden. Seine Bibliothek enthielt, wie uns ihr nach seinem Tod angefertigtes Verzeichnis verrät, unter anderen griechischen Werken die berühmte Mystische Theologie des Dionysios Areopagita und dazu die jüngeren italienischen Werke neuplatonischer Philosophie. Im Lichte dieser Tatsachen gewinnt eine seltsame, von dem römischen Freund El Grecos, Giulio Clovio, berichtete Anekdote besondere Bedeutung. »Gestern«, so schrieb Clovio in einem noch vorhandenen Brief, »besuchte ich ihn (El Greco) in seiner Wohnung, um ihn zu einem Spaziergang durch die Stadt abzuholen. Das Wetter war sehr schön... Doch beim Betreten der Werkstatt fand ich zu meiner Überraschung die Vorhänge so fest verschlossen, daß es kaum möglich war, irgend etwas zu sehen. Der Maler saß auf einem Stuhl, weder arbeitend noch schlafend, und weigerte sich, mit mir auszugehen, weil, wie er sagte, das Tageslicht sein inneres Licht störe.« Es will demnach scheinen, als hätte El Greco ein mehr als nur theoretisches Interesse an den mystischen Seelenzuständen empfunden, die Dionysios und die Neuplatoniker beschreiben, und wohl auch selbst irgendwelche Formen der Meditation praktiziert.

Über El Grecos persönliche Erscheinung sind wir im ungewissen. Das sogenannte *Selbstporträt* mag seine Züge darstellen oder auch nicht. Die Evidenz ist alles andere als zwingend. So entgleitet uns dieser Mensch bei jeder Gelegenheit: was uns bleibt, ist allein sein Werk.

Ein gegenständliches Bild ist eines, das ›eine Geschichte erzählt‹ – etwa die Geschichte von Christi Geburt, von Venus und Mars, von einer ganz bestimmten Landschaft oder Person, so wie sie sich zu einem bestimmten Zeitpunkt dem Malenden darbot. Aber sie ist niemals die ganze Geschichte. Ein Bild drückt stets mehr aus, als in seinem Gegenstand enthalten ist. Jeder Maler, der eine Geschichte zu erzählen hat, erzählt sie auf seine eigene Manier; und diese Manier erzählt eine andere Geschichte, die gleichsam die erste überlagert – eine Geschichte über ihn selbst, darüber, wie ein hochbegabtes Individuum auf seine eigene Erfahrung unserer Welt reagiert. Die erste Geschichte wird ausdrücklich erzählt; die zweite erzählt sich selbst, unabhängig vom bewußten Willen des Künstlers. Er kann gar nicht anders, als sie zu erzählen, denn sie ist der Ausdruck seines innersten Wesens – seines angeborenen Temperaments, seines selbstgeschaffenen Charakters und seiner unbewußten Neigungen, die sich durch die Wechselwirkung von Temperament, Charakter und äußeren Umständen herausgebildet haben.

Wie die meisten seiner Vorgänger und Zeitgenossen war El Greco vor allem ein religiöser Maler, ein Erzähler altvertrauter Geschichten aus den Evangelien und Heiligenlegenden. Er erzählt sie jedoch auf seine eigene, eigenartige Weise, und diese Weise erzählt uns wiederum eine andere Geschichte – eine so rätselhafte, daß wir in faszinierter Ratlosigkeit über sie nachgrübeln und ihren Sinn zu übersetzen suchen.

Wenn wir eine der großen Kompositionen aus El Grecos Reifezeit betrachten, dürfen wir nie vergessen, daß seine künstlerische Absicht weder der Nachahmung der Natur noch dem Erzählen einer Geschichte von dramatischer Wahrscheinlichkeit galt. Genau wie die Nachimpressionisten dreihundert Jahre später nahm El Greco natürliche Gegenstände als Rohstoff, um daraus durch ein Verfahren kalkulierter Verzerrung seine eigene Welt malerischer Formen im malerischen Raum unter malerischer Beleuchtung zu schaffen. In diesem privaten Universum situierte er sein religiöses Sujet und machte es zum Ausdrucksträger seiner Aussagen über das Dasein.

Und was *wollte* El Greco aussagen? Die Antwort auf diese Frage läßt sich nur erschließen; doch mir zumindest erscheint sie einigermaßen klar. Die Gesichter mit ihrem gleichartig verzückten Ausdruck, die zusammengepreßten oder zum Himmel gehobenen Hände, die langgezogenen Gestalten, deren extrem gestreckter Körperbau zum lebendigen Symbol des Aufwärtsstrebens wird – sie alle bezeugen, daß der Künstler beständig von den Vorstellungen mystischer Religiosität erfüllt war. Sein Ziel ist es, zu bezeugen, daß die Seele durch eigene Anstrengung und Gnade fähig sei, zur ekstatischen Vereinigung mit dem göttlichen Geist zu gelangen. Diese Idee des Einswerdens betont der Maler immer nachdrücklicher, je älter er wird. Die Grenzlinie zwischen Erde und Himmel, noch deutlich markiert in Werken wie dem *Begräbnis des Grafen Orgaz* und dem *Traum Philipps II.*, wird schwächer und verschwindet schließlich ganz. In der letzten Fassung der *Taufe Christi* ist keinerlei Scheidung mehr vorhanden. Die Formen und Farben strömen ungebrochen vom unteren Bildrand in die Höhe. Die beiden Bereiche sind vollkommen miteinander verschmolzen.

Heißt das, daß El Greco tatsächlich einen vollendeten Ausdruck dafür gefunden hat, was seine Zeitgenossin, die heilige Theresa von Avila, die »geistliche Hochzeit« nannte? Ich glaube nicht. Bei all ihrer außerordentlichen Schönheit sind diese großen Gemälde seltsam bedrückend und unheimlich. Ganz bewußt erzählte El Greco immer zwei Geschichten: eine aus den Evangelien und Heiligenlegenden und eine andere über die mystische Vereinigung mit dem Göttlichen. Unbewußt aber erzählte er noch eine weitere Geschichte, die wenig oder gar nichts mit den beiden wissend erzählten gemein hat. Alles, was an El Greco so beunruhigend ist, gehört zu dieser dritten Geschichte und wird dem Beschauer durch seine höchst individuelle Behandlung des Raumes und der Formen in diesem Raum vermittelt.

In der byzantinischen Kunst, mit der El Greco in seiner Jugend vertraut gewesen war, gibt es keine dritte Dimension. Die Gestalten auf den Ikonen und Mosaiken sind Bewohner eines Flachlandes, in dem Perspektivik nicht vorkommt. Und eben weil es keine Perspektive gibt, scheinen die Figuren in einem himmlischen Weltall zu existieren, dessen unendliche Ausdehnung impliziert ist. Aus dem alten und konservativen Byzanz reiste der Maler nicht nur durch den Raum, sondern auch durch die Zeit in das moderne Venedig. Hier entdeckte er, auf den Gemälden Tizians, die realistische Darstellung einer dritten Dimension, die den Betrachter von der eigentlichen Bildebene zu fernen blauen Gebirgslandschaften unter majestätischen Wolkenballungen weiterwandern läßt. Und an Tintorettos Kompositionen konnte er die raketenartig zentrifugierten Bewegungen studieren, die den Geist des Beschauers über den Bildrahmen hinaustragen und auf die endlose Abfolge von Dingen und Räumen in der Außenwelt verweisen.

Es lag in der Natur von El Grecos Persönlichkeit, daß er sich dafür entschied, Byzanz und Venedig in der denkbar befremdlichsten Weise miteinander zu verbinden. Seine Bilder sind weder ganz flach noch vollkommen dreidimensional. Es gibt Tiefe in seinem privaten Universum, aber nur sehr wenig Tiefe. Von der primären Bildebene bis zu den fernsten Gegenständen im Hintergrund scheint der Abstand meist nur wenige Spannen zu betragen. Es ist kaum Platz genug, auf Erden wie im Himmel, ›um nach einer Katze zu treten‹. Im übrigen deutet El Greco, im Unterschied zu Tintoretto und den anderen Barockkünstlern, nie irgendeine Grenzenlosigkeit jenseits des Bildrahmens an. Seine Kompositionen sind zentripetal: nach innen auf sich selbst gewendet. Er ist der Maler der Bewegung auf engem Raum, der Aufgewühltheit im Gefängnis. Diese Wirkung des Eingeschlossenseins wird noch verstärkt durch das fast vollständige Fehlen eines landschaftlichen Hintergrunds auf seinen Bildern. Der ganze Bildraum ist mit Gestalten, menschlichen und göttlichen, dicht angefüllt; und wo doch noch ein wenig Raum zwischen Leib und Leib übrigbleibt, wird sogleich ein Grenzwall aus erdhaft undurchsichtigen Wolken oder aus wolkenhaft verfließender Erde aufgerichtet. Die Welt der nicht-menschlichen Natur ist für El Greco so gut wie nichtexistent.

Nicht weniger unheimlich als die Enge seines Universums ist die Beschaffenheit der Formen, mit denen er es angefüllt hat. Alles ist hier organisch, aber auf einer niederen Stufe des Organischen, die weit unterhalb der Grenze des vollen Lebens liegt. Darum geht diesen Gemälden alle Sinnlichkeit, alles irgend Lustvolle so völlig ab. An einem Kunstwerk faszinieren und bezaubern uns normalerweise Formen, die ihrerseits die Formen jener Dinge darstellen oder doch andeuten, die wir in der Natur anziehend finden: etwa Blumen, Früchte, Tiere oder menschliche Körper in jugendlicher Kraft und Schönheit. Was uns im Leben dagegen gar nicht anzieht, ist Protoplasma im Rohzustand oder vom Gesamtorganismus abgetrennte Einzelglieder. Doch ausgerechnet mit Formen, die solches andeuten, füllt El Greco seine Bilder. Unter seinem Pinsel verliert der menschliche Leib im Zustand der Nacktheit sein Knochengerüst und sogar seine Muskulatur und wird ein Ding aus Protoplasma – dem befremdlichen Bildkontext wunderbar entsprechend, aber doch recht unheimlich, wenn man ihn im wirklichen Lebenszusammenhang betrachtet. Und wenn El Greco seine knochenlosen Geschöpfe bekleidet, werden ihre Gewänder alsbald zu bloßen Abstraktionen und nehmen eine Art von physiologischer Unbestimmtheit an.

Hier ist nun ein kurzer Einschub am Platze. Jeder Maler oder Bildhauer kann zugleich gegenständlich und nichtgegenständlich arbeiten. In ihrem architektonischen Hintergrund und vor allem in ihrem Faltenwurf enthalten viele Werke auch der Renaissance und des Barock Partien von fast reiner Abstraktion. Diese Teile sind oft in höchstem Grade expressiv. Ja, die ganze Tonlage eines gegenständlichen Werkes kann fixiert, seine innerste Bedeutung ausgedrückt werden durch eben diejenigen Partien, die sich am meisten der Abstraktion annähern. So hinterlassen die Werke Piero della Francescas uns einen Eindruck von Ruhe, Kraft, geistiger Objektivität und stoischer Distanz. Dagegen strömen die Bilder Cosimo Turas ein Gefühl der Unruhe, ja Angst aus. Legen wir uns einmal Rechenschaft ab über die rein malerischen Gründe für den tiefen Unterschied, den wir zwischen den Temperamenten der beiden Künstler wahrnehmen, so werden wir feststellen, daß eine entscheidende Rolle dabei dem am wenigsten abbildhaften Element ihrer Werke zukommt – dem Faltenwurf. Bei Pieros Gewändern gibt es große, ungebrochene Flächen, und die Falten sind so angelegt, daß sie die elementare und solid stereometrische Struktur der Gestalten betonen. Bei den Draperien Turas sind die Oberflächen zerstückt, und es gibt eine Fülle spitzer Winkel und zackiger, flammenähnlicher Formen. Ähnliches findet sich im Werk zweier großer Maler einer späteren Epoche, nämlich bei Poussin und Watteau. Watteaus Gewänder sind in unzählige winzige Runzeln und Fältchen gebrochen, so daß die Farbe eines Mantels oder Wamses nie auch nur einen halben Zoll breit dieselbe bleibt. Beim Betrachter hinterläßt dies den Eindruck von höchster Sensibilität und größtem Raffinement. Poussins viel breitere Behandlung dieses fast ungegenständlichen Beiwerks scheint ein männlicheres Temperament und eine dem noblen Stoizismus Pieros verwandte Weltanschauung auszudrücken.

Bei manchen Werken sind die ungegenständlichen Partien tatsächlich wichtiger als die abbildenden. So sind bei vielen Statuen Berninis nur Hände, Füße und Gesicht wirklich Abbild; alles andere ist Drapierung – und das heißt, wogende, sich windende Abstraktion. Mit El Grecos Gemälden verhält es sich ganz ähnlich. Auf manchen wird ein Drittel, die Hälfte, ja zwei Drittel der gesamten Farbfläche von organischen Abstraktionen niederen Grades eingenommen, denen wir wegen des Darstellungskontexts die Bezeichnung Gewänder, Wolken oder Felsen geben. Diese Abstraktionen besitzen eine starke Ausdruckskraft, und eben durch sie erzählt El Greco auf weite Strecken jene private Geschichte, die dem offiziellen Vorwurf seines Bildes zugrunde liegt.

An dieser Stelle wird der Anhänger reiner Abstraktion einen Einwand anmelden. Wenn die nichtgegenständlichen Partien gegenständlicher Werke so erstaunlich ausdrucksvoll sind, warum sollte sich dann überhaupt jemand die Mühe des Abbildens machen? Wozu sich abplagen, um auf höherer Ebene eine Geschichte von erkennbaren Dingen zu erzählen, wenn sich die wichtigere, tiefer unten spielende, vom Temperament des Künstlers und seiner Reaktion auf das

Leben handelnde Geschichte im Stil reiner Abstraktion erzählen läßt? Ich für meinen Teil habe nichts gegen reine Abstraktionen, denn unter den Händen eines begabten Künstlers können sie durchaus eine Vollendung eigener Art erreichen. Aber dieser Vollendung sind, wie mir scheint, recht enge Grenzen gesetzt. Die Griechen nannten den Kreis eine ›vollkommene Figur‹. Und das ist er wahrhaftig – es gibt nichts daran zu verbessern. Und doch würde uns eine Komposition, die nur aus einem in ein schwarzes Quadrat eingeschriebenen roten Kreis bestünde, bei aller Vollkommenheit wohl ein wenig langweilig vorkommen. Ästhetisch gesehen ist die vollkommene Gestalt eines Kreises weniger interessant als die vollkommene Gestalt etwa einer jungen Frau. Das heißt freilich nicht, daß die Darstellung einer jungen Frau durch einen schlechten Künstler als Bild wertvoller ist als eine Komposition aus Kreisen, Quadraten und Dreiecken, die ein guter Künstler geschaffen hat. Es heißt jedoch meiner Meinung nach, daß die Natur eine reichere Quelle von Formen ist als jedes Lehrbuch der planen oder räumlichen Geometrie.

Die Natur hat unzählige Formen entwickelt, und jedesmal, wenn wir uns von einem Punkt zu einem anderen begeben, sehen wir eine Unzahl solcher Formen sich unendlich vielfältig gruppieren und so eine endlose Vielfalt neuer Formen schaffen, die allesamt als Rohstoff für Kunstwerke dienen können. Was uns gegeben ist, ist so unvergleichlich viel reichhaltiger als alles, was wir erfinden könnten. Doch der Reichtum der Natur ist aus unserer Sicht ein Chaos, dem wir als Philosophen, Wissenschaftler, Techniker und Künstler unterschiedliche Arten von Einheit auferlegen müssen. Nun wage ich zu behaupten, daß unter sonst gleichen Bedingungen ein Kunstwerk, das eine Vielzahl formaler und seelischer Elemente zu ästhetischer Einheit bringt, als Werk bedeutender und interessanter ist als eines, das dieser Einheit nur wenige Elemente zuführt. Anders gesagt, es gibt so etwas wie eine Hierarchie der Vollkommenheit. Bachs *Zweistimmige Inventionen* sind in ihrer Art vollkommen; seine *Chromatische Phantasie* ebenso, und da ihre Vollendung auf der ästhetischen Einheit vielfältigerer Elemente beruht, ist sie (was wir alle ja auch zugeben) ein bedeutenderes Werk. Die alte Unterscheidung zwischen Handwerk und Kunst beruht zum Teil, aber nicht völlig, auf Snobismus und anderen außerästhetischen Erwägungen. In der Hierarchie der Vollendung nimmt eine vollkommene Vase oder ein vollkommener Teppich nun einmal einen niedrigeren Rang ein als, sagen wir, Giottos Fresken in Padua, Rembrandts *Polnischer Reiter* oder die *Grande Jatte* von Seurat. In diesen und hundert anderen Meisterwerken der Malerei eint das Bildganze ein Repertoire von weit zahlreicheren, verschiedenartigeren, seltsameren und interessanteren Formen, als sie in der Anordnung durch einen noch so begabten Handwerker zusammenkommen können. Und über diese reichere und feinere formale Vollendung hinaus beschenkt man uns mit der Zugabe einer unfigürlichen Geschichte, die ausdrücklich oder implizit eine ›Kritik des Lebens‹ selbst darstellt.

Im besten Fall also können unfigürliche Kompositionen durchaus Vollkommenheit erreichen; doch es ist eine Vollendung, die der von Krug und Teppich nähersteht als derjenigen, die sich in den ungemein komplexen und doch ganz integrierten Meisterwerken gegenständlicher Kunst entfaltet – von denen die Mehrzahl, wie wir sahen, ausdrucksvolle Partien fast reiner Abstraktion enthält. Gegenwärtig scheint es für einen Künstler das Vernünftigste und Lohnendste zu sein, (wie Braque) das Beste aus beiden Welten zu machen, der gegenständlichen ebenso wie der nichtgegenständlichen.

Genau dies tat El Greco in seiner eigenen, byzantinisch-venezianischen Tradition und verband Gegenständlichkeit und Abstraktion in einer Weise, die wir für charakteristisch modern halten. Es ging ihm, wie gesagt, darum, dieses wirkungsmächtige Kunstmittel einzusetzen, um im Bereich des Visuellen die Fähigkeit des Menschen zur Vereinigung mit dem Göttlichen auszudrücken. Die künstlerischen Mittel jedoch, die er zu diesem Zweck einsetzte, machten es ihm letztlich unmöglich, sein Ziel zu erreichen. Die Existenz einer transzendenten und doch zugleich diesseitigen, absolut anderen und doch alles irdische Sein geistig tragenden spirituellen Wirklichkeit wurde oftmals in visuellen Symbolen dargestellt; doch nicht in Symbolen von der Art, wie El Greco sie verwendet hat. Die Erregtheit von quasi eingeweidlichen Formen in einer überfüllten und fast raumlosen Welt, aus der die nicht-menschliche Natur verbannt wurde, ist ihrem Wesen nach ungeeignet, die menschliche Vereinigung mit jenem Geist, der im Geiste angebetet zu werden verlangt, auszudrücken.

Landschaft und menschliche Gestalt im Zustand der Ruhe – dies sind die Symbole, durch die in der Vergangenheit das spirituelle Leben am deutlichsten und nachdrücklichsten verkörpert worden ist.

»Sei stille und erkenne, daß ich Gott bin.« Sammlung ist das unentbehrliche Mittel zur einsmachenden Erkenntnis spiritueller Wirklichkeit; und obgleich innere Sammlung inmitten der heftigsten physischen Tätigkeit geübt werden sollte und manchmal auch ausgeübt wird, läßt sie sich doch am wirksamsten durch einen ruhenden Körper und ein innere Heiterkeit ausstrahlendes Gesicht symbolisieren. Die Statuen oder Bildnisse des Buddha und Bodhisattva aus Indien und dem Fernen Osten sind die wohl vollkommensten Beispiele für eine derartige Bildsymbolik des spirituellen Lebens. Kaum weniger eindrucksvoll in ihrer Angemessenheit sind die majestätischen byzantinischen Gestalten Christi, der Jungfrau und der Heiligen. Es erscheint eigentümlich, daß El Greco, der seine erste Ausbildung byzantinischen Meistern verdankt, den symbolischen Wert der Ruhe nicht erkannt haben, sondern lieber mit Hilfe seines abstrakten Beiwerks eine Erregung dargestellt oder angedeutet haben sollte, die mit dem spirituellen Leben, wie er es in den Dionysischen Schriften studiert hatte, gänzlich unvereinbar ist.

Nicht weniger seltsam ist es, daß ein Tizianschüler das Landschaftliche ignoriert und als Neuplatoniker nicht bemerkt haben sollte, daß in den religiösen Bildern des bejahrten Meisters die einzige Andeutung von Spiritualität nicht in den allzu menschlichen Gestalten, sondern in der Hintergrundszenerie aus alpinen Vorbergen, Gipfeln und Himmeln zu finden ist. Der zivilisierte Mensch verbringt den Großteil seines Lebens in einem bequemen Mini-Universum materieller Kunsterzeugnisse, sozialer Konventionen und verbalisierter Ideen. Nur selten kommt er als Bewohner einer gründlich durchorganisierten Metropole in unmittelbare Berührung mit dem Mysterium der außermenschlichen Welt, werden ihm Seinsweisen bewußt, die von Grund auf anders sind als seine eigenen – riesenhafte, unbegrenzte Weiten und Zeiträume, die beinahe Ewigkeiten sind. Seit undenklichen Zeiten hat man die Gottheit mit der Grenzenlosigkeit von Erde und Himmel in Verbindung gebracht, mit der Langlebigkeit von Bäumen, Flüssen und Bergen, mit dem Leviathan und dem Wirbelwind, mit dem Sonnenglanz und den Lilien auf dem Felde. Raum und Zeit in kosmischem Maßstab sind Symbole für die Unendlichkeit und Ewigkeit des Geistes. Die außermenschliche Natur ist der äußere und sichtbare Ausdruck des Geheimnisses, dem wir gegenüberstehen, wenn wir in die Tiefen unseres eigenen Wesens blicken.

Die ersten Künstler, die sich mit der spirituellen Bedeutung der Natur befaßten, waren die taoistischen Landschaftsmaler Chinas. »Da er den Weg liebt, achtet der Tugendhafte auf die Dinge. Da er seinen Geist klärt, würdigt der Weise die Formen. Was die Landschaften anlangt, so existieren sie im Stofflichen und ragen auf in das Reich des Geistes... Der Tugendhafte folgt dem Weg kraft seiner geistlichen Einsicht; denselben Zugang wählt sich der Weise. Doch die Liebhaber der Landschaften werden durch ihren Sinn für Form auf den Weg gebracht... Bedeutung, zu unfaßbar für die Worte des Mundes, kann der Geist durch Bücher und Schriften aufnehmen. Um wieviel mehr also in meinem Fall, wenn ich unter Felsen und Hügeln umhergewandert bin und sie mit eigenen Augen eingehend betrachtet habe! Ich gebe Form durch Form und Erscheinung durch Erscheinung wieder... Wahrheit ist der Ausdruck dessen, was durch die Augen empfangen und vom Geist wiedererkannt wird. Wenn daher in der Malerei die Ähnlichkeit eines Gegenstandes geschickt abgebildet worden ist, werden beide, Auge und Geist, zustimmen. Wenn das Auge auf die Dinge anspricht und der Verstand im Einklang mit ihnen ist, wird der göttliche Geist spürbar, und die Malerei vermag Wahres zu sagen.« So schrieb Tsung Ping, ein Zeitgenosse des heiligen Augustinus, in seiner Einleitung zur *Landschaftsmalerei,* die zu einem klassischen Werk der Chinesen wurde.

Als zwölfhundert Jahre später europäische Künstler die Landschaft entdeckten, entwickelten sie keine eigene Philosophie, um ihr Tun zu erklären und zu rechtfertigen. Das blieb den Dichtern überlassen, einem Wordsworth, Shelley, Whitman. Das Allgegenwärtige, das sie in der Natur entdeckten, »der Geist, den jeder Ort besitzt«, ist identisch mit Hsuan P'in, dem geheimnisvollen Talgeist des *Tao-te-king,* der sich dem Landschaftsmaler offenbart und durch dessen Bilder wieder anderen offenbart wird. Doch die Abwesenheit einer klärenden Philosophie hinderte die besten europäischen Landschaftsmaler nicht daran, Zeugnis abzulegen von

Something far more deeply interfused,
Whose dwelling is the light of setting suns,
And the round ocean, and the living air,
And the blue sky, and in the mind of man.

Von etwas, das viel tiefer untermischt ist,
Behaust im Lichte untergehender Sonnen,
Im Ozean und der lebendigen Luft,
Im Himmelsblau und im Gemüt des Menschen.

»Das ist nicht Zeichnen«, rief Blake aus, als ihm eine der Skizzen Constables gezeigt wurde, »das ist Inspiration!« Und obgleich Constable selbst beteuerte, daß es nichts als Zeichnen war, sind die besten seiner Landschaften kraftvolle und überzeugende Wiedergaben jener spirituellen Wirklichkeit, in der alle Dinge leben, weben und sind. Tatsächlich sind sie als Symbole lebendiger Spiritualität viel angemessener als die meisten Werke, in denen Blake bewußt seine spiritualistische Philosophie auszudrücken suchte. Viel weniger zum Maler als zum Dichter begabt und in einer mißlichen Kunsttradition aufgewachsen, schuf Blake nur selten ein Bild, das soweit ›gelungen‹ ist, daß es ausdrückt, was er so vollendet in seinen lyrischen Gedichten oder an vereinzelten Stellen seiner *Prophetischen Bücher* sagt. Constable hingegen ist unbewußt und ganz unbeabsichtigt ein großer Naturmystiker. In dieser Hinsicht läßt er sich mit Seurat vergleichen. »Die Leute sehen Poesie in dem, was ich tue«, so beschwerte sich dieser wunderbare Landschaftsmeister. »Nein. Ich wende lediglich meine Methode an und weiter gar nichts.« Doch diese Methode wurde von einem Maler angewandt, der höchste Sensibilität mit intellektuellen Kräften ersten Ranges verband. Daher ist, was Seurat bloß für Pointillismus nimmt, tatsächlich Inspiration: die Vision einer Welt, in der die materielle Wirklichkeit Symbol, ja man möchte sagen, Inkarnation einer allumfassenden spirituellen Realität ist. Die berühmte Methode war ihm nichts weiter als Medium, um seine taoistische und Wordsworthsche Geschichte zu erzählen. Der Pointillismus, so wie er ihn verwendete, erlaubte ihm, leeren Raum so wiederzugeben, wie dies kein anderer Maler je zuvor getan hatte, und mit Hilfe der Farbgebung seinen Kompositionen ein beispielloses Maß von Einheit zu verleihen.

Auf Seurats Bildern sind Nähe und Ferne getrennt und doch eins. Die Leere, Symbol des Unendlichen, ist von derselben Substanz wie die endlichen Formen, die sie enthält. Das Vergängliche hat am Ewigen teil, *samsara* und *nirwana* sind ein und dasselbe. Mit solcher Art von Poesie erfüllte Seurat, ob er wollte oder nicht, die wundervollen

Landschaften von Honfleur, Gravelines und der Seine. Und Poesie solcher Art mußte El Greco, obgleich er sie offenbar bewußt hineinnehmen wollte, nach der Eigenheit seines künstlerischen Instrumentariums aus jedem Bild, das er malte, zwangsläufig austreiben. Seine eigentümliche Behandlung von Form und Raum erzählt eine Geschichte von dunklen Ereignissen im Unterbewußten, von einer Heimsuchung durch Angst, von Aufatmen und freien Ausblicken, von erträumter Geborgenheit in irgendeinem eingebildeten Pendant des Mutterschoßes. Das bewußte Streben nach Vereinigung mit dem göttlichen Geist und nach vollkommener Freiheit in seinem Inneren wird gleichsam überrannt von der unbewußten Sehnsucht nach den Tröstungen eines unsäglich uterinen Stadiums. Auf diesen Bildern gibt es keine Erlösung der Zeit durch die Ewigkeit, keine Verklärung der Materie durch den Geist. Im Gegenteil: hier hat das organische Element der tieferen Stufe das Spirituelle verschlungen und seiner eigenen Substanz anverwandelt.

Im Hinblick auf die weite Welt menschlicher Erfahrung betrachtet, muß uns, wie gesagt, El Grecos Welt des verschlungenen Geistes und der eingeweidlichen Ekstase seltsam bedrückend und unheimlich erscheinen. Doch wie kraftvoll und kohärent erscheint sie uns, als isoliertes künstlerisches System betrachtet, wie vollkommen einheitlich, wie faszinierend schön! Durch diese innere Harmonie und Zusammengehörigkeit bestätigt sie auf die eine Weise all das, was sie auf die andere negiert hat. El Greco wollte bewußt die Fähigkeit des Menschen zur Vereinigung mit dem Göttlichen bekräftigen. Unbewußt, durch seine Formenwahl und eigentümliche Behandlung des Raumes, verkündet er freilich den Triumph des Organischen und für seine eigene Person die Unfähigkeit des Geistes, die ihm verbundene Materie zu verklären. Doch zu gleicher Zeit war er ein genialer Maler. Aus den viszeralen Formen und verengten Räumen, die ihm ein dem bewußten Willen entzogener Teil seines Wesens aufzwang, vermochte er eine neue Art von Ordnung und Vollendung zu schaffen und durch diese vollendete Ordnung die Möglichkeit einer Einswerdung des Menschen mit dem Geist erneut zu bekräftigen – eine Möglichkeit, die der Rohstoff seiner Bilder scheinbar ausgeschlossen hatte.

Es handelt sich dabei nicht um eine dialektische Abfolge von These und Antithese zur Synthese hin. Ein Kunstwerk ist nicht nur ein

Werden, sondern auch ein komplexes Sein. Es ist und bedeutet auf mehreren Ebenen zugleich. Meistens sind diese Bedeutungen einander analog und verstärken sich gegenseitig auf harmonische Weise. Dies gilt jedoch nicht ausnahmslos. Bisweilen geschieht es, daß jede Einzelbedeutung logisch alle anderen ausschließt. Dann ergibt sich eine glückliche Vermählung von Unverträglichem, eine perfekte Verschmelzung von Widersprüchen. Solche Zustände sind unvorstellbar, aber sie kommen tatsächlich vor. Derartige Dinge können eigentlich gar nicht sein; und doch, wenn man den Prado betritt, wenn man nach Toledo kommt, sind sie wirklich da – vor unseren Augen.

(*Themes and Variations*, 1950; Ü.: Herberth E. Herlitschka)

Variationen über *Die Kerker*

Am oberen Ende des Treppenhauses im University College zu London steht ein kistenähnliches Gebilde aus lackiertem Holz, etwas größer als eine Telefonzelle und etwas kleiner als ein ländlicher Abort. Wenn man die Tür dieses Miniaturhäuschens öffnet, geht innen ein Licht an und man findet sich, an der Schwelle stehend, einem kleinen alten Herrn gegenüber, der kerzengerade in einem Sessel sitzt und wohlwollend in den Raum lächelt. Sein Haar ist grau und hängt ihm fast bis auf die Schultern herab; sein breitkrempiger Strohhut sieht aus, als sei er einer Illustration zu einer frühen Ausgabe von *Paul et Virginie* entnommen; er trägt einen Gehrock (grün, wenn ich mich recht erinnere, mit Metallknöpfen) und weiße, unauffällig gestreifte Baumwoll-Pantalons. Dieser kleine alte Herr ist Jeremy Bentham oder zumindest das, was von Jeremy Bentham nach seiner testamentarisch verfügten Sezierung übrigblieb – ein Gerippe mit Gesicht und Händen aus Wachs, ausstaffiert mit Kleidern, die einstmals dem Verfasser der *Principles of Morals and Legislation* gehörten.

Zu diesem seltsamen Schrein (der in seiner ostentativen Bescheidenheit so charakteristisch für »unsere buchtenverwinkelte Insel Albion« ist, pilgerte ich aus Neugier, in Begleitung eines der ungewöhnlichsten und bewundernswertesten Menschen unserer Zeit: Albert Schweitzer. Seitdem sind viele Jahre ins Land gegangen; aber ich erinnere mich noch sehr deutlich an den Ausdruck liebevoller Belustigung, der auf Schweitzers Gesicht erschien, während er die Mumie musterte: »Der gute Bentham!« sagte er endlich, »er ist mir soviel sympathischer als Hegel. Wieviel weniger Unheil hat er zu verantworten!«

Die Bemerkung war überraschend, aber einleuchtend und, im Hinblick auf die Erfahrungen des 20. Jahrhunderts, schmerzhaft treffend. Der deutsche Philosoph bildete sich viel darauf ein, ›tiefgründig‹ zu sein, doch es fehlte ihm völlig an der Grundbedingung wahrer Tiefe: Demut. Deshalb endete er als Vergötzer des preußischen Staates und als geistiger Vater jener marxistischen Geschichtstheorie, nach deren Grundsätzen sich alle von Rechtgläubigen begangenen Greuel rechtfertigen und alle guten und vernünftigen Taten Ungläubiger verdammen lassen. Bentham dagegen erhob keinerlei Anspruch auf Tiefgründelei. Er war seicht, im Sinne der menschenfreundlichen und vernunftgemäßen Seichtheit des 18. Jahrhunderts, und so sah er Individuen als wirkliche Menschen, nicht als bloße Zellen im Muskelgewebe und Knochengerüst eines gesellschaftlichen Organismus, dessen Seele ›Der Staat‹ ist. Den Hegelschen Tiefen entsprangen Tyrannei, Krieg und Verfolgung; den Untiefen Benthams dagegen eine Menge unscheinbarer, aber höchst realer Wohltaten – die Abschaffung veralteter Gesetze, die Anlage von Kanalisationssystemen, Reformen städtischer Verwaltung, kurzum beinahe alles, was an der Zivilisation des 19. Jahrhunderts vernünftig und human war.

Nur auf einem Gebiet hat Bentham jemals Drachenzähne gesät. Er besaß die Leidenschaft des Logikers für Ordnung und Konsequenz; und er wollte seine Ordnungsvorstellungen nicht nur den Gedanken und Worten auferlegen, sondern auch den Dingen und Einrichtungen. Nun ist Ordentlichkeit an sich ohne Zweifel etwas Gutes – aber ein Gutes, von dem man allzuleicht zuviel bekommt; und dies um einen zu hohen Preis. Wie oft schon ist Ordnungsliebe, zusammen mit der Liebe zur Macht, ein Ansporn zur Tyrannei gewesen! In den menschlichen Angelegenheiten bedeutet das Äußerste an Schlamperei Anarchie – extreme Ordnung dagegen Militär oder Zuchthaus. Anarchie ist die Feindin der Freiheit – doch das gleiche gilt auch für mechanische Effizienz in Perfektion. Das ›gute Leben‹ läßt sich nur in einer Gesellschaft leben, in der Ordnung zwar gepredigt und praktiziert wird, aber ja nicht zu fanatisch, und wo die Effizienz stets von einer geduldeten Aura der Schlamperei wie von einem Lichthof umgeben ist.

Bentham selbst war alles andere als ein Tyrann und Anbeter des allmächtigen, allgegenwärtigen und allplanenden Staates. Aber er liebte die Ordnung und predigte eben jene Art von gesellschaftlicher Effizienz, mit der damals wie heute die Machtkonzentration in den Händen einiger weniger Spezialisten und die Reglementierung der Massen gerechtfertigt wurde und wird. Dabei darf man die seltsame und beunruhigende Tatsache nicht außer acht lassen, daß Bentham etwa 25 Jahre seines langen Lebens der Aufgabe widmete, bis in die kleinste Einzelheit den Plan für ein vollkommen effizientes Gefängnis auszutüfteln. Das ›Panopticon‹, wie er es nannte, sollte ein kreisförmiges Gebäude sein, so angelegt, daß jeder Häftling sein Leben in permanenter Einsamkeit zu verbringen hätte, unter der ständigen Überwachung durch einen – in der Mitte des Komplexes postierten – Aufseher. (Bezeichnenderweise borgte sich Jeremy Bentham die Idee des Panopticons von seinem Bruder aus, dem Flottenarchitekten Sir Samuel Bentham. Der hatte, während er in Diensten Katharinas der Großen Schiffe für Rußland baute, eine Fabrikanlage nach ›panoptischen‹ Prinzipien entworfen, um den frisch industrialisierten Muschiks eine höhere Arbeitsleistung abzupressen.) Benthams Plan eines totalitären Unterkunftsprojektes wurde nie ausgeführt. Um den Philosophen für diese Enttäuschung zu entschädigen, hat man ihm durch Parlamentsbeschluß eine Ehrengabe von 23000 £ aus dem Staatssäckel gewährt.

Die Architektonik moderner Gefängnisse bleibt hinter der logischen Perfektion des Panopticon zurück, aber sie inspiriert sich an derselben Leidenschaft für ein übermenschliches Maß an Ordnung, die auch die Brüder Bentham beseelte und die seit undenklichen Zeiten das Ideal strenger Zuchtmeister und Diktatoren ist. Aus irgendeinem unerfindlichen Grunde scheint vor den Tagen Howards, Benthams und der Quäker von Philadelphia niemand auf die Idee gekommen zu sein, Gefängnisse zu Orten der Ordnung und Leistungsfähigkeit zu machen. Die Strafanstalten, denen eine Elizabeth Fry ihren unerschöpflichen Schatz von Barmherzigkeit und Hausverstand zuwandte, glichen eher Ausgeburten eines Verbrecher-Deliriums. Der Häftling, der ihre Tore durchschritt, sah sich zu einem Dasein verdammt, das dem theoretischen ›Naturzustand‹ à la Hobbes glich. Hinter der Fassade von Newgate – die ihr Architekt, befreit von dem lästigen Zwang, Raum für Fenster zu finden, aufs eleganteste ausgestalten konnte – lag keine Menschenwelt, nicht einmal eine Tierwelt, sondern ein Chaos, ein Pandämonium.

Der Künstler, dessen Werk das Wesen dieser Hölle am getreuesten widerspiegelt, ist Hogarth – nicht der Hogarth der harmonisch kolorierten Gemälde, sondern der Hogarth der Stiche, der harten, unerbittlichen Linie, der unbarmherzige Zeichner des sinnlosen Übels und chaotischen Elends innerhalb des Fleet-Gefängnisses, von Newgate und Bedlam, aber auch jenseits ihrer Mauern, in jenen anderen Gefängnissen und Tollhäusern, den Schnapsbutiken von Gin Alley, den Bordellen und Spielhöllen von Covent Garden, den vorstädtischen Tummelplätzen, wo Kinder ihre Hunde und Vögel mit einer kaum vorstellbaren Raffinesse an Grausamkeit und Lüsternheit quälen.

In einem Zeitraum von dreißig oder vierzig Jahren vollbrachte die ›Gesellschaft für Disziplin in öffentlichen Strafanstalten‹ eine ganz außerordentliche Reform. Waren die Gefängnisse zuvor in ihrer Anarchie untermenschlich gewesen, so wurden sie nun untermenschlich in ihrer Mechanik. Seitdem Sir Josua Jebb seine Muster-Strafanstalt in Pentonville errichtete, wurde das Bewußtsein der Delinquenten, im Inneren einer Maschine zu stecken, inmitten einer Idee absoluter Ordnung und perfekten Reglements, zum wesentlichen Teil ihrer Bestrafung. Auch in den Konzentrationslagern der Nazis war die Hölle auf Erden nicht von der alten Hogarthschen Art, sondern streng geregelt und ordentlich wissenschaftlich. Aus der Luft soll Belsen wie ein Atomforschungszentrum oder wie ein vorbildlich angelegtes Filmstudio ausgesehen haben. Die Brüder Bentham ruhen seit hundert und mehr Jahren in Frieden; doch der panoptische Geist, der Geist von Sir Samuels muschikzwingenden Arbeitshäusern, marschiert weiter voran, seltsamen und schrecklichen Zielen entgegen.

Heutzutage ist jedes leistungsfähige Büro, jede Fabrik auf der Höhe der Zeit ein panoptisches Gefängnis, worin der Arbeitende (je nach Art seiner Wärter und dem Grad eigener Empfindlichkeit) mehr oder minder unter dem Bewußtsein laboriert, in einer Maschine zu stekken. Soweit ich weiß, hat es nur die Literatur fertiggebracht, dieses Bewußtsein mit einiger Angemessenheit künstlerisch darzustellen. So hat schon Alfred de Vigny Kluges und Treffendes über die Versklavung des Soldaten an ein Ideal des absoluten Reglements gesagt; und in Tolstois *Krieg und Frieden* gibt es ein denkwürdiges Kapitel darüber, wie die überpersönlichen Mächte des ›Befehls von Oben‹ und der hohen Politik, die sich im Funktionieren eines Systems ausdrükken, Pierres freundliche französische Wärter in fühl- und mitleidslose Automaten verwandeln. Doch im 20. Jahrhundert ist das Militär nur ein Panoptikum unter vielen. Da gibt es die Regimenter der Industrie, der Buchhalter und Verwalter. Sie haben eine Menge schmerzlicher und empörter Literatur ins Leben gerufen, doch wenig, und wenig Befriedigendes, im Bereich der Kunst. Es gab allerdings einige Kubisten, die mit Vorliebe Maschinen malten, oder menschliche Körper so darstellten, als seien sie Maschinenteile. Doch die Maschine ist letztlich selbst ein Kunstwerk und formal betrachtet ein viel raffinierteres und fesselnderes, als es irgendeine Maschinendarstellung je sein könnte. Anders gesagt, eine Maschine ist ihr eigener und höchster künstlerischer Ausdruck: zu symbolischer Wiedergabe vereinfacht und auf ihre Quintessenz gebracht, kann sie nur verlieren.

Und was die Darstellung von Menschen als mechanomorphe Gebilde angeht, so ist sie nur bis zu einem bestimmten Punkt wirksam. Denn das wahrhaft Schreckliche an einem Dasein im industriellen oder administrativen Panopticon besteht ja nicht darin, daß Menschen in Maschinen verwandelt werden (könnten sie das nämlich, so wären sie in ihren Gefängnissen vollkommen glücklich); nein, das Schreckliche daran ist, daß sie eben keine Maschinen sind, sondern freiheitsdurstige Lebewesen, weitschweifende Geister und gottähnliche Seelen, die sich Maschinen unterworfen und dazu gezwungen finden, im ausgangslosen Tunnel eines willkürlichen und menschenfeindlichen Systems dahinzuvegetieren.

Doch jenseits der historisch realen Gefängnisse aus einem Übermaß an Ordnung oder an Anarchie, die eine Hölle des leiblichen und moralischen Chaos erzeugen, liegen noch andere Gefängnisse – darum nicht minder schrecklich, weil sie phantastisch und körperlos bleiben: die metaphysischen Kerker, deren Ort im Geist ist; ihre Mauern bestehen aus Alpdruck und Begriffslosigkeit, ihre Ketten aus Angst und ihre Folterbänke aus persönlichen, doch manchmal die ganze Gattung einschließenden Schuldgefühlen. De Quinceys Oxford Street und die Straße seiner »Vision vom jähen Tod« waren Kerker dieser Art; und ebenso das luxuriöse Inferno, das Beckford in seinem *Vathek* beschreibt. Von der gleichen Art waren die Schlösser, Gerichtssäle und Strafkolonien, die die Gestalten der Romane Kafkas bevölkern. Und wenn wir uns aus der Welt der Wörter in die der Formen begeben, finden wir dieselben metaphysischen Kerker mit unvergleichlicher Kraft in den seltsamsten und in vieler Hinsicht schönsten Radierungen Piranesis dargestellt.

Historische Verallgemeinerungen machen Spaß und lesen sich spannend. Aber wieviel tragen sie wohl zu unserem Verständnis des Rätsels Mensch bei? Diese Frage kann ich höchstens durch eine Reihe weiterer Fragen zu beantworten versuchen. Wenn zum Beispiel, wie man uns erzählt, die Kunst einer Epoche die Sozialgeschichte dieser Epoche widerspiegelt, auf welche Weise drückt dann eigentlich die Malerei eines Perugino jenes Zeitalter aus, dessen Geschichte in Machiavellis *Buch vom Fürsten* niedergeschrieben ist? Ferner versichern uns die modernen Historiker, das 13. Jahrhundert sei das Zeitalter des

Glaubens und eine Periode des Fortschritts gewesen. Warum haben es dann alle Moralisten, die tatsächlich während des 13. Jahrhunderts lebten, als ein Zeitalter des Verfalls betrachtet, und warum schildert ihr lebendigster Chronist, Salimbene, die Zeitgenossen als eine Gesellschaft, die sich so aufführt, als hätte sie nie etwas von christlicher Sitte gehört? Man werfe zur Abwechslung einen Blick auf das 4. Jahrhundert in Konstantinopel. Damals und an diesem Ort, so beteuern bestimmte Historiker, gingen die Menschen ganz in theologischen Problemen auf. Wenn dem so war, warum klagen dann die zeitgenössischen Autoren darüber, daß sie nur für die Wagenrennen lebten? Und warum schließlich sollten Voltaire und Hume als typischer für das 18. Jahrhundert gelten als Bach und Wesley? Warum habe ich selbst in einem früheren Absatz von der menschenfreundlichen und vernunftgemäßen Seichtheit des 18. Jahrhunderts gesprochen, wenn dieses Jahrhundert Menschen wie William Law und Saint-Martin oder wie den Dichter der *Songs of Experience* und den Schöpfer der *Carceri* in die Welt gesetzt hat?

In Wahrheit existiert natürlich jede Spielart des Menschen in jeder Epoche. In der Religion etwa besitzt jedes Zeitalter seine Fetischisten, seine Erwecker, Legalisten, Rationalisten und Mystiker. Und was für Moden auch gerade in der Kunst herrschen mögen, jede Zeit besitzt ihre geborenen Romantiker und natürlichen Klassizisten. Gewiß sind zu jeder Zeit die dominanten Moden in Kunst, Religion, in den Denk- und Fühlweisen mehr oder minder streng festgelegt. Dementsprechend schwer ist es immer für jene, deren Temperament den Moden widerstrebt, sich auszudrücken. Jedes gegebene Kunstwerk läßt sich als Diagonale in einem Kräfteparallelogramm darstellen – einem Parallelogramm, dessen Basis die herrschende Tradition und die gesellschaftlich wichtigen Zeitereignisse bilden, während seine Höhe vom Temperament und persönlichen Leben des Künstlers bestimmt wird. Bei manchen Werken ist die Waagrechte länger als die Vertikale; in anderen dagegen ist die Vertikale länger als die Basis.

Piranesis *Kerker* sind Schöpfungen der zweiten Art. Bei ihnen ist die persönliche, private und daher universale und ewige Senkrechte beträchtlich länger als die bloß geschichtliche und somit vergängliche und lokale Basis. Dies erweist sich daran, daß diese außerordentlichen Radierungen nach nunmehr zwei Jahrhunderten immer noch den Eindruck völliger Relevanz und Zeitnähe erwecken, und dies nicht nur in formaler Hinsicht, sondern auch als Ausdruck verborgener psychologischer Wahrheit. Um eine einstmals geläufige religiöse Wendung zu gebrauchen: sie sprachen die ›geistliche Befindlichkeit‹ eines Coleridge und De Quincey an, und sie sprechen nicht weniger beredt zu unserer eigenen. Was Piranesi auszudrücken verstand, ist keinem geschichtlichen Wandel unterworfen. Er ist nicht, wie Hogarth, darauf bedacht, die Fakten der zeitgenössischen Gesellschaft aufzuzeichnen. Er versucht auch nicht, wie Bentham, einen Mechanismus zu entwerfen, um die Natur solcher Fakten zu verändern. Er befaßt sich mit Seelenzuständen – Zuständen, die großenteils nicht von äußeren Bedingungen abhängen, Zuständen, die immer dann wiederkehren, wenn die Natur bei ihrem ewigen Zufallsspiel die erblichen Faktoren von Konstitution und Temperament zu gewissen Mustern kombiniert.

In der Vergangenheit wurde Psychologie allgemein als eine Unterabteilung der Ethik oder Theologie behandelt. So war für den heiligen Augustin das Problem der menschlichen Verschiedenheit dasselbe wie das Gnadenproblem oder das Mysterium des göttlichen Wohlgefallens. Erst in jüngster Zeit haben es die Menschen gelernt, über die Eigentümlichkeiten des individuellen Verhaltens in anderen Begriffen als denen von Sünde und Tugend zu reden. Die metaphysischen Kerker, die Piranesi gezeichnet hat und die so viele moderne Dichter und Romanciers beschrieben, waren unseren Vorfahren wohlbekannt – doch nicht als Symptome einer Krankheit oder irgendeiner temperamentsmäßigen Eigenart, nicht als Zustände, die nach Ausdruck und Analyse in lyrischer Form verlangten, sondern als sittliche Unvollkommenheit, als frevelhafte Auflehnung gegen Gott, als Hindernisse auf dem Weg zur Erleuchtung. So ist der ›Weltschmerz‹, auf den sich die deutschen Romantiker soviel zugute taten, der »*ennui, fruit de la morne incuriosité*«, das Thema so vieler von Baudelaires schönsten Versen, nichts anderes als die altbekannte *acedia* oder Herzensträgheit; eine Sünde, für deren Ausübung die zur Langeweile oder Melancholie Veranlagten kopfüber in den schwarzen Sumpf des dritten Höllenkreises getaucht wurden. Folgendermaßen äußert sich die heilige Katharina von Siena über jenen Bewußtseinszustand, der das eigentliche Klima und die Atmosphäre aller Erzählungen Kafkas bildet: »Geistesverwirrung ist ein Aussatz, der Leib und Seele verdorren läßt und das fromme Begehren in Fesseln schlägt. Sie macht, daß die Seele sich selbst unerträglich wird, und läßt den Geist für Zwistigkeit und Phantasterei anfällig werden. Sie beraubt die Seele ihres übernatürlichen Lichtes, und verfinstert ihr natürliches Licht. Laßt die Dämonen der Verwirrung an der Lebendigkeit des Glaubens und der Heiligkeit des Begehrens zuschanden werden!«

Einer heiligen Katharina, deren oberstes Ziel die Vereinigung mit Gott und die Seelenrettung war, ja selbst einem Menschen wie Dante, der sich eher als Philosoph denn als Heiliger des Theozentrismus dem Christentum zuwandte, wäre der Gedanke, man könne geistige Verirrung, *acedia* oder irgendeinen anderen metaphysischen Kerkerzustand lediglich zum Anlaß wissenschaftlicher Erforschung oder künstlerischer Behandlung nehmen, wie ein frevlerischer Schwachsinn erschienen. Die historische Basis, auf der mittelalterliche Denker und Künstler ihre Vertikale aufrichteten, war so breit und so tief in religiöser und ethischer Überlieferung verankert, daß selbst ein geborener Geschichtenerzähler und leidenschaftlicher Humanist wie Boccaccio außerstande war, der Psychologie mehr als die oberflächlichste Aufmerksamkeit zu widmen. Im *Decamerone* wird selbst die äußere Erscheinung der Personen kaum beschrieben, und die Charakterisierung beschränkt sich auf einfache Adjektive wie ›edel‹, ›höflich‹, ›habgierig‹, ›verliebt‹ und dergleichen. Es brauchte mehr Genie und tiefere Skepsis, als Boccaccio sie besaß, um eine von Moral und Theologie emanzipierte Psychologie zu erfinden. Und wir dürfen nicht vergessen, daß Chaucer – der Chaucer der späteren *Canterbury Tales* – bis zur Zeit Skakespeares ohne Rivalen blieb. In bezug auf ihre Basis aus Tradition ist seine persönliche Vertikale die höchste in der gesamten mittelalterlichen Literatur. Die daraus resultierende Diagonale repräsentiert ein Werk von wahrhaft überwältigender Originalität.

Auf ihren viel kleineren Maßstab bezogen, sind die *Kerker* Piranesis ebenfalls erstaunlich originell. Kein früherer Maler oder Zeichner hat etwas im entferntesten ihresgleichen geschaffen. Gewiß, Phantastiker hatte es auch vor den Tagen Piranesis schon zur Genüge gegeben – sogar Phantastiker, die sich in der Sprache architektonischer Entwürfe ausdrückten, wie die Bibbiena. Doch die Bibbiena waren Männer des Theaters, und ihre architektonischen Erfindungen sollten vor allem das Fußvolk bei den dramatischen Aufführungen in Erstaunen versetzen; es ging nicht darum, die unterirdischen Erschütterungen einer heimgesuchten Seele auszudrücken, sondern den durch und durch vulgären Ehrgeiz nach Großartigkeit, der das ganze 17. und 18. Jahrhundert hindurch die Großen dieser Welt heimsuchte und alle, die es ihnen aus Snobismus gleichtun wollten.

Ein anderer, berühmterer Phantastiker war Salvator Rosa: ein Mann, der aus heute unverständlichen Gründen von den Kritikern vor vier oder fünf Menschenaltern zu den größten Künstlern der Welt gezählt wurde. Doch Salvator Rosas romantische Phantasien sind einigermaßen billig und platt. Er ist ein Melodramatiker, der es nie schafft, unter die Oberfläche vorzudringen. Lebte er heutzutage, so würde er sich höchstwahrscheinlich als unermüdlicher Zeichner der blutrünstigeren und hemmungsloseren Sorte von Comics einen Namen machen. Wesentlich mehr Begabung zeigte Magnasco, dessen Spezialität Mönche bei Kerzenschein waren, in einem Zustand gotischer oder El-Greco-artiger Langgezogenheit. Seine Einfälle sind immer ansprechend, aber immer, das spürt man, ohne tiefe oder bleibende Bedeutung – Bilder, die willkürlich auf einer der höheren Etagen des Bewußtseins erzeugt wurden, irgendwo in den oberen Hirnwindungen eines sehr grillenhaften und kunstfertigen Kopfes.

Das phantastische Element in den *Carceri* ist von grundsätzlich anderer Art: eine Phantasie ohne Vorbilder und auf Gegebenheiten gegründet, die Piranesi als erster in bildhafter Form beschrieb. Alle Blätter der Folge sind unverkennbar Variationen eines einzigen Symbols, das sich auf Dinge in den physischen und metaphysischen Tiefen menschlicher Seelen und Leiber bezieht – auf *acedia* und Geistesverwirrung, auf Alpträume und Ängste, auf Begriffsverlust und panische Bestürzung.

Am beunruhigendsten offensichtlich an diesen Verliesen ist die vollkommene Sinnlosigkeit, die allenthalben herrscht. Ihre Architektur ist kolossal und großartig. Man spürt, daß das Genie großer Künstler und die Schwerarbeit unzähliger Sklaven in die Errichtung dieser Monumentalbauten einging, an denen jede Einzelheit absolut zwecklos ist. Ja, absolut zwecklos; denn die Wendeltreppen führen ins Nichts, die Gewölbe tragen nichts als ihr eigenes Gewicht und überspannen riesige Flächen, die in keinem Fall wirkliche Räume sind, sondern nur Vorräume, riesige Rumpelkammern, Vestibüle, Annexe. Und diese Pracht aus Zyklopenstein ist an allen Ecken und Enden verunziert durch Holzleitern, wacklige Brücken und Laufstege. Es ist eine Schäbigkeit um der Schäbigkeit willen, da all diese schwankenden Wege durch den Raum ganz offenbar nirgendwohin führen. Unter ihnen, auf dem Boden, stehen unförmige Maschinen, die für jede konkrete Verrichtung unbrauchbar sind, und von den Gewölbebogen darüber baumeln Seile herab, an denen nichts hängt, außer einer niederdrückenden Suggestion von Folterung. Einige dieser Kerker erhalten nur durch enge Fensterschlitze Licht. Andere öffnen sich halb zum Himmel, mit einer Andeutung weiterer Mauern und Gewölbe in der Ferne. Doch selbst dort, wo ein mehr oder minder vollständiges Eingeschlossensein herrscht, vermag Piranesi stets den Eindruck zu erwecken, daß diese kolossale Sinnlosigkeit ins Unendliche so weitergeht und die gleiche Ausdehnung besitzt wie das Universum. Mit keiner erkennbaren Tätigkeit beschäftigt und ohne einander die geringste Beachtung zu schenken, geistern ein paar kleine gesichtslose Gestalten durch die Schatten. Ihre unerhebliche Anwesenheit unterstreicht die Tatsache, daß hier niemand daheim ist.

Vom physiologischen Standpunkt aus ist jedes Menschenwesen immerzu allein, leidet und genießt in Einsamkeit, unfähig, an den Lebensprozessen seiner Mitmenschen teilzunehmen. Doch bei aller Abgeschlossenheit in sich selbst ist dieser Inselorganismus alles andere als selbstgenügsam. Jede existente Einsamkeit ist von anderen existenten Einsamkeiten abhängig und in noch viel umfassenderem Sinn von dem Ozean des Daseins, aus dem sie ihr winziges Riff der Individualität auftauchen läßt. Daß der Mensch sich dieser paradoxen Einsamkeit inmitten von Abhängigkeit, der Isolation im Verein mit Unzulänglichkeit bewußt wird, darin liegt eine der Hauptursachen von Geistesverwirrung, *acedia* und Angst. Und die wiederum verstärken natürlich das Gefühl der Vereinsamung und lassen das menschliche Paradox noch tragischer erscheinen. Die Insassen metaphysischer Kerker sind hoffnungslose Zuschauer »dieses Pomps von Welten, dieser Pein von Wehen« – Zuschauer einer grundlosen Großartigkeit, eines endlosen Elends, das zu begreifen und zu ertragen die Kräfte des Menschen, wenn ihm keine Hilfe zuteil wird, übersteigen muß.

Es heißt, die erste Idee zu den *Carceri* sei Piranesi in einem Fieberdelirium gekommen. Sicher ist jedoch, daß diese erste Idee nicht die letzte gewesen ist. Denn einige der Radierungen existieren in frühen Fassungen, auf denen viele der charakteristischsten und beunruhigendsten Einzelheiten der *Kerker*, wie wir sie jetzt kennen, noch nicht vorhanden sind. Daraus darf man schließen, daß der auf diesen Radierungen ausgedrückte Seelenzustand für Piranesi ein chronischer und in vieler Hinsicht auch ein normaler war. Das Fieber mag ihm ursprünglich die *Kerker* eingegeben haben; doch in den Jahren zwischen den ersten Entwürfen und der endgültigen Veröffentlichung der Blätter müssen wiederkehrende Stimmungen der Verwirrung, der Angst und *acedia* solch dunkle, aber, wie wir sahen, unentbehrliche Sinnbilder hervorgebracht haben wie die Seile, die zwecklose Maschinerie, die Holzleitern und Brückenstege.

Die Blätter der *Kerker* wurden veröffentlicht, als ihr Schöpfer noch ein junger Mann war, und während seines übrigen, einigermaßen langen Lebens kehrte Piranesi nie wieder zu dem Thema zurück, das er auf ihnen mit so vollkommener Meisterschaft behandelt hatte. Der größte Teil seines Werkes war hinfort topographischer und archäologischer Natur. Sein Thema war stets Rom; auch dann, wenn er die Realität antiker Ruinen und Barockkirchen verließ, um Ausflüge in die Welt der Phantasie zu unternehmen. Denn was er sich da vorzustellen beliebte, war nach wie vor Rom – Rom, wie es hätte sein sollen, hätte sein können, wenn Augustus und seine Nachfolger über einen unerschöpflichen Staatsschatz und Vorrat an Arbeitskräften verfügt hätten. Welch ein Glück, daß ihre Mittel begrenzt waren! Denn das hypothetische Rom der Einbildung und imperialen Träume Piranesis ist ein Alptraum an Größenwahn und Vulgarität.

Die heilige Katharina glaubte, daß die Geister der Verwirrung allein durch heiliges Begehren und den Glauben an die christliche Offenbarung zu überwinden seien. Tatsächlich aber wird jedes starke Begehren und jeder leidenschaftliche Glaube den Kampf gewinnen. Piranesi jedenfalls war offenbar jede tiefere religiöse Überzeugung und jedes mystische Streben fremd. Sein Glaube war der eines Humanisten, sein Gott war das römische Altertum und sein triebkräftiges Begehren eine Mischung aus dem Willen des Künstlers zur Schönheit, des Archäologen zur historischen Wahrheit und des armen Mannes zum Verdienst eines Lebensunterhaltes für seine Familie. Sie waren, so dürfen wir annehmen, probate Gegengifte gegen *acedia* und die Verwirrung der Seele. Jedenfalls gab er kein weiteres Mal jenem seelischen Zustand Ausdruck, der ihn zu den *Carceri* inspiriert hatte.

Rein formal gesehen ist das Bemerkenswerte an den *Kerkern*, daß sie die weitestgehende Annäherung des 18. Jahrhunderts an völlig abstrakte Kunst darstellen. Das Rohmaterial von Piranesis Zeichnungen besteht aus architektonischen Formen; aber da die Kerker *Bilder* der Verwirrung sind, da die Sinnlosigkeit ihre Essenz ist, ergibt die Kombination von Bauformen nie eine Architekturzeichnung, sondern bleibt freier Entwurf, unbehindert von aller Nützlichkeits- oder auch nur Möglichkeitserwägung und allein durch die Notwendigkeit bestimmt, eine allgemeine bauliche Vorstellung hervorzurufen. Anders gesagt, Piranesi setzt architektonische Formen ein, um eine Reihe wunderbar intrikater und komplexer Zeichnungen zu schaffen, die den kubistischen Abstraktionen darin ähneln, daß sie aus geometrischen Elementen zusammengesetzt sind; sie besitzen jedoch den Vorzug, reine Geometrie mit genügend Gegenständlichkeit, mit genügend ›Literatur‹ zu vereinen, um kraftvoller, als es ein bloßes Muster vermag, die dunklen und schrecklichen Zustände der Seelenverwirrung und *acedia* auszudrücken.

Von natürlichen, im Gegensatz zu geometrischen Formen macht Piranesi in seinen *Kerkern* kaum je Gebrauch. Es gibt in der ganzen Folge kein einziges Blatt Laub, keinen Grashalm, keinen Vogel, kein Tier. Hie und da stehen, von irrelevanter Lebendigkeit in all der steinernen Abstraktion, ein paar menschliche Gestalten herum, finster vermummt, gesichts- und teilnahmslos.

Ganz anders in den topographischen Radierungen. Hier gebraucht Piranesi Formen der Natur als dekorative Folie für die reine Geometrie seiner Bauten. Die Bäume haben etwas verwahrlost Wildes an sich; und die Staffage im Vordergrund bilden entweder Bettler, in unaussprechlicher Zerlumptheit, oder aber feine Damen und Herren, nicht weniger unglaublich bebändert und bezopft, bald zu Fuß, bald in Rokoko-Karossen, die so lebensecht sind wie Kutschen auf Hochzeitstorten oder Karussells. Immer geht es darum, die Glätte und Massivität des behauenen Steins durch den Kontrast schwankender und flatternder Pflanzen- und Menschenformen hervorzuheben. Zugleich aber dienen die Gestalten noch einem anderen Zweck: die Monumente größer erscheinen zu lassen, als sie in Wirklichkeit sind. Männer und Frauen schrumpfen auf Kinderformat; Pferde werden so klein wie Doggen. In den Basiliken langen die Gläubigen hinauf zu den Weihwasserbecken und schaffen es selbst auf Zehenspitzen kaum, die Fingerkuppen zu befeuchten. Von Zwergen bewohnt, nimmt auch das bescheidenste Barockgebäude heroische Dimensionen an. Ein Stückchen Klassizismus von Pietro da Cortona macht sich überwältigend eindrucksvoll, und der reizende Krimskrams eines Borromini erhält zyklopische Ausmaße. Der Trick, die augenscheinliche Größe von Gebäuden dadurch zu vergrößern, daß man das vertraute Maß der Menschengestalt verkleinert, war ein Lieblingsverfahren der Künstler des 18. Jahrhunderts. Er wurde zur letzten Absurdität gesteigert auf Bildern wie *Belsazars Fest* von John Martin, wo der König und seine Höflinge ameisengleich in einem zwei Meilen langen und 1500 Fuß hohen Saal tafeln.

In den *Kerkern* findet sich keine Spur von solch naiver und hausbackener Theatralik. Was uns hier an Gefangenen vorgeführt wird, dient allein dem Zweck, nicht etwa die übermenschliche Großartigkeit der Bauwerke zu betonen, sondern ihre unmenschliche Leere, ihre untermenschliche Sinnlosigkeit. Es sind im wahren Sinn des Wortes verirrte Seelen, die hier in labyrinthischen Einöden umherwandern – nicht einmal wandern, nur herumstehen. Es ist aufschlußreich, sie mit Blakes Illustrationen zu Dantes *Inferno* zu vergleichen. Bei Blake wirken die verdammten Seelen alles andere als verirrt, ja sie scheinen sich unter ihren Flammen und Klippen ordentlich zu Hause zu fühlen. In allen Kreisen der Blakeschen Hölle benimmt sich jedermann irgendwie heroisch, in der korrupten klassischen Manier des späten 18. Jahrhunderts, und jeder ist offenbar auf das lebhafteste an seinen Mitmenschen interessiert. In den *Kerkern* dagegen gibt es keine michelangelesken Muskelbündel, keinen Exhibitionismus extrovertierter Athleten, keine Spur von Geselligkeit und keinen Hinweis darauf, daß etwas dergleichen denkbar wäre. Ein jeder ist hier eingemummt, drückt sich verstohlen herum und wirkt auch in Gegenwart anderer ganz und gar einsam. So reizvoll und gelegentlich sogar schön Blakes Zeichnungen auch sind, nie können wir sie auch nur für einen Augenblick als Sinnbilder äußersten Leidens ernst nehmen. Piranesis Gefangene dagegen sind die Insassen einer Hölle, die zwar nur eine unter unzähligen bösesten aller möglichen Welten ist, aber als solche durchaus glaubhaft. Sie trägt das Siegel augenscheinlicher Echtheit.

(*Themes and Variations*, 1950; Ü.: Herberth E. Herlitschka)

Picture by Goya: A Highway Robbery

It is a scene of murder – elegant, is it not?
You lutanists, who play to naked Queens,
As summer sleep or music under trees,
As luncheon on the grass – the grass on which
The country copulatives make sport, the pale
Grass with the tall tubed hats, the inky coats
And rosy, rosy among the funeral black
(Memento Vivere) *a naked girl.*
But here the sleepers bleed, the tumbling couples
Struggle, but not in love; the naked girl
Kneels at the feet of one who hesitates,
Voluptuously, between a rape and a murder.

Bandits angelical and you, rich corpses!
Truth is your sister, Goodness your spouse.
Towering skies lean down and tall, tall trees
Impose their pale arsenical benediction,
Making all seem exquisitely remote
And small and silent, like a village fair
Seen from the hill-top, far far below.
And yet they walk on the village green to whom
The fair is huge, tumultuous, formidable. Earth
Lies unremembered beneath the feet of dancers
Who, looking up, see not the sky, but towers
And bright invading domes and the fierce swings,
Scythe-like, reaping and ravaging the quiet.
And when night falls, the shuddering gas-flares scoop
Out of the topless dark a little vault
Of smoky gold, wherein the dancers still
Jig away, gods of a home-made universe.

Ein Bild von Goya: Überfall

Die Szenerie für einen Mord – recht elegant, nicht wahr?
Ihr Lautenisten, die ihr nackten Königinnen aufspielt,
Zum Sommerschlummer, laubbeschatteten Konzert
Und Dejeuner im Grünen – eben jenem Grün, auf dem
Ländlicher Paarungstrieb sich tummelt, jenem blassen
Gras mit den Röhrenhüten, tintenfarbenen Röcken,
Und rosig, rosig unter soviel Friedhofsschwärze
(Memento vivere) ein nacktes Mädchen.
Doch hier bluten die Schläfer, und die Purzelpaare
Kämpfen, doch nicht aus Liebe; und das nackte Mädchen
Kniet einem Kerl zu Füßen, der noch zögert,
Genüßlich, zwischen Schändung oder Mord.

Banditen, engelsgleich, und ihr, prächtige Leichen,
Vermählt dem Wahren, dem Guten verschwistert!
Schwindelnde Himmel neigen sich, und hohe, hohe Bäume
Erteilen euch arsenisch blassen Segen,
Und rücken alles ungemein ins Ferne,
Verkleinern, dämpfen: wie wenn von Bergeshöh
Man tief im Dorf, tief unten, einen Jahrmarkt sieht.
Doch denen auf der Dorfwiese da drunten
Erscheint der Jahrmarkt riesig, tosend, ungeheuer. Erde
Liegt unbeachtet unterm Fuß der Tänzer,
Die aufschaun und nicht Himmel sehn, nur Türme,
Kuppeln, auf sie einstürzend, wilde Schwünge,
Die sensengleich die Stille ernten und verheeren.
Und wenn die Nacht kommt, schöpft das Gaslicht schaudernd
Aus endlos hohem Dunkel eine kleine Wölbung
Von rauchigem Gold, in der die Tänzer immer weiter
Wirbeln, wie eines hausgemachten Weltalls Götter.

(*Wheels*, 1921; Ü.: Werner von Koppenfels)

Variationen über Goya

Anthologien gibt es von fast allem und jedem – vom Besten bis zum Schlechtesten, vom historisch Bedeutsamen bis zum Ausgefallenen, vom Kindischen bis zum Erhabenen. Doch eine Art von Anthologie, und möglicherweise die allerinteressanteste, ist meines Wissens noch nie zusammengestellt worden: ich meine die Anthologie der Spätwerke.

Um in eine solche Anthologie aufgenommen zu werden, müßte ein Künstler eine ganze Reihe von Proben bestehen. Vor allem müßte er einen vorzeitigen Abgang vermieden und bis zu seiner vollen künstlerischen und zeitlichen Reife gelebt haben. Demnach fänden die letzten Gedichte Shelleys, die letzten Kompositionen Schuberts und selbst Mozarts keinen Platz in unserer Sammlung. Bei all ihrer vollendeten Künstlerschaft waren diese Menschen seelisch doch noch zu jugendlich, als sie starben. Zu ihrer vollen Entwicklung hätten sie mehr Zeit benötigt, als ihr irdisches Schicksal ihnen gewährte. Von anderer Art sind die seltsamen Wesen, deren zeitliches Alter in keinerlei Verhältnis zu ihrer Reife, nicht nur als Künstler, sondern auch als Menschengeister steht. So könnten einige der Briefe, die Keats schrieb, als er gerade zwanzig war, und viele der Bilder, die Seurat vor seinem Tod im Alter von zweiunddreißig Jahren malte, ohne weiteres als Spätwerke gelten. Doch nach der allgemeinen Regel ist eine gewisse Mindestzeit für das Reifen solcher Früchte nötig. Zum größten Teil wird unsere hypothetische Anthologie ihre Auswahl aus den Werken von Männern und Frauen der späten oder mittleren Jahre treffen müssen.

Keineswegs aber sind alle Künstler mittleren oder höheren Alters in der Lage, bedeutende Spätwerke hervorzubringen. So hielt Wordsworth im letzten halben Jahrhundert seines langen Lebens einen fast ungebrochenen Rekord an Stumpfsinn. Und in dieser Hinsicht steht er durchaus nicht allein. Es gibt noch mehr als genug andere, deren letzte Werke ihre schlechtesten sind. Sie alle müssen aus unserer Anthologie ausgeschlossen bleiben; und ich würde ebenso jene andere große Gruppe von späten Werken ausscheiden, die zwar auf der Höhe der früheren stehen, sich jedoch nicht bedeutsam von ihnen abheben.

Haydn lebte bis zu einem hohen und reifen Alter, und nie verlernte seine Rechte ihr blendendes Können, aber sie versäumte es auch, ein neues Können dazuzulernen: in Peter-Pan-Manier schrieb er als Greis die gleichen Dinge, die er zwanzig, dreißig, vierzig Jahre zuvor geschrieben hatte. Wo es nichts gibt, was die Schöpfungen der Reifezeit von denen der Jugend unterscheidet, erübrigt es sich, Beispiele der ersteren in eine Sammlung charakteristischer Spätwerke aufzunehmen.

Somit bleiben uns also nur die Spätwerke derjenigen Künstler, die lebten, ohne je aufzuhören, vom Leben zu lernen. Das Feld ist verhältnismäßig schmal, aber welche erstaunlichen, ja aufregenden Schätze finden sich darin! Man denke an die unaussprechliche Heiterkeit des langsamen Satzes aus Beethovens A-moll-Quartett, an den Frieden, höher als alle Vernunft, seines Orchestervorspiels zum »Benedictus« der *Missa Solemnis*. Doch dieser alte Mann kennt auch ganz andere Stimmungen. Wenn er sich von der Kontemplation ewiger Wirklichkeit einer Betrachtung der Menschenwelt zuwendet, traktiert er uns mit der wahrhaft erschreckenden Lustigkeit aus dem Schlußsatz seines B-dur-Quartetts, mit einer ganz unmenschlichen Lustigkeit, mit Ausbrüchen eines heftigen und doch irgendwie abstrakten Gelächters, deren Echo von irgendwo jenseits der Weltgrenzen zu uns herabschallt. Von der gleichen Art, aber womöglich noch beunruhigender, ist die Lustigkeit, die durch den letzten Akt von Verdis *Falstaff* tönt und in jenem unglaublichen Schlußchor gipfelt, in dem das betagte Genie seinen abgeklärtesten Kommentar zur Welt spricht – nicht bitter, satirisch oder sarkastisch, sondern in einem gewaltigen kontrapunktischen Anfall entrückten und bereits posthumen Gelächters.

Wenden wir uns den anderen Künsten zu, so finden wir etwas von dieser außermenschlichen, posthumen Qualität in den späten Dichtungen von Yeats und, im Verein mit einer unerhörten Würde, in den Spätwerken des Piero della Francesca. Und dann ist da natürlich noch *Der Sturm*: ein Werk, das von einem Element überirdischer Heiterkeit, ähnlich dem Beethovenschen »Benedictus«, erfüllt ist, dabei jedoch in einer höchst enttäuschenden Antiklimax endet, als Prospero seiner Magie entsagt, um (Gott helfe uns!) wieder Herzog zu werden. Die gleiche Art allzu menschlicher Antiklimax verstimmt uns am Ende von *Faust II*, mit der Moral, daß das Entwässern von Sumpfgebieten des Menschen höchstes Ziel sei und daß das Erreichen dieses Ziels den Entwässerer für die Selige Schau qualifiziert.

Und wie steht es mit den späten El Grecos – etwa mit der unglaublichen *Unbefleckten Empfängnis* in Toledo mit ihrer phantastischen Harmonie brillant eiskalter Farben, ihrem ekstatischen Gebärdenspiel in einem Himmel von der bloßen Tiefendimension eines Bergwerksschachts und ihrer Verflüssigung von Fleisch, Blumen und Gewändern zu einem Komplex protoplasmischer Abstraktionen? Ja, was ist eigentlich mit ihnen? Wir wissen nur, daß sie in ihrer Schönheit und hochgradigen Rätselhaftigkeit ganz gewiß ihren Platz in unserer gedachten Sammlung einnehmen werden.

Und schließlich wären unter diese und alle anderen außerordentlichen Spätwerke noch die Gemälde, Zeichnungen und Radierungen der letzten fünfundzwanzig oder dreißig Lebensjahre Goyas einzureihen.

Der Unterschied zwischen dem jungen und dem alten Goya läßt sich am besten studieren und würdigen, indem man im Untergeschoß des Prado beginnt, wo seine Wandteppiche und Kartons hängen; dann ins Hauptgeschoß hinaufgeht, mit seinem Saal voll von den Porträts königlicher Schwachköpfe, Granden, bezaubernder Herzoginnen, bekleideter und unbekleideter Majas; indem man dann weitergeht in den kleineren Saal, der die beiden großen Gemälde enthält: *Der zweite Mai* – Napoleons Mamelucken, die Volksmenge niedersäbelnd – und *Los Fusilamientos del tres de mayo* – die Erschießungskommandos, wie sie beim Licht der Laternen an ihren Opfern ganze Arbeit tun –; und indem man zu guter Letzt ins obere Stockwerk hinaufsteigt, wo die Radierungen und Zeichnungen hängen, neben den unsagbar geheimnisvollen und unheimlichen »schwarzen Gemälden«, die der ertaubte und alternde Goya dazu bestimmt hatte, das Speisezimmer seines Hauses, der Quinta del Sordo, zu zieren. Es ist ein Fortschreiten von einer unbeschwerten, in Thematik und Ausführung kaum irgendwo unkonventionellen Kunst des 18. Jahrhunderts über modische Brillanz und zunehmende Virtuosität hin zu etwas nach Geist und Technik ganz und gar Zeitlosem: dem vernichtendsten aller Kommentare zu menschlichem Verbrechen und Aberwitz, in einem künstlerischen Medium, das einzigartig geeignet war, eine ungeheure Vermischung von Haß und Mitgefühl, Verzweiflung und sardonischem Humor, Realismus und Phantastik auszudrücken.

»Ich zeige euch Trübsal«, sagte der Buddha, »und das Ende aller Trübsal« – die Trübsal der Welt der Erscheinungen, in der der Mensch, »einem wütenden Affen gleich, so tolle Possen unterm hohen Himmel spielt, daß Engel weinen«, und das Ende der Trübsal in der Seligen Schau, der einsmachenden Betrachtung jenseitiger Wirklichkeit. Abgesehen davon, daß Goya ein großer und, man darf sagen, einzigartig origineller Künstler war, ist er bedeutsam, weil er in seinem Spätwerk der fast vollkommene Vertreter des Menschen ist, der nur Trübsal kennt, und kein Ende der Trübsal.

Trotz seines heftigen Antiklerikalismus brachte Goya es fertig, auf so gutem Fuß mit der Kirche zu bleiben, daß er von Zeit zu Zeit Aufträge für religiöse Gemälde erhielt. Einige davon, etwa die Fresken in der Kuppel von La Florida, sind ganz offen und eingestandenermaßen weltlicher Natur. Andere dagegen stellen ernsthafte Versuche geistlicher Malerei dar. Es lohnt sich, das wohl gelungenste dieser Bilder genauer zu betrachten, den eindrucksvollen *Christus im Garten von Gethsemane*. Mit ausgebreiteten Armen neigt Christus dem tröstenden Engel ein Gesicht entgegen, dessen Ausdruck dem jener armen Geschöpfe gleicht, die wir auf einer Anzahl unvergeßlich qualvoller Radierungen und Gemälde in gräßlicher Erwartung vor den Gewehrläufen eines französischen Erschießungskommandos knien oder stehen sehen. Hier findet sich keine Spur mehr von jener liebenden Zuversicht, die die Herzen der beständig in Gottes Gegenwart Lebenden noch in ihren schwärzesten Stunden erfüllt, und auch nicht ein Hauch von dem, was Franz von Sales »heilige Gleichgültigkeit« gegen Leiden und Freuden nannte, von jenem grundsätzlichen Gleichmut, jenem Frieden, der höher ist als alle Vernunft und der denjenigen eignet, deren Trachten fest auf eine jenseitige Wirklichkeit gerichtet ist.

Für Goya existiert diese jenseitige Wirklichkeit nicht. Es findet sich in seinem Leben und Werk kein Hinweis darauf, daß ihm jemals auch nur die leiseste persönliche Erfahrung davon zuteil wurde. Die einzige Realität, die er kannte, war die der Welt, die ihn umgab; und je länger er lebte, um so erschreckender schien ihm diese Welt – erschreckend freilich nur in den Augen seines rationalen Ich; denn seine animalische Wohlgelauntheit sprudelte bis ans Ende unwiderstehlich auf, wann immer sein Leib von Schmerz und Krankheit verschont war. Als gesunder junger Mann, reich und angesehen, mit einer schönen Stellung und so vielen Weibern, als er nur wollte, hatte er die Welt als recht angenehmen Aufenthaltsort empfunden. Unsinnig, gewiß, und mit Narrheit und Gaunerei genug, um Sujets für unzählige satirische Zeichnungen zu liefern, aber in hohem Maße wert, darin zu leben. Dann, mit einemmal, kam die Taubheit; und nach der frohen Morgenröte der Revolution kamen Napoleon, der französische Imperialismus und die Greuel des Krieges; und als Napoleons Horden abgezogen waren, der unsägliche Ferdinand VII., die klerikale Reaktion und das Schauspiel der einander bekriegenden Spanier; und wie Dudelsackgebrumm, das Getöse der offiziell so benannten Geschichte begleitend, der ungeheure Stumpfsinn der durchschnittlichen Menschheit, das chronische Elend ihres Aberglaubens, die Bestialität ihrer gelegentlichen Gewalttaten und Orgien.

Realistisch oder in phantastischen Allegorien, mit einer technischen Meisterschaft, die mit dem Alter noch zunahm, hielt Goya dies alles fest. Nicht nur die von der Hand des Eindringlings erduldeten Qualen seiner Landsleute, sondern ebenso die Torheiten und Schandtaten, die ebendiese Landsleute im Umgang miteinander begingen. Die großen Gemälde der Madrider Gemetzel und Hinrichtungen, die unvergleichlichen Radierungen der *Greuel des Krieges* erfüllen uns mit empörtem Mitgefühl. Doch danach wenden wir uns den *Disparates* und den *Pinturas negras* zu, in denen Goya mit sublimer und verheerender Unparteilichkeit genau notiert, was er von den Märtyrern des *Dos de Mayo* hält, wenn sie nicht gerade gemartert werden. Hier sehen wir zum Beispiel zwei Männer, die in einem sie verschlingenden Treibsand unaufhaltsam dem Tod entgegensinken, eifrig damit beschäftigt, einander mit Knüppeln auf den Kopf zu dreschen. Und dort kehrt gerade eine Horde von einer Wallfahrt heim – Dutzende engstirniger Gesichter, alle verzerrt wie im Spiegel eines Löffelrückens, alle mit offenen Mäulern, grölend. Und all die blicklosen schwarzen Augen starren leer und stumpf in verschiedene Richtungen.

Diese Geschöpfe, die durch Goyas Spätwerk geistern, sind unaussprechlich grauenhaft: ein Grauen aus Geistlosigkeit, Vertierung und spiritueller Finsternis. Und über den Niederungen, in denen sie obszön umherwimmeln, erscheint eine Welt übler Priester und lüsterner Mönche, lockender Weiber, deren Liebe ein »Traum aus Lüge und Treulosigkeit« ist, dünkelhafter Edelleute und, an der Spitze der gesellschaftlichen Pyramide, eine Königsfamilie von Halbtrotteln, Sadisten, Messalinen und Meineidigen. Die Moral des Ganzen ist auf dem zentralen Blatt der *Caprichos* zusammengefaßt, auf dem wir Goya selbst, den Kopf auf den Armen, über seinen Zeichentisch hingebreitet, in unruhigen Schlaf versunken sehen, während die Luft über ihm von Eulen und Fledermäusen der Nekromantik bevölkert ist und gleich hinter seinem Stuhl eine riesige Hexenkatze liegt, so bösartig, wie nur Goyas Katzen sein können, und den Schläfer aus finsteren Augen anstarrt. Auf der Seite des Tisches sind die Worte zu lesen: »Der Traum der Vernunft gebiert Ungeheuer.«

Es ist eine Legende, die mehr als nur eine Auslegung zuläßt. Wenn die Vernunft schläft, werden die unsinnigen und abscheulichen Geschöpfe des Aberglaubens wach und tätig und treiben ihre Opfer zu wüster Raserei. Doch es gibt noch eine andere Lesart. Die Vernunft kann auch träumen, ohne zu schlafen, kann sich, wie in der Zeit der Französischen Revolution, berauschen an Tagträumen des unvermeidlichen Fortschritts, der gewaltsam etablierten Freiheit, Gleichheit und Brüderlichkeit, des menschlichen Selbstgenügens und der Beendigung aller Trübsal: nicht durch die alte, allzu mühsame Methode, die allein Aussicht auf Gelingen bietet, sondern durch politisches Neuarrangement und eine verbesserte Technik. Die *Caprichos* wurden im letzten Jahr des 18. Jahrhunderts veröffentlicht. Im Jahre 1808 erhielten Goya und ganz Spanien Gelegenheit, die Folgen solcher Tagträumerei herauszufinden. Murat ließ seine Truppen in Madrid einmarschieren, und die *Desastres de la guerra* schickten sich an, ihren Lauf zu nehmen.

Goya schuf vier Hauptfolgen von Radierungen: die *Caprichos*, die *Desastres de la guerra*, die *Tauromaquía* und die *Disparates* oder *Proverbios*. Sie sind ausnahmslos Spätwerke. Die *Caprichos* erschienen, als er dreiundfünfzig war; die *Desastres* wurden zwischen dem 65. und 75. Lebensjahr radiert; die *Tauromaquía* kam in einer ersten Ausgabe heraus, als er neunundsechzig war (und mit fast achtzig erlernte er noch die völlig neue Technik der Lithographie, um seinen geliebten Stieren in einem weiteren Medium gerecht zu werden); die *Disparates* wurden vollendet, als er 73 Jahre zählte.

Dem Nichtspanier werden vermutlich die Blätter der *Tauromaquía* unter den Radierungen Goyas als die vergleichsweise am wenigsten fesselnden erscheinen. Sie stellen eine glanzvolle Chronik von Taten und Geschehnissen der Arena dar. Doch leider, oder zum Glück, verstehen die meisten von uns sehr wenig vom Stierkampf. Daher entgehen uns die feineren Bedeutungsnuancen dieser kleinen Meisterwerke dokumentarischer Kunst. Im übrigen eigneten sich, eben aufgrund ihres dokumentarischen Charakters, die Gegenstände der *Tauromaquía* nicht für dieselbe großartige Kühnheit und dramatische Breite der Ausführung, die uns an den späteren Gemälden und den Radierungen der drei übrigen Folgen begeistert. Gewiß finden sich auch in dieser Serie einige Blätter, die ebenso vollkommen sind wie nur irgend etwas, das Goya je hervorgebracht hat – etwa die wunderbare Radierung eines Stiers, der aus der Arena ausgebrochen ist und triumphierend, einen schlaffen Leichnam quer über die Hörner gehängt, über den Zuschauerbänken steht. Doch im großen und ganzen ist es nicht die *Tauromaquía*, der wir uns auf der Suche nach den besten Beispielen von Goyas Schwarzweißkunst oder nach den charakteristischen Ausdrucksformen seiner gereiften Persönlichkeit zuwenden werden. Die Natur seines Themas erlaubt es ihm auf diesen Blättern nicht, sich als Mensch und Künstler vollkommen zu offenbaren.

Von den übrigen Radierfolgen sind zwei, nämlich die *Caprichos* und die *Disparates*, phantastisch und allegorisch; die dritte (die *Desastres*) stellt zwar größtenteils tatsächliches Geschehen unter dem napoleonischen Terror dar, tut dies aber auf eine eher allgemeine und symbolische als unmittelbar dokumentarische Weise, wodurch sie dem Künstler eine ebenso breite und dramatische Behandlung wie die phantastischen Folgen gestattet, ja abfordert.

Der Krieg schwächt stets und zerbricht oft jene Kruste gewohnheitsmäßigen Anstands, die eine Zivilisation ausmacht. Es ist eine dünne Kruste, auch in den besten Zeiten, und darunter liegt – was? Man braucht nur in Goyas *Desastres* zu blättern, um es herauszufinden. Ein Abgrund von Bestialität, Teufelei und Leiden tut sich auf, der fast bodenlos scheint. Da ist so gut wie nichts, dessen die Menschen nicht fähig wären, sobald Krieg, Revolution oder Anarchie ihnen die nötige Gelegenheit und den Vorwand dazu bieten. Und ihrer Qual setzt nur der Tod eine Grenze.

Goyas Chronik des Unheils kennt eine Anzahl wiederkehrender Themen. Da gibt es diese finsteren Torbogen, unheimlicher noch als die der *Kerker* Piranesis, unter denen Frauen vergewaltigt werden, Gefangene in hoffnungsloser Stumpfheit kauern, Leichen verfaulen und ausgemergelte Kinder verhungern. Dann gibt es die verschwimmenden Straßenecken, an denen die Hungernden ihre Hände ausstrecken: doch die backenbärtigen französischen Husaren und Infanteristen schauen mitleidlos zu, und die reichen Spanier schreiten gleichgültig vorüber, so als wären sie »von anderem Geblüt«. Noch häufiger kommen in den *Desastres* jene nackten Hügelrücken vor, auf denen die Toten herumliegen wie lauter Abfall. Oder wir sehen, als dramatischen Schattenriß gegen den Himmel über denselben Hügeln, das greuliche Abschlachten spanischer Männer und Frauen und die nicht weniger greuliche Rache, die wutentbrannte Spanier an ihren Peinigern nehmen. Oft läßt die Hügelkuppe einen vereinzelten Baum aufragen, stets niedrig, manchmal von Kanonenkugeln verstümmelt. An seinen Ästen sind, wie die Käfer und Raupen in der Vorratskammer eines Würgervogels, ganze nackte Rümpfe, kopflos oder armlos, aufgespießt, oder aber ein Paar abgehackter Beine oder auch ein abgeschlagener Kopf: von den Eroberern aufgepflanzte Warnzeichen, die verkünden, welch ein Schicksal all jene erwartet, die dem Kaiser Widerstand zu leisten wagen. Zu anderen Malen hat der Baum als Galgen Verwendung gefunden – ein weniger leistungsfähiger Galgen freilich als die majestätische Eiche, die in Callots *Misères de la guerre* über zwanzig pendelnde Leichname als Früchte trägt, aber doch gut genug für ein paar Hinrichtungen en passant. Außer natürlich in dem auf einem von Goyas haarsträubendsten Blättern festgehaltenen Fall, wo der Baum zu niedrig ist, um die Füße des Mannes frei überm Boden baumeln zu lassen. Doch der Strick ist schon befestigt, und damit sich die Schlinge um den Hals des Opfers fester zuzieht, zerren ihn zwei französische Soldaten an den Beinen, während ihm ein dritter mit voller Kraft gegen die Schulter tritt.

Und so geht die Chronik weiter, Greuel um Greuel, ungemildert durch irgendwelche glorreichen Geschehnisse, wie sie andere Maler durchaus im Krieg zu entdecken vermochten. Denn bezeichnenderweise stellt Goya nie ein Gefecht dar, zeigt uns nie eindrucksvoll in Kolonnen marschierende oder sich zu einer Schlachtordnung entfaltende Heeresmassen. Er befaßt sich ausschließlich mit dem Krieg, so wie er die Zivilbevölkerung in Mitleidenschaft zieht, mit Truppen, die sich in einzelne Diebe, Notzüchter, Folterer und Henker aufgelöst haben – bisweilen, wenn die *guerrilleros* ein Scharmützel gewonnen haben, auch in einzelne Opfer, die nun ihrerseits von den Rächern ihrer eigenen früheren Grausamkeiten gemartert und gräßlich zu

Tode befördert werden. Alles, was er uns vorführt, sind die Greuel und Gemeinheiten des Krieges, ohne eine Spur von Glanz und Gloria, ja auch nur seiner malerischen Qualitäten.

In den beiden verbleibenden Radierfolgen begeben wir uns von der Tragödie in den Bereich der Satire und von den historischen Fakten zur Allegorie, zur bildhaften Metapher und zur reinen Phantastik. Zwanzig Jahre trennen die *Caprichos* von den *Disparates*, und die spätere Mappe ist düsterer und zugleich rätselhafter als die frühere. Vieles an der Satire der *Caprichos* ist lediglich Goyas verschärfte Fassung dessen, was man den typischen Humor des 18. Jahrhunderts nennen kann. Ein Blatt wie *Hasta la muerte*, das eine alte Hexe vor ihrem Spiegel zeigt, wie sie kokett einen neuen Kopfputz anprobiert, ist im Grunde nur Rowlandson-einmal-etwas-anders. Doch andere Blätter schlagen einen stärker befremdlichen und unheimlichen Ton an. Goya behandelt sein Material so, daß der typische Humor des 18. Jahrhunderts eine wundersame Verwandlung in etwas Dunkleres und Absonderliches durchmacht, etwas, das unter die anekdotische Oberfläche des Lebens in die darunterliegenden Schichten hinabreicht: die unausgeloteten Tiefen der Erbsünde und Erbdummheit. Und in der zweiten Folge der Sammlung steigern die Gegenstände die Wirkung der packenden und auf dramatische Weise unheimlichen Behandlung; denn hier ist das Sujet fast aller Blätter ein niedrig-übernatürliches. Wir finden uns in einer Welt von Dämonen, Hexen und Familiaren, einer halb greulichen, halb komischen und eben deshalb reichlich beunruhigenden Welt, die etwas von dem enthüllt, was in den verwahrlosten Katakomben der menschlichen Seele vorgeht.

In den *Disparates* ist die Satire insgesamt weniger unmittelbar als in den *Caprichos*: hier haben die Allegorien etwas Allgemeineres und Geheimnisvolleres. So etwa jenes technisch erstaunliche Blatt, das eine große Familie von drei Generationen zeigt: wie eine sich aneinanderdrängende Vogelschar hockt sie auf einem riesigen abgestorbenen Ast, der in die völlige Leere eines dunklen Himmels hineinragt. Ohne Zweifel ist hier viel mehr gemeint, als sich dem Auge zeigt. Aber was? Auf diese Frage haben die Kommentatoren eine Unmenge Scharfsinn verwendet – und dies, den Verdacht darf man wohl hegen, vollkommen vergeblich. Denn wie es scheint, richtet sich die Satire nicht gegen ein bestimmtes soziales Übel oder einen konkreten politischen Mißstand, sondern eher gegen die verderbte Menschennatur als solche. Sie ist, in bildhafter Form, eine Aussage über das Leben generell. Die Literatur und die heiligen Schriften aller Religionen sind überreich an solchen kurzgefaßten metaphorischen Schuldsprüchen über das Menschengeschlecht. Der Mensch dreht das Rad des Leidens, brennt im Feuer der Begierde, wandert durch das Tal der Tränen, führt ein Leben, das nicht besser ist als »eine Mär, erzählt von einem Schwachkopf, ohne Sinn«.

Poor man, what art? A tennis ball of error,
A ship of glass, tossed in a sea of terror:
Issuing in blood and sorrow from the womb,
Crawling in tears and mourning to the tomb.
How slippery are thy paths, how sure thy fall!
How art thou nothing, when thou art most of all!

Was bist du, Mensch? Des Irrtums Tennisball,
Gläsernes Schiff in eines Angstmeers Schwall;
Kommst aus dem Mutterschoß in Blut und Schmerz,
Kriechst kläglich unter Tränen grabeswärts.
Haltlos dein Pfad – der Sturz ist dir gewiß:
Wie bist du nichts, wenn du am meisten bist!

Und so fort. Die Zitate ließen sich fast unbegrenzt vermehren: gute, schlechte oder mittelmäßige, ganz nach Belieben. In der Sprache der bildlichen Kunst hat Goya zwei Dutzend denkwürdige Beiträge zum Vorrat der Menschheit an gnomischer Weisheit geleistet.

Der *Disparate* vom abgestorbenen Ast ist verhältnismäßig leicht zu verstehen. Dasselbe gilt für den Kommentar über die Angst, auf einem Blatt, das mehrere entsetzt vor einer vermummten Riesengestalt davonlaufende Soldaten zeigt, einer Gestalt, die sich geisterhaft vom kohlschwarzen Himmel abhebt. Und ebenso gilt es für die Radierung einer ekstatisch lächelnd auf einem Hengst reitenden Frau, während das Reittier den Kopf wendet, ihr Kleid mit den Zähnen packt und sie herabzuzerren sucht. Die allegorische Verwendung des Pferdes als Sinnbild der Sinne und Leidenschaften und des rationalen Reiters oder Wagenlenkers, dem es freisteht, die Zügel zu gebrauchen oder sich fortreißen zu lassen, ist mindestens so alt wie Plato.

Es gibt jedoch auch andere Blätter, auf denen die Symbolik weniger klar, die Allegorie alles andere als offensichtlich ist. Etwa jenes Pferd, das auf einem gespannten Seil balanciert, während eine Frau auf seinem Rücken tanzt; oder jene Männer, die mit künstlichen Flügeln in einen Himmel von tintenschwarzer Bedrohlichkeit auffliegen; oder die Priester und der Elefant; oder schließlich der unter Geistern umherirrende Alte. Was soll das alles bedeuten? Vielleicht heißt die Antwort, daß es gar keine Bedeutung im üblichen Sinne des Wortes besitzt; daß es sich auf streng private Vorgänge bezieht, die sich in den dunkleren Seelentiefen ihres Schöpfers abspielen. Für uns als Betrachter dieser Bilder liegt ihre eigentliche Bedeutung vielleicht gerade darin, daß sie so lebhaft und doch zwangsläufig auf so dunkle und unverständliche Weise einige der unbekanntesten Größen veranschaulichen, die im Innersten eines jeden Menschen wirken.

Goya hat einmal das Bild eines alten Mannes gemalt, der unter der Last der Jahre dahintaumelt, ihm jedoch den Begleittext gegeben: »Immer noch lerne ich.« Dieser Alte war er selbst. Bis ans Ende seines langen Lebens fuhr er fort, ein Lernender zu sein. In seiner frühen Jugend malte er nach dem Vorbild der schwächlichen Eklektiker, die seine Lehrer waren. Die ersten Zeichen von Kraft, Frische und Originalität erscheinen auf den Kartons für die Wandteppiche, von denen er die ersten mit dreißig Jahren entwarf. Als Porträtmaler jedoch gelingen ihm überragende Leistungen erst, als er schon fast vierzig ist. Aber zu diesem Zeitpunkt weiß er auch, was er will, und während der zweiten vier Jahrzehnte seines Lebens bewegt er sich stetig vorwärts, auf die technischen Meisterwerke der *Pinturas negras* in der Ölmalerei und die *Desastres* und *Disparates* in der Radierung zu. Goyas Wachstum ist ein stilistisches: weg vom Zwang und in die Freiheit, weg von der Befangenheit und hin zur expressiven Kühnheit.

In technischer Hinsicht ist das Eindrucksvollste an fast allen gelungenen Bildern und Radierungen Goyas, daß sie in Form einer oder mehrerer scharfumrissener Massen komponiert sind, die sich vom Hintergrund abheben, oft sogar silhouettenartig gegen den Himmel gestellt sind. Wenn er einmal so etwas wie ein ›durchkomponiertes‹ Bild zu malen versucht, ist der Versuch nur selten erfolgreich. Denn es fehlt ihm fast völlig an der Fähigkeit, die ein Rubens so unübersehbar besaß: Er vermochte nicht, seine ganze Leinwand mit Figuren und Landschaftsdetails zu füllen und diesem ›Plenum‹ eine klare und doch höchst raffinierte dreidimensionale Ordnung aufzuerlegen. Der

Mangel an dieser Fähigkeit ist schon in den Gobelinkartons augenfällig; die besten unter ihnen sind ausnahmslos die, auf denen Goya seine Komposition in silhouettierten Massen gestaltet, und die schwächsten diejenigen, auf denen er versucht, eine Vielzahl von über die Leinwand verteilten Figuren in ein Ordnungsmuster zu bringen. Man vergleiche unter diesem Gesichtspunkt etwa die beiden Darstellungen des *Dos de Mayo*, einmal die Mamelucken, wie sie die Menge an der Puerta del Sol abschlachten, und dann die Pelotons, die nach dem Dunkelwerden in den Vorstädten am Werk sind. Das erste ist der Versuch, etwas zu tun, das Rubens mit einer fast übermäßigen Leichtigkeit getan hätte: einem Gewimmel von menschlichen und tierischen Gestalten, das den Großteil der Leinwand füllt, eine formal schöne und dramatisch bedeutungsvolle Ordnung aufzuerlegen. Der Versuch ist gescheitert, denn bei aller Kraft und Schönheit seiner Einzelteile ist das Gemälde insgesamt weniger befriedigend und deshalb auch in seiner Erzählung weniger packend als sein Pendant. Darin ordnet Goya seine Figuren in einer Reihe scharf umrissener, einander ausbalancierender Gruppen an, die auf dramatische Weise miteinander und mit dem Hintergrund kontrastieren. Auf diesem Bild spricht der Künstler seine Muttersprache und versteht es daher, das, was er sagen will, mit einem Höchstmaß an Kraft und Klarheit auszudrükken. Und ebendies ist auf dem Mameluckenbild nicht der Fall. Dort ist die Formensprache nicht wahrhaft seine eigene, und daher fehlt seiner Beredsamkeit jene Bewegungskraft, die sie nur dann besitzt, wenn er sich in dem wahrhaft goyesken Idiom zeichnerisch ergeht.

Glücklicherweise ist Goya bei seinen Radierungen sehr selten in Versuchung, eine andere als seine ureigene Sprache zu sprechen. Hier komponiert er fast ausschließlich in kühnen getrennten Massen, die sich in leuchtendem Grau und Weiß schattenrißartig gegen ein Dunkel abheben, das von gestoppeltem Pfeffer-und-Salz bis zu intensivem Schwarz reicht, oder in schwarzen und stark schattierten Grautönen gegen reines Papierweiß. Manchmal existiert nur eine einzige Masse, dann wieder sind es mehrere in Gleichgewicht oder Kontrast gehaltene. So gut wie nie begeht er hier den für ihn fast fatalen Irrtum, sein Material zu einer blattfüllenden Komposition anzuordnen.

Mit den *Desastres* und *Disparates* wird seine Meisterschaft in dieser ihm vorbestimmten Gestaltungsweise geradezu absolut. Natürlich ist diese Kompositionsform nicht die einzig mögliche.

Tatsächlich liegt es in der Natur dieses besonderen künstlerischen Idioms, daß sich bestimmte Dinge darin wahrscheinlich nie ausdrükken lassen – Dinge, wie sie etwa ein Rembrandt in seinen unerreicht schönen und subtilen Bibelillustrationen zu sagen verstand. Aber auf dem Feld, das er sich zur Bestellung wählte – und dessen Wahl ihm die Eigenheiten seines Temperamentes und die Art seiner künstlerischen Empfindung aufnötigte –, hat Goya bis heute nicht seinesgleichen.

(*Themes and Variations*, 1950; Ü.: Herberth E. Herlitschka)

Morning Scene

Light through the latticed blind
Spans the dim intermediate space
With parallels of luminous dust
To gild a nuptial couch, where Goya's mind
Conceived those agonising hands, that hair
Scattered, and half a sunlit bosom bare,
And, imminently above them, a red face
Fixed in the imbecile earnestness of lust.

Morgenszene

Licht gittert durch die Jalousie,
Durchzieht dämmrigen Zwischenraum
Mit Parallelen hellen Staubs,
Streut Gold aufs Brautbett, wo Goyas Genie
Diese zuckenden Hände schuf, den Wust
Der Haare, nackte Brüste halb im Licht,
Und, über alledem, ein Rotgesicht,
Erstarrt im schwachsinnigen Ernst der Lust.

(*Limbo*, 1920; Ü.: Werner von Koppenfels)

Kritzeleien in einem Wörterbuch

Ich ähnele Shakespeare nur in einer Hinsicht: ich kann ein wenig Latein und noch weniger Griechisch. Vor langer Zeit konnte ich in beiden Sprachen eine ganze Menge; denn meine Erziehung ging im Rahmen dessen vor sich, was jetzt modischerweise die abendländische Tradition heißt, in jenem Bildungssystem also, das Weisheit mit der Kenntnis der klassischen Autoren im Original gleichsetzte und Kultur als die Fähigkeit definierte, grammatisch korrekte griechische und lateinische Prosa zu schreiben. Und nicht nur Prosa; denn in Eton hielten wir zu meiner Zeit strikte Andachtsübungen für die undankbare Muse. Der ganze Dienstag war, von morgens um sieben bis abends um zehn, der erschöpfenden und widersinnigen Aufgabe der Übersetzung von dreißig oder vierzig Zeilen englischer Poesie ins Lateinische oder – bei großen Anlässen – ins Griechische gewidmet. Für diejenigen, die bei der Verfertigung von Ovid-, Horaz- oder Euripides-Imitationen den größten Erfolg hatten, gab es ansehnliche Preise.

Ich besitze noch immer einen Matthew Arnold in karmesinrotem Saffian- und einen Shelley in Halbleder, die meine damaligen Heldentaten auf diesem merkwürdigen Betätigungsfeld bezeugen können. Heute brächte ich es ebensowenig fertig, griechische Jamben oder lateinische Hexameter nachzubilden, wie ich imstände wäre zu fliegen. Alles, was ich von dieser einst unerläßlichen Kunst erinnere, ist die ungeheure Langeweile, die mit ihrer Ausübung verbunden war. Noch heute vermag der Anblick von Smiths *Shorter Latin Dictionary* oder Liddells und Scotts *Greek Lexicon* mir jenen alten *ennui* in Erinnerung zu rufen. Was für öde Stunden habe ich damit verbracht, verzweifelt jene Seiten auf der Suche nach einem Wort für »Kuh« zu durchblättern, das sich als Daktylus skandieren ließ, oder mich zu versichern, daß mein Gedächtnis für die unregelmäßigen Verben und die griechischen Akzente grammatisch korrekt war. Ich denke höchst ungern an diese üble Zeitverschwendung zurück. Und doch, in Hinblick darauf, daß den meisten Menschen vorherbestimmt ist, ein Großteil ihres Lebens in Berufen zu verbringen, die ihnen nicht einmal einen Hauch von Interesse einzuflößen vermögen, mag dieses altmodische Üben mit dem Wörterbuch äußerst heilsam gewesen sein. Zumindest lehrte es einen, das Schlimmste vom Leben zu kennen und zu erwarten – während der Schüler in einer fortschrittlichen Schule, wo alles unterhaltsam und signifikant sein soll, in einem Wolkenkuckucksheim lebt. Als Vorbereitung auf das Leben nicht in der Form, wie es sein sollte, sondern wie es wirklich ist, waren die Schrecknisse der griechischen Grammatik und der systematische Schwachsinn lateinischer Verse vollkommen angemessen. Andererseits muß man einräumen, daß sie dazu führten, bei ihren Opfern einen ganz irrationalen Abscheu vor dem armen Dr. Smith zu hinterlassen.

So erhielt ich beispielsweise vor gar nicht langer Zeit einen dringenden Anruf von meinem Freund Jake Zeitlin, dem Buchhändler. »Ich habe da etwas, das ich Ihnen zeigen möchte«, sagte er, »etwas sehr Aufregendes.« Ohne zu zögern, machte ich mich auf den Weg zu seinem Laden. Aber als er dann triumphierend ein kleines lateinisches Wörterbuch schwenkte, war die Enttäuschung groß, und ich fühlte – das ist die Macht des bedingten Reflexes – etwas von der geistigen Öde in mir aufsteigen, die solche Gegenstände vor beinahe einem halben Jahrhundert während meiner Schulzeit bei mir geweckt hatten. Zwar war dieses besondere Wörterbuch das Werk eines *Agrégé des Classes de Grammaire des Lycées*, und die Äquivalente der lateinischen Wörter waren auf Französisch angegeben, aber die Ähnlichkeit mit Dr. Smith war hinreichend deutlich, um bei mir die gewöhnliche Reaktion auszulösen. Beim Anblick dieses Wörterbuches fühlte ich mich urplötzlich wie jemand, der gerade einen Atemzug voll verbrauchter Luft am Eingang zu einer Untergrundbahn-Station eingesogen hat. Aber dann wurde das Buch aufgeschlagen und mir ehrfürchtig vorgelegt. Auf dem nahezu leeren Vorsatzblatt war eine Federzeichnung von drei Pferden, die sich hintereinander im Geschirr eines zweirädrigen Karrens abplagten. Sie war ein Wunder an Expressivität, an Naturtreue und an Ökonomie der Mittel. Wie hatte diese wunderschöne Skizze den Weg in das trostlose Gegenstück zum *Shorter Smith* gefunden? Die Antwort war letztlich ebenso einfach wie überraschend. Dieses Wörterbuch hatte in den späten siebziger und frühen achtziger Jahren des 19. Jahrhunderts einem Jungen namens Henri de Toulouse-Lautrec gehört.

Im Jahre 1880, als die meisten dieser Zeichnungen entstanden, war Toulouse-Lautrec sechzehn Jahre alt. Der erste der beiden Vorfälle, die ein bis dahin lediglich schwächliches Kind in einen grotesk deformierten Krüppel verwandeln sollten, hatte 1878 stattgefunden, und zwar im Frühjahr; der zweite, fünfzehn Monate später, im Spätsommer des Jahres 1879. Um 1880 waren die gebrochenen Oberschenkelknochen wieder verheilt, und er glaubte immer noch – zumindest den Zeichnungen nach zu urteilen, die er in dieser Phase von sich anfertigte –, daß seine Beine wieder zu wachsen beginnen würden. Er sollte sich irren. Sein Rumpf entwickelte sich normal und wurde zu gegebener Zeit zum Torso eines erwachsenen Mannes; seine Beine dagegen blieben, was sie zum Zeitpunkt seines ersten Sturzes gewesen waren, die kurzen, spindeldürren Schenkel eines vierzehnjährigen Jungen. Dessen ungeachtet galt es, das Leben zu meistern, und trotz der Schmerzen, trotz der erzwungenen Inaktivität, trotz des Verdachts und schließlich der Gewißheit, daß er der Welt fortan als zwergenhaftes Monster gegenüberzutreten haben würde, hat es Lautrec mit unerschöpflichem Mut und unbezähmbarem Stolz gemeistert. Seine nach kaum drei Jahren Gymnasialzeit unterbrochene Schulbildung wurde bei Privatlehrern fortgesetzt, und im Jahre 1880 meldete er sich zu seiner ersten Abiturprüfung, fiel durch, wiederholte die Prüfung im Jahre 1881 und bestand diesmal mit fliegenden Fahnen. In der Phase zwischen ebendiesen beiden Prüfungen schmückte er die Ränder seines Wörterbuches mit den Zeichnungen, die ich jetzt, hingerissen, in Jake Zeitlins Buchhandlung bewunderte.

Bis zum Alter von zehn Jahren (immer vorausgesetzt, daß seine Lehrer nicht eingreifen) malt praktisch jedes Kind wie ein Genie. Fünfzehn Jahre später stehen die Chancen, daß es immer noch wie ein Genie malt, etwa vierhunderttausend zu eins. Warum nur diese unendlich kleine Minderheit die Versprechungen der Kindheit erfüllt, während alle übrigen entweder zu bloßer Mittelmäßigkeit verkümmern oder sogar die Existenz der Kunst vergessen, die sie einst (innerhalb der Grenzen der kindlichen Fähigkeiten) ausübten, bleibt ein ungelöstes Rätsel. Wenn wir die Antwort darauf gefunden haben, sollten wir eigentlich in der Lage sein, Erziehung und Bildung aus der trostlos enttäuschenden Angelegenheit, die sie heute ist, in das Instrument gesellschaftlichen und individuellen Wiederaufbaus zu verwandeln, das sie sein sollte. Einstweilen können wir nur die Fakten darstellen, ohne sie zu verstehen.

Aus irgendeinem noch heute völlig mysteriösen Grunde gehörte

Toulouse-Lautrec dieser unendlich kleinen Minderheit an. Sein Interesse am Malen zeigte sich sehr früh, und zusammen damit äußerte sich wahrscheinlich die normale kindliche Begabung. Im Alter von drei Jahren, so wird berichtet, bat er um die Erlaubnis, aus Anlaß der Taufe seines Bruders das Kirchenbuch unterzeichnen zu dürfen. Man hielt ihm, durchaus nicht zu Unrecht, vor, er könne ja noch gar nicht schreiben. »Gut«, antwortete er, »dann zeichne ich eben einen Ochsen.« Seine ganze Kindheit hindurch blieben Ochsen sein Lieblingsmotiv; und neben Ochsen überdies Hunde, Geflügel, Falken (sein Vater, Graf Alphonse de Toulouse-Lautrec, war ein leidenschaftlicher Falkner) und vor allem Pferde. Er verbrachte lange Stunden auf dem Hof dieses oder jenes Familienschlosses mit der angespannten Beobachtung von Vögeln und Tieren. Und was er sah, erinnerte er, und zwar nicht vage und ungenau wie wir anderen, wenn wir Dinge beobachten, sondern mit allen Einzelheiten. Und später, als die imaginative und symbolische Kunst seiner Kindheit den ersten Darstellungsversuchen des Erwachsenen das Feld räumte, war er in der Lage, diese Erinnerungen mit verblüffender Genauigkeit zu reproduzieren. Als reifer Künstler benutzte er späterhin nur selten Modelle; er zog es vor, sich auf sein Gedächtnis zu verlassen, das ihn mit allem Nötigen zu versorgen imstande war. Ist diese Art von Gedächtnis angeboren, oder kann es durch angemessene Schulung erworben werden? Sind wir alle Herren eines solchen genauen Erinnerungsvermögens, und versäumen wir nur, durch falschen Gebrauch von Geist und Körper unsere angeborenen Möglichkeiten zu verwirklichen? Hier liegt ein weiteres Rätsel, das unsere Erzieher mit Gewinn erforschen könnten.

Lautrec war in Latein gut, und im Laufe seiner drei Gymnasialjahre trug er mehrere Preise für Übersetzung und Stilübung davon. Gute Leistungen schlossen jedoch Langeweile nicht aus, und als die gelehrte Narrheit von Grammatik und Verslehre unerträglich wurde, öffnete er sein Gegenstück zum *Shorter Smith*, tauchte seine Feder ins Tintenfaß und zeichnete ein kleines Meisterwerk. *Dictionnaire Latin-Français*. Über dem Titel galoppiert ein Kavallerist nach links, während ein Jockey sein Pferd nach rechts lenkt. Wir öffnen das Buch nach dem Zufallsprinzip und finden über den Stichwörtern *prophetice, propheticus* einen landenden Falken. *Coetus* und *cohaerentia* sind mit einem Paar von Pferdehufen geschmückt, von hinten erfaßt, so wie das Tier vorbeigaloppiert. Zwei Seiten des Vorwortes sind verziert, die eine mit einer ungewöhnlich großen Zeichnung eines müden alten Kleppers, die andere mit einer kaum weniger ausdrucksstarken Version der drei hintereinander eingeschirrten Pferde, die bereits das Vorsatzblatt schmücken.

Der Zeichner war erst sechzehn Jahre alt; aber dieses flüchtige Gekritzel, entstanden, wenn der Lehrer ihm den Rücken zuwandte, ist bereits das Werk eines reifen Künstlers und zeigt eine mühelose Beherrschung des Mediums und ein Verständnis des Gegenstandes, wie sie, sogar bei außergewöhnlicher Begabten, gemeinhin erst die Frucht langer Erfahrung und ständiger Übung sind. Lautrecs erster Lehrer, der akademische und modisch-beliebte Porträtmaler Bonnat, war da anderer Ansicht. »Vielleicht bist Du neugierig zu erfahren«, schrieb der Junge in einem Brief an seinen Onkel Charles, »welche Art Ermutigung ich von Bonnat erhalte. Er sagt mir: ›Deine Malerei ist nicht schlecht; sie ist geschickt, aber deshalb nicht schlecht. Als Zeichner aber bist du einfach scheußlich.‹« Und das zu einem Schüler, der aus dem Gedächtnis kleine Dinge hinkritzeln konnte, deren sich selbst die größten Meister nicht zu schämen gehabt hätten! Der Grund für Bonnats Mißbilligung wird deutlich, wenn man liest, was einer von Lautrecs Mitschülern über ihn beim Zeichnen nach der Natur schrieb: »Er unternahm große Anstrengungen, das Modell genau nachzuahmen; unwillkürlich aber übertrieb er bestimmte typische Details, manchmal auch den allgemeinen Charakter, so daß er es verzerrte, ohne es darauf anzulegen oder auch nur zu wollen. Ich habe gesehen, wie er sich dazu zwang, seine Modellstudie zu ›verschönern‹ – meiner Meinung nach ohne Erfolg. Der Ausdruck *se forcer à faire joli* stammt von ihm selbst.«

Das Wort Fakt ist von *factum* abgeleitet, von etwas Gemachtem. Und ein Fakt ist in der Tat nie, wie wir so gerne annehmen, ein völlig unabhängiges, gegebenes Ding. Ein Fakt ist jene besondere Version des Gegebenen, die wir, in irgendeinem besonderen Kontext, für nützlich halten. Dasselbe Ereignis – sagen wir: eine Wasserstoffbomben-Explosion – ist gleichzeitig ein Faktum im Bereich von Physik und Chemie, ein Faktum im Bereich von Physiologie, Medizin und Genetik, ein psychologisches, ein politisches, ein ökonomisches, ein ethisches, sogar ein ästhetisches Faktum – denn ein Atompilz ist von wunderbarer Schönheit. Ein großer darstellender Künstler wie Lautrec, Goya, Degas oder Rembrandt ist an mehreren Erfahrungsaspekten interessiert – am ästhetischen, biologischen, psychologischen und manchmal auch am ethischen Aspekt –, und die Fakten, die er aufs Papier oder auf die Leinwand bannt, sind Formen, die er aus der gegebenen Realität herleitet, die er *schafft*, und zwar zum Zwecke des Ausdrucks und der Mitteilung seiner eigenen besonderen Verstrikkungen und Vorlieben. Aus diesem Grunde sieht er keinerlei Unvereinbarkeit zwischen Naturtreue und Entstellung. Wenn nämlich in den besonderen Aspekten der Natur, an denen er interessiert ist, Wahrheit sein soll, muß auch ein gewisses Maß an Entstellung im Spiel sein.

Manchmal ist diese Entstellung nur eine Frage des Weglassens. (Nur wenige der großen realistischen Maler porträtieren *jede* Augenwimper.) Manchmal ist sie auch einer Übertreibung dessen zuzuschreiben, was am Gegebenen in aller Deutlichkeit die Seite der Natur enthüllt, der der Künstler treu zu sein bestrebt ist. Hsieh-Ho, der chinesische Künstler des 5. Jahrhunderts, der die berühmten Sechs Prinzipien der chinesischen Malerei formulierte, bringt dieselbe Wahrheit auf andere Weise zum Ausdruck: »Das erste Prinzip ist das, daß ein Bild, aufgrund eines verlebendigenden Geistes, die Regung von Leben haben sollte.« Eine Reihe weiterer Übersetzungen dieses Ersten Prinzips sind vorgeschlagen worden, so etwa: »Ein Bild sollte rhythmische Vitalität besitzen«; »ein Bild sollte die Lebensregung des Geistes durch den Rhythmus der Dinge zum Ausdruck bringen«; »ein Bild sollte die Verschmelzung des Geistes-Rhythmus mit der Bewegung der lebenden Dinge manifestieren«. Wie weit die Übersetzungen aber auch voneinander abweichen mögen, »so ist doch ganz offensichtlich, daß«, mit den Worten des berühmten Sinologen Osvald Sirén, »sich das Erste Prinzip auf etwas jenseits der materiellen Form bezieht, sei es Charakter, Seele oder Ausdruck. Es hängt von der Operation des Geistes oder von dem geheimnisvollen Hauch des Lebens ab, aufgrund dessen die Gestalten so aussehen können, als ob sie sich bewegten oder atmeten.« Eben diesem Rhythmus des Geistes, wie ihn die Bewegung gegebener Ereignisse manifestiert, schenkt der Künstler seine Aufmerksamkeit; und um dieses spirituelle Wesen der Dinge wiederzugeben, kann er gezwungen sein, die äußeren Erscheinungen zu entstellen und davon abzusehen, sowohl exakt nachzuahmen als auch konventionell zu verschönern. Auf seine Weise war

Lautrec ein treuer Verfechter von Hsieh-Hos Erstem Prinzip. Schon als Junge und noch ohne jede Kenntnis von den Meistern, unter deren Einfluß sich sein reifer Stil bilden sollte – Hokusai, Degas, Goya –, schon an den Rändern seines lateinischen Wörterbuches machte er den verlebendigenden Geist in der Bewegung des Lebens manifest.

Das Pferd ist heute ein nahezu ausgestorbenes Tier, und in einigen wenigen Jahren wird es, wie ich vermute, nur noch in Zoos und vielleicht auf Rennbahnen oder in den Parks texanischer Erdöl-Millionäre zu finden sein. Für den Mann auf der Straße – eine Straße, die heute Gott sei Dank von den Bergen von Dung frei ist, die in meiner Kindheit noch jede Metropole zu einem wahren Augiasstall zu machen pflegten – ist das Verschwinden des Pferdes ein Segen. Für den angehenden Künstler ist es eine Katastrophe. Der Percheron, das reinrassige Jagdpferd, das glatte, kurzbeinige Pony, die prächtigen Geschöpfe, die die Kaleschen der reichen Leute zogen, sogar die elenden Klepper in den Geschirren von Droschken und Omnibussen – jedes verkörperte auf seine Weise offenkundig den Rhythmus des Geistes in den Bewegungen seines Pferdelebens. Heute beschränkt sich die Bewegung des Lebens in den großen Städten Europas und Amerikas auf menschliche Wesen, die meisten davon unglaublich reizlos, und auf einige wenige Hunde, Katzen und Stare.

Verbindungen und Begegnungen werden durch Automobile besorgt (und gleichzeitig behindert). Automobilen aber fehlt die Bewegung des Lebens völlig. Sie sind mit einem Motor ausgestattete statische Objekte. Um ihnen den Anschein zu verleihen, als verfügten sie über die Bewegung des Lebens, versehen ihre Hersteller sie mit unangemessenen Formen und pfeilförmigen Chromstreifen. Aber vergeblich. Auch der schnittigste Sportwagen bleibt, sogar bei hundert Meilen pro Stunde, seinem Wesen nach undynamisch.

Wohingegen noch ein Droschkenpferd, sogar nur bei fünf Meilen pro Stunde, eine Manifestation von Lebensregung, eine Verkörperung von spirituellem Rhythmus ist. In der Vergangenheit war das Pferd allgegenwärtig. Wohin sich der junge Künstler auch wandte, stets sah er seine Lebensregungen. Im Schritt oder trabend, in leichtem oder scharfem Galopp, forderte es seine Darstellungs- und Ausdruckskräfte heraus, spornte es ihn an, dem zugrundeliegenden Geheimnis des Geistes auf die Spur zu kommen, der in Formen lebt und sich bewegt. Welche verblüffenden Kunstwerke haben ihre Existenz nicht dem Pferd zu verdanken! Im alten Mesopotamien, in Griechenland, in China und Japan, bei Etruskern und Römern, in den Schlachtszenen der Renaissance, in ganzen Scharen von Bildern der Rubens, Velázquez, Géricault und Delacroix – welche Reiterzüge! Die Erfindung des Verbrennungsmotors hat die Maler und Bildhauer des 20. Jahrhunderts einer ihrer ergiebigsten künstlerischen Inspirationsquellen beraubt. Im Verein mit Degas war Lautrec nahezu der letzte große Pferdemaler. Wenn Graf Alphonse das Sagen gehabt hätte, hätte Henri sogar nie etwas anderes gemalt. »Dieses kleine Buch«, schrieb der Graf auf das Vorsatzblatt eines Handbuchs der Falknerei, das er seinem Sohn schenkte, als der elf Jahre alt war, »wird Dich lehren, Geschmack am großen Leben in der freien Natur zu finden, und wenn Du eines Tages die Bitterkeit des Lebens erfahren solltest, werden Hunde, Falken und vor allem Pferde Deine treuen Gefährten sein und Dir helfen, etwas Vergessen zu finden.« Und nicht nur die Bitterkeit des Lebens, auch seine erschreckende Vulgarität werden Hunde, Falken und Pferde uns zu vergessen helfen. Eben das hat Disneys Naturfilmen fraglos eine so breite Popularität verschafft. Nach einer Überdosis allzumenschlicher Schmierenschauspieler – welch gewaltige Erleichterung, einmal wieder eine Tarantel, ja sogar ein paar Skorpione zu sehen!

Leider aber war das Leben in der freien Natur nicht das Leben, das das Schicksal Henri de Toulouse-Lautrec vorherbestimmt hatte. Sein Unfall schloß ihn von der Teilnahme am Sport- oder Landleben in jeder Form aus. Und obwohl er noch immer Pferde liebte und nie müde wurde, ihre Lebensregungen im Zirkus oder auf der Rennbahn zu studieren, liebte er Montmartre und den Alkohol, Cabaret-Sängerinnen und Prostituierte doch mit ungleich größerer Leidenschaft. »Jede Seltsamkeit«, schrieb einer seiner Freunde, »entzückte ihn, erregte ihn bis zu freudiger Begeisterung. Er konnte sich irgendwelchen alten Kleinkram herausfischen wie eine japanische Perücke, einen Ballettschuh, einen merkwürdigen Hut oder einen Schuh mit übertrieben hohem Absatz und ihn einem mit den amüsantesten Bemerkungen zeigen; oder aber ganz unerwartet aus einem Stapel Schund einen schönen Hokusai-Druck herausziehen, einen Brief von einem Zuhälter an sein ›Pferdchen‹, eine Fotoserie von so berühmten Meisterwerken wie Uccellos *Schlacht* in der Londoner National Gallery oder Carpaccios *Mit Tieren spielende Kurtisanen* im Museo Correr in Venedig, das alles garniert mit begeisterten Ausrufen und feinfühligen oder herausfordernden Kommentaren.« Die Betrunkenen und Dirnen, die geilen Herren mit Zylinderhüten, die sensationslüsternen Damen mit Federboas, die Stalljungen, die Lesbierinnen, die bärtigen Chirurgen, die Operationen mit einer schrecklichen Geringschätzung der Anfangsgründe aller Asepsis ausführten – auch das waren Seltsamkeiten, bemerkenswerter noch als die japanischen Perücken, und sie wurden zu den Motiven der meisten Bilder Lautrecs, zur Umwelt, in der er sich am liebsten bewegte. Er porträtierte sie einfach als Merkwürdigkeiten, ohne ihnen irgendein moralisches Urteil anzuheften, indem er lediglich die immanente Befremdlichkeit dessen wiedergab, was er in seinem Umkreis sah.

In diesem Geiste des Raritätensammlers, des Kuriositätenjägers besuchte er auch das Theater. Die Stücke als solche interessierten ihn nicht. Gut oder schlecht, sie waren lediglich Wortgirlanden. Was er am Theater liebte, war nicht die Literatur, es waren die Schauspieler – die Art und Weise, wie sie grimassierten und gestikulierten, die merkwürdigen Beleuchtungseffekte aus Lichtquellen oberhalb und unterhalb der Bühne, die grellen Kostüme, die sich vor den albernen romantischen Kulissen aus bemalten Leinwänden abhoben. Die ersten Anfänge seiner Leidenschaft für das Theater zeichnen sich in Lautrecs Wörterbuch ab. Über *pugillus* schwebt ein Narr mit Narrenkappe und -schellen – wahrscheinlich eine Erinnerung an eine Gestalt, wie er sie beim Karneval von Nizza gesehen hatte. Und über *quamprimum, quamquam, quamvis* und *quanam* ausgreifend steht eine Figur, deren Haltung und vage mittelalterliches Kostüm anscheinend die eines Schauspielers einer Wandertruppe sind, wie sie Henri an der Riviera zu Gesicht bekommen haben kann.

Und schließlich findet sich, gegenüber *naenia* (dem Wort für ›Totenlied‹), die schöne Skizze einer jungen Schauspielerin, die wie ein Page in ein enganliegendes Trikot (denn Beine wurden erst lange nach dem Ersten Weltkrieg entblößt), die kürzeste aller Pluderhosen und ein Wams gekleidet ist. Keinerlei Bestrebung wird in dieser oder irgendeiner anderen Zeichnung des jungen Toulouse-Lautrec spürbar, die Weiblichkeit seines Modells hervorzuheben. Unsere gegenwärtige Busen-Besessenheit glänzt geradezu durch Abwesenheit. Wenn die allgemeine Regel gilt, in immerwährender Hoffnung habe die männliche Brust im Hinblick auf die weibliche zu entbrennen, so zeigt sich doch in diesem Falle keinerlei unangebrachter Optimismus. Bei Lautrec ist der hellsichtige Künstler stärker als der begehrliche Jugendliche, und er sollte später auch stärker bleiben als der Bordell-Stammgast.

Nie ist an Lautrecs Kunst irgend etwas sexuell Aufreizendes; aber auch nichts vorsätzlich und sarkastisch Anti-Feministisches. Degas fand, wie bekannt, Vergnügen daran, seine Modelle in den am wenigsten verführerischen Stellungen zu malen. Eine Dame, die eine Ausstellung seiner Werke besucht hatte, fragte ihn einst, warum er es denn vorgezogen habe, alle seine Frauen so häßlich darzustellen. »Madame«, antwortete der Maler, »weil Frauen im allgemeinen häßlich *sind*.« Im Gegensatz zu Degas versuchte Lautrec nie zu beweisen, daß sie häßlich oder anziehend seien. Er schaute sie sich lediglich an, genau wie er sich von frühester Kindheit an Ochsen, Pferde, Falken und Hunde angeschaut hatte; dann gab er, aus dem Gedächtnis und mit angemessenen Verzerrungen, ihre Lebensregungen wieder, hier reizvoll, da grotesk, und stellte den zugrundeliegenden Rhythmus des geheimnisvollen Geistes dar, der sich in jedem Aspekt unseres schönen, schrecklichen, unaussprechlich seltsamen und bewundernswerten Universums äußert.

(*Adonis and the Alphabet*, 1956; Ü.: Hans-Horst Henschen)

MUSIK

Musik bei Nacht

Die Juninacht ist mondlos, aber um so mehr von Sternen belebt. Ein leises Wehen von den blühenden Limonellenbäumen, der Geschmack feuchter Erde und das unsichtbare Grün der Weinstöcke erfüllt die Dunkelheit mit seinem Duft. Es herrscht Stille. Aber eine Stille, die mit dem sanften Hauch des Meeres atmet und im dünnen schrillen Zirpen einer Grille eindringlich, unaufhörlich von der eigenen höchsten Vollendung redet. Weit entfernt fährt ein Zug vorbei, der sich, wie in einer langen Liebkosung, sanft, unerbittlich sanft über den warmen, lebendigen Leib der Nacht bewegt.

Musik, sagt ihr; es wäre eine gute Nacht für Musik. Aber hier habe ich ja Musik in einem Kasten, eingesperrt, wie einen in die Flasche gebannten Dschinn aus *Tausendundeine Nacht*, und jederzeit bereit, auf eine Berührung hin aus seinem Gefängnis auszubrechen. Ich mache die notwendigen mechanischen Zaubergriffe, und plötzlich, durch einen wunderbar glücklichen Zufall (denn ich hatte die Platte im Dunkeln herausgesucht, ohne zu wissen, was das Gerät spielen würde), plötzlich beginnt das Vorspiel zum *Benedictus* aus Beethovens *Missa Solemnis* seine Struktur auf den mondlosen Himmel zu zeichnen.

Das *Benedictus*. Selig und beseligend, ist diese Musik in gewisser Weise die gleichwertige Entsprechung der Nacht, der tiefen, lebendigen Dunkelheit, in die sie sich jetzt, bald in einem einzigen Strahl, bald in subtiler Verflechtung der Stimmen, bald in pulsierenden und beinahe greifbaren harmonischen Klangballungen, ergießt, unaufhaltsam ergießt, wie die Zeit, wie die steigenden und sinkenden Kurven eines Lebens. Sie ist die Entsprechung der Nacht in einer anderen Seinsweise, wie eine Essenz das Äquivalent der Blumen ist, aus denen man sie destilliert.

Es liegt, zumindest scheint es manchmal so, im Herzen der Dinge eine gewisse Glückseligkeit, eine rätselhafte Glückseligkeit, deren Existenz uns durch gelegentliche Zufälle oder Fügungen (für mich gehört diese Nacht dazu) geheimnisvoll, vielleicht auch eindringlich, doch leider immer flüchtig und stets nur für wenige Momente bewußt wird. Im *Benedictus* bringt Beethoven dieses Bewußtsein der Glückseligkeit zum Ausdruck. Seine Musik ist das Äquivalent dieser mediterranen

Nacht, oder vielmehr jener Seligkeit im Herzen der Nacht – der Seligkeit, wie sie wäre, wenn man sie von Belanglosigkeit und Zufall reinigen und bis zur höchsten Reinheit läutern und verfeinern könnte.

»*Benedictus, benedictus*...« Eine Stimme nach der anderen nimmt das Thema auf, das vom Orchester vorgegeben und liebevoll in einem langen exquisiten Violinsolo meditiert wird (denn die Glückseligkeit offenbart sich am ehesten der einsamen Seele). »*Benedictus, benedictus*...« Und dann, plötzlich, erstirbt die Musik; der wallende Dschinn ist wieder in die Flasche eingesperrt. Mit stumpfsinniger, insektenhafter Beharrlichkeit wird die Stille von einer Stahlnadel zerkratzt, zerkratzt.

In der Schule, als man uns beibrachte, was man offiziellerseits unter Englisch versteht, sollten wir immer irgendeine Stelle aus dem Shakespeare-Stück, das uns gerade mit sämtlichen Anmerkungen – vor allem mit den Anmerkungen – eingetrichtert wurde, ›in eigene Worte fassen‹. Da saßen wir dann, eine Reihe tintenverschmierter Bengel, und übersetzten mühsam »und seidne Buhlschaft liegt im Kleiderschrank« in: »jetzt liegen elegante Seidenkleider im Kleiderschrank« oder »Sein oder Nichtsein« in: »Ich frage mich, ob ich Selbstmord begehen soll oder nicht.« Wenn wir fertig waren, gaben wir unsere Blätter ab, und der aufsichtführende Pädagoge benotete uns mehr oder weniger dafür, wie genau wir das, was Shakespeare meinte, ›in eigene Worte gefaßt‹ hatten.

Natürlich hätte er uns allen eigentlich eine Sechs verpassen sollen und sich selbst hundert zu memorierende Verse als Strafarbeit dafür, daß er uns diese alberne Aufgabe überhaupt gestellt hatte. Außer Shakespeare selbst kann nämlich niemand ›in eigene Worte fassen‹, was Shakespeare meinte. Der Gehalt eines Kunstwerks ist nicht von seiner Form zu trennen. Wahrheit und Schönheit sind zweierlei und auf rätselhafte Weise doch eins. Selbst der verbale Ausdruck eines metaphysischen oder ethischen Systems kommt einem Kunstwerk fast ebenso nahe wie ein Liebesgedicht. Die Philosophie Platos in Jowetts ›eigenen Worten‹ ist nicht die Philosophie Platos; und auch die Lehre des Apostels Paulus ist beispielsweise in den ›eigenen Worten‹ Billy Sundays nicht mehr die Lehre des Apostels Paulus.

›Unsere eigenen Worte‹ reichen ja nicht einmal aus, die Bedeutung anderer Worte auszudrücken; um wieviel unzulänglicher müssen sie sein, wenn es sich darum handelt, Bedeutungen wiederzugeben, denen ursprünglich durch Mittel der Musik oder bildenden Kunst Ausdruck verliehen wurde! Was, zum Beispiel, ›sagt‹ die Musik ›aus‹? Fast in jedem Konzert kann man ein analytisches Programmheft kaufen, das einem dies genau erklärt. Viel zu genau; das ist das Problem. Jeder Analytiker hat da nämlich seine eigene Version. Man stelle sich vor, Pharaos Traum wäre nacheinander von Josef, den ägyptischen Propheten, von Freud, Rivers Adler, Jung und Wohlgemuth gedeutet worden: Der Traum würde unwahrscheinlich viele verschiedene Dinge ›aussagen‹. Aber doch nicht annähernd so viele, wie die *Fünfte Symphonie* im Wortschwall ihrer Analytiker ausgesagt hat. Nicht annähernd so viele, wie die *Felsengrottenmadonna* und die *Sixtinische Madonna* ebenso lyrisch beredt ausgesagt haben.

Verärgert über den Wortschwall und die absurde Vielzahl unterstellter ›Bedeutungen‹ haben einige Kritiker die Behauptung dagegengesetzt, daß Musik und Malerei keinerlei über sich selbst hinausgehende Bedeutung besitzen; daß sie zum Beispiel nur etwas über Modulationen und Fugierungen, über Farbwerte und dreidimensionale Formen aussagen. Als blanken Unsinn lehnen diese Puristen die Annahme ab, daß Musik und Malerei irgend etwas über das menschliche Schicksal oder das Universum als Ganzes zu sagen haben.

Hätten die Puristen recht, müßten wir alle Maler und Musiker als Ungeheuer betrachten. Denn es ist völlig unmöglich, Mensch zu sein, ohne irgendeine Anschauung über das Universum als Ganzes zu haben, und äußerst schwierig, Mensch zu sein, ohne jene Anschauung zum Ausdruck zu bringen, und sei es auch nur indirekt. Nun kann man aber die Beobachtung machen, daß Maler und Musiker *keine* Ungeheuer sind. Darum... Die Schlußfolgerung ist unvermeidlich.

Komponisten und Maler bringen ihre Anschauung über das Universum nicht nur in Programmusik und problembezogenen Bildern zum Ausdruck. Die theoretischsten, abstraktesten Kunstwerke können, in ihrer ganz besonderen Sprache, in dieser Hinsicht ebenso beredt sein wie die ganz bewußt tendenziösen.

Man vergleiche zum Beispiel eine heilige Jungfrau von Piero della Francesca mit einer heiligen Jungfrau von Tura. Zwei Madonnen – und keiner der Künstler mißachtet die damals geltende traditionelle Symbolik. Der Unterschied, der gewaltige Unterschied zwischen den beiden Bildern liegt nur im Malerischen begründet; es ist ein Unterschied der Formen und ihrer Zusammenstellung, der Anordnung der

Linien, Flächen und Massen. Die beiden Madonnen sagen jedem, der auch nur das geringste Gefühl für die Beredtsamkeit der reinen Form besitzt, völlig verschiedene Dinge über die Welt.

Pieros Komposition besteht darin, daß er fließende und wunderbar ausgewogen stabile Strukturen zusammenbringt. In seinem Universum besitzt alles eine irgendwie übernatürliche Wirklichkeit, ist alles viel mehr ›da‹, als es irgendein Gegenstand in der realen Welt je sein könnte. Und wie vollendet rational, in der edelsten, humansten Bedeutung des Wortes, wie weise geordnet ist die Landschaft, sind alle Bewohner dieser Welt! Es ist die Schöpfung eines Gottes, der »in allem den Geometer spielt«.

Was sagt sie uns, diese Madonna von San Sepolcro? Wenn ich die Beredtheit von Pieros Formen nicht völlig mißverstanden habe, dann erzählt sie uns etwas von der Größe des menschlichen Geistes, von seiner Macht, sich über die Verhältnisse emporzuheben und über das Schicksal zu herrschen. Würde man sie fragen: »Wie werde ich erlöst?«, erhielte man wahrscheinlich zur Antwort: »Durch die Vernunft.« Und Milton vorwegnehmend würde sie sagen: »Nicht ausschließlich, nicht hauptsächlich am Kreuz wird das Paradies wiedererlangt, sondern in jenen Wüsten der tiefsten Einsamkeit, wo der Mensch die Kraft seiner Vernunft aufbietet, um dem Teufel zu widerstehen.« Diese Mutter Christi ist wahrscheinlich keine Christin.

Wenden wir uns jetzt Turas Bild zu. Es ist aus einer Substanz gestaltet, die wie die lebendige Verkörperung der Flamme ist – Flammenfleisch, lebendig, überempfindlich vor lauter Leiden. Turas Oberflächen krümmen sich vom Auge des Betrachters weg, als schrumpften sie zusammen, als litten sie Schmerzen. Die verschlungen dahinfließenden Linien erinnern an jene beunruhigende und, man spürt es, magische Kalligraphie, die gewisse tibetanische Gemälde auszeichnet. Sieh nur genau hin; fühle dich in das Bild hinein, in die Gedanken, Intuitionen und Empfindungen des Malers. Dieser Mann war wehrlos, er war dem Schicksal auf Gedeih und Verderb ausgeliefert. Um die unerschütterliche Unabhängigkeit des Geistes verkünden zu können, muß man fähig sein, im Fluß der Dinge den Kopf über Wasser zu halten; dieser Mann jedoch versank darin, wurde davon überwältigt. Er war nicht fähig, Ordnung in seine Welt zu bringen; sie blieb für ihn ein rätselhaftes Chaos, marmoriert mit phantastischen Flecken, bald aus dem lautersten Himmel, dann wieder aus der unerträglichsten Hölle. Eine schöne und erschreckende Welt, lautet das Urteil dieser Madonna; eine Welt wie die Inkarnation, die materielle Projektion von Ophelias Wahnsinn. Es gibt in ihr keine Gewißheit, nur Leiden und gelegentliches Glück. Und was die Erlösung betrifft, wer kennt schon den Weg zur Erlösung? Wunder mag es geben, und Hoffnung gibt es immer.

Die Grenzen der Kritik sind rasch erreicht. Wenn er so viel oder eher so wenig ›in seinen eigenen Worten‹ gesagt hat, wie sich eben ›in eigenen Worten‹ sagen läßt, dann kann der Kritiker seine Leser nur noch auf das Originalkunstwerk verweisen: sollen sie doch hingehen und selber sehen. Leute, die diese Grenze nicht beachten, sind entweder ziemlich dumm oder sehr eitel, in ihre ›eigenen Worte‹ vernarrt und der Vorstellung verhaftet, sie könnten mit ihnen mehr ausdrükken, als es ›eigene Worte‹ vermögen, die im Wesen der Dinge liegen. Oder aber es handelt sich um intelligente Menschen, die zufällig Philosophen oder Literaten sind und es praktisch finden, die Kritik am Werk anderer zum Ausgangspunkt für ihre eigene Kreativität zu machen.

Dasselbe wie für die Malerei gilt auch für die Musik. Die Musik ›sagt etwas aus‹ über die Welt, aber in einer spezifisch musikalischen Ausdrucksweise. Jeder Versuch, diese musikalischen Aussagen ›in unseren eigenen Worten‹ wiederzugeben, ist zwangsläufig zum Scheitern verurteilt. Man kann die in einem Musikstück enthaltene Wahrheit nicht isoliert betrachten: Denn es ist eine Schönheits-Wahrheit und von ihrem Partner nicht zu trennen. Wir können höchstens in ganz allgemeiner Form das Wesen der fraglichen musikalischen Schönheits-Wahrheit andeuten und den interessierten Wahrheitssucher auf das Original verweisen. Somit ist die Einleitung zum *Benedictus* in der *Missa Solemnis* eine Aussage über die Glückseligkeit, die im Herzen der Dinge liegt. Aber viel weiter werden uns ›eigene Worte‹ nicht bringen. Wenn wir anfangen wollten, in unseren ›eigenen Worten‹ exakt zu beschreiben, was Beethoven im Hinblick auf diese Seligkeit empfand, wie er sie begriff, wie er sich ihr Wesen dachte, dann würden wir uns rasch dabei ertappen, daß wir schwärmerischen Unsinn schreiben, ganz im Stil der analytischen Programmheftgestalter. Nur die Musik, und nur Beethovens Musik, und nur diese spezielle Komposition Beethovens kann uns mit irgendeiner Exaktheit Beethovens wirklichen Begriff der Glückseligkeit im

Herzen der Dinge vermitteln. Wenn wir ihn erfahren wollen, müssen wir zuhören – am besten in einer stillen Juninacht, während im Hintergrund das unsichtbare Meer atmet und der Duft der Limonellen durchs Dunkel schwebt wie eine köstliche, sanfte Harmonie, die ein anderer Sinn wahrnimmt.

(*Music at Night*, 1931; Ü.: Sabine Hübner)

Der Rest ist Schweigen

Von der reinen Empfindung bis zur intuitiven Erkenntnis der Schönheit, von Freude und Schmerz bis hin zu Liebe, mystischer Ekstase und Tod – alles Wesentliche, alles, was für den menschlichen Geist zutiefst bedeutsam ist, läßt sich nur erfahren, niemals ausdrücken. Der Rest ist immer und überall Schweigen.

Das, was nach dem Schweigen das Unaussprechliche am ehesten auszudrücken vermag, ist die Musik. (Und bezeichnenderweise ist Schweigen ein integraler Bestandteil guter Musik. Verglichen mit der Musik Beethovens und Mozarts, ist der unablässige Schwall der Wagnerschen Musik sehr arm an Schweigen. Dies könnte einer der Gründe sein, warum Wagners Musik bei weitem nicht so bedeutsam erscheint wie die Mozarts und Beethovens. Seine Musik ›sagt‹ weniger, weil sie dauernd redet.)

In anderer Form, auf einer anderen Seinsebene, bildet die Musik das Äquivalent einiger der wichtigsten, unaussprechlichsten menschlichen Erfahrungen. Durch eine geheimnisvolle Analogie erweckt sie in der Seele des Zuhörers manchmal das Phantom dieser Erfahrungen, manchmal sogar die Erfahrung selbst in ihrer ganzen Lebendigkeit – das ist eine Frage der Intensität; das Phantom ist vage, die Wirklichkeit brennend nah. Die Musik vermag beides zu erwecken; das hängt von Zufall oder Fügung ab. Das zeitweilige Aussetzen des Herzschlags ist keinem uns bekannten Gesetz unterworfen. Eine weitere Besonderheit der Musik besteht darin, daß sie (wie bis zu einem gewissen Grad alle Künste) imstande ist, Erfahrungen als vollkommene Einheit wachzurufen (das heißt, vollkommen und einheitlich nach dem Maß der Fähigkeit des Hörers, bestimmte Erfahrungen überhaupt zu haben) – wie bruchstückhaft und verworren auch immer das solcherart erinnerte Urbild gewesen sein mag. Wir sind dem Künstler, und vor allem dem Musiker, dankbar, daß er ›ausspricht, was wir immer gefühlt haben, aber nicht ausdrücken konnten‹. Wenn wir ausdrucksvoller Musik lauschen, haben wir natürlich nicht die ursprüngliche Erfahrung des Künstlers (die weit über unseren Horizont hinausgeht, denn Disteln bringen nun einmal keine Trauben hervor), aber die beste Erfahrung dieser Art, deren wir fähig sind –

eine bessere, vollkommenere Erfahrung als jemals, bevor wir der Musik lauschten.

Diese Fähigkeit der Musik, das Unaussprechliche auszusprechen, haben die größten Wortkünstler erkannt. Der Mann, der den *Othello* und *Das Wintermärchen* schrieb, vermochte alles in Worten auszudrücken, was immer Worten an Bedeutung eingegeben werden kann. Und doch (hier bin ich einem interessanten Essay von Mr. Wilson Knight zu Dank verpflichtet), wandte sich Shakespeare jedesmal, wenn er etwas vom Wesen einer mystischen Empfindung oder Intuition mitteilen wollte, unweigerlich an die Musik, damit sie ihm behilflich sei, die Sache ›rüberzubringen‹. Meine eigene, freilich äußerst geringe Erfahrung mit der Inszenierung von Bühnenstücken läßt nur keinen Zweifel daran, daß Shakespeare, wenn er sich seine Musik gut ausgesucht hat, von dieser Helferin niemals im Stich gelassen wurde.

Im letzten Akt des Theaterstücks, das aus meinem Roman *Kontrapunkt des Lebens* gemacht wurde, bilden Teile des langsamen Satzes von Beethovens *A-Moll-Quartett* einen integralen Bestandteil des Geschehens. Da weder Stück noch Musik von mir stammen, darf ich sagen, daß der *Heilige Dankgesang*, als er dann wirklich während der Vorstellung gespielt wurde, zumindest auf mich eine überwältigende Wirkung hatte.

»Had we but world enough and time ...« Aber genau diese Dinge kann uns das Theater nicht geben. Aus dem gekürzten Stück mußte man fast alle angedeuteten oder konkret benannten »Kontras« weglassen, die im Roman die Härte der »Punkte« milderten oder zumindest mildern sollten. Das Stück war insgesamt eigenartig hart und brutal. Und als er so plötzlich in diese Welt fast ungemilderter Härte einbrach, wirkte der *Heilige Dankgesang* wie die Manifestation von etwas Übernatürlichem. Es war, als sei Gott wirklich und sichtbar herabgestiegen, ehrfurchtgebietend und doch beruhigend, geheimnisvoll in jenen Frieden gehüllt, der in seiner göttlichen Schönheit alle Vernunft übersteigt.

Mein Roman hätte das Buch Hiob sein können und sein Bearbeiter der Dichter von *Macbeth*; aber ungeachtet unserer Fähigkeiten, ungeachtet aller Mühe, die wir uns gegeben hätten, wäre es uns absolut unmöglich gewesen, durch Worte oder Handlung das auszudrücken, was diese drei oder vier Minuten Violinmusik jedem sensiblen Zuhörer auf irgendeine Weise so leuchtend klar werden ließen.

Wenn das Unaussprechliche ausgesprochen werden mußte, legte Shakespeare die Feder nieder und verlangte nach Musik. Und wenn auch die Musik versagt hätte? Dann hätte er immer noch auf das Schweigen vertrauen können. Denn der Rest ist immer, immer und überall, Schweigen.

(*Musik at Night*, 1931; Ü.: Sabine Hübner)

Gesualdo: Variationen über ein musikalisches Thema

Seit mehr als fünfhundert Jahren ist, systematisch und wissenschaftlich, der Raum erforscht worden, die Zeit erst seit weniger als fünf Generationen. Die moderne Geographie setzte im 14. Jahrhundert mit den Reisen Heinrichs des Seefahrers ein. Die moderne Geschichte und die moderne Archäologie kamen unter Königin Viktoria auf. Mit Ausnahme der Antarktis ist etwas *terra-incognita*-Ähnliches heute unbekannt; alle Winkel aller anderen Kontinente sind mittlerweile durchforstet. Wie weitläufige Bereiche der Geschichte aber bleiben dagegen noch immer dunkel! Und wie kurz ist es erst her, daß wir einen Großteil unserer Kenntnis der Vergangenheit erworben haben! Nahezu alles, was wir über den paläolithischen und neolithischen Menschen, über die sumerischen, hethitischen und minoischen Kulturen, über das vor-buddhistische Indien und das prä-kolumbianische Amerika oder über die Ursprünge solcher grundlegenden menschlichen Errungenschaften wie Ackerbau, Metallurgie oder die Kunst des Schreibens wissen, wurde in den letzten sechzig oder siebzig Jahren erforscht. Und es gibt noch immer neue Welten zu entdecken. Sogar in so gründlich umgegrabenen Regionen wie dem Nahen und dem Mittleren Osten warten buchstäblich noch Tausende von historischen Stätten auf den Spaten des Archäologen, und weitere Tausende sind über ganz Asien, Afrika und die beiden Amerika verstreut.

Mehr noch, dem Erforscher von Zeiten und Kulturen drängen sich Aufgaben auf, die zeitlich und räumlich viel näher liegen. Denn so merkwürdig es erscheinen mag, so sind bestimmte Aspekte der jüngsten europäischen Geschichte doch erst in der letzten Generation kritischer Erforschung zugänglich geworden. Ein überaus eindrucksvolles Beispiel für dieses Versäumnis, unseren eigenen kulturellen Hintergrund zu erhellen, liefert die Geschichte der Musik. Praktisch jedermann liebt Musik; aber praktisch niemand hat irgendwelche vor 1680 komponierte Musik gehört. Dichtung, Malerei und Bildhauerkunst der Renaissance sind bis in die kleinsten Einzelheiten untersucht worden, und die Ergebnisse der Arbeit von fünf Gelehrtengenerationen steht der Öffentlichkeit in Hunderten von Monographien, allgemeinen Geschichtsdarstellungen, kritischen Würdigungen und

Leitfäden zur Verfügung. Aber die Musik der Renaissance – eine Kunstgattung, die der Renaissance-Dichtung, -Malerei und -Bildhauerkunst durchaus ebenbürtig war – hat relativ wenig Aufmerksamkeit seitens der Gelehrten erfahren und ist dem Publikum des Konzertbetriebes nahezu unbekannt geblieben. Donatello und Piero della Francesca, Tizian und Michelangelo – ihre Namen sind vertraute Begriffe, und ihre Werke sind, im Original oder in Reproduktionen, jedermann bekannt. Wie wenige Menschen aber haben je Musik von Dufay oder Josquin, von Ockeghem und Obrecht, von Ysaac, de Wert und Marenzio, von Dunstable, Byrd und Victoria gehört oder davon reden hören! Sicher ist jedenfalls, daß ihre Zahl vor zwanzig Jahren sogar noch kleiner war als heute. Und eine Reihe von Generationen zuvor war die Unkenntnis nahezu total. Sogar ein so bedeutender Historiker wie Burckhardt – jener Autor, der über jeden anderen Aspekt der Renaissance in Italien mit derartiger Einsicht, mit einer solchen Fülle von Gelehrsamkeit schrieb – kannte so gut wie nichts von der Musik seiner auserwählten Epoche. Das war nicht seine Schuld; es gab keinerlei moderne Ausgaben des Notenmaterials, und niemand spielte oder sang sie. Man denke nur einmal an die 1610 komponierte *Marienvesper* eines der berühmtesten, eines der historisch bedeutendsten italienischen Komponisten, Claudio Monteverdi. Von der Mitte des 17. Jahrhunderts an wurde dieses außerordentliche Meisterwerk nie wieder aufgeführt – bis zum Jahre 1935. Ohne Übertreibung läßt sich sagen, daß bis in die jüngste Zeit hinein über die vierte ägyptische Dynastie, die die Pyramiden erbaute, mehr bekannt war als über die flämischen und italienischen Zeitgenossen Shakespeares und ihre Madrigale.

Derartiges war, wie erinnerlich, schon früher vorgekommen. Vom Zeitpunkt des Todes des Komponisten im Jahre 1750 bis zur Aufführung der *Matthäus-Passion* unter der Leitung von Mendelssohn im Jahre 1829 hatte kein europäisches Auditorium je irgendein Chorwerk von Johann Sebastian Bach gehört. Was Mendelssohn und die Musikwissenschaftler, Kritiker und Virtuosen des 19. Jahrhunderts für Bach taten, begann eine neue Generation von Gelehrten und praktizierenden Musikern für Bachs Vorgänger zu tun, deren Werke wiederentdeckt, in kritischen Ausgaben veröffentlicht, hier und da aufgeführt und gelegentlich sogar in Schallplattenaufnahmen aufgezeichnet wurden. Allmählich beginnt uns zu dämmern, daß, musikalisch gesprochen, die drei Jahrhunderte vor Bach ebenso interessant sind wie die beiden Jahrhunderte nach Bach.

In Los Angeles existiert eine lobenswerte Institution mit dem Titel »Southern California Chamber Music Society«. Diese Gesellschaft finanziert eine Reihe von montäglichen Abendkonzerten, bei denen, neben viel großer und selten gehörter klassischer und zeitgenössischer Musik, auch viele Kompositionen aus der Zeit vor Bach aufgeführt werden. Aus dieser Gruppe zeitlich früherer Kompositionen ragt für meine Erinnerung eine hervor, die mir außerordentlich interessant erschien – eine Reihe von Madrigalen und Motetten des Komponisten Carlo Gesualdo, dessen Lebensspanne der von Shakespeare beinahe genau zeitgleich ist. Ein anderer englischer Dichter, John Milton, war ein Bewunderer Gesualdos und kaufte während einer Italienreise einen Band seiner Madrigale, den er zusammen mit einer Reihe anderer Bücher von Venedig aus zu Schiff heimschickte. Miltons Bewunderung ist verständlich; denn Gesualdos Musik ist so fremdartig und in ihrer Fremdartigkeit so schön, daß sie unweigerlich im Gedächtnis haftet und die Einbildungskraft beflügelt. Wenn man sie hört, verfällt man in fragendes Staunen. Was für eine Art Mensch war das, der solche Musik schrieb? Wie paßt sie ins allgemeine musikalische Gesamtbild, und welche Relevanz hat sie für uns? Diese Fragen werde ich in den folgenden Abschnitten im Lichte meiner bedauerlicherweise beschränkten Kenntnis von Gesualdos Zeit und Kunst zu beantworten oder zumindest zu reflektieren versuchen.

Beginnen wir also mit den biographischen Fakten. Carlo Gesualdo wurde um das Jahr oder im Jahre 1560 entweder in Neapel oder in einem der zahlreichen Schlösser seines Vaters in der Nähe Neapels geboren. Die Gesualdi waren alter und vornehmer Abstammung und seit fünfzehn Generationen Barone, seit acht Generationen Grafen, seit vier oder fünf Herzöge und seit den letzten drei erbliche Fürsten von Venosa. Carlos Mutter stammte aus Norditalien und war eine Schwester des großen Kardinals Carlo Borromeo, der 1584 starb und 1610 heiliggesprochen wurde. In seinen späteren Lebensjahren konnte Gesualdo also nicht nur von »meinem Vater, dem Fürsten« reden, sondern noch eins draufgeben und von »meinem Onkel, dem Heiligen«, sprechen. Von der Erziehung des Jungen wissen wir nichts und können aus seinen späteren Leistungen nur erschließen, daß er eine sehr gründliche Einführung in die Musik genossen haben muß.

Jedes Zeitalter hat seine eigenen charakteristischen Schrecknisse. Zu unserem gehören die Kommunisten und die Atomwaffen, gehören Nationalismus und drohende Überbevölkerung. Die Gewalttätigkeit, der wir frönen, ist wahrlich monströs; aber sie ist sozusagen offizielle Gewalttätigkeit, von den eigenen Autoritäten gebilligt, durch Gesetze sanktioniert, ideologisch gerechtfertigt und auf periodische Weltkriege beschränkt, in deren Zwischenphasen wir die Segnungen von Gesetz, Ordnung und innerem Frieden genießen. Im Neapel der Zeit Gesualdos war Gewalt auf rauhe Weise individualistisch, unorganisiert und chronisch. Es gab wenig Nationalismus, und Weltkriege waren noch unbekannt; aber dynastische Händel waren an der Tagesordnung, und die italienischen Küsten wurden unablässig von maurischen Korsaren auf der Suche nach Sklaven und Beute heimgesucht. Aber die schlimmsten Feinde des Bürgers waren nicht die Piraten und die fremden Fürsten, es waren seine eigenen Nachbarn. Zwischen den Kriegen und den Raubzügen der Ungläubigen lagen keine helleren Phasen von bürgerlicher Friedfertigkeit, wie wir sie zwischen unseren Riesenmassakern durchleben, sondern ein nahezu gesetz- und ordnungsloser Freiraum in einer Gesellschaft, die sich aus einer völlig von spanischen Ehrbegriffen angesteckten Adeligenklasse (Neapel war damals eine spanische Kolonie), einer kleinen und unbedeutenden Mittelschicht und einem gewaltigen Pöbelhaufen von Plebejern zusammensetzte, die ihrerseits in bestialischer Verelendung und Wildheit lebten und bis über die Ohren im entwürdigendsten Aberglauben versunken waren. In dieser scheußlichen Umgebung wuchs Carlo auf, ein ungeheuer begabtes und zutiefst neurotisches Mitglied der überprivilegierten Minderheit.

Im Jahre 1586 heiratete er Maria d'Avalos, ein zwanzigjähriges Mädchen, das aber bereits Witwe war. (Ihr früherer Gatte, raunte man, war allzu ungestümem Liebesgenuß erlegen.) Gesualdo hatte zwei Kinder von dieser Dame, das eine sein eigenes, das andere beinahe mit Sicherheit nicht von ihm stammend; denn nach zwei Ehejahren hatte die hübsche und lebhafte Donna Maria sich einen Liebhaber zugelegt, Don Fabrizio Carafa, Herzog von Andria. Am 16. Oktober 1590 brach Gesualdo nachts in Begleitung von drei mit Schwertern, Hellebarden und Arkebusen bewaffneten Gefolgsleuten ins Schlafgemach seiner Gattin ein, fand die Liebenden im Bett vereint und ließ sie töten. Danach bestieg er sein Pferd und galoppierte zu einem seiner Schlösser, nachdem er zuvor noch sein zweites Kind (bei dem seine Vaterschaft zweifelhaft war) umgebracht hatte; dort blieb er mehrere Monate – nicht um sich dem Gesetz zu entziehen (denn er wurde nie unter Anklage gestellt, und wäre er angeklagt worden, so hätte man ihn sicherlich freigesprochen, weil er lediglich getan hatte, was jeder verletzte Ehemann zu tun das Recht und sogar die Pflicht hatte), sondern um der privaten Rache der Familien Avalos und Carafa zu entgehen. Letztere waren empört, und zwar nicht so sehr wegen des Mordes (der völlig im Rahmen von Brauch und Herkommen blieb), sondern wegen des Umstandes, daß der Akt der Tötung von Lakaien und nicht von Gesualdo selbst vollzogen worden war. Dem Ehrenkodex zufolge durfte blaues Blut nur von jemandem vergossen werden, in dessen Adern ebenfalls blaues Blut pulsierte, nicht aber von einem Mitglied der unteren Schichten.

Die Zeit verging, und der Sturm flaute ab, wie das letztlich alle Stürme tun. Gesualdo war in der Lage, aus seiner feudalen Bergfestung nach Neapel zurückzukehren, nach Neapel und in die kultivierte Gesellschaft madrigalverliebter Gesangsamateure und Berufsmusiker. Er begann zu komponieren und veröffentlichte seine Kompositionen sogar. Zweit- und Drittausgaben seiner Madrigalbücher wurden erforderlich. Er war nahezu ein *Bestseller*.

Der Fürst von Venosa, der *Serenissimo*, wie er von seinen respektvollen Zeitgenossen genannt wurde, war jetzt wieder ein akzeptabler Witwer, und irgendwann im Jahre 1592 oder 1593 begann sein Onkel väterlicherseits, der Erzbischof von Neapel, Verhandlungen mit Alfonso II., dem Herzog von Ferrara, anzuknüpfen, und zwar im Hinblick darauf, seinem Neffen die Hand einer Prinzessin aus dem großen Haus der Este zu sichern. Die angemessenen finanziellen Vereinbarungen wurden getroffen, und im Februar 1594 wurde mit allem üblichen Pomp die Vermählung von Carlo Gesualdo und Donna Leonora d'Este in Ferrara gefeiert. Nach einem kurzen Aufenthalt im Süden kehrte Gesualdo mit seiner jetzt schwangeren Gattin nach Ferrara zurück, mietete sich einen Palast und wurde dort für einen längeren Zeitraum seßhaft.

Ferrara war im Jahre 1594 eine sinkende Sonne, zwar noch blendend, aber bereits an der Schwelle des Erlöschens. Drei Jahre später, beim Tode von Herzog Alfonso, der ohne männlichen Erben geblieben war, fiel die Stadt als päpstliches Lehen an ihren Oberherrn, den

Papst, zurück und wurde dem Kirchenstaat einverleibt. Die Herrlichkeit, die Ferrara gewesen war, schwand über Nacht und für immer dahin.

Daß Ferrara aber überhaupt zu solcher Herrlichkeit hatte aufsteigen können, ist eines der unwahrscheinlichsten Vorkommnisse in der langen Folge Wirklichkeit gewordener Unwahrscheinlichkeiten, die die menschliche Geschichte ausmachen. Das herzogliche Territorium war klein und – in jenen malariageplagten Zeiten – ungesund. Seine materiellen Ressourcen waren dürftig, und die bedeutendste lokale Industrie beruhte auf dem Fischfang und in der Räucherung von Flußaalen, die in den gewundenen Kanälen des Po-Deltas gefangen wurden. Militärisch war der Kleinstaat äußerst schwach. Mächtige und nicht immer friedliche Nachbarn umgaben ihn, und zu allem Übel lag er auch noch an der Einfallsroute von Deutschland und Österreich. Trotzdem wurde Ferrara – und blieb dies von der Mitte des 15. bis zum Ende des 16. Jahrhunderts – nicht nur ein souveräner Staat von beträchtlicher politischer Bedeutung, sondern auch eines der glanzvollsten geistigen Zentren Westeuropas. Diese Stellung der Stadt verdankte sich beinahe völlig der außerordentlichen Geschicklichkeit und Geschmackssicherheit ihrer Herrscher, der Herzöge aus dem Hause Este. Das Spiel der internationalen und innerdynastischen Politik spielten die Estensi mit vollendetem Geschick. Zu Hause gaben sie sich nicht allzu tyrannisch und hatten, wenn die Unzufriedenheit merklich stieg, eine glückliche Hand, die Schuld an allem und jedem ihren Ministern zuzuschieben und ihre eigene Beliebtheit aufrechtzuerhalten.

Ihr Familienleben verlief relativ harmonisch. Im Gegensatz zu vielen herrschenden Familien Italiens brachten die Estensi einander nur selten um. Zwar hatte einige Jahre vor Carlos Ehe mit Leonora der Herzog den Liebhaber seiner Schwester erdrosseln lassen. Aber das war eine außergewöhnliche Aktion – und schließlich hatte er ja davon abgesehen, die Dame selbst zu erdrosseln; die moralische Integrität des Clans war gewahrt. Vom heutigen Standpunkt aus jedoch war der bemerkenswerteste Zug der Herzöge von Ferrara ihre stetige Förderung künstlerischer Begabungen, besonders auf den Gebieten von Literatur und Musik. Die größten italienischen Dichter des 16. Jahrhunderts – von Ariost an seinem Auftakt bis hin zu Guarini und Tasso an seinem Ende – wurden nach Ferrara berufen, wo die Herzöge ihnen entweder Anstellungen in der Verwaltung des Staates verschafften oder ihnen Pensionen aussetzten, so daß sie ihre gesamte Zeit auf die Literatur verwenden konnten.

Musiker waren nicht weniger willkommen als Dichter. Von 1450 bis 1600 besuchte ein Großteil der bedeutendsten Komponisten Ferrara, und manche davon blieben lange am Hof seßhaft. Sie kamen aus Burgund und Flandern, den produktivsten Zentren der Musik der Frührenaissance; sie kamen aus Frankreich, sie kamen aus dem entlegenen England. Und als die Italiener ihre Lektion vom Norden gelernt hatten und ihrerseits zu den unbestrittenen Leitfiguren auf diesem Gebiet geworden waren, kamen sie später dann von der gesamten übrigen Halbinsel. Das gewaltige rechteckige *castello* im Herzen der Stadt, die päpstlichen Jagdschlösser, die Sommerpaläste am Meer, die Villen der Adeligen und auswärtigen Botschafter – sie alle hallten wider von Musik: von gediegener polyphoner Musik und von volkstümlichen Gesängen und Tänzen. Von Musik für Lauten (es gab einen eigenen Bediensteten im herzoglichen Palast, dessen einzige Aufgabe darin bestand, die Lauten stets sauber gestimmt zu halten) und Musik für Orgeln, Violen, Blasinstrumente und die Frühformen von Spinett und Clavichord. Von Musik, die von um das Kaminfeuer oder bei Tisch versammelten Amateuren aufgeführt wurde, und von Musik aus den Kehlen und Instrumenten berufsmäßiger Virtuosen. Von Kirchenmusik, Kammermusik und (das war eine Neuheit) Konzertsaalmusik. Denn in den verschiedenen herzöglichen Palästen gab es täglich Konzerte, an denen manchmal nicht weniger als sechzig Sänger und Instrumentalisten beteiligt waren. Bei großen Anlässen – und in Ferrara scheinen sich wöchentlich wenigstens zwei große Anlässe eingestellt zu haben – gab es Maskenspiele mit vokalen Intermezzi, es gab Stücke mit Ouvertüren und Musikeinlagen, und es gab in jenen Sonnenuntergangsjahren der Neige sogar Aufführungen der ersten rudimentären Opern. Und welch wunderbare Stimmen waren am Hofe Alfonsos zu hören! Ferraras Sängerinnen-Trio war weltberühmt. Da war Lucrezia Bendidio, da war Laura Peperara, und da war als bemerkenswerteste des Dreigestirns die schöne, gebildete und vielseitig begabte Tarquinia Molza. Leider hat jedoch jedes Eden seine Schlange, und in Tarquinias musikalischem Paradies gab es nicht nur ein Reptil, das sein häßliches Haupt erhob; es gab auch mehrere Adame.

Tarquinia heiratete und wurde Witwe; als Mittdreißigerin verfiel sie dann dem Zauber des reizvollsten und romantischsten aller Männer, Torquato Tasso. Der Dichter, der eine Menge Gedichte über die Liebe schrieb, sie aber nur selten praktizierte, schrak auf und trat, nach Errichtung eines wahren Staudamms platonischer Verse, einen hastigen Rückzug an. Tarquinia hatte sich mehrere Jahre lang mit Liebhabern weniger hohen intellektuellen Ranges zu begnügen. In ihren vierziger Jahren begegnete sie dann einem anderen Genie, dem großen flämischen Komponisten Giaches de Wert, der in Diensten des Herzogs von Mantua stand. Die Leidenschaft war beiderseitig und so heftig, daß sie Skandal erregte. Die bedauernswerte Tarquinia wurde ins Exil nach Modena geschickt, und de Wert kehrte allein an den Hof der Gonzaga zurück.

Für einen Mann von der Begabung und Sensibilität Gesualdos vereinte Ferrara die Vorteile einer gehobenen Bildungsinstitution mit denen eines Himmels auf Erden. Es war ein Ort, wo er gleichzeitig genießen und lernen konnte. Und gelernt hat er ohne Frage. Die Madrigale, die er vor 1594 komponiert hatte, sind bewunderswert in bezug auf das musikalische Handwerk; aber ihr Stil bleibt, trotz seines persönlichen Charakters, noch innerhalb der Grenzen der Musik des 16. Jahrhunderts. Die nach seinem Aufenthalt in Ferrara geschriebenen Madrigale und Motetten aber lassen diese Grenzen hinter sich – dringen weit vor in eine Art Niemandsland.

Gesualdo hat keine Memoiren hinterlassen, und trotz seines hohen Ansehens und seiner exponierten gesellschaftlichen Stellung ist über sein späteres Leben wenig bekannt, außer daß er ins Unglück geriet und vom Unglück verfolgt wurde. Sein Sohn aus seiner zweiten Ehe starb in früher Kindheit. Sein Sohn aus der Ehe mit der von ihm ermordeten Donna Maria, der Erbe aller Familiengüter und -titel, wuchs zum Verächter seines Vaters heran, nach dessen Tod er sich sehnte; es war jedoch der Sohn, der als erster starb. Eine von Gesualdos Töchtern geriet auf Abwege und bescherte ihm mehrere uneheliche Enkel. Inzwischen wurde er, so ein zeitgenössischer Klatschkolumnist, fortgesetzt von einer ganzen Schar von Dämonen heimgesucht. Seine lebenslange Neurose hatte sich intensiviert, offensichtlich bis zum Grade wirklicher Geistesgestörtheit. Abgesehen von der Musik, die er mit ungeminderten Kräften weiterkomponierte, scheint seine einzige Lust in körperlichem Schmerz bestanden zu haben. Er pflegte sich, wie berichtet wird, geradezu ekstatisch häufigen Auspeitschungen zu unterziehen. Sie wurden für ihn schließlich zur physiologischen Notwendigkeit. Nach dem Zeugnis des vielverfolgten Philosophen Tommaso Campanella konnte der Fürst von Venosa nicht zu Stuhle gehen (*cacare non poterat*), bevor er nicht von einem speziell dafür abgerichteten Bediensteten ausgepeitscht worden war.

Schuldgefühle wegen der Verbrechen seiner Jugendzeit lasteten schwer auf Gesualdos Gewissen. Das Gesetz mochte ihn freisprechen, die öffentliche Meinung seine Tat sogar billigen; aber die Heilige Schrift besagte ganz unzweideutig: »Du sollst nicht töten.« Einige Jahre vor seinem Tode stiftete er ein Kapuzinerkloster in seiner Geburtsstadt Gesualdo und ließ eine stattliche Kirche erbauen. Über dem Altar hing ein gewaltiges, auf Befehl des Fürsten und unter seiner Aufsicht angefertigtes Bußbild. Dieses noch heute erhaltene Gemälde stellt den richtenden Christus dar, auf seinem Thron im Himmel sitzend und von der Jungfrau Maria und dem Erzengel Michael umgeben. Darunter, in symmetrischer Aufstellung und absteigenden Reihen, links und rechts der heilige Franziskus und die heilige Maria Magdalena, der heilige Dominikus und die heilige Katharina von Siena, die, ihren Gebärden nach zu urteilen, allesamt beim Erlöser emphatisch Fürbitte zugunsten von Gesualdo leisten, der seinerseits in der unteren linken Bildhälfte kniet, in schwarzen Samt mit einer gewaltigen Halskrause gekleidet, während neben ihm, im prachtvollen Scharlachgewand eines Kirchenfürsten, sein Onkel, der Heilige, steht, dessen eine Hand schützend auf der Schulter des Sünders ruht. Ihnen gegenüber kniet Carlos Tante Isabella Borromeo im Gewand einer Nonne, und im Mittelpunkt der ganzen Familiengruppe schwebt das ermordete Kind als himmlischer Cherub. Unten, zu Füßen der Figurenkomposition, sind Donna Maria und der Herzog von Andria zu sehen, wie sie auf immerdar in jenen Flammen schmoren, vor denen der Mann, der sie hinmetzeln ließ, immer noch, hoffnungslos, gerettet zu werden hofft.

Soviel zu den äußeren Lebensumständen des Komponisten – Lebensumständen, die eine alte und etwas beunruhigende Wahrheit bestätigen: die Wahrheit nämlich, daß zwischen dem Werk eines Künstlers und seiner Lebensführung keine sehr offenkundige Entsprechung besteht. Das Werk mag erhaben sein, das Leben alles andere – alles von dumm bis geistesgestört und verbrecherisch. Umgekehrt kann das Leben makellos und das Werk uninteressant oder platterdings schlecht sein. Die künstlerische Leistung hat nichts zu schaffen mit Leistung jeder andern Art. In der Sprache der Theologie ist künstlerische Begabung unverdiente Gnade, die in keinerlei Zusammenhang mit erlösender Gnade oder gar mit gewöhnlicher Tugend oder geistiger Gesundheit steht.

Von dem Menschen Gesualdo wollen wir jetzt zu seiner fremdartigen Musik übergehen. Wie die meisten der großen Komponisten seiner Zeit schrieb Gesualdo ausschließlich für die menschliche Singstimme – genauer: für Gruppen von fünf oder sechs kontrapunktisch geführten Solostimmen. Alle seine fünf- oder sechsstimmigen Kompositionen gehören zur einen oder anderen relativ nahe miteinander verwandten musikalischen Form, Madrigal und Motette. Die Motette ist die ältere der beiden Formen und besteht aus der für jede beliebige Stimmenzahl von drei bis zwölf gesetzten Vertonung eines kurzen lateinischen Abschnittes aus der Bibel oder einem sonstigen geistlichen Text. Madrigale dagegen lassen sich als nicht-geistliche Motetten definieren. Sie sind Vertonungen nicht von lateinischen geistlichen Texten, sondern von kurzen Gedichten in der jeweiligen Landessprache. In den meisten Fällen handelte es sich dabei um fünfstimmige Vertonungen; aber es blieb dem Komponisten unbenommen, für jede beliebige Stimmenzahl von drei bis acht oder mehr zu schreiben.

Das Madrigal trat in den dreißiger Jahren des 16. Jahrhunderts in Erscheinung und blieb siebzig bis achtzig Jahre lang die bevorzugte Kunstform aller Komponisten weltlicher Musik. Die fünfstimmige kontrapunktische Schreibweise hat wahrscheinlich nie die Chance gehabt, populär zu werden, und das Madrigal fand den Anklang, der ihm zuteil wurde, denn auch nicht beim Durchschnittspublikum, sondern bei einem auserwählten Auditorium von Berufsmusikern und hochgebildeten Dilettanten, die in der Mehrzahl Aristokraten waren und größtenteils in Verbindung zum einen oder anderen der fürstlichen oder geistlichen Höfe der Zeit standen. (Wenn man die Geschichte der Renaissance-Musik nachvollzieht, ist man vom guten Geschmack der früheren europäischen Herrscher beeindruckt. Päpste und Kaiser, Könige, Fürsten und Kardinäle – nie unterlief ihnen ein Fehler. Ausnahmslos – man möchte beinahe sagen: unfehlbar – wählten sie sich als Kapellmeister und Hofkomponisten die Männer aus, deren Ansehen die Prüfung der Zeit überstanden hat und die wir heute als die begabtesten Musiker ihrer Tage anerkennen. Welche Art von Musikern würden die Monarchen und Präsidenten unseres 20. Jahrhunderts, sich selbst überlassen, wohl unter ihre Schirmherrschaft stellen? Man schaudert bei dem bloßen Gedanken.)

Gesualdo schrieb Madrigale, und ein Madrigal ist, wie wir gesehen haben, eine nicht-geistliche Motette. Was aber ist es sonst noch? Beginnen wir mit dem Hinweis auf das, was es nicht ist. Zunächst und vor allem ist das Madrigal, obwohl gesungen, kein Lied. Das heißt, es besteht nicht aus einer Strophe für Strophe wiederholten Melodie. Ebensowenig hat es irgend etwas mit der Kunstform zu schaffen, die bei späteren Musikern als Arie bekannt war. Eine Arie ist ein Musikstück für eine Solostimme, die von Instrumenten oder anderen Stimmen begleitet wird. In den meisten Fällen beginnt sie mit einer Einleitung, führt ein melodisches Thema in einer bestimmten Tonart ein, führt dann ein zweites Thema in einer anderen Tonart ein, durchläuft eine Reihe von Modulationen und endet mit der Wiederholung eines oder beider Themen in der Ausgangstonart.

Nichts von alledem ist beim Madrigal der Fall. Beim Madrigal gibt es keine Solostimme. Alle fünf oder mehr Stimmen haben das gleiche Gewicht und bewegen sich sozusagen geradlinig vorwärts, während die Arie und das Lied in den Äquivalenten von Kreisen oder Spiralen voranschreiten. Mit anderen Worten, es gibt im Madrigal keine Rückkehr zum Ausgangspunkt, keine systematischen Wiederholungen. Seine Form hat keinerlei Ähnlichkeit mit der Sonaten- oder gar der Suitenform. Es läßt sich als vokale Ton-Dichtung in kontrapunktischer Satzweise beschreiben. Wenn der Kontrapunkt ein strukturales Muster wie die Fuge oder den Kanon einbezieht, kann der Hörer die Komplikationen der Musik beinahe unbegrenzt nachvollziehen. Wenn der Kontrapunkt aber kein vorgegebenes strukturales Muster befolgt, wenn er frei voranschreitet, ohne jede Rückkehr zu einem Ausgangspunkt, wird es für das Ohr sehr schwierig, das kontrapunktische Gewebe mehr als einige Minuten lang in einem Zug aufmerksam und verständnisvoll zu verfolgen. Daher die Kürze des typischen Madrigals, die außerordentliche Gedrängtheit seines Stils.

Im Laufe dreier Viertel des ersten Jahrhunderts seiner Existenz machte das Madrigal eine stetige Entwicklung in Richtung umfassenderer, sogar intensiverer Expressivität durch. Zu Beginn dieser Periode ist es ein Stück emotional neutraler Polyphonie, dessen ganze

Schönheit in der Reichhaltigkeit und Komplexität seiner vielstimmigen Textur liegt. An ihrem Ende ist es im Werk solcher Großmeister wie Marenzio, Monteverdi und vor allem Gesualdo zu einer Art musikalischem Wunder geworden, bei dem scheinbar nicht zu vereinbarende Elemente in einer höheren Synthese versöhnt werden. Den Kunstgriffen der Polyphonie werden die machtvollsten expressiven Wirkungen abgewonnen, und diese Polyphonie ist später so flexibel geworden, daß sie sich jederzeit in Akkordblöcke oder Passagen dramatischer Deklamation verwandeln konnte.

Während seines Aufenthaltes in Ferrara stand Gesualdo in Kontakt mit den »fortgeschrittensten« Musikern seiner Zeit. Einige Meilen entfernt, in Mantua, setzte der große Giaches de Wert, krank und früh gealtert, noch immer seine Kompositionsarbeit fort; und am selben Hof arbeitete ein sehr viel jüngerer Komponist, Claudio Monteverdi, der die von de Wert eingeleitete Revolution in der Musik zur Vervollkommnung bringen sollte. Diese Revolution lief auf die Verdrängung der Polyphonie durch die Monodie hinaus, auf die Solostimme mit Instrumental- oder Vokalbegleitung als Ersatz für die fünf oder sechs gleichberechtigten Stimmen der Madrigal-Polyphonie. Gesualdo schloß sich dem Schritt der Mantuaner in Richtung der Monodie nicht an; zweifellos aber war er beeinflußt von de Werts Versuchen zur Ausweitung der musikalischen Expressivität. Jene merkwürdigen Aufschreie von Gram, Schmerz und Verzweiflung, die in seinen späteren Madrigalen so häufig auftauchen, waren Echos der Schreie, die de Wert in seinen dramatischen Kantaten eingeführt hatte.

In Ferrara selbst waren Gesualdos engste musikalische Freunde Graf Fontanelli und ein berufsmäßiger Komponist und Virtuose, Luzzasco Luzzaschi. Wie Gesualdo war auch Fontanelli Aristokrat und hatte eine untreue Gattin ermordet; im Gegensatz zu Gesualdo aber war er kein Genie, sondern lediglich ein guter Musiker, der sich leidenschaftlich für die letzten Errungenschaften der Kunst interessierte. Luzzaschi war Madrigal-Komponist und hatte eine Reihe von expressiven Mitteln erfunden, die sich auch Gesualdo in seinen späteren Werken zu eigen machte. Wichtiger noch: er war der einzige, der ein außerordentliches Instrument zu spielen und sogar dafür zu komponieren verstand, das die größte Kuriosität in Herzog Alfonsos Sammlung von Musikinstrumenten darstellte. Es handelte sich um das Archicembalo, ein großes Tasteninstrument aus der Spinett-Familie, das aber so ausgelegt war, daß der Spieler beispielsweise zwischen B und Ais unterscheiden und die chromatische Skala von E über Es und Dis, D, Des, Cis bis hin zum C hinabsteigen konnte. Dieses Archicembalo erforderte einunddreißig Tasten für jede Oktave und muß phantastisch schwer zu spielen gewesen sein, ganz zu schweigen von der Komposition dafür, wie sich leicht vorstellen läßt. Die Anhänger Schönbergs liegen weit hinter Luzzaschi zurück; *ihre* Skala umfaßt nur zwölf Töne, *seine* dagegen einunddreißig. Luzzaschis Einunddreißigton-Kompositionen (von denen bedauerlicherweise keine erhalten geblieben ist) und seine eigenen Experimente auf dem Cembalo beeinflußten den Stil von Gesualdos späten Madrigalen nachhaltig. Vor vierzig Jahren merkte der Oxforder Musikwissenschaftler Ernest Walker an, daß Gesualdos berühmtestes Madrigal, *Moro lasso*, wie »danebengeratener Wagner« klänge. Schwerlich eine angemessene Kritik Gesualdos, aber doch nicht schlecht getroffen.

Die Erwähnung Wagners ist durchaus gerechtfertigt; denn die unaufhörliche Chromatik von Gesualdos Spätwerk fand bis zu den Zeiten des *Tristan* nicht ihresgleichen. Und was das »Danebengeraten« betrifft – es verdankt sich Gesualdos beispielloser und bis in die jüngste Zeit hinein beinahe nachahmungslos gebliebener Behandlung der Harmonie-Fortschreitungen. In seinen Madrigalen werden aufeinanderfolgende Akkorde auf eine Art und Weise miteinander verbunden, die weder mit den Regeln der Polyphonie des 16. Jahrhunderts übereinstimmt noch mit den Harmonievorschriften, die von der Mitte des 17. bis zum Beginn des 20. Jahrhunderts Gültigkeit hatten. Ein unfehlbares Ohr ist das einzige, was diese merkwürdigen und schönen Fortschreitungen in den meisten Fällen davor bewahrt, allzu willkürlich und chaotisch anzumuten. Dank dieses seines unfehlbaren Gehörs bewegen sich Gesualdos Harmonien, immer erstaunlich, aber auch immer mit einer ganz eigenen inneren Logik, von einer unmöglichen, aber immer vollkommen befriedigenden Schönheit zur anderen.

Und die harmonische Fremdheit darf nie allzulange in einem Zug eingesetzt werden. Mit vollendeter Kunst läßt Gesualdo diese außerordentlichen Passagen von danebengeratenem Wagner mit Abschnitten reiner traditioneller Polyphonie abwechseln. Um volle Wirksamkeit zu entfalten, muß jeder besonders kunstvolle Moment in einem Rahmen von Einfachheit auftreten, jede revolutionäre Neuheit hat sich vor dem Hintergrund des Vertrauten abzuzeichnen. Für die Arien-Komponisten war der einfache und vertraute Hintergrund für ihre blühend-expressiven Melodien eine stetige, rhythmisch konstante Begleitung. Für Gesualdo bedeuteten Einfachheit und Vertrautheit die reiche, vielstimmige Textur der kontrapunktischen Schreibweise. Der Tonsatz für danebengeratenen Wagner ist Palestrina.

Jedes Madrigal ist die Vertonung eines kurzen Gedichts in der jeweiligen Landessprache, ganz wie jede Motette die Vertonung eines kurzen Abschnitts aus der Vulgata oder irgendeines anderen Stückes geistlicher Literatur ist. Die Texte der Motetten waren im allgemeinen Prosa, und die frühen Polyphonisten sahen keinen naheliegenden Grund, diesem im wesentlichen geradlinigen Material eine musikalische Kreisform aufzupfropfen. Nach der Erfindung der Arie verzerrten die Komponisten von Musik nach Prosatexten gewöhnlich den Sinn und Rhythmus ihrer Worte, um sie in die kreisförmigen, versähnlichen Schemata ihrer neuen Kunstform hineinzupressen. Von Alessandro Scarlatti über Bach und Händel bis hin zu Mozart, Haydn und Mendelssohn – alle großen Komponisten von 1650 bis 1850 bieten in ihren Vertonungen Beispiele für das, was die Versifizierung von Prosa genannt werden kann. Zu diesem Zweck waren sie gezwungen, Sätze und einzelne Worte wieder und wieder zu repetieren, einzelne Silben zu ungewöhnlichen Längen zu zerdehnen und ganze Abschnitte Note für Note oder mit Variationen zu wiederholen.

Wie anders dagegen das Verfahren der Madrigalisten! Anstatt Prosa zu versifizieren, sahen sie sich, der Natur ihrer Kunstform gemäß, genötigt, Verse in Prosa zu verwandeln. Die regelmäßige Wiederkehr von Zeilen und Strophen – das alles hat keinen Platz im Madrigal, wie es auch keinen Platz in der Motette hat. Wie gute Prosa verfährt das Madrigal geradlinig, nicht kreisförmig. Seine Bewegung ist vorwärtsgerichtet, unumkehrbar, asymmetrisch. Wenn die Madrigalisten ein Stück Dichtung vertonten, vertonten sie es Satz für Satz, wobei sie jedem Satz, ja sogar jedem Einzelwort seinen angemessenen Ausdruck verliehen und die aufeinanderfolgenden Affektzustände durch konstante Anpassung der polyphonen Schreibweise miteinander verbanden und nicht dadurch, daß sie der Komposition ein ihr fremdes Strukturmuster überstülpten. Jedes

Madrigal ist, wie gesagt, eine vokale Ton-Dichtung. Anstatt aber, wie die riesigen, spektakulären Klangmaschinen von Liszt und Richard Strauss, eine ganze Stunde zu dauern, konzentriert es seine wechselnden Stimmungen in drei oder vier Minuten ausgefeilten und doch äußerst expressiven Kontrapunkts.

Die italienischen Madrigalisten suchten sich ihre Texte größtenteils bei den besten Dichtern. Dante galt im allgemeinen als zu sperrig und altmodisch; aber sein großer Nachfolger des 14. Jahrhunderts, Petrarca, blieb ein immerwährender Favorit. Unter den jüngeren Dichtern erfreute sich Ariost, obwohl ziemlich häufig vertont, viel geringerer Beliebtheit als Guarini und Tasso, deren emotionale Grundstimmung emphatischer war und die gerade an eben den heftigen Gefühlskontrasten Gefallen fanden, die sich am vollkommensten für die Zwecke der Madrigalisten eigneten. In ihren kürzeren Stücken (die ausdrücklich für die spätere Vertonung geschrieben wurden) machten Tasso und seine Zeitgenossen von einer Art epigrammatischem Stil Gebrauch, bei dem Antithese, Paradoxon und Oxymoron eine Hauptrolle spielten und zur literarischen Konvention wurden, so daß jeder Verseschmied der Zeit jetzt von schmerzlicher Freude, süßem Todeskampf, hassender Liebe und lebendigem Tod sprach – zum höchsten Entzücken der Musiker, für die diese emotionalen Mehrdeutigkeiten, diese abrupten Umschwünge der Gefühlslage goldene Möglichkeiten bargen.

Gesualdo unterhielt eine persönliche Freundschaft zu Tasso und unterstützte ihn während der letzten, wahnbedrohten Wanderjahre des Dichters mit Geld und Empfehlungsbriefen. Wie zu erwarten war, vertonte er eine ganze Reihe von Tassos Gedichten. Im übrigen griff er zu allem, was ihm gerade in die Hände fiel. Manchen seiner schönsten Madrigale liegen Versbruchstücke zugrunde, die keinerlei literarisches Verdienst beanspruchen können. Daß sie sich für seine Zwecke eigneten, verdankte sich einzig dem Umstand, daß sie im herrschenden Idiom geschrieben waren und eine Vielzahl von deutlich kontrastierenden Wortpaaren boten, denen er eine angemessen expressive Tonsprache unterlegen konnte. Gesualdos Gleichgültigkeit der dichterischen Qualität seiner Texte gegenüber und seine Methoden der Wortvertonung werden sehr deutlich von einem seiner erstaunlichsten Madrigale illustriert, *Ardita zanzaretta* – einem Werk, dessen Aufführung in Los Angeles im Herbst 1955 nebenbei bemerkt wahrscheinlich die erste nach mehr als dreihundert Jahren war.

Dieses außerordentliche kleine Meisterwerk komprimiert in weniger als drei Minuten alle Stimmungen von heiterer Gleichgültigkeit bis zu perverser Lüsternheit, vom Fröhlichen bis zum Tragischen und benutzt dabei jedes musikalische Hilfsmittel von traditioneller Polyphonie bis hin zu danebengeratener Wagnerscher Chromatik und den fremdartigsten harmonischen Fortschreitungen, von raschen, tänzelnden Rhythmen bis zu Abschnitten mit langen, ausgehaltenen Notenwerten. Schaut man sich dann den Text an, wird man gewahr, daß dieses verblüffende Stück die Vertonung von einem halben Dutzend holpriger Verse ist. Das Thema von *Ardita zanzaretta* ist dasselbe wie das eines winzigen Gedichts von Tasso, das wahrhaftig reichlich geschmacklos, aber doch mit einer gewissen stilistischen Eleganz abgefaßt ist. Eine kleine Stechmücke (*zanzaretta*) läßt sich auf dem Busen der Geliebten nieder, sticht sie und wird von der erzürnten Dame zerquetscht. Welch glückseliges Geschick, sinniert Tasso, an einem Ort solch schwindelnder Wonne sein Leben auszuhauchen:

Felice, te felice,
piú che nel rogo oriental Fenice!

Glückselige Mücke du, weit seliger
Als auf seinem orientalischen Scheiterhaufen der Phönix!

Gesualdos namenloser Librettist greift dasselbe Motiv auf, raubt ihm aber allen Charme, den Tasso ihm mitzugeben vermochte, und legt allen Nachdruck auf das blutige Geschick der Stechmücke, indem er, zweimal im Verlauf ganzer sechs Zeilen, das Verbum *stringere* in der Bedeutung von ›quetschen, drücken, pressen‹ einführt. Eine weitere Abweichung von Tasso ist die Hinzufügung eines neckischen Geistesblitzes durch den Liebhaber. Da er sich danach sehnt, das Geschick der Stechmücke zu teilen, wird auch er sich zu einem Biß aufraffen – in der Hoffnung, am Busen der Dame zerdrückt zu werden. Was hier folgt, ist die wortgetreue Übersetzung dieses Unsinns, begleitet von einer Beschreibung der jedem einzelnen Satz unterlegten Musik. »Eine kühne kleine Mücke sticht in die liebliche Brust derjenigen, die mein Herz verzehrt.« Dazu erklingt eine Passage ganz neutraler Polyphonie, sehr rasch und trotz der Dichte ihrer Textur sehr leichtfüßig. Aber die Dame ist nicht damit zufrieden, das Herz ihres Anbeters zu verzehren; sie bannt es auch »in grausamem Schmerz«. Hier weicht die tänzerische Polyphonie der ersten Takte einer Akkordfolge, die langsam von Dissonanz zu unvorbereiteter Dissonanz fortschreitet. Der Schmerz wird, wenn auch im Text unrealistisch, in der Musik genuin qualvoll. Die Mücke »macht sich jetzt aus dem Staube, fliegt aber unvorsichtigerweise zu jener lieblichen Brust zurück, die mir das Herz raubt. Woraufhin die Dame sie fängt.« Das alles wird mit derselben Art rascher, emotional neutraler Polyphonie wie der in den ersten Takten unterlegt. Jetzt aber kommt es zu einem weiteren Umschwung. Die Dame fängt das Insekt nicht nur ein, »sie zerdrückt es und gibt ihm den Tod«. Das Wort *morte,* Tod, taucht in nahezu allen Madrigalen Gesualdos auf. Manchmal in seiner wörtlichen Bedeutung, häufiger aber wird es im figurativen Sinn gebraucht, um dann die sinnliche Ekstase zu bezeichnen, die ohnmächtige Verzückung der Liebe. Für Gesualdo aber macht das keinen Unterschied. Welche reale Bedeutung das Wort auch haben und wer auch immer sterben mag (der Liebhaber im metaphorischen oder ein Freund, eine Mücke, der gekreuzigte Erlöser im wörtlichen Sinne), er verleiht dem Wort *morte* einen musikalischen Ausdruck der tragischsten und qualvollsten Art. Für den von Gewissensbissen heimgesuchten Mörder war der Tod offenkundig der entsetzlichste aller Ausblicke.

Vom langwährenden musikalischen Martyrium des Insekts kehren wir wieder zur heiteren und reinen Polyphonie zurück. »Um sein glückliches Geschick zu teilen, werde auch ich Euch stechen.« Gesualdo war ein schmerzbesessener Masochist, und diese scherzhafte Äußerung von Sadismus konnte ihn nicht schrecken. Der Kontrapunkt gleitet im Zustand gefühlsmäßiger Neutralität dahin. Dann kommt eine Passage chromatischen Sehnens, und zwar zu den Worten »meine Geliebte, mein Schatz«. Und dann wieder Polyphonie. »Und wenn Du mich fängst und zerdrückst...« Danach wird die Musik unverfälschter Gesualdo. Ein Schmerzensschrei ertönt – *ahi!* –, und es folgt ein: »Ich werde vergehen und auf dieser lieblichen Brust köstliches Gift genießen.« Die Vertonung dieser Schlußworte ist eine konzentrierte Fassung der Liebestrank-Szene im *Tristan* – mit dem bezeichnenden Unterschied, daß Gesualdos harmonische

Fortschreitungen weitaus kühner sind als alle zweieinhalb Jahrhunderte später von Wagner versuchten.

Sollen Bilder Geschichten erzählen? Soll Musik eine Verbindung zur Literatur haben? In der Vergangenheit wäre die Antwort ein einstimmiges Ja gewesen. Jeder große Maler war ein *raconteur* von biblischen oder mythologischen Anekdoten; jeder große Musiker war ein Tonsetzer geistlicher oder profaner Texte. Heute wird das Eindringen der Literatur in die bildenden Künste nahezu als Verbrechen aufgefaßt. Auf musikalischem Gebiet ist diese antiliterarische Schreckensherrschaft weniger gewaltsam gewesen. Programm-Musik wird mißbilligt (nicht ohne Grund, wenn man sich die Schreckbilder vor Augen führt, die uns die viktorianische Ära hinterlassen hat); aber trotz allen Geredes über ›absolute Musik‹ schreiben gute Komponisten doch immer noch Lieder, Messen, Opern und Kantaten. Gute Maler täten gut daran, ihrem Beispiel zu folgen und sich von den Eingebungen eines literarischen Themas zu um so besseren Gemälden inspirieren zu lassen. In den Händen eines schlechten Malers ist das piktorale Geschichtenerzählen, wie erhaben sein Motiv auch sein mag, bloße *comicstrip*-Kunst im großen Maßstab. Aber wenn ein guter Maler dieselbe Geschichte erzählt, liegt der Fall gänzlich anders. Die Erfordernisse der Illustration – der Umstand, daß er bestimmte Personen in einer bestimmten Umgebung bei der Ausführung ganz bestimmter Taten darzustellen hat – stimulieren seine Einbildungskraft auf jeder, auch auf der rein malerischen Ebene, mit dem Ergebnis, daß er ein Werk hervorbringt, das, obwohl literarisch, als formale Komposition doch von höchster Qualität ist.

Man nehme irgendein berühmtes Gemälde der Vergangenheit – Botticellis *Verleumdung des Apelles* beispielsweise oder Tizians *Bacchus und Ariadne*. Beide sind bewundernswerte Illustrationen; aber beide sind mehr als bloße Illustrationen – sie sind sehr komplexe und doch vollkommen harmonische und einheitliche Arrangements von Farben und Formen. Mehr noch, der Reichtum ihres Formenmaterials ist eine direkte Folge ihres literarischen Motivs. Sich selbst überlassen, vermöchte die malerische Einbildungskraft auch eines genialen Malers nie solche subtilen und komplizierten Strukturen von Formen und Farbtönen heraufzubeschwören, wie wir sie in diesen Illustrationen zu Texten von Lukian und Ovid finden.

Um ihre rein gestalterischen Triumphe zu erzielen, ließen sich Botticelli und Tizian von einem literarischen Thema stimulieren. Es ist ein höchst bezeichnender Umstand, daß man bei keinem abstrakten oder nicht-gegenständlichen Gemälde unserer Tage einer rein formalen Komposition begegnet, die über ähnlichen Reichtum und harmonische Komplexität verfügt, wie sie von den Meistern früherer Epochen im Prozeß des Geschichtenerzählens hervorgebracht wurden. Die traditionelle Unterscheidung zwischen Handwerk und schönen Künsten beruht unter anderem auf Graden von Komplexität. Ein gutes Bild ist ein größeres Kunstwerk als eine gute Schale oder eine gute Vase. Warum? Weil es ungleich mehr verschiedene Elemente menschlicher Erfahrung zu einem harmonischen Ganzen vereint, als in der Schale vereint sind oder vereint werden können. Einige der im Laufe der letzten fünfzig Jahre gemalten nicht-gegenständlichen Bilder sind sehr schön; aber selbst die besten davon sind mindere Werke, insofern die Zahl von Elementen menschlicher Erfahrung, die sie kombinieren und harmonisieren, bedauernswert klein ist. Bei ihnen halten wir vergeblich nach jener geordneten Fülle, nach jener üppigen und doch völlig kontrollierten Entfaltung intellektuellen Reichtums Ausschau, den wir in den besten Werken der ›literarischen‹ Maler der Vergangenheit entdecken.

In dieser Hinsicht ist der Komponist mehr vom Glück begünstigt als der Maler. Es ist psychologisch möglich, ›absolute Musik‹ zu schreiben, die harmonisch ebenso komplex, die ebenso reich an zur Einheit gebrachten Verschiedenheiten ist wie von einem literarischen Text inspirierte Musik. Aber sogar in der Musik hat das Eindringen der Literatur häufig vorteilhafte Wirkungen entfaltet. Ohne die Herausforderung, wie sie ihm eine recht absurde, in dünne Sprache gekleidete Anekdote bot, hätte Beethoven schwerlich die erstaunliche ›absolute Musik‹ des zweiten *Fidelio*-Aktes hervorgebracht. Und es war Da Ponte mit seinen versifizierten Fassungen der Figaro- und Don-Giovanni-›Geschichten‹, der Mozart dazu anregte, sich in der Fülle seines Genies zu offenbaren. Wo Musik eine Sache von Harmonie und Monodie mit einem sozusagen von außen auferlegten Strukturschema (wie der Sonaten- oder der Suitenform) ist, fällt es leicht, ›absolute Musik‹ zu schreiben, in der die sukzessiven Stimmungen halbwegs ausführlich durch aufeinanderfolgende Sätze zum Ausdruck gebracht werden können. Wo aber kein Strukturschema vorgegeben, wo der Stil polyphon ist und die Bewegung der Musik nicht kreisförmig, sondern stetig voranschreitend, unumkehrbar und geradlinig verläuft, liegt der Fall anders. Ein solcher Stil verlangt äußerste Kürze und dichteste Gedrängtheit des Ausdrucks. Um diesen Forderungen nach Kürze und Gedrängtheit gerecht zu werden, bedarf die musikalische Einbildungskraft eines Textes – und zwar eines Textes der Art, wie er von den Madrigalisten bevorzugt wurde, voller Paradoxien, voller Antithesen, voll von

All things counter, original, spare, strange
Whatever is fickle, freckled (who knows how?)
With swift, slow; sweet, sour; adazzle, dim.

Alle Dinge quer, ureigen, selten, wunderlich;
Was immer veränderlich ist, scheckig (wer weiß wie?)
Mit schnell, langsam; süß, sauer; blitzend, trüb.

Zeitgenössische Musiker, die danach streben, ›absolute Musik‹ zu schreiben, und zwar in Formen, die ebenso reich, subtil und gedrängt sind wie die von Gesualdo und seinen Zeitgenossen erdachten, täten gut daran, sich erneut an die Dichter zu wenden.

(*Adonis and the Alphabet*, 1956; Ü.: Hans-Horst Henschen)

Anmerkungen

7 VORREDE (Preface, zu A. H., *On Art and Artists*, ed. M. Philipson, 1960).

11 DER GEGENSTAND DER POESIE (The Subject-Matter of Poetry, 1920, Nr. 395, CE): **13** *aus dem keltischen Dämmerlicht*: Celtic Twilight, die durch irische Mythologie, vage Welttrauer und hohe Musikalität bestimmte Frühphase von W. B. Yeats' Lyrik. – **14** *Sandburg*: amerikanischer Dichter, der mit dem Großstadtrealismus seiner »Chicago Poems« von 1916 Aufsehen erregte. – *»wops und bohunks«*: abschätziger Slang für eingewanderte Italiener bzw. Arbeiter aus Böhmen oder generell SO-Europa. – **15** *Greville*: (1554–1628) Aristokrat, Würdenträger, Dichterfreund und eigenwilliger Dichter unter Elisabeth und Jakob I; sein poetisches Werk wurde erst posthum veröffentlicht. – *Davidson*: bekannt durch seine »Fleet Street Eclogues«, 1893, und seine Londoner Balladen, 1894, die traditionelle Form und ›moderne‹ Thematik verbinden. – *Laforgue*: Dichter kolloquial moderner, ironisch gebrochener Burlesken (1860–87); wichtiger Einfluß auf den frühen T. S. Eliot. – **17** *Mr. Noyes*: einstmals populärer englischer Dichter, 1880—1958; – *Aiken*: kultivierter und produktiver amerikanischer Lyriker, 1889–1973, dessen Dichtung nach eigener Aussage ebensogern mit Ideen wie mit Emotionen spielt.

18 DAS WÖRTERBAD (Word-Bathing, 1934, Nr. 902): *»Zeit der Nebelschleier«*: Auftakt von J. Keats' »Ode to Autumn«.

20 LITERATUR UND PRÜFUNGEN (Literature and Examinations, 1935, Nr. 229): **21** *Flecknoe*: obskurer irischer Dichter; für seine Zeitgenossen Marvell und Dryden der Typ des erbärmlichen Literaten. – *Pixéricourt*: Autor vergessener Melodramen der romantischen Epoche. – *Nahum Tate*: Dramatiker und Poeta Laureatus der Restauration; Verfasser einer sehr erfolgreichen »König Lear«-Bearbeitung mit Happy-End. – *Walter Raleigh*: bekannter Oxforder Literaturprofessor (1861–1922). – **23** *Chalkhill*: pastoraler Autor des 17. Jahrhunderts, über dessen Lebensumstände nichts bekannt ist. – **24** *Shadwell*: Verfasser satirischer Gesellschaftskomödien der Restauration und Feind Drydens. – *Pecksniff*: Erzheuchler aus Dickens' »Martin Chuzzlewit« (1844).

26 DIE TRAGÖDIE UND DIE GANZE WAHRHEIT (Tragedy and the Whole Truth, 1931, Nr. 409; CE): *»An den Pforten«*: Odyssee, XII, 256f. – **27** *das Lieblingssprichwort*: ›Erfahrung lehrt alle Dinge‹ (experientia does it); vgl. Dickens, »David Copperfield«, Kap. XI. – **29** *Jener Wirt*: Fielding, »Tom Jones«, Buch XI, Kap. II. – **30** *I. A. Richards*: einflußreicher englischer Literaturtheoretiker und Begründer des »New Criticism«; seine »Principles« erschienen 1924. – **32** *Our friends*: Schluß eines Huldigungssonetts von Wordsworth an den Sklavenführer von Santo Domingo, Toussaint L'Ouverture, der sich der Wiedereinführung der Sklaverei durch Bonaparte widersetzte und 1803 im französischen Kerker starb; das Original lautet »Thy friends...« – *Racine*: vgl. den Botenbericht in der vorletzten Szene seiner »Phèdre«.

35 DRAMA FÜR EINE NEUE WELT (New World Drama, 1932, Nr. 902): *Samjatin*: Autor der negativen Utopie »Wir«, 1920 verfaßt, die einigen Einfluß auf »Brave New World« hatte.

38 VULGARITÄT UND LITERATUR (Vulgarity in Literature: Digressions from a theme, 1930, Nr. 65; ursprünglich als Buch veröffentlicht; für CE erheblich gekürzt): *Monsieur Teste*: zerebraler, Mallarmé nachgezeichneter Held von P. Valérys Erzählung »La Soirée avec M. Teste« (1896) und anderen Texten. – *»stumme, ruhmlose Miltons«*: Anspielung auf den imaginären »mute, inglorious Milton« unter den Toten des Dorffriedhofs von Th. Grays »Elegy Written in a Country Churchyard« (1705), V. 59. – **39** *Vivre*: ›Leben? Das werden unsere Lakaien für uns erledigen‹; aus Villiers de l'Isle Adams symbolistischem Drama »Axel« (1890), einem Credo ästhetischer Weltabkehr. – **43** *Sodomsapfel*: äußerlich verlockende Frucht, die im Mund zu Asche zerfällt. – *»mit festem Zungendruck«*: vgl. Keats, »Ode to Melancholy«, V. 27: Nur der Melancholiker kann mit festem Zungendruck »burst Joy's grape against his palate fine.« – **44** *Sophokles*: vgl. »Antigone«, Chorlied am Ende des 1. Auftritts. – **48** *Ce qu'il y a*: ›Das Berauschende am schlechten Geschmack liegt in dem aristokratischen Vergnügen, zu mißfallen‹; »Fusées«, XII. – **50** *Man of Feeling*: modisch empfindsamer Roman von 1771. – **51** *Gebrüder Cheeryble... Linkinwater... Garland*: übermäßig benevolente ältere Herrschaften aus »Nicholas Nickleby«, 1839. – **52** *»Wenn der Tod«*: Erzählerkommentar zum Tod der Little Nell in Kap. LXXII von »The Old Curiosity Shop« (1841); eine Szene, die das frühviktorianische England zu Tränenströmen rührte. – **53** *»The Rosary«*: 1909 erschienener, höchst erfolgreicher Kolportageroman von Florence Barclay.

55 WENN MEINE BIBLIOTHEK HEUTE NACHT ABBRENNT (If My Library Burned Tonight, 1947, Nr. 211): dazu die Einleitung des Hsg., I, **19**. Vgl. Huxleys Brief an Lucille Kahn vom 8. 8. 1961, in dem er nach dem Brand seines Hauses ihr Bücherangebot annimmt: »Zuallererst die Dichter. Ein umfassender Shakespeare und Chaucer. Dann Wordsworth, Keats (die Briefe ebenso wie die Gedichte), Browning, Arnold, Hopkins, Yeats, Eliot – und Audens Anthologie englischer Poesie, plus das »Oxford Book of 17th Century Verse«, französische, deutsche, lateinische und mittellateinische Dichtung.« Hier sind noch einmal, in verkürzter Form, Huxleys literarische »essentials«. – *nie konnte ich mich für Erstausgaben erwärmen*: An anderer Stelle (II, **73**), ein Vierteljahrhundert früher, rühmt er sich seiner Erstausgabe von Voltaires »Candide«. – **57** *Swift*: vgl. III, 43 f. – **58** *»Vom ersten Ungehorsam«*: Auftakt von »Paradise Lost«. – *Advice... Conversation*: In diesen Schriften benützt Swift Klischeehaftigkeit und Gemeinplätzigkeit des ›normalen Gesprächstons‹ für satirische Zwecke. – *Tono Bungay*: Roman von H. G. Wells, 1909, der ein Bild der viktorianischen Gesellschaft im Zustand der Auflösung enthält. – **59** *Traherne*: gest. 1674, Metaphysical Poet, dessen Gedichte und prosagedichtartigen »Centuries« erst in diesem Jahrhundert entdeckt wurden. – *Bagehot*: Bankier, Reeder, Mithsg. der »National Review« und des »Economist« (1826–77); seine »Literary Studies« erschienen 1879. – **60** *nimietas*: Wortprägung zu lat. »nimis«, übermäßig. – *Abinger Harvest*: Essaysammlung von E. M. Forster, 1936. – *Blunt*: englischer Dichter und Publizist, der sich unter dem Schock des Ersten Weltkriegs von seiner nationalistischen Einstellung zu entfernen begann (1840–1922). – *»Was, Künstler«*: Auftakt von Matthew Arnolds kryptisch verklausuliertem Sonett »To a Friend« (»Who prop, thou ask'st, in these bad days, my mind?«).

62 SWIFT (1929, Nr. 399): *Brief an Stella*: vom 24. 4. 1711. – *die Yahoos*: animalische Dekadenzform der menschlichen Rasse im 4. Buch von »Gullivers Reisen«. – **65** *Madame Guyon*: quietistische Mystikerin, die zeitweise Mme de Maintenon und Fénelon für ihre Ideen gewinnen konnte und eine große kirchliche Kontroverse auslöste; ihr »Moyen court et facile pour l'oraison«, 1685, wurde in Rom als häretisch verurteilt. – **66** *Prometheus Unbound*: Lyrisches Drama von Shelley (1820), über die im Namen der Natur erfolgte endgültige Befreiung des Menschen von allen Mächten der Unterdrückung. – **67** *Houyhnhnm-Utopia*: der Idealstaat der ›vernünftigen‹ Pferde in ›Gullivers Reisen‹, Buch IV. – *Lears Limerick*: vgl. II., 87. – **70** *Metamorphosis of Ajax*: rabelaisische Prosaburleske über die Erfindung des Aborts aus der Feder des Ariost-Übersetzers Sir John Harington (1596). – *Leslie Stephen*: der Vater der Virginia

Woolf, in »Swift«, 1889, Kap. VI: »Swift's coolness was remarkable, or ominous.« – **71** *Taylorismus*: nach F. W. Taylor (1856–1915) optimale Planung – und Mechanisierung – der Bewegungsabläufe bei Industriearbeit. – **72** *Advice to Servants*: vgl. Anm. zu II, 58.

73 BEIM WIEDERLESEN DES »CANDIDE« (On Re-Reading »Candide«, 1923, Nr. 308): *Einer der Präraphaeliten*: Robert B. Martineau, Schüler von Holman Hunt, 1861. – **74** *Cunégonde*: von Candide umworbene, absurd dünkelhafte westfälische Herrenhaustochter. – *von Martin und der Alten Frau*: Reisebekanntschaften Candides, von den Wechselfällen einer verderbten Welt malträtiert; vgl. Kap. XIf. und XIX. – »Quand Sa Hautesse«: Kap. XXX: »Conclusion«. – *König Bomba*: Spitzname von Franz II., König von Neapel und Sizilien, für seine grausame Bombardierung des aufständischen Messina im September 1848. – **75** *der alte Gibbon*: der Autor des großen Geschichtswerkes »Decline and Fall of the Roman Empire« (1776–88) als Vertreter des Geistes der Aufklärung. – *Martinszustand*: die Betrachtung der Welt als Teufelswerk (Kap. XX). – *Pococurantes*: Zyniker aus Desillusion (Kap. XXV). – **76** *Il faut cultiver*: ›Wir müssen unseren Garten bestellen‹ (resignatives Schlußwort des »Candide«).

77 JAHRHUNDERTFEIERN (Centenaries, 1923, Nr. 124): *From cape to cape*: Shelley, »The Cloud«, V. 63 ff. – **78** *über den wirkungslosen Engel*: Matthew Arnolds Formel für Shelley: »an ineffectual angel beating in the void his luminous wings in vain« (»Essays in Criticism: ›Byron‹«). – **82** *The rocks are cloven*: »Prometheus Unbound«, II, 4, 129–38.

84 EDWARD LEAR (1920, Nr. 159). 1812–88; Reisender, Landschaftsmaler, Vater des Limerick; schrieb und illustrierte das »Book of Nonsense« (1846) für die Enkel seines Gönners, des Earl of Derby; dazu die »Nonsense Songs« (1870). Auswahlübersetzung der Limericks von H. C. Artmann (1964), des »Kompletten Nonsens« von H. M. Enzensberger (1977). – *Quangel-Wangel* etc.: Figuren und Motive aus Lears Nonsens-Balladen. – *Zenocrate*: von Tamerlan hyperbolisch umworbene Frauenfigur aus Ch. Marlowes »Tamburlaine« (1590). – *Milton*: »Paradise Lost«, I, 302. – **85** *Row us*: Auftakt von »Frater ave atque vale«, einer Huldigung Tennysons an Catull. – *An der Koromandel-Küste*: (frei) übersetzt von H. M. Enzensberger. – *Mr. Nash*: Ogden Nash (1902–71), amerikanischer Meister des ›light verse‹ im satirisch-parodistischen Stil des »New Yorker«. – **87** *La chair est triste*: Auftakt von Mallarmés »Brise Marine«.

88 BAUDELAIRE (1929; Nr. 98): **91** *O Prince*: »Paradise Lost«, I, 128 ff. – **92** *»Das Gelächter ist satanisch«*: »L'Essence du rire«, I, Teil III: ›Das Lachen kommt aus der Vorstellung seiner eigenen Überlegenheit. Eine satanische Idee, wenn es je eine gegeben hat!‹ – *»den gewollten Stempel«*: aus »Les Poètes français«, Bd. 4, 1862; nachgedr. in Th. Gautier, »Fusains et eaux-fortes«, 1880. – **93** *Pimodan*: das Hôtel Pimodan in Paris, wo Baudelaire und Gautier zeitweise wohnten. – *Brummells Prinzipien*: nach George Bryant, genannt Beau Brummell (1778–1814), Modell nonchalanter Eleganz im London der Regency-Epoche. – *Paulus*: Römerbrief, 5, 13 und 20. – **94** *Wiertz*: Die Notizen stehen in Baudelaires Materialsammlung über den ›belgischen Stumpfsinn‹ »Pauvre Belgique« unter dem Stichwort »Beaux-Arts«. – **95** *»La volupté unique«*: aus »Fusées«, III. – **96** *Chief of many thronèd powers*: wie Miltons Satan, »Paradise Lost«, I, 128. – **97** *Pippa:* In R. Brownings »Pippa Passes« heißt es: »God's in his heaven – All's right with the world!« – *Une nuit*: »Fleurs du Mal«, ›Spleen et Idéal‹, XXXII; Ü. hier und im folg. von F. Kemp. – **98** *Quand elle*: aus »Les Métamorphoses du Vampire«, aus den ›Pièces condamnées‹ im Anhang der »Fleurs du Mal«. – **99** *Quand chez les débauchés*: aus »L'Aube spirituelle«, ›Spleen et Idéal‹, XLVI. – **102** *Aye free*: R. Burns, »Epistle to a Young Friend«, Str. v. Vgl. II, 149. – **104** *»Lesbos«*: aus den ›Pièces condamnées‹; Ü. F. Kemp. – **106** *lacrimae rerum*: die Tränen über die Dinge / die den Dingen innewohnende Trauer; nach Vergil, Aeneis I, 462. – **107** *les proportions*: aus »Spleen«, ›Tableaux Parisiens‹, LXXVI. – **108** *Quand le ciel*: ibid., LXXVIII.l – *»Avec Baudelaire«*: aus »Situation de Baudelaire« (1924). – **109** *goût de l'infini*: aus dem Gedichtfragment »Projets d'un Epilogue pour la deuxième édition«, II, V. 6 f. – *Tes débauches*: ibid., V. 5. – **111** *Je suis comme le roi*: Auftakt von »Spleen«, ›Tableaux Parisiens‹, LXXVII.

112 FAMAGUSTA ODER PAPHOS (Famagusta or Paphos, 1956, Nr. 170; CE): *Stolz und Vorurteil*: Roman von Jane Austen, 1813, in dem die ›country houses‹ zentrale Schauplätze der Handlung sind. – **113** *Frazer*: Anthropologe und vergleichender Mythologe, dessen monumentales Hauptwerk, »The Golden Bough«, in 11 Bänden 1890–1915 erschien. – **114** *Adieu m'Amour*: Liedkomposition des niederländischen Komponisten Guillaume Dufay, c. 1400–74 (Schöpfer eines neuen Musikstils, der französische und italienische Techniken verband). – **115** *rature ta vague littérature*: Huxley löst die Worte aus dem Satzzusammenhang und liest sie imperativisch; eigentlich: ›Der allzu präzise Sinn radiert (tilgt) deine unbestimmte Literatur aus‹; s. u. S. 118. – **116** *donner un sens plus pur*: Selbstdefinition der Poesie aus »Le Tombeau d'Edgar Poe«. – *Die reine Schale*: aus dem Sonett »Surgi de la croupe«. – **117** *Tel qu'en Lui-même«*:

Auftakt des »Tombeau d'Edgar Poe«. – *Cet unanime*: aus dem Sonett »Une dentelle s'abolit«. – *Le pur vase*: aus »Surgi de la croupe«. – *O si chère*: Auftakt eines titellosen Sonetts. – **118** *Ainsi le choeur*: Schluß des Gedichtes »Toute l'âme résumée«.

119 DIE METHODE DES 18. JAHRHUNDERTS (The 18th Century Method, 1919, Nr. 841): Huxley begann seine literarische Laufbahn als Rezensent für *The Athenaeum*; von den etwa 250 Buchbesprechungen, die er – meist anonym – in den Jahren 1919/20 veröffentlichte, sind die meisten Namen und Titel längst verblaßt; die folgende Proust-Rezension zeigt Huxleys persönliche essayistische Note auch in diesem Genre journalistischer Fronarbeit. – *Princesse*: Auftakt des Sonetts »Placet futile«. – *Alice im Wunderland*: »›und was für einen Zweck haben schließlich Bücher‹, sagte sich Alice, ›in denen überhaupt keine Bilder und Unterhaltungen vorkommen?‹« (Auftakt des 1. Kapitels; Ü. Ch. Enzensberger). – **122** *»à la recherche des temps perdus«*: Huxley gebraucht den Plural.

123 D. H. LAWRENCE (ursprünglich Einleitung zu Huxleys Ausgabe der Briefe von D. H. Lawrence, 1932, Nr. 138; Text nach »The Olive Tree«, nicht nach CE): *»Ich sage immer«*: Brief an E. Collings vom 24. 12. 1912. – *»Ich wünschte«*: Brief an H. Corke vom 1. 6. 1910. – *Brief an Edward Garnett*: vom 2. 6. 1912. – **124** *»Ich denke mir oft«*: an E. Collings vom 24. 2. 1913; der zitierte Absatz endet mit den Worten: »Ich denke oft an meinen heiligen Lorenz auf seinem Rost und an seine Worte: ›Wendet mich, Brüder, auf dieser Seite bin ich schon gar.‹« – **126** *M. Arnolds berühmte Formel*: »The eternal ›not ourselves‹ that makes for righteousness« (»Literature and Dogma«, Kap. 8, Teil 1). – *»Die Umarmung der Liebe«*: aus ›Edgar Allan Poe‹, »Studies in Classical American Literature«, 1923. – **127** *die Wilhelm-Meistersche Sicht*: »Ich finde ›Wilhelm Meister‹ ein erstaunliches Buch in seiner besonderen Immoralität, der Perversion intellektualisierter Geschlechtlichkeit und der völligen Unfähigkeit, die Berührung mit einem anderen Menschen zu ›entwikkeln‹, die so spezifisch bürgerlich und Goethesch ist«; im selben Kontext wird Goethe der Selbstvergötzung bezichtigt und unter die »großen orthodoxen Perversen« eingereiht (Brief an A. Huxley vom 27. 3. 1928). – *zu einem Schriftstellerkollegen*: Edward Garnett, in einem Brief vom ›Herbst‹ 1912. – **129** *»Meine tiefste Religion«*: Brief an E. Collings vom 17. 1. 1913. – *Blake*: »May God us keep / From single vision and Newton's sleep!« (Ende des Gedichts »With happiness stretch'd«). – **130** *»Diese schrecklich bewußten Typen«*: aus »E. A. Poe«, a. a. O. – **132** *»Sie wollen, daß ich Form habe«*: Brief an E. Collings vom 24. 12. 1912. – **133** *»Früher sagte ich«*: an H. Corke vom 21. 6. 1910. – **134** *riet er seiner*

Schwester: an Ada Lawrence vom 8.3.1911. – *Pascal war entsetzt*: Fragment 146 der »Pensées«. – **137** *Saintsbury*: Vgl. II, 120. – **138** *An Catherine Carswell*: Brief vom 14.4.1916. – **139** *Dr. Trigant Burrow*: Brief vom 13.7.1927. – *»Hier verstricke ich mich«*: an E. Garnett vom 21.1.1912. – **140** *An einen Künstlerkollegen*: An E. Collings vom 17.1.1913. – **141** *An Rolf Gardiner*: Brief vom 22.7.1926. – **143** *einem Korrespondenten*: E. Garnett am 14.1.1912. – **144** *»Es ist das Geschäft des Künstlers«*: Brief an H. Monroe vom 17.11.1914. – **149** *Aye free*: vgl. Anm. zu II, 102. – **150** *The Man Who Died*: Lawrences unorthodoxe Version der Auferstehung Christi.

151 WAS GENAU HEISST EIGENTLICH ›MODERN‹? (What Exactly is Modern?, 1925, Nr. 437): Der Abdruck dieses Essays in »Vanity Fair« war von zwei Holzschnitten Masereels zum Thema ›Times Square bei Nacht‹ begleitet.

159 CONXOLUS (1925; Nr. 132): *Die ›Pächterin von Wildfell Hall‹*: Roman von Anne Brontë, 1848, eine der weniger populären Erzählungen aus dem Kreis der Brontë-Schwestern. – *Raphael Mengs*: Hofmaler in Dresden und Madrid; Romaufenthalt; gelehrt klassizistischer Stil unter dem Einfluß Winckelmanns (1728–79). – **161** *repoussoirs*: Kontrastmotive, die dem Hauptgegenstand Relief verleihen.

166 DER MUSENQUELL (The Pierian Spring, 1925, Nr. 329): vgl. A. Pope, »An Essay on Criticism« (1711), V. 215 f.: »A little Learning is a dangerous thing; / Drink deep, or taste not the Pierian Spring.« – *Wald- und Wiesentöne*: die »native woodnotes wild«, die Milton Shakespeare als Naturgenie der Bühne zuschreibt (»L'Allegro«, V. 133 f.). – **167** *Milliarden*: zur Zeit der Inflation geschrieben. – *ihre heutige Kunst ist so hoffnungslos öde*: Vom deutschen Expressionismus hat Huxley im Jahr 1925 offenbar noch wenig gemerkt – oder sollte er in dieses pauschale Verdammungsurteil einbezogen sein? – **171** *Tom Pinch*: sympathischer Gehilfe des schurkischen Pecksniff.

173 RIMINI UND ALBERTI (Rimini and Alberti, 1925, Nr. 368): *Mr. Matthew Green*: Vgl. III, 74. – **175** *einen gobinesken oder lukianischen Dialog*: nach dem Muster der von Lukian erfundenen ›Totengespräche‹ oder nach Art der dialogisierten historischen Skizzen des Grafen Gobineau (1816–82) in »La Renaissance« (1877). – **176** *Hymne*: nach Shelleys »Hymn to Intellectual Beauty«. – **177** *›der Römer edelster‹*: Antonius' Nachruf auf Brutus aus Shakespeares »Julius Caesar«, V, v, 68.

181 DAS BESTE BILD (The Best Picture, 1925, Nr. 106): **182** *›Festus‹ Bailey*: Autor einer englischen Faustdichtung mit dem Titel »Festus«, deren Endfassung von 1889 40000 Verse zählt und längst aus dem Kreis der lesbaren Bücher ausgeschieden ist. – **183** *Religion der Plutarchschen Viten*: der sogenannten ›Parallelen Lebensbeschreibungen‹ von je 23 illustren Griechen und Römern aus dem 1. Jahrhundert n. Chr., denen in der Renaissance ein außerordentliches Nachleben beschieden war. – **186** *Brodrick-Mütze*: unter dem Kriegsminister dieses Namens (1900–03) eingeführte flache Armeemütze. – **187** *Aretino*: 1492–1556, von den Zeitgenossen ›der Wahrhaftige‹ und ›der Göttliche‹ genannt, Autor witziger Komödien, Satiren, und der berühmt-berüchtigten »Kurtisanengespräche«. – **188** *Der Schatten des Conxolus*: vgl. II, 159ff

189 BREUGHEL (1925, Nr. 113; CE): *Landseer*: 1802–72, äußerst erfolgreicher Maler viktorianischer Genrebilder, berühmt für seine Tierszenen. – *Carlo Dolci*: Florentiner Maler (1616–68) mit Vorliebe für gefühlvolle geistliche Sujets, lange von der Nachwelt überschätzt. – **192** *»Crains dans le mur«*: Gérard de Nerval, »Vers dorés«. – **200** *Tyburn*: Londoner Hinrichtungsstätte bis 1783. – **203** *Salimbone*: Franziskaner, lebhafter Chronist des 13. Jahrhunderts.

202 KUNST UND RELIGION (Art and Religion, 1949, Nr. 85; die hier überarbeitete Version von H. E. Herlitschka erschien 1952): **206** *bondieuserie*: religiöser Kitsch.

207 MEDITATION ÜBER EL GRECO (Meditation on El Greco, 1931, Nr. 242; CE): **209** *das Schwarze Loch von Kalkutta*: The Black Hole of Calcutta, sprichwörtlich gewordener Kerker, in dem bei einem Aufstand 1756 146 Europäer eine Nacht lang in qualvoller Enge eingepfercht waren; nur 23 erlebten den Morgen. – *Agoraphobie*: Angst vor offenen Räumen, Gegensatz zu Klaustrophobie. – **210** *Graf Orgaz*: aus dem Gemälde »Das Begräbnis des Grafen Orgaz« aus der Kirche Santo Tomé in Toledo. – **214** »Wo ist Dein Eifer«, *etc.*: vgl. Jesaja 63,15; Hosea 11,8; Psalm 16,17; Philipper 1,8; Psalm 139,13; Jeremia 31,20; die modernen Versionen, auch der Lutherbibel, schwächen diese biblische Körpersprache stark ab.

216 VARIATIONEN ÜBER EL GRECO (Variations on El Greco, 1950, Nr. 421; CE; die – hier überarbeitete – Fassung von H. E. Herlitschka erschien 1952): *Kandia*: mittelalterlicher Name für Kreta und seine Hauptstadt. – **217** *»Seligkeit war's«*: »Bliss was it in that dawn to be alive« (Wordsworth, »French Revolution«, 1804 verfaßt). – **222** *Cosimo Tura*: 1430–95, Hofmaler der Herzöge von Ferrara, Haupt einer örtlichen Malerschule; religiöse und mythologische Gemälde in reicher, zum Ornamentalen neigender Komposition. – **223** Bei Pieros Gewändern ... Vgl. II, 186. – **225** *›Kritik des Lebens‹*: »Criticism of Life«, M. Arnolds Versuch, Wesen und Funktion von Dichtung zu definieren (»The Study of Poetry«). – **226** *Sei stille*: vgl. Anm. zu I, 76. – **227** *Something far more deeply interfused*: vgl. Anm. zu I, 53; Ü. W. Breitwieser.

231 VARIATIONEN ÜBER ›DIE KERKER‹ (Variations on ›The Prisons‹; ursprünglich Vorwort zu einer Studie über die »Carceri« von Jean Adhémar, mit den Radierungen Piranesis, 1949; Nr. 423; die – hier überarbeitete – Version von H. E. Herlitschka erschien 1952): *Principles*: eigentl. »Introduction to Principles of Morals and Legislation«, 1789, im Jahr der Französischen Revolution erschienenes Hauptwerk des Benthamschen Utilitarismus, das »the greatest happiness of the greatest number« zum Maßstab für Recht und Unrecht macht. – *buchtenverwinkelte Insel*: Begriff aus Shakespeare, Heinrich V., V,III,5. – **232** *Panopticon*: ›Gesamtschau‹; 1791 in Briefform entwickeltes Projekt zur Verbesserung der Gefängnisdisziplin. – **233** *Elizabeth Fry*: 1780–1845, aus dem Quäkermilieu stammende britische Sozialreformerin, die sich v. a. der Verbesserung des Strafrechts und Strafvollzugs widmete. – *›Naturzustand‹ à la Hobbes*: von diesem in seinem Hauptwerk »Leviathan«, 1651, treffend als Krieg aller gegen alle und ›homo homini lupus‹-Zustand beschrieben. – **234** *Vigny*: in seiner Schrift »Servitude et grandeur militaire« von 1835. – *»Krieg und Frieden«*: vgl. 13. Teil, Kap. 13. – **235** *De Quinceys Oxford Street*: vgl. die »Confessions of an English Opium Eater«, 1822, wo der Autor den Hauptschauplatz seines qualvoll endlosen Stadtstreichertums so apostrophiert: ›Oxford Street, Stiefmutter mit steinernem Herzen, die den Seufzern der Waisen lauscht und Kindertränen trinkt‹ (gegen Ende von Teil I). – *Vathek*: phantastische ›orientalische‹ Erzählung, 1786 gedruckt; aus Größenwahn und sündhafter Neugier macht sich der Kalif Vathek auf zu den unterirdischen Hallen des Höllenfürsten Eblis, dem Ort übermenschlicher Schätze und Offenbarungen, der sich als Ort seiner eigenen Verdammnis erweist. – **236** *Salimbene*: Vgl. II, 203. – *William Law*: 1686–1761, Autor des »Serious Call to a Devout and Holy Life« (1729) und mystischer Schriften unter dem Einfluß von Jakob Boehme. – *Saint-Martin*: 1743–1803; Philosoph, Mystiker, Illuminat. – *Dichter der ›Songs of Experience‹*: William Blake. – **237** *ennui*: aus »Spleen«, ›Tableaux Parisiens‹, LXXVI; vgl. Anm. zu II, – *Sumpf des dritten Höllenkreises*: vgl. III, 74. – **240** *dieses Pomps von Welten*: aus Matthew Arnolds Gedicht »Enough, we live«. – **243** *John Martin*: 1789–1854; romantischer Maler erhaben-apokalyptischer Sujets; ›Belsazars Fest‹ stammt aus dem Jahr 1821 und erregte Bewunderung bei den Zeitgenossen.

245 EIN BILD VON GOYA: ÜBERFALL (1921, Nr. 586): Wie bei »Morgenszene« (S. 259) handelt es sich um ein ›synthetisches‹ Bild, das markante Motive Goyas kombiniert; vgl. »Banditen, eine Kutsche überfallend«, »Bandit entkleidet eine Frau« etc.

246 VARIATIONEN ÜBER GOYA (Variations on Goya; zuerst als Vorwort zu einer Ausgabe der Radierungen Goyas, 1943; Nr. 422; CE; die hier überarbeitete Fassung von H. E. Herlitschka erschien 1952): **249** *»einem wütenden Affen gleich«*: Shakespeare, »Maß für Maß«, II, II, 119 ff.; vgl. III, 43 f. – **250** *Disparates*: ›Narreteien‹. – *Pinturas negras*: schwarze Bilder. – **255** *Desastres de la guerra*: ›Kriegsgreuel‹. – *Tauromaquía*: ›Stierkampf‹. – *Proverbios*: ›Sprichwörter‹. – **255** *Hasta la muerte*: ›Bis zum Tode‹. – **254** *»eine Mär«*: Macbeth, V, v, 26 f. – *»Poor man«*: Schluß des Gedichts »On an Hour-Glass« von John Hall (1646).

259 MORGENSZENE (1920, Nr. 568): Die Szene ist eher ein Phantasieprodukt als die Beschreibung einer konkreten Kopulationsdarstellung, die es in dieser Form bei Goya nicht gibt – trotz vieler Darstellungen sexueller Gewaltsamkeit gegen Frauen, besonders in den »Caprichos« und »Desastres de la Guerra«.

260 KRITZELEIEN IN EINEM WÖRTERBUCH (Doodles in a Dictionary, 1955, Nr. 152): *wenig Latein*: Ben Jonson bescheinigte seinem Freund Shakespeare in seinem großen Nachrufgedicht (1623) die Kenntnis von »little Latin and less Greek«. – **264** *se forcer*: ›sich zum Hübschmachen zwingen‹.

273 MUSIK BEI NACHT (Music at Night, 1930, Nr. 257; CE): **274** *Jowett*: prominenter Oxforder Gräzist; seine Platonversion erschien 1871. – **275** *Felsengrottenmadonna*: von Leonardo da Vinci, im Louvre.

279 DER REST IST SCHWEIGEN (The Rest is Silence, 1931, Nr. 363): **280** *Wilson Knight*: »The ›Othello‹ Music«, aus »The Wheel of Fire«, 1930. – *»Had we but world«*: Auftakt von A. Marvells Gedicht »To His Coy Mistress«.

282 GESUALDO: VARIATIONEN ÜBER EIN MUSIKALISCHES THEMA (Gesualdo: Variations on a Musical Theme, 1956, Nr. 419; CE): **288** *Lucrezia Bendidio... Laura Peperara*: Für jede dieser Damen verfaßte Tasso einen Band Liebesgedichte. – **296** *Ardita zanzaretta*: ›Verwegene kleine Mücke«. – **297** *ein winziges Gedicht von Tasso*: das Madrigal »Questa lieve zanzara«. – **300** *»eine gute Schale«*: Vgl. II, 224 f. – **301** *All things counter«*: aus G. M. Hopkins' Gedicht »Pied Beauty«; Ü. U. Clemen/F. Kemp.

Personenregister

Die Essays und Gedichte in diesem Band wurden folgenden Buchausgaben und Zeitschriften entnommen:

Adonis and the Alphabet, London 1956
Along the Road, London 1925; [2]1985
Collected Essays, London 1959
Collected Poems, London 1971
Do What You Will, London 1929
Literature and Science, London 1963
Music At Night, London 1931
Of Arts and Artists, London 1960
On the Margin, London 1923
The Olive Tree, London 1936
Themes and Variations, London 1950
Chicago Herald
House & Garden
The Athenaeum
Vanity Fair